V&R

Edwin H. Robertson

Dietrich Bonhoeffer

Leben und Verkündigung

Mit einer Einführung von Renate Bethge
Aus dem Englischen von Marianne Mühlenberg

Vandenhoeck & Ruprecht
in Göttingen

Titel des Originals:
The Shame and the Sacrifice
Dietrich Bonhoeffer's Life and Preaching

CIP-Titelaufnahme der Deutschen Bibliothek

Robertson, Edwin H.:
Dietrich Bonhoeffer: Leben und Verkündigung / Edwin H. Robertson. Mit e. Einf. von Renate Bethge. Aus d. Engl. von Marianne Mühlenberg. – Göttingen: Vandenhoeck u. Ruprecht, 1989
Einheitssacht.: The shame and the sacrifice ‹dt.›
ISBN 3-525-55417-6

Nachdruck 1994

Printed in Germany
Schrift: Palatino der Firma Berthold
Satz: Dörlemann-Satz, Lemförde
Druck und Einband: Hubert & Co., Göttingen

Der die Sünde straft und gern vergibt,
Gott, ich habe dieses Volk geliebt.
Daß ich seine Schmach und Lasten trug
und sein Heil geschaut – das ist genug.

(Aus: Dietrich Bonhoeffer, Der Tod des Mose)

Inhalt

Vorwort

Wer es unternimmt, über Dietrich Bonhoeffer zu schreiben, muß sich an erster Stelle dessen bewußt sein, was wir Eberhard Bethge verdanken, der es sich zur Lebensaufgabe gemacht hat, das Leben und die Worte seines Freundes und Kollegen zu erschließen, zu sammeln und der Nachwelt zu vermitteln. Ich erachte es als ein Privileg, daß mir die Aufgabe zufiel, die von Bethge mit großer Sorgfalt ausgewählten und herausgegebenen Gesammelten Schriften Bonhoeffers auf englisch in drei Einzelbänden herauszugeben: No Rusty Swords, The Way of Freedom, True Patriotism. Außerdem habe ich, zusammen mit Ronald Gregor Smith, Bethges umfassende Bonhoefferbiographie in englischer Übersetzung herausgegeben, ein Standardwerk, dem jeder nachfolgende Versuch – auch dieser – verpflichtet ist.

Dem Herausgeber von Bonhoeffers Schriften und den Übersetzern verdanke ich wertvolle Erkenntnisse. Hinzu kam aber der von einem Bühnenautor ausgehende Anstoß, durch den mir Bonhoeffer als Mensch in bemerkenswerter Weise entgegengetreten ist. Ich meine Wilfred Harrison, der im Verlauf vieler Jahre wohl mehr Leute, die Bonhoeffer gekannt haben, interviewt und befragt hat als sonst irgend jemand.

Die hier vorgelegte Biographie möchte dem heutigen Leser den Menschen Bonhoeffer in seiner Unmittelbarkeit und die historische Gestalt Bonhoeffers im Kontext ihrer Zeit nahebringen. Ich selbst habe im Lauf der Jahre eine Reihe der Männer kennengelernt, die damals Bonhoeffers Predigerseminar besucht haben. Einige von ihnen haben ihre Erinnerungen an diese Zeit selbst aufgeschrieben und auch veröffentlicht. Wolf-Dieter Zimmermann hat die Eindrücke derer, die Bonhoeffer kannten, in dem Bändchen Begegnungen mit Dietrich Bonhoeffer gesammelt. Diese Sammlung ist eine große Hilfe für jeden, der sich ein abgerundetes Bild machen möchte. Besonders viele Hinweise verdanke ich Werner Koch, sowohl aus seinen Büchern über das Dritte Reich als auch aus seinen lebendigen Erzählungen. Und dann ist da noch ein Teil der Bonhoeffer-familie zu erwähnen, der nach England floh – die Familie Leibholz. Sabine Leibholz ist Dietrich Bonhoeffers Zwillingsschwester; ihr Mann Gerhard Leibholz war jüdischer Abstammung, und darum mußte die Familie schon vor dem Krieg Deutschland verlassen. Er war ein hochbegabter und hervorragender Jurist, auch im Exil in Oxford sehr produktiv. Ihre beiden Töchter wuchsen in England auf. Marianne Leibholz, die ältere Tochter, hat die Entstehung dieses Buches mit lebhaftem Interesse begleitet und mir mit vielen Hinweisen und Erläuterungen geholfen.

Darüber hinaus ist die Zahl der Helfer, Anreger und Zeitzeugen zu groß, als daß sie hier im einzelnen aufgeführt werden könnten – Otto Dudzus, der mir zwei Bände Bonhoeffer-Predigten gab; Geff Kelly, die Seele der Bonhoeffer Society in Amerika; Mary Bosanquet, Verfasserin des einfühlsamen und packenden Buches Life and Death of Dietrich Bonhoeffer; Terence Tiller, der meine Sendungen für das Dritte Programm im BBC produzierte und der mir Mut machte zu einem ersten biographischen Sketch über den Mann, von dem er bis dahin noch nie gehört hatte – und viele andere mehr. Sie alle haben, oft ohne es zu wissen, ihr Teil zu diesem Buch beigetragen.

Renate Bethge, verheiratet mit Eberhard Bethge und Tochter von Dietrich Bonhoeffers älterer Schwester Ursula und Rüdiger Schleicher, der auch zu den Verschwörern gehörte, die kurz vor Kriegsende noch den Tod fanden, gibt einen lebendigen Bericht von ihren Kindheitserinnerungen in der großen Bonhoefferfamilie aus den Jahren 1933–1945. Mit ihrer freundlichen Genehmigung sind hier Teile davon aus dem Buch „Widerstand. Ein Problem zwischen Theorie und Geschichte", hg. v. Peter Steinbach, erschienen im Verlag Wissenschaft und Politik, Köln 1987, abgedruckt.

Renate Bethge

Bonhoeffers Familie in der NS-Zeit

Ich war sieben Jahre alt, als Hitler an die Macht kam, und neunzehn, als der Krieg aufhörte – Bonhoeffer war knapp zwanzig Jahre älter. Das Haus meiner Eltern stand neben dem Haus meiner Großeltern Bonhoeffer in Berlin.

Ich entsinne mich, wie besorgt alle Mitglieder der großen Familie waren, als Hitler Reichskanzler wurde. Schon früh hatte man in den Nazis eine Gefahr gesehen. Es wäre niemandem eingefallen, die NSDAP zu wählen. Man wählte Deutsche Volkspartei oder Deutsche Demokratische Partei bzw. ab 1930 Deutsche Staatspartei. Dietrichs Bruder Klaus schrieb ihm im November 1930 nach New York: „Man liebäugelt mit dem Faschismus. Ich fürchte, wenn diese radikale Welle sich der Gebildeten bemächtigt, ist es um das Volk der Dichter und Denker geschehen." Man kannte die Brutalität der Nazis, ihre lügenhafte Propaganda, die Diffamierung der Juden.

Solche Dinge hätte jeder wissen können; aber viele Menschen waren in einer verzweifelten Situation, ohne Arbeit und Brot, und hofften auf einen Retter. So glaubten sie Hitlers Versprechungen in der Erwartung, daß sich das Negative schon verlieren werde, wenn Hitler erst an der Macht sei; andere sahen das Negative erst gar nicht. In unserer Familie war man nicht in einer so schlechten Lage und hatte es deshalb leichter, die Augen offenzuhalten.

Schon sehr früh wußten wir von den Konzentrationslagern für Hitlers Gegner, besonders auch für Juden. Irgendwo hatten wir Kinder den Spruch aufgeschnappt: „Lieber Gott, mach mich taub, daß ich Adolf Hitler glaub; lieber Gott, mach mich blind, daß ich Goebbels arisch find; lieber Gott, mach mich stumm, daß ich nicht nach Dachau kumm'!" Wir wußten aber auch, daß wir keinesfalls außerhalb der Familie über das, was man politisch in der Familie dachte und sagte, sprechen durften.

Das wurde mir sehr deutlich beim sogenannten Röhm-Putsch. Röhm, alter Freund Hitlers und Chef der SA, insgeheim auch Rivale des „Führers", war mit ihm über das Tempo der Revolutionierung uneins geworden. Daraufhin ließ Hitler am 30. Juni 1934 ihn und viele andere ohne Prozeß einfach erschießen, darunter auch den ehemaligen Reichskanzler General von Schleicher mit seiner Frau und andere oppositionelle Politiker. Man weiß bis heute nicht genau, wie viele es waren, neuere Schätzungen sprechen von 150–200 Opfern. Ich besuchte an jenem 30. Juni zufällig meine Tante in Lichterfelde, die jüngste Schwester meiner Mutter und Dietrichs. Als wir aus der nahe gelegenen Kaserne Schüsse hörten, sagte meine Tante, daß mit jedem Schuß ein Mensch, der Hitler nicht wohlgesonnen sei, umgebracht werde. Ich entsinne mich an die Aufregung dieser Tage im Haus meiner Großeltern, an das Warten, wohl auf ein mutiges Wort von Justizminister Gürtner, der eigentlich kein Nazi war, und an die große Enttäuschung, als dieses Wort nicht kam. Was statt dessen kam, war dann ein nachträgliches Gesetz, daß diese „Maßnahmen als Staatsnotwehr rechtens" wären.

Das Haus meiner Großeltern war ständiger Treffpunkt der Familie. Ich erinnere mich, daß man eigentlich immer voller Sorge oder auch Wut dabei meist irgendwie planend über Politik sprach. Manchmal wurde geflüstert, manchmal ging jemand hinaus, um vor der Tür nachzusehen, ob niemand mithörte. Manchmal wurden Kissen aufs Telefon gelegt, weil es Gerüchte gab, daß sogar durch das aufgelegte Telefon die Geheime Staatspolizei Gespräche abhören könne. Später wurden wir Kinder zum Nachschauen hinausgeschickt, vor allem, wenn im Haus meiner Großeltern die BBC-Nachrichten gehört wurden. Meine Großmutter versäumte sie nie. War sie etwa gerade bei uns, stand sie kurz vor 10 Uhr – der Sendezeit für die BBC-Nachrichten auf deutsch – auf und sagte: „Wir müssen jetzt zur ‚Andacht'." Solche Code-Wörter bürgerten sich in der Familie schnell ein. Sie wurden auch spontan erfunden und verstanden. So konnte man sich in der Familie immer telefonisch und brieflich verständigen, obwohl man mit geheimpolizeilicher Überwachung zu rechnen hatte.

Die Familie hatte einen starken Zusammenhalt. Außer den Eltern wohnten vier der Bonhoeffer-Geschwister in Berlin, dazu war Dietrich, der immer sein Zimmer im Haus der Eltern hatte, viel bei ihnen. Während der Nazizeit waren schon allein die politischen Informationen und Gespräche dort für ihn wichtig. Auch der älteste Bruder Karl-Friedrich, Professor für physikalische Chemie in Leipzig, und die Zwillingsschwester Dietrichs, Sabine aus Göttingen, kamen immer wieder nach Berlin.

Ich glaube, schon allein die Größe der Familie war ein hilfreicher Faktor dafür, daß niemand Nazi wurde. Alle waren politisch derselben Meinung und bestärkten sich gegenseitig darin. Allerdings gab es von der Gesamthaltung der Familie her auch keinerlei Neigung zu den Nazis. Die nüchterne Beobachtungsgabe des Vaters, Professor für Neurologie und Psychiatrie an der Universität Berlin, erkannte Hitler und seine Anhänger von Anfang an, und schon aus den Briefen der Geschwister in den frühen zwanziger Jahren sieht man, wie ablehnend die Familie den Nazis gegenüber politisch eingestellt war. Die Familie hatte so viel Gewicht, daß es für den einzelnen ungleich schwieriger gewesen wäre, ein Nazi oder auch nur „Mitläufer" zu werden, als in den Widerstand zu gehen.

Die Hauptinformationsquelle in der Familie war Dr. jur. Hans von Dohnanyi, der Ehemann von Dietrichs Schwester Christine. Er war auch derjenige, der zuerst und am stärksten in die Konspiration verwickelt war. Er arbeitete zunächst im Justizministerium unter Gürtner und hatte schon 1934 angefangen, eine Dokumentation der Nazi-Verbrechen anzulegen, um bei einem Umsturz die Bevölkerung unterrichten zu können. Für einen erfolgreichen Umsturz mußten der Bevölkerung ihre Illusionen über Hitler genommen werden. Ab 1939 war Dohnanyi im Amt Ausland/Abwehr im Oberkommando der Wehrmacht unter Admiral Canaris tätig, wo bald viele Fäden der verschiedenen Widerstandsgruppen zusammenliefen. Er arbeitete hier, voll gedeckt von Canaris, mit Oberst Oster für den Sturz des Regimes.

Durch Dohnanyi ließ Dietrich Bonhoeffer sich ab 1940 auch für den politischen Widerstand einsetzen. Er wurde dabei dem Amt Canaris zugeordnet und so vom Wehrdienst freigestellt. Dohnanyi gelang es auch noch, einige von Bonhoeffers ehemaligen Predigerseminar-Schülern von der drohenden Einziehung zu befreien, er erwartete aber von diesen keine Gegenleistung. Dagegen wollte er die vielfältigen Auslandsbeziehungen Dietrich Bonhoeffers – dessen auferlegte Gestapo-Meldepflicht überdies aufgehoben werden konnte – für den Widerstand nutzen. Bonhoeffer reiste tatsächlich für den Widerstand in die Schweiz, nach Italien, Schweden und Norwegen, um zu erfahren, wie die Alliierten auf den geplanten bzw. einen erfolgten Putsch reagieren würden, wie ihre Vorstellungen für einen Friedensvertrag dann aussähen. Vor allem ersuchten die Männer des Widerstands die Alliierten um ein Anhalten der Kampfhandlungen im Fall des Putsches. Eine positive Antwort hätte die Bereitschaft der Militärs zum Coup sehr fördern können. Aber es kam keine positive Antwort. Im übrigen konnte Bonhoeffer theologisch weiter arbeiten.

Auch Klaus Bonhoeffer, ebenfalls Dr. jur. und Syndikus bei der Lufthansa, arbeitete mit ganzem Herzen für den Widerstand. Allerdings verfügte er nicht über eine Stellung wie Dohnanyi, dessen berufliche Beauftragung Widerstandstätigkeit einschloß. Er hatte, suchte und fand Verbindungen zu Oppositionellen, die er, wo nötig, auch wieder untereinander bekannt machte. Zu seinen Bekannten gehörten z.B. die Vettern seiner Frau, Ernst von Harnack und Arvid Harnack, auch Wilhelm Leuschner, Julius Leber, Johannes Popitz, Joseph Wirmer, Carlo Mierendorff, Jakob Kaiser, Prinz Louis Ferdinand, Karl-Ludwig Freiherr von und zu Guttenberg und natürlich der Bruder seiner Frau, Justus Delbrück. Von Besprechungen dieser Männer – gelegentlich fanden sie auch in seinem Haus statt – kam Klaus oft noch spät abends, manchmal voller Hoffnung, manchmal niedergeschlagen, immer aber ganz erfüllt und erregt zu meinen Eltern oder meinen Großeltern. Leider weiß ich keine Einzelheiten mehr von dem, was er berichtete. Er wird in Anwesenheit von uns Jüngeren mit Berichten auch vorsichtig gewesen sein.

Diese Vorsicht war natürlich allgemein geboten. Auch schriftlich wurde ja möglichst wenig festgehalten. Deshalb wird sehr vieles sich nicht mehr rekonstruieren lassen, zumal die Nazis ja keinen der Hauptbeteiligten am Leben gelassen haben. Die vom Vernichtungswillen und Haß des Regimes gegenüber seinen Gegnern geprägten Prozesse vor dem Volksgerichtshof, deren Ablauf heute weitgehend der Öffentlichkeit bekannt ist, sind nur sehr begrenzt als Zeugnisse für die Tätigkeit der Leute des Widerstands anzusehen.

Christine von Dohnanyi, die selbst aktiv an den Widerstandsarbeiten beteiligt war, – sie lebte bis 1965 – hat recht gut über Vorgänge im Amt Ausland/Abwehr Bescheid gewußt. Sie zog sich aber leider bald nach dem Krieg ganz zurück, voller Enttäuschung, daß Überlebende in ihren Darstellungen sich selbst auf Kosten der Getöteten in den Vordergrund gespielt hatten und daß diese Darstellungen dann das Bild des Widerstands zu bestimmen schienen.

Auch mein Vater, Dr. Rüdiger Schleicher, als Jurist mit Leib und Seele Beamter – die Stelle eines Bankdirektors lehnte er ab, weil er für die Allgemeinheit tätig sein wollte – litt schwer unter dem Unrechtsstaat und half dem Widerstand, indem er z.B. aus dem Reichsministerium für Luftfahrt, dessen Rechtsabteilung er bis 1939 leitete, Informationen weitergab. Als er Honorarprofessor an der Universität Berlin wurde und das Institut für Luftrecht leitete, beschäftigte er dort Dr. Hans John als Assistenten – den Bruder des mit Klaus Bonhoeffer arbeitenden Dr. Otto John –, der ebenfalls tief in den Widerstand verstrickt war. Mein Vater ermöglichte und deckte Hans Johns konspirative Reisen. In den Institutsräumen und auch bei uns zu Haus fanden entsprechende konspirative Zusammenkünfte statt.

Mein Vater war trotz seiner Einstellung nach vielen Beratungen in der Großfamilie schließlich im letzten noch möglichen Moment vor der Aufnahmesperre im Mai 1933 Mitglied der NSDAP geworden. Man meinte, es sei vielleicht ganz gut, wenn einer in der Familie Zugang und direkten Einblick in die NS-Organisationen habe und er überdies eine gewisse Abschirmung für seine Tätigkeit im Ministerium gewinne. Die Zusammenarbeit zwischen meinem Vater und Klaus Bonhoeffer, der ja auch im Luftfahrtbereich arbeitete, war besonders eng. Beide wurden in den ersten Oktobertagen 1944 verhaftet und, zusammen mit Hans John, am 2. Februar 1945 zum Tode verurteilt und in den letzten Kriegstagen – wie auch Hans von Dohnanyi und Dietrich Bonhoeffer – von der SS umgebracht.

In den ersten Jahren nach der Machtergreifung konzentrierten sich die meisten Gespräche in der Familie auf die Kirche. Auch diejenigen, für die die Kirche bisher nicht sehr wichtig gewesen war, interessierten sich nun dafür. Die Kirche war die einzige Institution, die sich bestimmten Maßnahmen und Ideologien der Nazis widersetzte und auch öffentlichen Widerspruch formulierte und in den Gemeinden verbreitete, d.h. die Gruppe aus der Kirche, die sich 1934 als Bekennende Kirche (BK) formierte. Alle anderen selbständigen oder gegnerischen Verbindungen und Institutionen waren von den Nazis einfach aufgelöst oder integriert worden. So sah man die Kirche nunmehr als etwas politisch Wichtiges an, oft über deren eigene Intentionen hinaus. Indem man die Bekennende Kirche unterstützte, hoffte man auch den Nicht-Nazis in der Regierung, den Behörden und öffentlichen Stellen mehr Mut zu machen. Wer oppositionell zum Hitler-Regime eingestellt war, konnte das durch den ostentativen Besuch der Gottesdienste, die von Pfarrern der Bekennenden Kirche gehalten wurden, deutlich machen. In den Ethikmanuskripten formulierte Dietrich derartige Erfahrungen 1940 so: „... alles, was an Elementen der Ordnung noch vorhanden ist, sucht die Nähe der Kirche. Recht, Wahrheit, Wissenschaft, Kunst, Bildung, Menschlichkeit, Freiheit, Vaterlandsliebe finden nach langen Irrwegen zu ihrem Ursprung zurück."

Dietrich und sein Freund Franz Hildebrandt, ein lutherischer Theologe jüdischer Herkunft, besprachen in den ersten NS-Jahren ständig Lage und Handlungspläne der BK in der Familie. Vor allem meine Großmutter, Dietrichs Mutter, war dabei stark engagiert. Sie schaffte Verbindungen auch zu Leuten aus der Regierung, die noch aus der Zeit vor Hitlers Machtergreifung übriggeblieben waren, ebnete hier und dort Wege – ich sehe sie immer wieder für jemanden das Telefon nehmen und ohne Zögern in dessen Sache bei – manchmal recht weitläufigen – Bekannten anrufen. Zudem hatte sie viele gute Einfälle parat. Die Zeitschrift „Junge Kirche" spielte für sie eine große Rolle. Sie wurde immer wieder zur Hand genommen und besprochen. Sonntags ließ sie sich oft nach Dahlem zu Niemöllers Gottesdienst fahren und nahm dabei manchmal uns Kinder mit, um die sowieso schon sehr gut besuchte Kirche noch mehr zu füllen. Das Fünfmarkstück, das ich dann für die Kollekte in die Hand gedrückt bekam, machte mir fast den größten Eindruck – hatte ich doch um diese Zeit, gemeinsam mit meinem Bruder, 5 Mark zusammengespart und damit eine Photo-Box gekauft. Meine Großmutter hatte sich natürlich in die Liste der Bekenntnisgemeinde eintragen lassen, hatte also die berühmte „rote Karte". Noch früheren Datums war die „rote Karte" von Susanne Dreß, der jüngsten der Bonhoeffer-Geschwister, nämlich vom 23. Juli 1934. Die rote Kart als Selbstverpflichtung war erst durch die „Barmer Erklärung" vom 31. Mai 1934 entstanden.

Als Dietrich von Ende 1933 bis 1935 in London war, ließ er sich telefonisch von seiner Mutter, die stets auf dem laufenden war, über die kirchlichen Entwicklungen unterrichten. Franz Hildebrandt, der dann auch nach London ging, erzählte die schöne Geschichte, daß die Telefonrechnung so astronomisch hoch war, daß die beiden aufs Telefonamt zogen, das Telefonfräulein dort auch ein Einsehen hatte und die Rechnung kurzerhand halbierte.

Gespräche und Planungen zu kirchlichen Ereignissen gab es in der Familie natürlich immer wieder, z.B. 1936 im Zusammenhang mit der Frage, ob Dietrich bei der Olympiade reden sollte oder sein Auftreten nur die Nazis dem Ausland gegenüber in ein gutes Licht rücken würde. Er hat dann in einer Vortragsreihe der Bekennenden Kirche geredet.

Oft habe ich auf die Gespräche der Erwachsenen leider nicht sehr geachtet, wohl aber die erregte Atmosphäre wahrgenommen, an die man allerdings durch die immer neuen Schachzüge der Nazis ziemlich gewöhnt war, und nur gewisse wiederkehrende Namen behalten. Sehr deutlich ist mir aber noch Niemöllers Verhaftung in Erinnerung, dann sein Freispruch mit der darauf folgenden Einweisung ins KZ. Das regte alle ungeheuer auf, und Niemöllers Ergehen wurde ständig im Auge behalten.

Das Thema Bekennende Kirche nahm in den späteren Jahren aber keinen so beherrschenden Platz mehr in den Gesprächen der Familie ein.

Sei es, daß man nicht mehr soviel von ihr erwartete, sei es – was natürlich damit zusammenhängt –, daß die Familie sich nun auf politischem Feld stärker zu engagieren begann, oder auch einfach, daß das, was politisch an Empörendem und Unheilkündendem geschah, keinen Raum für weitere Gesprächsthemen ließ.

Die Juden-Politik war eigentlich das beherrschende Thema im Familienkreis, mit dem auch die anderen politischen Fragenkreise verknüpft waren. Schon zwei Monate nach der „Machtergreifung" wurde zusammen mit anderen Gesetzen das „Gesetz zur Wiederherstellung des Berufsbeamtentums" erlassen. Es enthielt als § 3 den sog. Arierparagraphen, der Juden in den Ministerien und Behörden, in Lehrberufen an Universitäten und Schulen ihres Amtes beraubte. 1935 folgten die berüchtigten „ Nürnberger Gesetze", die die Juden und ihre gegebenenfalls teilweise „arischen" Nachkommen klassifizierten, diffamierten und ihnen Beschränkungen auferlegten. Wir mußten uns später damit in der Schule im Fach „Nationalsozialistische Staatsgestaltung" beschäftigen. Es gab – lange vor Auschwitz – all die kleineren und großen Schikanen gegen Juden, angefangen mit den Schildern an Parkbänken und Gebäuden „Juden sind hier unerwünscht" über den Boykott jüdischer Geschäfte bis hin zur sogenannten „Reichs-Kristallnacht", in der Schaufenster jüdischer Geschäfte eingeschlagen, Synagogen angesteckt und Juden mißhandelt wurden. Von einzelnen, die schon früh im KZ ermordet wurden, ganz zu schweigen.

In Berlin hatten zuvor liberale Christen und liberale Juden völlig selbstverständlich zusammen gelebt. Gerade in Grunewald, wo die Bonhoeffers wohnten, lebten viele Juden. Nicolaus Sombart schreibt in seinem Buch „Jugend in Berlin", daß jedes dritte Haus dort Juden gehörte. So hatten die Bonhoeffers viele enge jüdische Freunde, der Vater hatte jüdische Assistenten, die Zwillingsschwester von Dietrich, Sabine, war mit einem Mann jüdischer Herkunft, wenn auch von Kind auf christlich erzogen, dem späteren Bundesverfassungsrichter Gerhard Leibholz verheiratet. Der Wunsch zu dieser Ehe war zwar in der Familie – trotz Hochschätzung Leibholz' – zuerst auch skeptisch betrachtet worden. Jede geplante Eheschließung, die einen Partner mit anderem Hintergrund, etwa einen katholischen, hätte einführen wollen, wäre aber ebenso kritisch gesehen worden. Dietrich selbst hat meinen Eltern gegenüber noch, als ich – allerdings erst 17jährig – seinen Freund zu heiraten beabsichtigte, auf manche Unterschiede in den Familien hingewiesen, die für mich Schwierigkeiten bedeuten könnten. Das Bedenken solcher Unterschiede war auch für ihn noch eine selbstverständliche Verantwortung.

1933 stellte sich in der Familie sofort die Frage, ob und wie Juden in Deutschland weiter leben könnten. Die meisten jüdischen Freunde verließen Deutschland schon in den ersten Jahren nach der „Machtergreifung", die Schwester mit ihrer Familie erst im September 1938. An die vielen Erwägungen, die jahrelang dem Entschluß zur Auswanderung vorausgingen, bald bedächtig, bald voller Aufregung vorgebracht, kann ich mich gut erinnern. Man klammerte sich lange an jede kleinste Aussicht, daß dem Regime ein Ende bereitet werden könne. Jede politische Bewegung wurde daraufhin aufmerksam verfolgt. Zudem hatte man Verbindung zu manchen nazifeindlichen Regierungsleuten, auf deren Intervention man im Notfall hoffen konnte – nur wußte man nie, ob solche Leute nicht selbst plötzlich ausgebootet und Opfer des Regimes werden würden. Den Ausschlag für die Auswanderung gab dann die geheime Information, daß die Pässe von Juden bald mit dem Zusatz „Israel" bzw. „Sarah" gekennzeichnet werden müßten, so daß dann eine Ausreise von Juden sofort kontrolliert und unterbunden werden könnte.

Auch eine Kusine meiner Mutter wanderte 1938 aus, weil sie mit einem jüdischen Rechtsanwalt verheiratet war. Ihre Kinder wohnten während der Übergangszeit bei uns, und die Eltern wiesen uns an, bei Fragen nach ihrer etwaigen jüdischen Herkunft zu antworten, daß sie spanisches Blut hätten.

Als die Deportationen begannen, waren Freunde und Verwandte schon im Ausland. Von denen, die ich kannte, fiel nur eine befreundete Familie unserer Haushaltshilfe der Deportation zum Opfer und kehrte nie zurück. Die Frau war vorher mit ihren beiden Kindern öfter bei uns im Haus gewesen. Sie war morgens in der Dunkelheit gekommen und abends in der Dunkelheit gegangen. Außerdem wurde die ganz gebrechliche alte Freundin einer Bekannten meiner Großeltern nach Theresienstadt gebracht. Wie sie oder andere zur Deportation abgeholt wurden, habe ich nicht gesehen. Die Sammelplätze waren in anderen Teilen von Berlin, und in unserer Umgebung gab es zu dieser Zeit kaum noch Juden. Die Familie hat aber von Anfang an von den Deportationen gewußt und so, wie man die Nazis kannte, dabei Greueltaten und Morde vorausgesehen. Seit wann man genau von den Massenvernichtungen wußte, kann ich nicht sagen. Schon die ersten Foltern und Mordfälle in KZs, von denen man hörte, erregten die Familie aufs höchste. Die Empörung konnte kaum noch gesteigert werden. Dennoch erfuhr man immer mehr schreckliche Dinge. Über das ganze Ausmaß der Verbrechen dürfte man während des Krieges aber noch gar nicht informiert gewesen sein. Ich selbst – und ich glaube, die meisten in der Familie – haben die Massenmorde aber nicht als etwas qualitativ Neues, sondern als ein grauenhaftes Crescendo des von Anfang an Geplanten und Ausgeführten empfunden, einen Alptraum, der die Pläne für ein Attentat auf Hitler immer dringlicher machte. Aber bei der Planung und Ausführung gab es ständig neue Pannen und Verhinderungen.

Trotz allem lebte man weiter und arrangierte sich irgendwie. Wir Kinder waren in der Hitlerjugend. Ich bekam ein Attest wegen eines „schwachen Herzens" und wurde mit der Zeit vergessen, so daß ich, nachdem ich 14 war, an Veranstaltungen nicht mehr teilnahm. Mein Bruder wurde mit seinem Cello in die HJ-Rundfunkspielschar lanciert, wo er statt des üblichen Dienstes meist gute Musik machte. Meine sehr sportliche jüngere Schwester sollte sogar (Mädelschafts-)Führerin werden, aber meine Eltern verstanden es, das „aus Gesundheitsgründen" zu verhindern; ich glaube, nicht nur zur Freude meiner Schwester.

Die Schulen wurden natürlich auch von Nazi-Forderungen bedrängt. Man hatte aber ein Gespür dafür entwickelt, ob jemand wirklich Nazi war: Machte der Lehrer den obligaten Hitlergruß am Anfang und Ende der Stunde schnell ab und ging sofort zur Lektion über, konnte man sicher sein, daß er kein Nazi war, ebenso, wenn er von „Hitler" statt vom „Führer" sprach. So erkannte man nicht nur Lehrer. Ein klares Erkennungszeichen war auch die Größe der Fahne, die man ja für unzählige Gelegenheiten heraushängen mußte. Leute mit großer Fahne schrieb man sofort ab. Meine Eltern hatten eine ziemlich kleine, die meiner Großeltern war so klein, daß ich mich fast dafür genierte – vielleicht auch eher, in Gedanken an böswillige Nazis, deswegen beunruhigte. In der Schule mußte man gewissen Forderungen der nationalsozialistischen Leitung einfach nachkommen. Oft wurden sie sogar von Lehrern verlangt, die selbst durchaus keine Nazis waren. So mußten wir ein Plakat „Bomben auf Engeland" für die Zeichenlehrerin machen, deren Schwester sich mit ihrem jüdischen Mann zusammen umgebracht hatte. Die Familie überlegte mit mir, wie man so ein Plakat einigermaßen erträglich gestalten könne, und wir entschieden uns für einen Adler über den britischen Inseln. Was uns Kindern von unsern Eltern prinzipiell nicht erlaubt wurde, war die Teilnahme an den Aufführungen der Nazi-Filme wie „Hitlerjunge Quex" oder „Jud Süß". Sie schrieben eine Entschuldigung, das sei für uns zu aufregend, und wir blieben als einzige zurück, während die Schule geschlossen ins Kino zog.

Ich kann hier natürlich nur kleine Ausschnitte des Lebens jener Jahre beleuchten. Viel Schwieriges, aber auch viel Gutes gäbe es zu berichten. Man genoß Musik, Bücher, Spiele und herrliche Familienfeste besonders intensiv, als ob sich so von selbst eine Art Ausgleich zu allem Unheil herstellte und für die notwendige Balance sorgte. Erstaunlich ist eigentlich, daß man all die Jahre hindurch nie die Hoffnung verlor, sogar als die fünf Männer der Familie – der fünfte war mein Mann, der als einziger aber lebend wieder herauskam – im Gefängnis saßen und mein Vater und Klaus Bonhoeffer schon zum Tode verurteilt waren.

Auch hielten die Aktivitäten der Familie zur Rettung der Männer bis zum Ende an, jedoch wurden die Möglichkeiten, etwas zu erreichen, immer geringer. Von all dem, was seit der Verhaftung von Hans von Dohnanyi und Dietrich am 5. April 1943 – auch Christine von Dohnanyi kam für fünf Wochen ins Gefängnis – in der Familie vor sich ging, kann man sich keine Vorstellung machen: Beratungen, Entschlüsselung von Code-Nachrichten aus Büchern, offene Interventionen meines Großvaters, der als Wissenschaftler großes Ansehen genoß. Und es gab ständig geheime Besprechungen mit Leuten, die, obwohl zur Opposition gehörend, über den Verlauf der Prozesse und die Entwicklungen bei den maßgeblichen Stellen der Wehrmacht und der SS unterrichtet waren; diese Besprechungen wurden meist über Mittelsmänner geführt, die unauffällig Zugang zu diesen Personen finden konnten, um somit keinen Verdacht auf sie fallen zu lassen. Auch mein Vater hat sich in dieser Weise eingesetzt, ehe er selbst ins Gefängnis kam.

Die Belastungen für meine Tante Dohnanyi, die sogar, um ihren Mann vernehmungsunfähig zu machen, ihm auf seine Bitte in Speisen Diphterie-Bazillen ins Gefängnis schickte, durch die er dann schwer erkrankte, waren übermenschlich. Fluchtpläne für Dietrich und für Hans von Dohnanyi kamen schließlich hinzu, die sich dann aber zerschlugen. Die Monteurskleidung, in der Dietrich aus dem Gefängnis geschleust werden sollte, hatten meine Eltern und ich dem Wächter gebracht, der dieses Unternehmen geplant hatte. Als Klaus und mein Vater ein paar Tage darauf verhaftet wurden, wollte Dietrich die Familie durch seine Flucht nicht noch weiter gefährden.

Dann kamen am 2. Februar 1945 die Todesurteile für meinen Vater und Klaus Bonhoeffer. Vorher gab es unzählige Besprechungen und Bestechungsversuche, danach wieder Interventionen und Nachforschungen über den Aufenthalt von Dietrich und Hans, die man aus Berlin abtransportiert hatte.

Das Ende war ein harter Schlag. Aber man hatte das Gefühl, daß es für unsere Familie, die so viel gewußt hatte, keinen anderen Weg, keine Wahl gegeben hatte.

Einleitung

Im Deutschland des Jahres 1906 in einer Familie des liberalen Bildungsbürgertums geboren zu werden, bedeutete fast notgedrungen ein Leben, das durch äußeren und inneren Umbruch von dramatischen Dimensionen gezeichnet und zerrissen war. Ein solches Leben, aufgerieben im Kampf gegen den Nationalsozialismus, und doch einzigartig, ist das des evangelischen Theologen Dietrich Bonhoeffer.

Er wuchs während des Ersten Weltkrieges in Berlin auf, zu jung, um Soldat zu sein, aber alt genug, um die Ereignisse schon bewußt mitzuerleben. Als Jugendlicher bei Kriegsende empfand er die Schmach der Niederlage und teilte die Erbitterung über die demütigenden Bedingungen des Versailler Vertrages. Von der Inflation nach dem Krieg war seine Familie nicht so stark betroffen wie die meisten anderen Deutschen, da sein Vater, als Psychiater von Ruf, durch seine ausländischen Patienten auch Zugang zu anderen Währungen hatte. Dietrich Bonhoeffer studierte in Tübingen und Berlin. Seine Familie war zuerst wohl überrascht, als er sich für den Beruf des Pfarrers entschied, gleichzeitig eröffnete sich ihm aber auch die Möglichkeit einer akademischen Laufbahn an der Universität. Er reiste viel, was sich in diesen schweren Jahren nur wenige Deutsche leisten konnten, er studierte in Amerika, verbrachte einen Teil seiner Ausbildungszeit in Spanien und unternahm Bildungsreisen nach Italien und bis nach Nordafrika.

Er war ein aktiver und kritischer Mitarbeiter in der damals gerade aufblühenden ökumenischen Bewegung und gewann sich Freunde in vielen Ländern. Wie seine ganze Familie so gab auch er sich von Anfang an keinen Täuschungen über die Nationalsozialisten hin, in einer Radioansprache formulierte er den wahrscheinlich ersten öffentlichen Angriff auf den Führergedanken direkt nach Hitlers Machtergreifung. Er war einer der ersten, der als Christ seine Stimme erhob gegen die Judenverfolgung. Abseits vom Kampfgetümmel, auf einer Auslandspfarrstelle in London, und darum selbst gar nicht betroffen, engagierte er sich trotzdem mit den

Amtsbrüdern in Deutschland, die sich gegen das Eindringen der Nazi-Ideologie in der Kirche zur Wehr setzten und um eine reine Kirche kämpften; mit dem Bischof von Chichester, George Bell, verband ihn eine bleibende Freundschaft.

Er kehrte sodann nach Deutschland zurück, um ein illegales Predigerseminar zur Ausbildung von Pfarrern für die Bekennende Kirche zu leiten. An der Formulierung der Barmer Theologischen Erklärung, die dieser Kirche in ihrem theologisch begründeten Widerstand als Bekenntnisdokument dienen sollte, arbeitete er mit. Zu seiner eigenen Sicherheit erhielt er eine Einladung zu Vorlesungen nach Amerika. Doch kehrte er nach kurzem Aufenthalt von dort in das gefahrenreiche Nazi-Deutschland zurück, da er an „Schmach und Lasten“, die seinem Volk auferlegt waren, teilhaben wollte. Schließlich faßte er den schweren und folgenreichen Entschluß, sich der deutschen Widerstandsbewegung anzuschließen, und ließ sich als Doppelagent einsetzen. Er gehörte zu dem Kreis der Verschwörer, aus dem heraus Attentate gegen Hitler geplant und in Angriff genommen wurden; mit einem offiziellen deutschen Paß reiste er im Krieg in neutrale Länder, wo er mit dem Feind Verbindung aufnahm, um über mögliche Friedensbedingungen und einen in Aussicht gestellten Sturz der Naziherrschaft zu verhandeln. Gefaßt wurde er schließlich im Zusammenhang mit einer Rettungsaktion, bei der eine kleine Gruppe von Juden in die Schweiz geschmuggelt worden war, und verbrachte die letzten zwei Jahre seines Lebens im Gefängnis. Seine dort niedergeschriebenen Gedanken haben dem theologischen Denken grundsätzliche Anstöße vermittelt. Wenige Tage vor Kriegsende wurde er in einem Schnellverfahren verurteilt und hingerichtet.

Er war ein Mensch, der das Leben liebte und die Freuden, die es bot, genoß; so fiel ihm die durch seine Zugehörigkeit zum Widerstand und seine Rolle als Doppelagent bedingte Umstellung seines ganzen Lebens schwer. Viel lieber hätte er weiterhin in der Gesellschaft seiner Freunde musiziert, Feste gefeiert und gut gespeist, dann geheiratet und eine Familie gegründet. Theologisch stand er ganz in der lutherischen Tradition, gab dabei aber auch neue Impulse für das Verständnis des großen Lehrers und Reformators. In der kurzen Spanne seiner nur neununddreißig Lebensjahre trug er nicht Unerhebliches zum theologischen Schrifttum bei – die meisten seiner Schriften waren bei seinem Tod noch gar nicht gedruckt –, wieviel mehr aber, kaum im Ansatz entworfen, blieb ungeschrieben und unausgeführt! Noch tastend hatte er radikale Lösungen für eine zukünftige Kirche und eine Theologie der Zukunft ins Auge gefaßt. Er war kein

Märtyrer, aus der Sicht der Machthaber wurde er nach geltendem Recht verurteilt. Seine Ablehnung der Deutschen Christen war vor allem theologisch begründet, und nicht deswegen wurde er angeklagt, sondern wegen staatsgefährdender Tätigkeit. Denn er war zu der bitteren Erkenntnis gekommen, daß es geboten sei, für die Niederlage des eigenen Landes zu beten und sich auch aktiv dafür einzusetzen, da nur so der Untergang des christlichen Abendlandes verhindert werden könne.

Im Verlauf meiner Beschäftigung mit Bonhoeffers schriftlicher Hinterlassenschaft, von den frühen Jahren an der Universität bis zum Ende im Gefängnis, trat mir aus diesen Zeugnissen ein Mensch von großer geistiger Statur entgegen, sehr menschlich und zugleich ein scharfer Denker, mit feinem Gespür und wachem Gewissen für die Probleme seiner Zeit und seines Landes. Während ich, über einen Zeitraum von fünfzehn Jahren, seine Schriften Band für Band in England herausgab, wurde mir der Zusammenhang seines Denkens immer überzeugender deutlich. Natürlich hatten auch äußere Ereignisse einen prägenden Einfluß auf ihn, und er mußte sich mit den verhängnisvollen Kräften seiner Zeit reagierend auseinandersetzen, und doch läßt sich von den Briefen aus seinen Studententagen und seinen ersten theologischen Ausarbeitungen an bis zu den Briefen und Aufzeichnungen aus der Haft eine konsistente Linie erkennen. In den sechziger Jahren gingen besonders im angelsächsischen Sprachraum durch die Auszüge aus den Gefängnisbriefen, die John Robinson in seinem Buch ‚Honest to God' zitiert, neue Anstöße aus. Die radikalen Zitate in Robinsons Buch sind durchaus treffend. Bonhoeffer war ein radikaler Theologe – aber gleichzeitig, wie Luther, immer in der biblischen Grundlage verwurzelt.

Das hier vorliegende Buch soll, so hoffe ich, diesen Menschen in seiner Ganzheit zeigen, wie er lebte und starb in der Nachfolge Jesu Christi, wissend, daß er vieles falsch verstanden und auch oft das Falsche gesagt und getan habe, aber aufrichtig in seinem Tun und Denken und immer fest gegründet im Wort Gottes. Als Kind hatte er geäußert, es sei sein Herzenswunsch, einen guten und schönen Tod zu haben und der Welt zeigen zu können, wie ein Christ dem Tod ohne Furcht ins Auge blicken könne. Dieser Wunsch sollte ihm erfüllt werden, wie wir von den Zeugen seiner letzten Tage vor seinem unzeitigen Tod wissen.

1. *Kindheit und Todessehnsucht*

Am 4. Februar 1906 wurden im Hause Bonhoeffer Zwillinge geboren. Als erster kam Dietrich, zehn Minuten vor seiner Schwester Sabine, auf die Welt, eine Tatsache, an die er sie immer wieder gern erinnert hat! Die Zwillinge wurden in Breslau geboren, der bedeutendsten Stadt Schlesiens – heute Hauptstadt des gleichnamigen Verwaltungsgebietes Wrocław in Polen. Die Bonhoeffers waren eine große Familie, acht Kinder waren es schließlich, mit den Zwillingen an sechster und siebter Stelle.

Die Familie wohnte in einem schönen Haus am Scheitniger Park neben der psychiatrischen Klinik, deren Direktor der Vater Karl Bonhoeffer neben seiner Tätigkeit als Professor für Psychiatrie und Neurologie an der Universität war. Zum Haus gehörte ein großer Garten, in dem die größeren Geschwister spielten und Verstecke bauten, woran sich aber auch der kleine Dietrich schon bald mit Begeisterung beteiligte. So erinnern sich die größeren Geschwister später noch, wie der Fünfjährige im drückend heißen Sommer 1911, mit seinem hellblonden Haarschopf über dem braungebrannten Gesicht und erhitzt vom Toben, nur ungern dem Ruf des Kindermädchens, daß es Zeit sei, die Spiele abzubrechen und ins Haus zu kommen, folgte.

Karl Bonhoeffer hatte Freude an der großen Kinderschar. In einer Tagebucheintragung von Silvester 1909 kommt das deutlich zum Ausdruck: „Trotz der Kinderzahl 8, die in jetzigen Zeiten vielen erstaunlich erscheint, haben wir den Eindruck, daß es nicht zuviel sind. Das Haus ist geräumig, die Kinder normal entwickelt, wir Eltern noch nicht zu alt und darum bemüht, sie nicht zu verwöhnen und ihnen die Jugend freundlich zu gestalten."[1]

Auch die Mutter Paula liebte eine große Familie. Bis zur Geburt von Dietrich und Sabine hatte sie sich selbst um Erziehung und Unterricht der Kinder gekümmert. Vor ihrer Heirat hatte sie das Lehrerinnenexamen gemacht; sie war eine hochintelligente Frau, hatte eine schöne Singstimme und war dazu auch noch eine ausgezeichnete Gastgeberin. Durch die

Ausstattung mit Pulten war ein großes Zimmer im Haus als Schulraum eingerichtet worden. Dietrich und Sabine erhielten ihren ersten Unterricht dann jedoch von einer Gouvernante, Käthe Horn, mit der Dietrich bis in seine Studentenjahre hinein in Verbindung geblieben ist.

Der Vater Karl Bonhoeffer war ein vielbeschäftigter Mann, verstand es aber, seine Zeit so einzuteilen, daß er sich auch noch seinen Kindern widmen konnte. Und wenn er dies tat, dann war er ganz und gar dabei, tanzte mit den Mädchen um den Tisch und dachte sich neue Spiele aus. An Sonntagen oder Ferientagen ging er mit den Kindern spazieren, immer bereit, auf ihre Fragen einzugehen. Er war nicht der dominierende Vatertyp. Wahrscheinlich war die Mutter die strengere von beiden. Er lebte seinen Kindern die Maßstäbe, nach denen sie sich richten sollten, lieber im Beispiel vor. Man kann hier wohl von einer guten Ehe sprechen, in der Vater und Mutter sich gegenseitig ergänzten.

Aus der Geborgenheit dieser Familie erwuchs Dietrich, wie ihm später bewußt wurde, das ihm eigene Gefühl der Sicherheit. Seine jüngste Schwester Susanne berichtet, wie er später, in ihrer Studentenzeit, bei einer gemeinsamen Wanderung einmal zu ihr gesagt habe: „Ich möchte einmal ungeborgen sein. Wir können die anderen nicht verstehen. Bei uns sind immer die Eltern, die alle Schwierigkeiten erleichtern. Und ob wir auch noch so weit weg sind, gibt uns das eine so unverschämte Sicherheit."[2]

Breslau

Breslau blickte zu Beginn unseres Jahrhunderts auf eine 160jährige Geschichte als preußische Provinzstadt zurück, davor aber lag eine noch weiter zurückreichende Geschichte, die an Gebäuden und im Leben der Stadt ihre Spuren hinterlassen hatte. Ursprünglich eine böhmische Stadt, hatte Breslau zu verschiedenen Zeiten zu Polen und zu Österreich und dazwischen auch wieder zur böhmischen Krone gehört, bis es schließlich 1742 an Preußen kam. In Dietrichs Kindertagen standen neben reichen Barockbauten auch noch viele mittelalterliche Gebäude. Als Hauptstadt von Niederschlesien hatte es ein reiches kulturelles Erbe aufzuweisen, hatte gute Museen, eine Kunstakademie, Theater usw. Dazu war Breslau Bischofssitz mit einer Reihe schöner Kirchen. Das 19. Jahrhundert hatte industrielles Wachstum gebracht – Textilindustrie, Maschinenbau, Metallverarbeitung und Nahrungsmittelgewerbe –, so daß die Stadt um 1900 eine Bevölkerung von 300 000 erreicht hatte, die noch ständig zunahm. Es war eine große, attraktive und lebendige Bezirkshauptstadt am Rande des Deutschen Reiches. Dietrich war zu jung, um all dies aufzunehmen; dies gilt aber nicht für seine älteren Brüder, und sicher hat sich ihm doch einiges von der Zuneigung, die sie für diese Stadt hegten, mitgeteilt.

Karl Bonhoeffer war 1893 ohne große Begeisterung von Stuttgart nach Breslau gekommen, um dort eine Assistentenstelle bei dem bekannten Psychiater Carl Wernicke anzutreten. Die hohen Häuser hier und die Fabrikschornsteine waren wenig verlockend im Vergleich zu der lieblichen Landschaft um Stuttgart. Doch Karl Bonhoeffer stellte sich mit Entschlossenheit auf die neue Situation ein und wurde darüber fast zum Schlesier. Er spezialisierte sich auf dem Gebiet der Behandlung von Alkoholikern und wurde bald allgemein als der führende Psychiater in Schlesien angesehen, was dazu führte, daß er eine leitende Stellung in einer Rehabilitationsstation für geisteskranke Strafgefangene erhielt. Am 5. März 1898 heiratete er Paula von Hase, und in demselben Jahr wurde er auch als Nachfolger auf den Lehrstuhl Carl Wernickes berufen. Er erhielt nicht wenige Angebote auch von anderen Universitäten, blieb aber in Breslau, wo er seinen derzeitigen Forschungsarbeiten am besten nachgehen konnte.

Von all diesen wichtigen Entscheidungen wußte der kleine Dietrich nichts; um so besser kannte er sich aber in seiner nächsten Umgebung aus, nur wenige Minuten von seinem Elternhaus lag das Haus seines Großvaters mütterlicherseits und der viel geliebten Tante Elisabeth, die dort seit dem Tod der Großmutter bei ihm wohnte und ihn versorgte. Und Dietrich erinnerte sich auch an das Sommerhaus in Wölfelsgrund, von dem er zeit seines Lebens ins Ideale verklärte Vorstellungen behielt, die dann sogar in dem Roman, den er gegen Ende seines Lebens im Gefängnis schrieb, einen Platz fanden.

Die Zwillinge standen einander besonders nahe und teilten beide eine kindliche Faszination an Beerdigungen! Dem Haus in Breslau gegenüber befand sich ein katholischer Friedhof, an dessen Grenze der Fluß entlangfloß. Die Zwillinge liebten es, von ihrem Fenster aus den Fluß zu betrachten, und fanden es dann besonders aufregend, wenn ein Trauerzug mit schwarzverhängten Pferden vor dem Leichenwagen auftauchte. Sie verpaßten möglichst keine Beerdigung und vertieften sich in lange Gespräche über die Frage, wie man sich wohl fühle, wenn man tot sei.

Umzug nach Berlin

Dietrich war gerade sechs, als sein Vater einen Ruf auf den bedeutendsten Lehrstuhl der Psychiatrie in Deutschland nach Berlin erhielt. Von Breslau nach Berlin war es ein weiter Weg, nicht nur was die Zahl der zurückzulegenden Kilometer betrifft. Der Umzug von einer Provinzhauptstadt in die preußische Hauptstadt des Deutschen Reiches bedeutete ein Übersiedeln in eine andere Welt. Karl Bonhoeffer wird die Vorteile gleich gespürt haben. Zuerst zog die Familie in ein Haus in der Brückenallee, ließ sich dann (1916) aber in einem größeren Haus in der Wangenheimstraße 14 in Grunewald nieder. Hier lebten viele Professoren von den verschiedensten Fakultäten der Berliner Universität. Hier würden auch die Bonhoefferkinder viele kulturelle und geistige Anregungen erhalten. Das Sommerhaus in Wölfelsgrund war von hier aus zu weit entfernt und mußte, sehr zum Kummer der Kinder, verkauft werden; stattdessen wurde ein anderes im Harz, in der Nähe von Friedrichsbrunn, erworben.

Sicher war die mit dem Umzug zu Ostern 1912 verbundene Umstellung für den kleinen Dietrich nicht leicht, aber in der großen, fest zueinander stehenden Familie war der Schaden schnell verkraftet. Denn wie Möbel und Hausrat brachte die große Familie ihre ganze eigene Welt mit. Sehr viel einschneidender als der Umzug, wenn auch in direktem Zusammenhang damit, war der Schulbeginn. In Breslau war er von seiner Mutter und der Erzieherin Käthe Horn unterrichtet worden. In Berlin mußten die Kinder jetzt alle die Schule besuchen, die Jungen gingen auf das Friedrichswerdersche Gymnasium. Der Vater hätte es wohl gern gesehen, wenn die Söhne sich mehr den naturwissenschaftlichen Fächern zugewandt hätten, aber am humanistischen Gymnasium standen die geisteswissenschaftlichen Fächer im Vordergrund. Dietrich als der Jüngste wurde im Herbst 1913 eingeschult. Der Siebenjährige zeigte sich ängstlich und scheu. Offensichtlich fühlte er sich gar nicht wohl in seiner Haut. Der Vater beobachtete ihn mit väterlicher Sorge und zugleich mit dem fachkundigen Blick des Arztes. Der Umzug hatte Dietrich mehr als erwartet zugesetzt, doch dann begannen seine schulischen Aufgaben, die er mit Leichtigkeit erledigte, ihm Spaß zu machen. Der Vater atmete erleichtert auf und bemerkte in seinem Silvestertagebuch: „Dietrich macht seine Arbeiten selbständig und ordentlich. Er rauft sich gern und viel." Dietrich war kräftig und von ausgeglichenem Wuchs. An naturwissenschaftlichem Grundwissen, wie es damals unterrichtet wurde, zeigte er kein besonderes Interesse, aber in der Musik machte er große Fortschritte. Die ganze Familie war musikalisch, und man fand sich oft zum gemeinsamen Musizieren zusammen, wobei Dietrich nicht fehlen durfte. Schon bald war er ein so sicherer Klavierspieler, daß er oft trotz seines jungen Alters die Führung übernahm. In der Schule war er beliebt, doch schloß er nicht leicht Freundschaften. Das hing wohl hauptsächlich mit der großen Geschwisterschar zusammen. Mit seinen Brüdern und Schwestern zu Hause hatte er jederzeit Spielkameraden zur Verfügung, und wenn er gelegentlich Schulkameraden mit nach Hause brachte, so wurden sie in diese Familienrunde eingefügt. Es war ein Haus der spielenden Kinder, und Dietrich mitten dazwischen – mit großem Spieleifer und Freude am Gewinnen, wie seine Schwestern später noch erzählten.

Todessehnsucht

In den zwei kleinen Köpfen, die in Breslau vom Fenster aus den Leichenzügen folgten, gingen Fragen um, deren Bedeutung sie nicht ermessen konnten. Später, als Sabine und Dietrich, inzwischen achtjährig, im Berliner Haus der Familie im gemeinsamen Zimmer abends wach lagen, nach dem Abendgebet und einem mit der Mutter gesungenen Lied, führten sie feierlich geflüsterte Gespräche über Tod und ewiges Leben. Sabine erinnerte sich später, wie sie sich gegenseitig wach hielten und sich vorzustellen versuchten, wie das ewige Leben wohl wäre und wie man sich fühle, wenn man tot sei. Wenn sie sich dann ganz und gar auf das Wort „Ewigkeit“ konzentrierten und möglichst jeden anderen Gedanken verbannten, dann spürten sie, wie lang und unheimlich die Ewigkeit doch wohl sein würde. Dietrich hatte eine Neigung dazu, sich Gedanken über den Tod hinzugeben. So stellte er sich vor, er läge auf dem Sterbebett, umringt von allen, die ihn liebhatten, und dann legte er sich im Geheimen seine letzten Worte zurecht. Er dachte sich den Tod nicht bitter oder fremd. Er wollte gern jung sterben, einen schönen, frommen Tod! Und er wollte gern allen verständlich machen, saß es dem Gläubigen nicht schwer sei zu sterben; nein, für ihn müsse doch das Sterben etwas ganz Wunderbares sein! Wenn ihm dann aber manchmal am Abend vor Müdigkeit schwindlig war, dann kam ihm der Gedanke, daß er nun wirklich sterben müsse. Dann wurde ihm sein Selbstbetrug bewußt, denn dann betete er inbrünstig zu Gott, ihn doch bitte jetzt noch nicht sterben zu lassen!

In späteren Jahren hat Dietrich Bonhoeffer über diesen Abschnitt seines Lebens, zwischen acht und elf Jahren, als er den Tod zugleich herbeisehnte und fürchtete, gesprochen und auch geschrieben. Man kann natürlich nie mit Sicherheit sagen, ob nicht spätere Erlebnisse in die Kindheitserinnerungen zurückprojiziert sind, aber seine Erinnerung an diese Nächte im gemeinsamen Zimmer mit Sabine scheint doch sehr lebendig. Es muß eine Art Selbstanalyse für ihn gewesen sein. Dies wird besonders deutlich, wo er von seiner Angst, eine unheilbare Krankheit zu haben, erzählt. Es hört sich so an, als werde hier eine andere Person beschrieben, und vielleicht sollte dies ja auch nur ein auf seiner Erinnerung basierender schriftstellerischer Versuch sein:

„Da packte ihn eines Tages ein grotesker Gedanke. Er meinte, er wäre ein Mensch, der von der einzigen unheilbaren Krankheit besessen sei, die es gäbe; nämlich er habe eine wahnsinnige und durch nichts zu beseitigende Angst vor dem Sterben. Und keiner könne ihn von dieser Krankheit befreien, denn es sei ja eigentlich gar keine Krankheit, sondern es sei das Natürlichste und Selbstverständlichste, weil es das Unvermeidlichste sei. Er sah sich fassungslos von einem Menschen zum anderen fliehen und Hilfe suchen. Die Ärzte schüttelten die Köpfe und konnten nichts antworten. Die Krankheit war, daß er das Wirkliche als wirklich ansah, ... Er konnte diesen Gedanken nur wenige Augenblicke aushalten."[3]

Dies erinnert nun eher an einen Traum und zeigt, daß er hier etwas, das ihm unaussprechlich war, in sich begrub. So hatte der ehemals faszinierende Gegenstand vieler Gespräche und Träumereien plötzlich einen bitteren Geschmack angenommen. Dietrich sprach jetzt nicht mehr von einem schönen, frommen Tod.

Inzwischen hatte sich aber, mit dem Ausbruch des Krieges, das Leben in Berlin schlagartig geändert.

Der Erste Weltkrieg

Der Krieg überraschte Leute wie Karl Bonhoeffer völlig unerwartet! Die Kinder erlebten den Kriegsausbruch nur als aufregend, der Vater und viele seiner Bekannten aber spürten das Heraufziehen einer düsteren und beängstigenden Zukunft. Das deutsche akademisch gebildete Bürgertum hatte loyal zu seinem Kaiser gestanden, wenn es ihn auch belächelte, wie er sich im harmlosen Putz von Uniform, Rüstung und Orden der Öffentlichkeit präsentierte. Seine Hetzreden tat man als leere Rhetorik ab.

Professor Bonhoeffer mit seinem internationalen Patientenkreis war fest davon überzeugt gewesen, daß die Verflechtung der wirtschaftlichen Interessen einen bewaffneten Konflikt zwischen den europäischen Nationen verhindern würde. Ein Kolonialkrieg wäre vielleicht denkbar, aber nicht ein europäischer Krieg. Doch leider irrte er sich da. Mit jeder neuen Drohgebärde des Kaisers schien die Nation mehr und mehr den Verstand zu verlieren vor Begeisterung, einer Begeisterung, die in Nichts verpuffte, als es zum Treffen kam. Karl Bonhoeffer und die bürgerliche Schicht, der er angehörte, hatten das bombastische Gehabe hingenommen, nun aber ahnten sie, daß ein tatsächlicher Krieg ihre Welt in den Abgrund reißen würde.

An dem warmen Sommerabend des 4. August 1914 ging Karl Bonhoeffer mit drei seiner Söhne auf der von Bäumen gesäumten Allee Unter den Linden spazieren. Die in den letzten Tagen noch überschwengliche Begeisterung der Massen, die sich vor dem Schloß angesammelt hatten, hatte einem düsteren Schweigen Platz gemacht, das er als „außerordentlich bedrückend" beschreibt. Gerade war die englische Kriegserklärung an Deutschland bekannt gegeben worden. Unter den Kindern herrschte natürlich kein düsteres Schweigen. Sie hatten sich von der bisherigen Begeisterung anstecken lassen und waren nicht so schnell umzustimmen. Besonders stark war Dietrichs Begeisterung. In Briefen aus den Ferien im Sommerhaus in Friedrichsbrunn bat er 1915, im Alter von neun Jahren, um Landkarten und Stecknadeln, um den deutschen Vormarsch verfolgen und markieren zu können, und um Zeitungsausschnitte, um auf dem laufenden zu sein! Wieder zurück in Berlin kundschaftete er, in den jetzt knapper werdenden Kriegszeiten, die Märkte nach Lebensmitteln aus und berichtete daheim, was er entdeckt hatte. Er wußte, wann und wo es besondere Zuteilungen gab, er kannte die Lebensmittelpreise und wußte, wo es etwas besonders günstig zu kaufen gab. Hier offenbarte sich ganz unvermutet ein verborgenes Talent. Allerdings hatte diese wunderbare Entfaltung ungeahnter Energien sicherlich auch etwas mit seinem großen Appetit zu tun! In den ersten Kriegsjahren ging es der Familie noch recht gut, denn der Bruder der Mutter, Hans von Hase, war Pfarrer in einer Landgemeinde, und dort ließen sich immer noch Lebensmittel auftreiben.

Erste Verluste

Dann aber, ab 1917, begann der Krieg auch in der Familie Bonhoeffer seine Opfer zu fordern. Vettern und Neffen fielen an der Front oder wurden schwer verwundet, und für die älteren Brüder, noch in der Schule, rückte die Einberufung näher. Dann wurden die beiden ältesten, Karl-Friedrich und Walter, eingezogen. Obgleich sowohl Karl Bonhoeffer als auch die Familie der Mutter, die von Hases, einflußreiche Verbindungen besaßen, lehnten beide Söhne es ab, durch Familienbeziehungen in eine weniger gefährdete Stellung hinter der Front eingewiesen zu werden, und sie wollten auch nicht die Offizierslaufbahn einschlagen. Beide traten sie bei der Infanterie, beim 5. Garderegiment in Spandau, ein. Nach einer kurzen Grundausbildung kamen sie sofort an die Front, Walter als Fahnenjunker und Karl-Friedrich als einfacher Soldat. Als Walter im Frühjahr 1918 an die Front einrückte, war er gerade achtzehn geworden. Dietrich überraschte ihn zum Abschied mit einem selbst einstudierten Lied: „Nun zu guter Letzt / geben wir dir jetzt / auf die Wandrung das Geleite." Walter war sehr gerührt von diesem Abschied seines zwölfjährigen kleinen Bruders. Am nächsten Morgen, als er abfuhr, rief seine Mutter, neben dem anfahrenden Zug herlaufend, ihm zu: „Uns trennt ja nur der Raum!"

Diese Worte hinterließen einen tiefen Eindruck bei Dietrich, vielleicht besonders wegen der nachfolgenden tragischen Ereignisse. Vierzehn Tage später fiel Walter an der Westfront. Die Mutter war völlig gebrochen, und die ganze Familie fühlte den Boden unter sich wanken. Erst der unermüdlichen Fürsorge des Vaters gelang es schließlich, seine Frau soweit aufzurichten, daß sie nach und nach wieder, wie zuvor, zum Mittelpunkt des Familienlebens wurde. Diese Kriegsjahre brachten für Dietrich die bittere Begegnung mit dem Tod, der so lange eine bezaubernde Faszination auf ihn ausgeübt hatte.

Das Gefühl der Geborgenheit in der Familie war durch diese Verluste erschüttert worden, darüber hinaus tat sich aber durch die Verschiedenheit der Erfahrungen eine trennende Kluft zwischen den Geschwistern auf. 1918, als Walter fiel, war der älteste der Brüder, Karl-Friedrich, neunzehn und war Kriegsteilnehmer. Dies ordnete ihn einer anderen Generation zu, und obwohl Dietrich sich auch weiterhin brüderlich mit ihm streiten konnte, so wußte er doch, daß diese Erfahrung des Krieges trennend zwischen Karl-Friedrich und ihm stand und vielleicht auch dessen kritisch distanzierte Haltung verständlich machte. Klaus war noch nicht alt genug gewesen, um eingezogen zu werden, aber auch er schien mit seinen siebzehn Jahren einer anderen Generation anzugehören als der zwölfjährige Dietrich. Die beiden großen Schwestern, die sechzehnjährige Ursula und Christine mit fünfzehn, standen an der Schwelle zu einer sonderbar fremden Welt. So fand er sich in einer Gruppe zusammen mit den anderen beiden „Kleinen" – seiner Zwillingsschwester Sabine und der Jüngsten, der damals erst neunjährigen Susanne. Unter den drei Kleinen war Dietrich der Stärkste und auch der einzige Junge, und so nahm er bald eine gewisse Beschützerrolle seinen beiden Schwestern gegenüber ein. Dies wurde besonders nach Walters Tod deutlich, als die Mutter lange Zeit in sich gekehrt blieb. Die jüngeren Schwestern erinnern sich beide gut an Dietrichs Fürsorge. So erzählt Sabine davon, wie Dietrich beim Himbeerensammeln an einem heißen Sommernachmittag, nachdem er mit der für ihn charakteristischen Ausdauer stundenlang gesammelt hatte, ihr halbleeres Eimerchen sorgfältig mit seinen mit viel hartem Fleiß gepflückten Beeren auffüllte, damit sie nicht weniger hätte als er. Er war ein robuster Junge, gut und kräftig gebaut, mit vom Turnen, besonders am Reck, gefestigten Muskeln. Er war im Laufe seiner Kindheit nur einmal ernstlich krank – 1917 hatte er eine Blinddarmentzündung und genoß es danach sehr, im Krankenhaus gepflegt zu werden.

Aber besonders gern war er in Friedrichsbrunn, für die jüngeren Kinder war das Ferienhaus nach Walters Tod ein Ort des Trostes und der Heilung. Dort begann er, die deutsche Literatur für sich zu entdecken, und er spielte dort mit den Dorfkindern. Vom Haus aus hatte man einen wunderschönen Ausblick auf die Berge, eine große Wiese gehörte dazu, auf der alle miteinander spielten. So war es ein ganz auf Kinder eingestelltes Haus; allein mit dem häuslichen Personal, auch ohne die Eltern, verbrachten sie oft schöne Tage und Wochen dort. Das Haus hatte kein elektrisches Licht, wohl aber ein Telefon, und die Kinder durften abwechselnd die Eltern in Berlin anrufen und ihnen von allem, was sie taten, erlebten und neu entdeckten, erzählen.

Die Entscheidung

Friedrichsbrunn war Ferien, doch Berlin bedeutete Schule. Bei all seinem Überschwang und seiner Spielfreude war Dietrich auch ein nachdenklicher Junge. Es kam durchaus vor, daß er sich mitten aus einer lebhaften Unterhaltung zurückzog und allein sein wollte. Einmal, in der Schule in der Prima, wurde er im Griechischunterricht durch eine Frage, die sein Lehrer an ihn richtete, aus seinen Träumereien aufgestört. Die Frage muß ungefähr dem entsprochen haben, womit er sich gerade in seinen Gedanken befaßt hatte, denn ohne, wie sonst üblich, zur Beantwortung der Frage aufzustehen, sprach er ganz ruhig, so als spräche er zu sich selbst. „Was wollen Sie denn studieren?“ hatte der Lehrer ihn gefragt. Seine leise

Antwort: „Theologie!", worauf er errötete. Der Lehrer sah, daß er bei Dietrich Verwirrung und Verlegenheit hervorgerufen hatte, und fügte nur schnell hinzu: „Da werden Sie sich noch einmal wundern müssen." Diesen kurzen Augenblick hat der Junge tief in sich aufgenommen. Er fühlte sich wohl erleichtert, daß die Sache nun einmal heraus war, und genoß zum Teil auch die Überraschung, die er verursacht hatte, gleichzeitig schämte er sich aber auch ein wenig. Jetzt wußten es alle, und er fragte sich, ob er sich richtig verhalten hatte. Sah er ernst genug aus? Hatte er sicher oder unsicher geklungen? Er wurde sich seiner Eitelkeit bewußt, gleichzeitig überfiel ihn aber auch eine Scheu vor der Ungeheuerlichkeit seiner Entscheidung. Zwar verstand er die Bemerkung des Lehrers nicht, doch wurde ihm mit einem Mal das Ausmaß seines Bekenntnisses und seiner Aufgabe deutlich. Die hier beschriebene Episode ist wahrscheinlich ein Stück dichterischer Erzählung, die jedoch auf eigenem Erleben basiert.[4]

Natürlich hat es in seinem Leben von früh an, und lange vor dieser Episode im Griechischunterricht, religiöse Einflüsse gegeben. Die Bonhoeffers waren eine christliche Familie, allerdings ohne jegliche Neigung zu frömmelnder Religiosität. Die Mutter hatte Beziehungen zur Herrnhuter Frömmigkeit gehabt; der Vater war religiös zurückhaltend. Man feierte die christlichen Feste, ging aber kaum zur Kirche. Dietrich wurde, wie alle seine Geschwister, konfirmiert. Sabine und er besuchten den Konfirmandenunterricht bei Pastor Priebe, aber in getrennten Gruppen, wie das damals üblich war. Die Zwillinge wurden dann aber gemeinsam am 15. März 1921 konfirmiert, was für Dietrich natürlicher war, als wenn er getrennt mit den anderen Jungen eingesegnet worden wäre.

Einmal besuchte er eine Evangelisationsveranstaltung der Heilsarmee, bei der Bramwell Booth in Berlin predigte. Dietrich war beeindruckt von der Freude, die sich auf Booth's Gesicht spiegelte, und sah, wie viele Leute, von seiner Botschaft überwältigt, sich in Scharen zu Christus bekannten. Fast wäre er selbst nach vorn gegangen, nur der Zweifel, ob er mit vierzehn nicht doch zu jung sei, hatte ihn zurückgehalten. Nun begann er auch regelmäßig zur Kirche zu gehen, und seine Mutter begleitete ihn. Auf ihrer Seite der Familie waren die theologischen Bindungen enger. Ihr Vater, ein gemäßigter und gütiger Mann, war der Sohn des Kirchenhistorikers Karl von Hase. Er selbst war Professor für Praktische Theologie und kurze Zeit auch Hofprediger bei Kaiser Wilhelm II. gewesen.

Freunde und Nachbarn

In Grunewald, wo sie jetzt wohnten, wurden die Bonhoeffers bald mit zwei benachbarten Familien bekannt; in der um sie herum zusammenbrechenden Welt des Deutschen Kaiserreiches schlossen sie sich bald zu einer kleinen Gemeinschaft zusammen. Gemeinsam trugen sie an der Last und den Nöten des Krieges und der Niederlage, an den Entbehrungen und der Enttäuschung, und gemeinsam widerstanden sie auch Verzweiflung und Hoffnungslosigkeit.

Die eine Familie waren die Delbrücks. Hans Delbrück war Professor für Geschichte und war ein Mann liberaler Einstellung. Klaus Bonhoeffer heiratete später seine Tochter Emmi. Die zwei Familien trafen sich zu gemeinsamen Spielen der Kinder, zu Geselligkeiten und in freundschaftlichem Verkehr. Mit zwölf Jahren trat dann auch Dietrich in diesen Kreis ein. Emmi mochte ihn besonders gern, weil er ihrem Lieblingsbruder Justus so ähnelte – kräftig, blond und blauäugig. So ähnlich waren sich die beiden, daß Professor Delbrück Dietrich aus der Ferne öfters mit seinem Sohn verwechselte. In dieser Runde spielte Dietrich sehr gut Klavier, Klaus spielte Cello, Sabine und Emmi Geige, und Ursula und Christine hatten schöne Singstimmen. So tat man sich zum gemeinsamen Musizieren zusammen. Dietrich hielt, mit gutem Gespür für Harmonie und Takt, vom Klavier aus das Ganze zusammen. In diesen beiden Familien wuchsen junge Leute heran, die vieles gemeinsam hatten und so auch viel Spaß miteinander hatten. Manchmal zu mehreren, manchmal auch nur zu zweit besuchten sie Konzerte und häusliche Feste; bis in die Abendstunden hinein liefen sie Schlittschuh miteinander, unterhielten sich und tanzten. Besonders Klaus und Dietrich erwiesen sich als elegant und geschickt, sowohl auf dem Eis als auch auf dem Parkett. Bald gesellte sich noch eine weitere Familie dazu, die Dohnanyis, später auch durch Heirat mit den Bonhoeffers verbunden.

Natürlich neckten und zankten sie sich auch untereinander, wie das in jeder Gruppe von jungen Leuten so ist, aber sie hatten doch schon ihren eigenen Stil, sie hatten Grundsätze und Geschmack und ein lebendiges Interesse an den verschiedensten Dingen. Kaum vorstellbar, daß gleichzeitig um sie her eine ganze Welt zusammenbrach und unterging; und doch waren sie sich dessen auch durchaus bewußt. Dietrich war eigentlich noch zu jung in diesem Kreis, aber er mußte hier wohl die Lücke, die durch Walters Tod gerissen war, füllen. So haben sie wohl alle diese goldenen Sommertage im Schatten von Niederlage und wirtschaftlicher Not als ein

Geschenk angenommen, wobei sie gleichzeitig spüren mochten, daß dieses Geschenk eine große Verpflichtung in sich trage.

Dietrich war in diesem Kreise wohl von allen am meisten mit Leib und Seele dabei. Verschiedene der Freunde und Geschwister haben von seinem eher steifen Benehmen berichtet – er war alt für seine Jahre. Mit dreizehn Jahren hatte er zusammen mit seiner Zwillingsschwester Tanzunterricht, und da konnte man den Tanzlehrer sagen hören: „Bonhoeffer, das ist kein Diener, das ist eine Rumpfbeuge."[5] Beim Gehen drückte er die Knie ziemlich stark durch, wodurch sein Gang fast hart wirkte, er spielte gern und war dann mit Intensität und großem Ernst dabei. Seine Hände waren kräftig, aber sein Händedruck tat niemals weh, wie Emmi sich erinnert.

Was er in dieser schweren Zeit in Berlin zu sehen bekam, hat tiefe Eindrücke in ihm hinterlassen, und so hat er nach den Erfahrungen dieser Zeit, da er Leute ohne Hoffnung und ohne Aussicht auf Hilfe in bitterer materieller Not gesehen hatte, auch später nie einen Selbstmord verurteilen können. Was er sah, während der Krieg sich hinzog, wie die Zivilbevölkerung durch die Blockade Hungersnot litt, wie ein stolzes Volk die Nachricht von der Niederlage betäubt hinnahm und wie dann die Bedingungen des Versailler Vertrages diesem Volk jede Hoffnung raubten, das führte ihn an Fragen im Grenzbereich zur Theologie heran. Obwohl selbst von den schlimmsten Folgen nicht betroffen, waren ihm doch Hunger und Arbeitslosigkeit überall gegenwärtig. War er ein verwöhntes Kind? In gewisser Hinsicht war vielleicht diese ganze Generation der wohlhabenden Mittelschicht in Deutschland, die ihren Lebensstandard fast uneingeschränkt hatte bewahren können, verwöhnt. Bonhoeffer war aber wohl auch noch verletztlicher als die meisten anderen. Er verließ als letzter das Elternhaus, der einzige unter den Bonhoeffer-Geschwistern, der unverheiratet blieb. Hing seine Mutter mehr an ihm, weil sie Walter verloren hatte? Er hatte eine behütete Kindheit, sein Weg war ihm geebnet.

Zu der Frage, ob er verwöhnt gewesen sei, meint seine spätere Schwägerin Emmi: „Natürlich spürt man es einem Menschen an, der aus einem solchen Hause kommt, in dem die Eltern ihre Aufgabe ohne Rücksicht auf sich selbst ganz ernst genommen haben. In einer Staudengärtnerei steht der Rittersporn höher und blüht tiefer im Blau als am Feldrain."[6]

2. *Die Demütigung der Niederlage*

An dem hier gezeichneten schönen Bild dieser privilegierten jungen Leute im Grunewald muß jedoch einiges zurechtgerückt werden. Zwar ging es ihnen besser als vielen anderen, aber auch sie bekamen die Lebensmittelknappheit zu spüren. Mehr als zehn Jahre später schilderte Dietrich Bonhoeffer amerikanischen Zuhörern die Lage folgendermaßen:

„... Die Folgen der Blockade waren fürchterlich. Ich selbst war in jenen Jahren ein Schuljunge, und ich kann Ihnen versichern, daß ich nicht der einzige war, der lernen mußte, was Hunger heißt. Wenn Sie sich nur für einen Tag von dem ernähren würden, was wir für drei oder vier Jahre durchmachen mußten, dann könnten Sie sich, glaube ich, eine Vorstellung davon machen, unter welchen Entbehrungen Deutschland damals gelitten hat."

Er geht dann auf Einzelheiten der Ernährungsschwierigkeiten in jenen Jahren ein: „Anstelle einer ordentlichen Mahlzeit hatten wir Brot mit Sägemehlanteilen darin, und die pro Tag festgesetzte Ration bestand aus fünf oder sechs Scheiben von diesem Brot."[1]

Vielleicht hat er hier ein wenig verallgemeinert und auch die Zulagen, die sie aus dem ländlichen Pfarrgarten des Bruders seiner Mutter erhielten, nicht erwähnt, aber auch er bekam die Not zu spüren. Und dies hörte mit Kriegsende keineswegs auf. Eben dieser 11. November nämlich, der das Ende des Krieges bedeutete, war gleichzeitig der Beginn einer neuen leidvollen Notzeit, in der sich zu dem allgemein herrschenden Mangel und Hunger jetzt auch noch die Zerrüttung des öffentlichen Lebens und die Demütigung der Niederlage durch einen unbarmherzigen Kriegsgegner gesellten. Auch hier hatten die Bonhoeffers im Vergleich zu vielen anderen Deutschen noch den Vorteil, daß sie durch Patienten des Vaters gelegentlich auf Devisen zurückgreifen konnten ... Aber auch sie litten.

Deutschland muß seine Niederlage tragen

Dietrichs Einstellung – er war jetzt zwölf – war in dieser Zeit stark im Wandel, doch wäre es ihm ebenso wenig wie den anderen Deutschen in den Sinn gekommen, daß Deutschland mit einer Niederlage habe rechnen müssen. Zwar war ihm klar geworden, daß der Krieg etwas Scheußliches war, und seine frühere Begeisterung für militärische Siege hatte doch sehr nachgelassen; trotzdem setzte er als selbstverständlich voraus, daß Deutschland letzten Endes den Krieg gewinnen würde. Nachrichten von schweren Rückschlägen im Vormarsch der deutschen Truppen kamen erst ab 1918. Zu der Zeit hatte Dietrich allerdings schon aufgehört, die Front mit Stecknadeln auf der Landkarte zu markieren! Im Westen unternahmen die Deutschen eine Großoffensive, von der man sich den entscheidenden Durchbruch versprach, aber das Unternehmen mißlang – und als sich die Nachricht vom deutschen Zurückweichen am 8. August 1918 unter der Zivilbevölkerung ausbreitete, wurden die ersten Befürchtungen, daß ein nationales Unglück bevorstehe, laut. 1917 hatte man sich noch darüber gefreut, daß Rußland durch sein Ausscheiden aus dem Krieg die Alliierten im Stich gelassen hatte, aber was jetzt an die Stelle des zaristischen Rußland getreten war, konnte dem Bürgertum des deutschen Kaiserreichs wenig Freude bereiten. Während die Revolution in Rußland so zwar den Gegner an der Ostfront gebannt hatte, so zeigte sich doch jetzt, daß sie für Deutschland eine Bedrohung von innen heraus gebracht hatte. So wie in Rußland Unzufriedenheit bei den Truppen zum Zusammenbruch geführt hatte, so verbreiteten sich jetzt hier und da Gerüchte, denen man im Grunewald kaum Glauben schenken wollte – Gerüchte, daß sich auch unter den deutschen Soldaten Unzufriedenheit ausbreite! Die kleine kommunistische Partei in Deutschland versuchte, allerdings mit geringem Erfolg, ein Regime nach sowjetischem Muster einzusetzen. Viel beunruhigender als das war den Bonhoeffers die Erklärung des amerikanischen Präsidenten Wilson vom 23. Oktober, als die Alliierten den Krieg faktisch schon gewonnen hatten, daß es nämlich bei Verhandlungen mit den militaristischen Autokraten Deutschlands und den Vertretern des deutschen Militarismus nicht um Friedensbedingungen, sondern nur um bedingungslose Kapitulation gehen könne.

Nachdem der Kaiser sich schließlich zur Abdankung bereitgefunden hatte, hoffte man, daß dieser Schritt als Voraussetzung für Friedensverhandlungen gewertet werden würde. Auch Klaus Bonhoeffer, der dritte unter den Brüdern, wurde noch eingezogen und kam zum Hauptquartier des Heeres, wo er als Ordonnanz in Spa eingesetzt wurde. Dort sah er, wie der Oberkommandierende Hindenburg den Konferenzraum verließ, nachdem die Abdankungsentscheidung gefallen war. Nie konnte er den Anblick vergessen, den dieser Mann bot, nachdem er vor den Kaiser getreten war mit der Bitte, sein Amt niederzulegen – starr wie eine Statue in Gesicht und Haltung. Beinahe wäre es zu einer Machtübernahme durch die Kommunisten gekommen, aber die Sozialdemokraten traten zusammen mit ihren Koalitionspartnern dazwischen und gründeten die Republik. Dadurch, so hoffte man, könne eine Revolution vermieden werden. Doch die Lage war sehr ungewiß, mit vielen Unruhen und gelegentlichen Kämpfen zwischen rivalisierenden Gruppen.

Leben in Berlin

Trotz Unruhen auf Berliner Straßen und Plätzen machte Dietrich seinen täglichen Schulweg zu Fuß. Wohl mit einem Gemisch aus Neugier und Schrecken sah er führerlose und undisziplinierte Truppenteile vorbeimarschieren, in Deutschland bis dahin ein Ding der Unmöglichkeit! Soldaten mischten sich zwischen die Zivilisten und trugen Plakate mit der Aufschrift „Nicht schießen!" Als Versager, nicht als Helden wurden die Soldaten von der Front empfangen. Zivilisten, „blasse, abgehungerte Gestalten, schweißbedeckt", rissen ihnen die Gewehre aus den Händen. Dietrich sah keine Schießerei, aber die Atmosphäre war gespannt. Doch die meisten Leute waren nur bemüht, sich normal zu verhalten und schnell zu ihrem Arbeitsplatz zu gelangen. Dort hatten dann oft die Sozialisten die Macht übernommen. Dietrichs Vater berichtet, wie ihm vor seiner Abteilung in der Klinik der Pförtner mit einer roten Kokarde entgegentrat. Er wollte sich ihm in den Weg stellen und ihm die Übernahme durch die Kommunisten ankündigen, aber Karl Bonhoeffer grüßte ihn einfach wie gewöhnlich und ging an ihm vorbei in sein Dienstzimmer. Es kam zu keinem weiteren Widerstand. Noch waren Zeit und Umstände in Deutschland nicht reif für die Revolution, aber unter der Oberfläche gärte und brodelte es.

Unversöhnlich standen einander sozialistische und nationalistische Gruppierungen gegenüber. Bei letzteren entstand der Mythos, Deutschland sei im Krieg gar nicht wirklich unterlegen, jedenfalls nicht die Soldaten an der Front, sondern hinterrücks durch den „Dolchstoß" feiger Zivilisten niedergestreckt worden. Die Agitationen der beiden extremen Seiten führten zu erheblichen öffentlichen Unruhen, konnten aber die Gründung der Weimarer Republik nicht verhindern. Die Bonhoeffers, ebenso wie wohl die meisten Angehörigen ihrer Gesellschaftsschicht, brachten dieser neuen Republik wenig Begeisterung entgegen, akzeptierten sie aber als die Regierungsform des geringsten Übels unter den gegebenen Umständen.

Der Versailler Vertrag

Das erste, was man von der neuen Regierung erwartete, war die Aushandlung eines Friedensvertrages. Jetzt, nach Entfernung der militaristischen Autokraten, hoffte man, die Alliierten würden ihre Forderung der ‚bedingungslosen Kapitulation' fallen lassen. Der Waffenstillstand, auf den man sich geeinigt hatte, war aber nichts weiter als die bloße Beendigung der Kampfhandlungen. So gab es im Mai 1919 ein grausames Erwachen für Deutschland, als der aus Wilsons 14 Punkten umgestaltete ‚Friedensvertrag' vorgelegt wurde. Diese 14 Punkte waren an sich als durchaus akzeptabel erschienen, doch dann bestand Frankreich auf der Aufnahme drakonischer Bedingungen in den Versailler Vertrag, der Deutschland anschließend in der Form eines Ultimatums vorgelegt wurde. Dieser Vertrag sollte Deutschland endgültig unterwerfen und ein Wiedererstarken nach dem Krieg unmöglich machen.

Sehr viel schmerzender jedoch als die harten Bedingungen empfand auch der junge Dietrich die aufgezwungene alleinige Kriegsschuld. Diese so verletzende Kriegsschuldklausel konnte Dietrich noch viele Jahre später im Wortlaut wiederholen. Aber Deutschland blieb keine Wahl, es mußte einen Satz unterschreiben, den kein Deutscher als wahr akzeptierte; tief brannte sich das Gefühl dieser Ungerechtigkeit ein. Es ist höchst unwahrscheinlich, daß die Alliierten die Formel für wahr hielten in dem Sinne, daß sie den Tatsachen entsprochen hätte, aber Frankreich bestand auf seinem „Pfund Fleisch". Wörtlich heißt die Klausel:

„daß Deutschland und seine Verbündeten als Urheber aller Verluste und aller Schäden verantwortlich sind, welche die alliierten und assoziierten Regierungen und ihre Angehörigen infolge des ihnen durch den Angriff Deutschlands und seiner Verbündeten aufgezwungenen Krieges erlitten haben."[2]

Dies war der berüchtigte Artikel 231, die Zahl war den Deutschen eingebrannt. Dietrich teilte die Erbitterung seiner Zeitgenossen. Ein siegreiches Heer kann harte Bedingungen fordern, die die geschlagene Nation annehmen muß, aber mit der eigenen Unterschrift zur ungerechtfertigten Übernahme von Schuld gezwungen zu werden, das entflammte seinen Zorn noch viele Jahre später. Noch 1930 in Amerika sagt er:

„... es gab eine Wunde, die viel schmerzlicher war als alle diese Entbehrungen und Nöte, und das war der Artikel 231 des Versailler Vertrages. Ich will Ihnen offen bekennen, daß das eine in Deutschland noch immer offene und blutende Wunde ist.... Als der Krieg ausbrach, dachte das deutsche Volk nicht viel über die Schuldfrage nach. Wir glaubten, es sei unsere Pflicht, für unser Land einzustehen ... Die deutschen Soldaten standen mit dem zuversichtlichen Glauben an die Rechtlichkeit ihres Vaterlandes im Krieg ... Ich sehe persönlich viele Fehler in unserer Politik vor dem Krieg, ich werde mein Land nicht in jedem Punkt verteidigen. Aber das Studium diplomatischer Schriftstücke aus Belgien in den Jahren vor dem Krieg zeigt zum Beispiel unwiderleglich, daß andere Länder dieselben und größere Fehler als Deutschland gemacht haben."[3]

Zwar hatte Dietrich mit dreizehn diese Argumente nicht alle zur Verfügung, aber er empfand eine tiefe Empörung über diese Ungerechtigkeit und machte sich später die Mühe, die Dokumente daraufhin zu untersuchen, wobei er zu der Überzeugung kam, daß Deutschland nicht allein für den Krieg verantwortlich gewesen sei. Diese Frage ist ihm zweifellos sehr nahe gegangen, und in den Jahren 1919 und 1920 wird es wohl kaum ein Gespräch gegeben haben, in dem nicht das Unrecht des Vertrages erwähnt wurde.

Not und Entbehrungen

Die Schmach schmerzte, aber Not und Entbehrungen, die für ihn nicht so schwer wogen wie der ungerechte Vorwurf der alleinigen Kriegsschuld, standen zeitweilig doch im Vordergrund. Die vorhandenen Nahrungsmittel reichten nicht nur von der Menge her nicht aus, sondern waren auch noch zu einseitig – es gab keine Butter, keinen Zucker, das Hauptnahrungsmittel für alle Mahlzeiten waren Rüben. Es läßt sich nicht bezweifeln, daß die Grippe-Epidemie 1918, der in Deutschland mehr als 100 000 Menschen zum Opfer fielen, durch Unterernährung und Hunger eine so besonders verheerende Wirkung haben konnte. Da Deutschland verpflichtet war, die vorhandene Kohle als Reparationszahlungen auszuführen, konnte auch nur unzureichend oder oft gar nicht geheizt werden. So berichtet Dietrich von den unterernährten und schlecht gekleideten Kindern, denen er auf dem Schulweg begegnete, und besonders von einer unheimlichen Stelle am Fluß, an der er täglich vorbeigehen mußte, an der er immer wieder Gruppen am Ufer zusammengedrängter Leute als letztes Zeugnis eines weiteren Selbstmordes sah.

Ende der Schulzeit

Nun, da er sich für die Theologie entschlossen hatte, begann Dietrich, sich auf das Studium zu freuen. Der Familientradition folgend würde er nach Tübingen gehen, aber noch war es nicht soweit, noch war er zu Hause, besuchte noch die Schule und rang innerlich mit den Konsequenzen, die sich aus seinem Entschluß zum Theologiestudium ergaben. Sein Griechischlehrer hatte ihm Überraschungen vorausgesagt. Er fragte sich jetzt, welcher Art diese Überraschungen wohl sein würden, und durchforschte die verschiedenen Schichten seines Bewußtseins in dem Bemühen, sich über seine Beweggründe Klarheit zu verschaffen. Gemessen an den anspruchsvollen Vorstellungen seiner Eltern und seiner Lehrer, schien er hier eine eher bescheidene Karriere anzusteuern – die eines Landpfarrers vielleicht, ein durchaus angesehener Beruf, aber doch nur im bescheidenen Rahmen. Er selbst rang innerlich mit Gefühlen des Stolzes und des Ehrgeizes. Er hatte sich über die Rückkehr seiner beiden älteren Brüder aus dem Krieg sehr gefreut, aber sie waren doch recht verändert, brachten neue Vorstellungen mit nach Hause, Vorstellungen von einer anderen, neuen Welt. Beide hatte die gemachte Erfahrung tief berührt, sie kehrten zurück als Angehörige des besiegten Heeres. Zwar fanden sie bei ihrer Rückkehr ein nicht erschüttertes, ein unzerstörtes Zuhause vor, in dem sie mit Freuden erwartet und aufgenommen wurden, aber sie waren jetzt auf der Suche nach einer humaneren Welt. Karl-Friedrich, der starken Anteil am Los des einfachen Soldaten genommen hatte, begann, sich für Marx zu interessieren. So fanden auch die Arbeiterräte, die sich an Formen des Kommunismus versuchten, seine Unterstützung. Klaus sah das Übel mehr in der Korruption in Regierung und Beamtenschaft und suchte nach praktischen Wegen, um soziale Gerechtigkeit innerhalb des vorhandenen Systems zu erreichen. Beide studierten sie jetzt – der eine Naturwissenschaften, der andere Jura.

Nach und nach begannen jedoch Klaus und Karl-Friedrich die bohrenden und unbequemen Fragen ihres jüngeren Bruders auch zu schätzen, und die drei waren viel zusammen. Das einzige, was sie trennte, war

Dietrichs fester Entschluß zum Theologiestudium; in der erschreckend ernsten Lage, in der sich Deutschland nach dem verlorenen Krieg befand, schien es doch wahrhaftig Wichtigeres als gerade die Theologie zu geben. Alle drei sahen sie den bedauernswerten Zustand, in dem sich die evangelische Kirche in Deutschland befand – sie war *provinziell* im schlechten Sinn des Wortes, ohne Verbindung zur Welt, wie sie wirklich war, und schwächlich dazu. Wie konnte dieser begabte jüngere Bruder nur seine Zeit an eine so veraltete und überholte Organisation verschwenden? Dietrichs schlagfertige Antwort darauf war, wenn die Kirche ein schwächliches Gebilde sei, dann werde er eben diese Kirche reformieren. Von Klaus wurde sein Interesse an der Soziologie geweckt, und so entdeckte er Max Weber. Mit Karl-Friedrichs naturwissenschaftlichem Skeptizismus konnte er sich nie ganz anfreunden, und von seiner überlegen-gescheiten Argumentation fühlte er sich oft etwas überwältigt. In einer dieser hitzigen Diskussionen soll Dietrich im Protest gesagt haben, und wenn sie ihm den Kopf abreißen würden, er würde trotzdem glauben, daß es einen Gott gibt!

Den beiden älteren Brüdern, die am Anfang einer glänzenden Karriere in ihrem jeweiligen Gebiet standen, tat es leid, daß der „arme kleine Dietrich" den Weg in die Sackgasse einschlug. Das beste, was er sich hier noch erhoffen konnte, war ein theologischer Lehrstuhl, dem zwar durchaus Ansehen, aber sonst doch kaum mehr als eine museale Bedeutung zukam; im schlimmeren Fall, und eben das schien er zu bevorzugen, hatte er Aussicht auf eine Dorfpastorenstelle irgendwo auf dem flachen Land.

In späteren Jahren sollten Dietrich dann engere Beziehungen mit den Männern seiner Schwestern als mit seinen Brüdern verbinden.

Eberhard Bethge betont in seiner Bonhoefferbiographie, daß Dietrich von der Welt hergekommen sei und von dort seinen Weg in die Kirche gefunden habe. Die, die umgekehrt aus der Kirche oder aus Theologenfamilien kämen, entdeckten die Existenz der Welt meist erst später. Dietrich aber habe dort, in der Welt, angefangen, habe nach einem Sinn in der Welt, wie er mit ihr von seinem Elternhaus her vertraut war, gesucht, die Kirche als solche sei erst später in sein Blickfeld getreten.

1923, im Alter von siebzehn Jahren, begann er sein Studium mit zwei Semestern in Tübingen. „Unsere Kindheit war zu Ende, unsere Wege trennten sich", sagte Sabine zu diesem Einschnitt.

3. *Theologischer Werdegang*

Langsam schwanden die Schatten, die Walters Tod geworfen hatte: 1923 war Paula Bonhoeffer wieder ihr altes, lebhaftes und unternehmendes Selbst. Und mit ihr gelang es auch der Familie, die Welt, so wie sie nun war ohne Walter, zu akzeptieren. Dietrich fand seinen Platz unter seinen Brüdern und fand sich so in einer Umgebung, die meist älter war, als es seinen eigenen Jahren entsprach. Man könnte sagen, er trat fast ohne Übergang aus der Welt seiner Kindheit, in der seine beiden jüngeren Schwestern, besonders seine Zwillingsschwester sein engster Umgang gewesen waren, in ein gleichgestelltes Verhältnis zu Klaus und Karl-Friedrich. Und dieser Schritt vollzog sich ganz plötzlich im Jahr 1923. Das Haus in der Wangenheimstraße wurde zu einem Mittelpunkt gesellschaftlichen Lebens, aber auch ernsthafter Diskussionen über kulturelle, politische und philosophische Fragen. Der Vater gehörte jetzt zu einer politisch engagierten Gruppe, die positiv zu der jungen Republik stand, um deren Gedeihen man sich recht viele Sorgen machte. Man traf sich im Haus des Historikers Delbrück; aber die jüngere Generation fand und nutzte viele Gelegenheiten zu langen Diskussionen auch in weniger festgelegten Formen. Das Elternhaus blieb für Dietrich Lebensmittelpunkt, auch nachdem er es zum Studium verlassen hatte. Der prägende Einfluß, der von hier auf seine theologische Entwicklung ausging, war immer noch sehr viel stärker als die Wirkung der Vorlesungen und Debatten über theologische Sachfragen an der Universität.

Als Dietrich sich in Tübingen zum Studium einschrieb, standen die beiden älteren Brüder schon am Beginn ihrer beruflichen Laufbahn. Karl-Friedrich erhielt in diesem Jahr eine Assistentenstelle am Institut für physikalische Chemie der Kaiser-Wilhelm-Gesellschaft. Er war an Forschungen zur Spaltung des Wasserstoffatoms beteiligt und erhielt später Einladungen nach Rußland und in die Vereinigten Staaten. 1930 nahm er einen Ruf auf den Lehrstuhl für Physik in Frankfurt an. Klaus war nach dem Examen beim Völkerbund auf dem Gebiet des Völkerrechts tätig.

Die Schwester Ursula heiratete 1923 Dr. Rüdiger Schleicher, der im Berliner Reichsverkehrsministerium beschäftigt war. 1925 heiratete Christine den Juristen Hans von Dohnanyi, Sohn eines ungarischen Komponisten. Mit ihm sollten Dietrich in späteren Jahren enge Beziehungen verbinden. Christine hatte im übrigen in Tübingen Biologie studiert, als Dietrich dort mit seinem Studium begann. Ein Jahr später, 1926, heiratete seine Zwillingsschwester Sabine Gerhard Leibholz, einen Juristen und Nachbarssohn jüdischer Abstammung. Und im folgenden Jahr verlobte sich die jüngste Schwester Susanne mit dem Theologen Walter Dreß. So ergab sich eine lebhafte große Runde aus den Kindern, ihren Ehepartnern und Freunden, die, wann immer es sich ergab, im Haus in der Wangenheimstraße in Grunewald zusammenkamen. Hier war Dietrich verwurzelt, hierher kehrte er oft, wann immer möglich, voll freudiger Erwartungen nach Hause zurück.

Deutschland 1923

Das Jahr 1923 hat sich in die Erinnerung der Deutschen als das Jahr der Inflation eingeprägt. Der Wert des Geldes verfiel in so wahnwitzig rasender Weise, daß es seine Bedeutung als Zahlungsmittel fast völlig verlor. Altersrenten, für die man ein Leben lang eingezahlt hatte, ergaben kaum mehr als ein Taschengeld für das jüngste Kind in der Familie. Dietrich reiste von Berlin nach Tübingen mit dem billigeren Bummelzug, mit einem ‚Notfranken' in der Tasche zur finanziellen Absicherung. Deutschland hatte die Reparationszahlungen nicht erfüllt, und Frankreich marschierte daraufhin im Ruhrgebiet ein. Der im Protest hiergegen ausgerufene nationale Streik ruinierte die schwache Wirtschaft des gedemütigten und ausgebeuteten Deutschland völlig. Nun griff der Reichspräsident ein und ernannte aus der (liberalen) Deutschen Volkspartei einen bis dahin kaum bekannten Mann, dem es beinahe gelungen wäre, Deutschland zu retten: Gustav Stresemann. Stresemann wurde Kanzler, und der Republik war fürs erste das Leben gerettet. Versöhnung, Verständigung und gegenseitiges Entgegenkommen waren die Grundlagen seiner Politik als wesentliche Punkte zur Erhaltung Europas. Das Wort für diese mehr nach rationalen Gesichtspunkten ausgerichtete Politik war „Erfüllung"; auf diesem Wege hoffte er, Deutschland wieder zur Größe zu verhelfen. Blindwütige Konfrontationen lehnte er ab und beendete erst einmal den Streik. Die galoppierende Inflation bekam er mit recht gutem Erfolg unter Kontrolle.

Er machte kein Geheimnis daraus, daß er Deutschland wieder zu seiner vorherigen Größe zu verhelfen hoffte, ja daß er Deutschland vielleicht schon in die Rolle einer führenden Nation in Europa aufrücken sah, wenn auch nicht auf militärischem Wege. Sicher würden die von ihm eingeleiteten Entwicklungen einen Zeitraum von mehreren Jahren in Anspruch nehmen, ehe sich dauerhafte Ergebnisse zeigen könnten, aber es gab doch wieder Grund zur Hoffnung. Es ist tragisch, daß im weiteren Verlauf die irrationalen Kräfte dann doch die Oberhand gewinnen sollten. Diese irrationalen Kräfte waren schon von Anfang an vorhanden. Schon als Schüler hatte Dietrich vom Klassenzimmer aus die Schüsse gehört, durch die Walter Rathenau getötet wurde. Er war empört, als er hörte, wer da erschossen worden war. Einige seiner Mitschüler waren damals erstaunt über Bonhoeffers Ausbruch leidenschaftlicher Entrüstung, seinen heftigen und spontanen Zorn und seine Frage, „wo es denn mit Deutschland hinkommen solle, wenn man ihm seine besten Führer ermorde". Schon mit sechzehn Jahren war sich Dietrich ganz sicher, wo er stand.

Militärische Grundausbildung

Die Kugel, die Walter Rathenau tötete, war keineswegs die letzte, die in dieser von Haß angeheizten Atmosphäre abgeschossen wurde. Deutschland wurde mehr und mehr zerrissen zwischen den Kommunisten einerseits und jener rechtsradikalen Bewegung andererseits, die Deutschlands Größe um jeden Preis wollte. Der von Stresemann eingeschlagene Weg erschien da als viel zu langsam. Bewaffnete Banden zogen durch die Straßen, radikale Gruppen von rechts und links lieferten einander blutige Schlachten. Die Stellung der Bonhoeffers im politischen Spektrum läßt sich wohl am besten als etwas links von der Mitte beschreiben; von ihrer Einstellung her liberal gesinnt, unterstützten sie Stresemann und die Weimarer Republik trotz all ihrer Schwächen. Aber die Bedingungen des Versailler Vertrages entzogen jeder Staatsform, wenn sie die Interessen des deutschen Volkes zu vertreten versuchte, jegliche Möglichkeit des Erfolges. Deutschland war ein Heer von 100000 Mann zugestanden worden, an Stärke nicht ausreichend, um notfalls die Ruhe im Land aufrecht zu erhalten, und auch nicht, um die Grenzen nach außen zu verteidigen. Jeder extremen Gruppierung, die sich im geheimen bewaffnen konnte, mußte es ein leichtes sein, die Macht an sich zu reißen, und zwischen der deutschen Grenze im Osten und der Sowjetunion lagen nur wenige Kilometer Land, das überhaupt niemand verteidigte. Die Vertragsbedingungen mußten also gebrochen oder wenigstens umgangen werden. Eine Möglichkeit dazu tat sich mit der Ausbildung von Studenten auf. Die Alliierte Kontrollkommission versuchte zwar, dies zu verhindern, was aber sowohl unmöglich war als auch als ungerechtfertigt angesehen wurde.

Auch Dietrich Bonhoeffer engagierte sich bald, zusammen mit Kommilitonen, in dieser Sache. Er war in die Studentenverbindung „Igel", der schon sein Vater als junger Mann angehört hatte, eingetreten. Er war der einzige von seinen Brüdern, der dies tat, und später erklärte er offiziell seinen Austritt, als die Verbindung sich für die Judengesetzgebung der Nazis aussprach. Als Student fand er jedoch nichts, was gegen einen Beitritt zu dieser Verbindung gesprochen hätte, und beteiligte sich interessiert an den Diskussionen zu gesellschaftlichen Fragen. Einige seiner Kommilitonen, zu denen auch Rüdiger Schleicher zählte, unternahmen eine Studienfahrt ins Ruhrgebiet. In seinem zweiten Semester in Tübingen, im Wintersemester 1923/24, nahm Dietrich zusammen mit Bundesbrüdern vom „Igel" an militärischen Übungen bei den Ulmer Jägern teil. Solche Übungen waren illegal, da die Alliierte Kontrollkommission sie als im Widerspruch zu den Bedingungen des Versailler Vertrages betrachtete, und es stand zu erwarten, daß die Kontrollkommission in unmittelbarer Zukunft gegen diese Studentenausbildung einschreiten würde. In vielen Teilen des Landes war es zu Zusammenstößen zwischen links- und rechtsradikalen Gruppen gekommen, und wie die meisten Studenten betrachtete es Dietrich als eine Notwendigkeit, für den Fall eines Putsches gerüstet zu sein, um sich notfalls für die Aufrechterhaltung von Gesetz und Ordnung einsetzen zu können. Genau aus diesem Grund war sein Bruder Karl-Friedrich 1919 nicht in den „Igel" eingetreten, nachdem ihm nämlich klar geworden war, daß von den Mitgliedern der Verbindung aktive Mithilfe bei der Unterdrückung von Aufständen in Stuttgart und in München erwartet wurde. Für Dietrich sahen vier Jahre später die Dinge anders aus. Allerdings hatte er gar keine rechte Gelegenheit gehabt, sich diese Ausbildung der Schwarzen Reichswehr sorgfältig zu überlegen, da der ursprünglich vorgesehene Termin überraschend vorverlegt worden war, als nämlich bekannt wurde, daß die Kontrollkommission solche Übungen unterbinden wollte. Vom vorgesehenen Termin im Jahr 1924 war die Übung kurzfristig auf den November 1923 vorverlegt worden. Dietrich entschied sich zur Teilnahme, schrieb aber an seine Eltern, um ihre Erlaubnis einzuholen. Gäben sie ihre Zustimmung, so würde er teilnehmen, andernfalls aber gleich wieder abfahren.

Die für den Nachmittag vorgesehenen Übungen in Tübingen wurden wegen Spitzeln abgesagt, stattdessen rückte am nächsten Tag ein ganzer Trupp von Tübingen aus nach Ulm ein. Die Eltern gaben, wenn auch mit Besorgnis, ihre Zustimmung zu seiner Teilnahme, und so absolvierte er in der zweiten Novemberhälfte zwei Wochen militärischer Grundausbildung. Es scheint ihm Spaß gemacht zu haben, jedenfalls äußerte er sich erfreut, daß er die Härte des Lagerlebens und den strengen Dienst gut ausgehalten habe. Ein Pazifist war er nicht, sondern durchaus bereit, sein Vaterland zu verteidigen. An den Entbehrungen hatte er kein besonderes Vergnügen, in einem seiner Briefe erzählt er vielmehr, wie schön es gewesen sei, nach der Rückkehr von dieser Übung sich wieder an einen gedeckten Tisch zu setzen und sein eigenes Zimmer mit einem ordentlichen Bett zu haben! Wenn auch illegal, so fand diese Ausbildung von Studenten doch mit Billigung von General Reinhardt, dem Oberbefehlshaber des Stuttgarter Militärbereiches statt. Das einzige, was den siebzehnjährigen Dietrich hierbei beunruhigte, war die Tatsache, daß so viele der Studenten reaktionär eingestellt waren und auf eine Revolution von rechts unter Ludendorff zum Umsturz der Weimarer Republik hofften.

Theologiestudium

Den größten bleibenden Einfluß unter den Tübinger Professoren übte der Neutestamentler Adolf Schlatter auf Bonhoeffer aus, und trotz späterer Meinungsverschiedenheiten in bezug auf den Nationalsozialismus von 1933 und die Versuche eines theologisch begründeten Widerstandes, denen Bonhoeffer nahestand, hat er Schlatters biblische Arbeiten immer sehr hoch geschätzt. In seiner späteren Bibliothek war Schlatter neben Luther der am vollständigsten vertretene Autor. Auch konnte Bonhoeffer immerhin schon so viel Hebräisch, daß er die Psalmenvorlesung von Karl Volz und Wilhelm Rudolfs Vorlesung über die Propheten hören konnte. „Die Leidenschaft der Propheten" packte ihn. Er hörte Wilhelm Heitmüllers Vorlesung über den Römerbrief, wodurch er dann auf Karl Barths ‚Römerbrief' stieß. Heitmüller fand er zwar recht trocken, doch hat er fleißig mitgeschrieben und lernte den Umgang mit antiken Texten. Karl Müller las mittelalterliche Kirchengeschichte. Für Bonhoeffer, der sich schon mit Plänen zu einer Romreise trug, war dies eine gute Vorbereitung. Den eigentlichen Einstieg fand er dann im zweiten Semester. Bei Karl Heim belegte er Dogmatik. Bonhoeffers Interesse war hier allerdings nicht in erster Linie darauf gerichtet, wie Heim die Naturwissenschaften in sein Denken einbezog – was ihn ja besonders bekannt gemacht hatte –, sondern auf Heims Darstellung von Schleiermacher. Zu Heim fand er keinen rechten Zugang.

Man muß allerdings zugeben, daß Bonhoeffer das, was er in Tübingen fand, wohl fast überall hätte finden können. Sein Geist war aktiv, und das Universitätsstudium bedeutete für ihn kaum mehr, als daß er dadurch eben mehr Zeit hatte, zu lesen und sich intensiv der Theologie zu widmen. Beim Ferienaufenthalt zwischen diesen beiden Semestern in Friedrichsbrunn las er, zur Vorbereitung auf Heims Vorlesung, Schleiermacher. Das Exemplar, das er benutzte, stammte aus dem Bücherschrank seines Urgroßvaters Karl August von Hase.

Gegen Ende des zweiten Semesters hatte er einen Unfall beim Schlittschuhlaufen, nach dem er längere Zeit bewußtlos war. Seine besorgten Eltern kamen nach Tübingen, um ihn zu besuchen. Dies passierte um die Zeit seines Geburtstages, und Dietrich äußerte, daß er nach dem Ende des Wintersemesters Tübingen gern verlassen und einen Studienaufenthalt in Rom einschieben würde. Sein Vater meinte zwar, damit solle er noch ein wenig warten, aber schließlich wurde Dietrichs Wunsch doch erfüllt, und so brach er, zusammen mit seinem Bruder Klaus, am 4. April 1924 nach Italien auf.

Rom und Nordafrika

Die Reaktion der beiden Brüder auf Rom war sehr verschieden. Bei beiden, als Deutschen und Protestanten, richtete sich das eigentliche Interesse auf das Rom der klassischen Antike. Vom päpstlichen Rom wußten sie wenig. Bei Klaus blieb dies auch so. Er hatte seine Freude an den klassischen Denkmälern, an Licht und Farben und einfach an dem Abenteuer, dort zu stehen, wo so viele große Gestalten der Vergangenheit gelebt und gewirkt hatten. Dietrich dagegen war fasziniert vom katholischen Rom und konnte dem Petersdom kaum den Rücken kehren. Diese Liebe zu Rom, „das Stück Erde, das ich so sehr liebe“, wie er viele Jahre später in einem seiner Briefe aus dem Gefängnis an Bethge schrieb, blieb ihm sein ganzes Leben lang erhalten. Michelangelos Pietà solle er sich gründlich anschauen und ihm dann einmal zu erklären versuchen, welche Kraft des Geistes von diesem Kunstwerk ausgehe, schrieb er an Bethge.

Durch einen glücklichen Zufall hatte er in Bologna einen gebildeten und kenntnisreichen Priester kennengelernt, der auch nach Rom reiste und dort zu Dietrichs Führer wurde, vor allem während der Karwoche, deren Ablauf sie gemeinsam folgten. Der liturgische Reichtum und die Frömmigkeit der Leute in den Kirchen machten einen starken Eindruck auf ihn, so daß ihm sein „Protestantismus" provinziell, national eingeengt und engstirnig vorkam.

Während seines Aufenthaltes in Rom führte er ein Tagebuch, das als Spiegel der Entwicklung seiner Einstellung zum Katholizismus von unschätzbarer Bedeutung ist. Vor allem wird deutlich, daß er hier auf einen ganz anderen Katholizismus traf als den, den er aus Deutschland kannte. Der alte deutsche Spruch, daß der Katholizismus in der Minorität einem Lamm gleiche, bei etwa gleichem Zahlenverhältnis einem Fuchs und, wenn in der Mehrheit, einem Löwen, beschreibt recht anschaulich und auch zutreffend das Verhältnis deutscher Katholiken zu ihrem protestantischen Gegenüber in überwiegend katholischen Gegenden (z. B. in Bayern) bzw. überwiegend protestantischen Gegenden (z. B. Niedersachsen) und bei einem einigermaßen gleichen Zahlenverhältnis wie etwa in Hessen oder in Westfalen. In Rom lernte er einen ganz anderen Katholizismus kennen, einen Katholizismus, der sich nicht immer im Gegenüber zum Protestantismus sehen mußte – ja, der auftrat, als gäbe es überhaupt keinen Protestantismus. Das änderte nichts an seiner Kritik am theologischen Gerüst der römisch-katholischen Kirche, aber die liturgischen Formen, in ihrer in der Karwoche besonders eindrucksvollen Ausgestaltung, und die schlichte Frömmigkeit des Volkes hatten eine starke Wirkung auf ihn. Er erkannte, daß dies mehr war als nur eine Religion der Furcht und der Forderungen. Eine in seinem ganzen weiteren Leben fortwirkende Erkenntnis lag in der tiefen Geistlichkeit der Beichte, von der er bis dahin nichts geahnt hatte.

Zu Beginn der Woche, am Palmsonntag, hatte er zum ersten Mal gleich ein Hochamt in Sankt Peter besucht, wobei er sehr beeindruckt war von der Internationalität, die sich durch die Vielfalt der Seminaristen, Mönche und Priester ergab: sichtbare Universalität der Kirche. Abends besuchte er eine Vesper in Trinità dei Monti, an deren Schönheit er sich Zeit seines Lebens erinnern sollte. Dies war ein Tag, „an dem mir etwas Wirkliches vom Katholizismus aufging". Aber der nächste Tag brachte, mitten zwischen den herrlichen Mosaiken und dem römischen Glanz von Santa Maria Maggiore, die Entdeckung der Beichte: „Man sieht hier so erfreulich viel ernste Gesichter, bei denen alles, was man gegen den Katholizismus sagt, nicht zutrifft. Auch Kinder beichten mit wirklicher Inbrunst, das ist sehr ergreifend zu sehen ... Die Beichte muß nicht zur Skrupulosität führen, so oft das vorkommen mag und gerade bei den Ernstesten immer wieder wird. Sie ist ... für primitive Menschen die einzige Möglichkeit, mit Gott sprechen zu können, bei religiös Weiterblickenden die Vergegenständlichung der Idee der Kirche, die sich in Beichte und Absolution vollzieht."[1] Aber Dietrich Bonhoeffer blieb doch, trotz des starken Eindrucks, den all diese Gottesdienste bis hin zu dem letzten mit einem wunderbaren Te Deum im Petersdom bei ihm hinterließen, dem Katholizismus gegenüber kritisch. Nach dem Gottesdienstbesuch, in der Diskussion mit dem Priester, der hier sein Mentor war, traten all seine intellektuellen Einwände wieder hervor. „Durch diese Unterhaltung bin ich mit meiner Sympathie doch wieder weit zurückgegangen", schreibt er und fügt hinzu: „Beichte und Beichtdogmatik ist ein gewaltiger Unterschied."

Wenn auch sein Studium bei diesem römischen Aufenthalt nicht im Vordergrund stand, so hat er doch Vorlesungen besucht, wobei ihm die Sprache kaum Schwierigkeiten bereitete. Er war enttäuscht darüber, daß es keine Vorlesung in Dogmatik gab; in Kirchengeschichte hörte er nichts Neues, höchstens der Blickwinkel war anders. So interessierte er sich sehr viel mehr für die Katakomben und die Mosaiken. Er genoß den Aufenthalt in Rom, und eine Bemerkung zeigt, womit er seine Zeit bei einem weiteren Aufenthalt wohl gern verbracht hätte: „Es wäre allein deswegen reizvoll, längere Zeit hier zu studieren, denn die Bilder [d.h. die Mosaiken und die Wandgemälde in den Katakomben] sind wunderbare Erkenntnisquellen für die Dogmatik und Religionsgeschichte."[2] Die Studienzeit in Rom war kurz, aber das, was er hier lernte, formte sein Denken in der Folgezeit mehr als die zwei Semester in Tübingen. Zusammen mit Klaus machte er noch eine kurze Reise nach Nordafrika, zweifellos auch um dort antike Ruinen zu sehen, aber sicher auch einfach aus einer gewissen Abenteuerlust heraus. Im Juni 1924 kehrte er nach Berlin zurück, gerade noch rechtzeitig zur Einschreibung an der dortigen Universität, wo er dann bis Juli 1927 studierte. Jetzt begann sein theologisches Studium im Ernst.

Berlin

Der ganze akademische Reichtum der großen Berliner Universität lag nun vor dem knapp Neunzehnjährigen. Die Theologie war hier von liberaler Prägung und die Hauptgestalt der Kirchenhistoriker Adolf von Harnack, über den Bonhoeffer einmal bemerkte: „Über die Clemensbriefe [ca. 98] kommt Harnack nicht hinaus!" Er hätte Harnack gern einmal über die Reformation gehört, über Luther arbeitete er bei Karl Holl. Aber sein Hauptinteresse galt der systematischen Theologie bei Reinhold Seeberg.

Karl Holl bewunderte er sehr als Lehrer, wenn er auch bemängelte, daß Holl alles so viel düsterer und auch so viel komplizierter als nötig darstelle. Von besonderer Bedeutung sollte Harnack für Bonhoeffer werden, es entwickelte sich auch ein geradezu freundschaftliches Verhältnis; so erinnerte sich Dietrich Bonhoeffer später, nachdem er Berlin verlassen hatte, immer noch gern an die gemeinsamen Spaziergänge im Grunewald und an die Seminare. Aber Bonhoeffer erkannte nicht leicht einen Mentor und Meister an – erst Karl Barth sollte so etwas für ihn werden. Am meisten arbeitete er in Berlin bei Reinhold Seeberg, bei dem er auch seine Doktorarbeit über die Kirche mit dem Titel ‚Sanctorum Communio' schrieb. Von Anfang an war er Seeberg gegenüber durchaus kritisch, besuchte dabei aber seine Seminare während der ganzen Berliner Studienzeit. Für seine Dissertation las er Max Weber, Troeltsch und Husserl, neben vielen anderen. Aber dann entdeckte er mit der Lektüre seiner unter dem Titel ‚Das Wort Gottes und die Theologie'[3] veröffentlichten Vortragssammlung Karl Barth. Die Wirkung war geradezu umwerfend, und er wurde zum Verfechter nicht nur dieses Buches, sondern der „dialektischen Theologie" Barths überhaupt.

Im Wintersemester 1924/25 wurde der Streit zwischen Barth und Harnack unter den Berliner Studenten, die schnell Stellung bezogen, heiß diskutiert. Barth sprach von Gott als dem „ganz Anderen", dessen Eingreifen und Wirken im Leben des Menschen zwar erkennbar, aber nicht erklärbar sei. Harnack verteidigte die wissenschaftliche Theologie. Für Bonhoeffers theologisches Studium war diese Entdeckung der dialektischen Theologie Karl Barths richtungweisend; und gerade dies, eine Richtung, hatte seinem Studium bisher gefehlt, denn abgesehen von seiner Dissertation war er durch seine vielseitigen Interessen in Gefahr, sich zu verzetteln. Nun fand er hier seine Argumente für den Glauben und seine Verkündigung in der Predigt gestärkt.

Predigt

Dietrichs Familie erwartete wahrscheinlich, daß er Universitätstheologe werden und eine Laufbahn als akademischer Lehrer einschlagen würde wie sein Großvater Hans von Hase. Aber sein Interesse war von Anfang an auf die Gemeindearbeit gerichtet. Er hat immer gern gepredigt. Seine erste Predigt hielt er am 18. Oktober 1925 in der Stahnsdorfer Kirche in Berlin in Vertretung für den dortigen Pfarrer Koller. Seine Mutter begleitete ihn, um die erste öffentlich gehaltene Predigt ihres Sohnes zu hören; es war der 18. Sonntag nach Trinitatis, und der Predigttext war Lukas 17,7–10. Dieser Text, der seinen barthianischen Neigungen entgegenkam, endet mit den Worten: „Wir sind unnütze Knechte; wir haben getan, was wir zu tun schuldig waren." Die Enkelin des berühmten Kirchenhistorikers Karl August von Hase dürfte nicht wenig betroffen gewesen sein über die Art und Weise, wie ihr Sohn hier die Frömmigkeit, Innerlichkeit und Religiosität, in der sie aufgewachsen war, angriff. Eine ganz neue Gedankenwelt muß sich ihr aufgetan haben, als sie ihn mit der für einen Neunzehnjährigen charakteristischen Selbstgewißheit sagen hörte:

„Christentum bedeutet Entscheidung, Wendung, Absage, ja, Feindschaft dem vergangenen alten Menschen gegenüber ... Christus schlägt den vergangenen Menschen in Trümmer ganz und gar, er trifft und durchschneidet mit seinem Schwert, das er bringen will, den innersten Lebensnerv. Und gerade da schmerzt der Hieb am meisten, wo er die scheinbar edelsten Gesinnungen einer vollkommenen Sittlichkeit traf."[4]

Bonhoeffer wußte wohl, warum und gegen wen er so predigte. Mit der Welt, die er hier angriff, war er von Kindesbeinen an vertraut. Anders als viele seiner Zeitgenossen hatte er sie erfahren als eine Welt, in der man in Sicherheit beheimatet war. In dieser Welt sprach man von Gott gewöhnlich nicht als von dem Richter aller Menschen mitsamt ihrer Kultur und ihres Geistes, was dazu hätte verhelfen können, die einer gewissen Überheblichkeit nicht entbehrende Selbsteinschätzung der Menschen auf ein irdisches Maß zu reduzieren. Sein Angriff war nicht kränkend gemeint, er wollte nur einfach zeigen, wie schmerzlich es ist, wenn man die höchsten menschlichen Anstrengungen und damit die besten Errungenschaften dem Urteil des höchsten Gottes unterwirft. Dieses Grundthema hat er in späteren Predigten weiterentwickelt, aber der Ansatz ist in dieser sorgfältig ausgearbeiteten und Wort für Wort ausgeschriebenen Predigt schon deutlich zu erkennen. Seiner Mutter muß beim Hören dieser Predigt bewußt geworden sein, daß dieser Angriff ihres Sohnes gegen die Hochburg des bürgerlichen Christentums gerichtet war. Derselbe Konflikt sollte auch in seinen Arbeiten an der Universität aufbrechen. Seine Seminararbeiten über kirchengeschichtliche Themen bei Harnack oder über Luther bei Karl

Holl wurden sehr gelobt, begleitet von der Ermunterung, sich in dem jeweiligen Gebiet zu spezialisieren; wenn aber in seinen dogmatischen Seminararbeiten bei Seeberg der barthianische Einfluß durchschlug, zeichneten sich Schwierigkeiten ab. Trotzdem entschied er sich dafür, solche Schwierigkeiten durchzustehen, und so gelang es ihm schließlich mit seinen abschließenden Seminararbeiten und seiner recht früh angefangenen Doktorarbeit, auch Seebergs Zustimmung zu gewinnen.

Der in Barths Aufsatzsammlung für ihn nur teilweise gelöste Konflikt zwischen Predigt und Theologie blieb bestehen. Sein Vater nahm regen Anteil an Dietrichs Entscheidung, was besonders aus einem Brief deutlich wird, in dem zum Ausdruck kommt, daß Dietrichs Entscheidung doch nach und nach Anerkennung fand:

„Als Du Dich seinerzeit für die Theologie entschlossen hast, dachte ich manchmal im Stillen, daß ein stilles, unbewegtes Pastorendasein, wie ich es von meinen schwäbischen Onkeln kannte und wie es Mörike schildert, eigentlich doch fast zu schade für Dich wäre. Darin habe ich ja, was das Unbewegte anlangt, mich gröblich getäuscht. Daß eine solche Krise auch auf dem Gebiete des Kirchlichen noch möglich würde, schien mir aus meiner naturwissenschaftlichen Erziehung heraus eigentlich ausgeschlossen."[5]

Promotion zum Lizentiaten

Sein intensives Theologiestudium, bei dem zunehmend vor allem Seebergs Einfluß und Begleitung eine bedeutende Rolle spielten, schloß Bonhoeffer mit seiner Dissertation ab, seinem ersten veröffentlichten Buch mit dem Titel ‚Sanctorum Communio'. Zur Promotion gehörte außerdem die öffentliche Verteidigung einer Reihe von Thesen zum Inhalt seiner Dissertation.

Während Bonhoeffers Beziehung zu Seeberg später eine Trübung erfuhr, begegnete der junge Mann ihm in dieser frühen Zeit mit der größten Hochachtung und korrespondierte auch weiter mit ihm, nachdem er Berlin verlassen hatte. Seinen Seminaren verdankte er sehr viel. In seiner Dissertation geht es um Fragen der Gestalt und der theologischen Grundlage der Kirche. Die Bedeutung soziologischer Einflüsse auf die Gestalt der Kirche wird unter Rückgriff auf Max Weber untersucht, und mit Hilfe von Seeberg und Karl Barth wird die Bedeutung der Theologie für das Verständnis der Kirche geklärt. Seeberg gefiel die Dissertation gut, und Karl Barth bezeichnete das Buch gar als ein theologisches Wunder!

Die öffentliche Diskussion seiner Promotionsthesen erfolgte am 17. Dezember 1927. Am vorhergehenden Tag war dieses Streitgespräch in Seebergs Seminar schon einmal geübt worden; dort lernte Dietrich Bonhoeffer den jungen Franz Hildebrandt kennen, mit dem ihn eine lange Freundschaft verbinden sollte. Mit dem Lizentiatenexamen und der erfolgreichen Disputation schloß Bonhoeffer sein Studium an der Berliner Universität ab.

Vikariat in Barcelona

Nach dem akademischen Studium war praxisbezogene Arbeit und wenigstens ein Jahr Vikariat erforderlich. Bonhoeffer hatte, während er an seiner Dissertation schrieb, auch schon einige praktische Berufserfahrungen gesammelt. Die Predigt in der Stahnsdorfer Kirche wurde schon erwähnt. Noch weiter zurück reichte seine Mitarbeit im Kindergottesdienst, ein deutlicher Ausdruck seines Engagements für die Arbeit in der Kirche, daneben hatte er donnerstags in der Wangenheimstraße eine Jugendgruppe geleitet. Jetzt aber sollte er eine volle Stelle in einer Gemeinde übernehmen.

Er erhielt die Vikariatsstelle an einer deutschsprachigen Gemeinde in Barcelona, was ihn mit einer ihm völlig neuen Welt in Berührung brachte. Spanien war ihm fremd, obwohl er sich dann bald von diesem Land faszinieren ließ; was ihm aber gänzlich neu und unbekannt war, war die Art der Gemeinde – eine Art von Deutschen, die ihm bisher noch nicht begegnet war. Dies hier waren Geschäftsleute, und die meisten von ihnen hatten gar keine Vorstellung davon, was sich im fernen Deutschland abspielte. Jegliche Veränderung betrachteten sie als ein Unglück, rückwärtsgewandt lebten sie in einer Welt von gestern. Sie waren durchaus nette Leute, und Bonhoeffer freute sich immer wieder darüber, mit welcher Freundlichkeit er bei seinen Hausbesuchen begrüßt wurde und welche angenehmen Unterhaltungen er mit seinen Gemeindemitgliedern hatte, aber in seinem Tagebuch klagt er doch während der Anfangszeit, er habe, seit er dort sei, „noch keine Unterhaltung im Stil Berlin-Grunewald geführt“.[6] Von der Gemeinde kam keine geistige Anregung. Doch die Vorträge, die er bei Veranstaltungen unter der Woche hielt, zeigen, daß er bemüht war, seinerseits solche Anregungen an sie heranzutragen. Sicher mochten sie diesen eifrig bemühten jungen Mann mit seinen Vorträgen, die ein bißchen über ihren Horizont gingen, gern! Seine Predigten dagegen waren ganz anders, sonntags wurden seine Hörer hin und wieder recht ungemütlich aufgeschreckt.

Anregung erhielt er aus der Arbeit an seiner Dissertation, die zum Druck fertig gemacht werden mußte, und aus seiner Korrespondenz mit Reinhold Seeberg. In diesen Briefen finden sich interessante Beobachtungen, die er an den Spielen der Kinder in Spanien machte. Er entdeckte hier verwischte Spuren des theologischen Konfliktes zwischen Christen und Mohammedanern. Parallelen dazu finden sich auch in den Kinderliedern und -versen anderer Völker, von denen manche einen verborgenen und ganz verschütteten historischen Bezug haben. Zum Beispiel ist in dem englischen Kindervers „Mary, Mary, quite contrary, how does your garden grow“ (Mary, Mary, sagst immer nein; wie wächst dein Gärtlein) der Bezug auf die wenig geliebte Mary Tudor mit ihrem Bemühen, nach der Reformation in England den Katholizismus Roms doch wieder einzuführen, immer noch zu erkennen. Ihre „cockle shells all in a row“ (Muschelschalen in Reih' und Glied) sind dann natürlich die Priester. Ähnliche, bis in die maurische Zeit Spaniens zurückreichende Verbindungen, als die Auseinandersetzungen zwischen Christentum und Islam auf ihrem Höhepunkt standen und bis ins Volk getragen wurden, wo sie dann in den Spielen der Kinder weiterlebten, findet er hier.

Eine ganz unerwartete Faszination übte der Stierkampf auf ihn aus. Seine Begeisterung war sowohl für seine Familie als auch für seine Freunde überraschend. Für einen Boxkampf konnte Dietrich Bonhoeffer nicht das geringste Interesse aufbringen, er betrachtete ihn als brutal, doch die Eleganz und naturhaft rohe Gewalt eines Stierkampfes bereiteten ihm in ihrer Ausgewogenheit Vergnügen. Angefangen hatte diese Leidenschaft bei einem Besuch seines Bruders Klaus zu Ostern 1928. Nach dem Ostergottesdienst gingen sie, sich einen Stierkampf anzusehen, und Dietrich mußte gestehen, daß er nichts von dem Abscheu empfand, den er nach allem, was er gehört hatte, hätte empfinden müssen. Vielmehr bewunderte er die Eleganz und die geschickte Steigerung der freigesetzten Emotionen und ging auch selbst ganz in der emotionsgeladenen Atmosphäre auf. Im Nachhinein versuchte er dann, Faszination und Sinn des Stierkampfes zu erklären.

Der spanische Katholizismus enttäuschte ihn sehr, denn er ähnelte in keiner Weise dem, was er in Rom erlebt hatte. Gleichzeitig sah er aber auch, daß die Leute ihr Leben nach hohen moralischen Grundsätzen ausrichteten. Beim Stierkampf, so meinte er, könnten sich die Leidenschaften austoben, die sonst leicht zu einem unmoralischen Lebenswandel führen würden.

Spanien blieb ihm ein Rätsel, das er nie richtig verstand. Allerdings fiel sein Aufenthalt in eine ungewöhnlich ruhige Zeitspanne in diesem in Spanien so sehr bewegten Jahrhundert. Die Monarchie, deren Sturz nur drei Jahre später erfolgte, schien ganz fest und sicher. Die Intellektuellen, mit denen er ins Gespräch kam, waren durchweg antikirchlich eingestellt. Er reiste und sah ziemlich viel von Spanien, besonders als sein Bruder ihn besuchte, und der Pfarrer seiner Gemeinde, sein Vorgesetzter, gab ihm noch zusätzlichen Urlaub, so daß er Madrid, Toledo, Cordoba, Sevilla und Granada besuchen konnte. Es erstaunt nicht, daß, wie bei vielen vor und nach ihm, El Greco sein besonderes Interesse weckte.

Er las den Don Quixote – auf Spanisch –, später kaufte er sich dann auch eine deutsche Übersetzung. Die Gestalt des romantischen Ritters berührte ihn sehr; viel später, im Nazi-Deutschland, sollte sich ihm ihr Bezug zur gegenwärtigen Wirklichkeit dann erst noch richtig enthüllen. Viele weitere Entwicklungen, die erst später zur Entfaltung kamen, sind während dieses ersten Gemeindedienstes angelegt. Eine andere Anregung kam noch durch den Vorschlag seiner Großmutter, nach Indien zu gehen; allerdings hatte dieser Wunsch wohl schon seit seinen Tübinger Tagen in ihm geschlummert. Die Gestalt Gandhis übte damals auf viele junge Männer in Europa eine große Faszination aus.

Die Arbeit in der Gemeinde

Aber Bonhoeffers Spanienaufenthalt war ja nicht als Bildungsreise gedacht; er befand sich dort zur Ausbildung in der Gemeindearbeit, und dem unterzog er sich auch mit Eifer. Die Aufgabe, der er sich mit der größten Begeisterung widmete, war das Predigen, aber er machte natürlich auch sonst all das, was ein junger Vikar zu tun hat. Die deutsche Gemeinde hielt sich von der spanischen Kultur isoliert, und so muß es Bonhoeffer oft vorgekommen sein, als lebe er in zwei Welten – in der Kultur Spaniens, wenn er keinen Dienst hatte, und in Deutschland, wenn er seinen Pflichten in der Gemeinde nachkam.

Sein Vorgesetzter, Pfarrer Olbricht, war ein freundlicher und umgänglicher Mann, der alle Hände voll zu tun hatte, den Eifer seines jungen Vikars zu bremsen, während dieser an den Wochenenden, wenn die Gemeinde, wie es schien, nichts weiter zu tun hatte, alle möglichen Aktivitäten starten wollte. Olbricht wachte darüber, durchaus in einer gewissen weisen Voraussicht, daß diese Pläne nicht allzu sehr in den Himmel wuchsen. Denn er wußte ja, daß dieser eifrige junge Mann nach Ablauf seiner praktischen Ausbildungszeit wieder gehen und ihn dann mit mehr, als er allein bewältigen konnte, zurücklassen würde. Olbricht ging es gesundheitlich nicht gut, und so war er froh über Bonhoeffers Predigteifer. So kam es, daß Bonhoeffer sehr viel öfter predigte, als es nach den Vorschriften für die Vikarsausbildung empfohlen wird. Im Jahr 1928 hat er neunzehn selbstverfaßte Predigten gehalten. In seinen Predigtvorbereitungen war er von geradezu penibler Sorgfalt. Eine Stelle aus einem Brief an die Eltern vom November 1928 vermittelt einen Eindruck davon: „Die Predigtarbeit beansprucht bei mir immer noch sehr viel Zeit. Ich arbeite eigentlich die ganze Woche, jeden Tag daran."

Die Barcelona-Predigten

Bonhoeffers Exegese war allerdings nicht immer mit aller wünschenswerten Sorgfalt durchgeführt. Er ließ sich schnell von einem Thema, das er entdeckt hatte, gefangennehmen und kam dann von dort leicht zu Aussagen, über die manch akademisch gebildeter Hörer in Deutschland wohl den Kopf geschüttelt hätte. Seine Begeisterung riß ihn leicht fort. Er hätte gern diese fest in ihrer Bürgerlichkeit ruhenden deutschen Gemeindemitglieder zu einem aktiven Bekenntnis zu Jesus Christus aufgerüttelt. Sie ihrerseits waren nicht unbeeindruckt davon, daß das Evangelium diesem jungen Mann von solch dringlicher Wichtigkeit war. Gemäß dem oft und gern von ihm zitierten Augustinwort wünschte er ihnen ein ruheloses Herz, bis es dann Ruhe fände in dem Gott, den er liebte.

Eine Betrachtung der Barcelona-Predigten ist durchaus der Mühe wert, auch wenn Bonhoeffer selbst später die Bruchstellen in seiner jugendlichen Theologie sah. In Barcelona empfand er zum ersten Mal die Freude und auch den Drang zu predigen. Und hier erwachte auch sein Interesse am Advent als Abschnitt des Kirchenjahres.

Wir besitzen nicht alle Predigten, die Dietrich Bonhoeffer in Barcelona hielt, im Wortlaut; unter den zwölf erhaltenen befindet sich aber auch seine Predigt zum 1. Advent 1928. Normalerweise hätte diese Predigt von dem Gemeindepfarrer selbst gehalten werden müssen, aber aus irgendeinem Grunde war er nicht von einer Dienstreise zurück, und Bonhoeffer schreibt, offensichtlich sehr erfreut, darüber an seine Eltern: „Am 1. Advent kann ich noch einmal predigen, da Olbricht erst in der nächsten Woche kommt, und das freut mich doch sehr."

Der Text, den der junge Vikar an diesem 2. Dezember 1928 verlas, lautete: „Siehe, ich stehe vor der Tür und klopfe an." (Offb. 3,20) Er beginnt seine Predigt mit den Worten:

„Advent feiern heißt warten können. Warten ist eine Kunst, die unsere ungeduldige Zeit vergessen hat. Sie will die reife Frucht brechen, wenn sie kaum den Sprößling setzte; die gierigen Augen werden betrogen, indem die scheinbar köstliche Frucht von innen noch grün ist; und respektlose Hände werfen beiseite, was ihnen Enttäuschung brachte. Wer nicht die herbe Seligkeit des Wartens, das heißt des Entbehrens in Hoffnung, kennt, der wird nie den Segen der Erfüllung erfahren."[7]

Die Leute, zu denen er hier sprach, hatten nicht die Erfahrung von Not und Entbehrung gemacht wie ihre Landsleute in Deutschland. Sie hatten sich in Spanien niedergelassen, um dort Geld zu verdienen. Natürlich hatten einige dabei auch keinen Erfolg gehabt und waren arm. Aber generell ging es diesen Auslandsdeutschen doch darum, möglichst viel Kapital anzusammeln, mit dem sie dann später in ein Heimatland zurückzukehren hofften, das sie sich ganz so vorstellten wie zu der Zeit, als sie es verlassen hatten. Und so konnten sie, wie die meisten auslandsdeutschen Gemeinden, gar nicht verstehen, warum die Entwicklung zum Normalzustand, nämlich so wie es zu Zeiten ihrer Auswanderung und in ihrer Erinnerung gewesen war, so sehr langsam vorankam. Immer wieder, in vielen seiner Predigten erinnerte Bonhoeffer seine Zuhörer daran, daß sie in ihrer von Krieg und Niederlage nicht betroffenen Gemeinde gar keine Vorstellung von diesen Erfahrungen haben könnten. Er warf ihnen das nicht vor, aber er rief ihnen doch die Werte in Erinnerung, die in ihrem Wohlstand beinahe schon in Vergessenheit geraten waren.

Advent bereitet vor auf Weihnachten, und da stellte sich bei ihm immer ein Gefühl der reinen Freude ein, wie er sie so oft in seinem Elternhaus im Grunewald verspürt hatte:

„Gott kommt, der Herr Jesus kommt, Weihnachten kommt. So klingt's heute wieder zu uns herüber. Aber schon wollen wir in der Ferne hören, den Engelsgesang von der Ehre Gottes und dem Frieden auf Erden, aber noch ist's nicht soweit, noch heißt's warten lernen.

Wenn der Advent wieder kommt und wir die alten Weihnachtslieder wieder singen und hören, dann beschleicht uns heimlich ein sonderbares Gefühl, da werden die härtesten Herzen weich, da spüren wir etwas, wie wir es als Kinder kannten, wenn wir fort waren von der Mutter, ... ein seliges Heimweh ohne Härte, ohne Verbissenheit, und es sehnt sich in uns etwas hinaus weiter als in vergangene Jahre, als ins Elternhaus, ja nach der Heimat jenseits der Wolken, hin zum ewigen Vaterhaus."[8]

Er verfügte über einen reichen Erinnerungsschatz an ein solch glückliches Elternhaus, aus dem er schöpfen konnte, um damit eine freudige Sehnsucht in den Herzen seiner Zuhörer zu wecken, aber dann wies er sie doch auch gleich auf die Grenzen, ja sogar die Unmöglichkeit einer solchen Sehnsucht hin, die sich die Vergangenheit herbeiträumt. Dieser Auslandsgemeinde galt es zu zeigen, daß das alte Deutschland für immer vergangen war. Dagegen entwarf er vor ihnen das Bild der ewigen Heimat „in meines Vaters Hause".

Diese Predigt legt Zeugnis ab von Bonhoeffers rhetorischer Begabung, aber auch von seinem Sinn für Realismus. Die Zeichen der Zeit, die Einlaß heischend an das Tor einer dem Untergang geweihten Kultur klopfen, werden der Gegenwart Christi gegenübergestellt, der geduldig an der Tür steht und wartet, bis wir ihm öffnen und ihn einlassen. Die Sehnsucht nach einer Rückkehr der Vergangenheit ist der freudigen Aufnahme Christi gegenübergestellt, dessen eigentliche Bedeutung sich ausdrückt in den Worten: „Siehe, ich mache alles neu!" Auf diese Erneuerung warten wir. Advent ist eine Zeit des Wartens in diesem schöpferischen Sinn, in Erwartung des Neuwerdens. Er beschließt diese frühe Predigt mit einem wahren Hymnus:

„Unser ganzes Leben aber ist Advents-, das heißt Wartezeit aufs letzte, auf die Zeit, da ein neuer Himmel und eine neue Erde sein wird, da die Menschen alle Brüder sind und man jubelt die Worte der Engel: Friede auf Erden und den Menschen ein Wohlgefallen. Lernt warten; denn er hat's versprochen zu kommen: Ich stehe vor der Tür ... Wir aber rufen ihn: Ja, komm bald Herr Jesu! Amen."[9]

Die Entscheidung für die wissenschaftliche Laufbahn

Als der Kirchenvorstand mit der offiziellen Einladung an ihn herantrat, in Barcelona zu bleiben, mußte sich Bonhoeffer zwei Frage stellen. War sein Platz, für sein weiteres Leben, in der Gemeinde? Und wenn ja, war dies die Gemeinde, in der er seinen Pfarrdienst beginnen wollte? Allem Anschein nach hatte er das Bedürfnis, in die Lebenswirklichkeit von Berlin zurückzukehren, *wenn* er sich für das Gemeindepfarramt entschied. Aber dieses

Wenn war die viel schwierigere Frage. Hatte seine Familie vielleicht doch recht mit ihrer Annahme, daß sein Beitrag zur Kirche auf wissenschaftlichem Gebiet liegen sollte? Gemeindepfarrer oder Universitätslehrer?

Er hatte viel Arbeit in ‚Sanctorum Communio' gesteckt, das verschiedene Verleger jedoch als in dieser Form nicht verkäuflich abgelehnt hatten. So verstand er sich zu Kürzungen und beschaffte auch noch Druckkostenzuschüsse, mit deren Hilfe das Buch schließlich erschien. Wenn es finanziell auch nichts einbrachte, so war doch wissenschaftlich nichts an dieser Veröffentlichung auszusetzen. Reinhold Seeberg, sein Doktorvater, versuchte allerdings, sein Interesse auf eine Arbeit von mehr historischer oder biblischer Thematik zu lenken und ihm zu empfehlen, sich mehr einem dieser Fächer zuzuwenden. Aber Bonhoeffer war nun nicht mehr abzulenken von seinem Thema, dem er schon so viel Zeit gewidmet hatte und für das er sich vor allem auch schon stark engagiert hatte. So fiel seine Entscheidung nun nicht zugunsten einer historischen Arbeit oder einer exegetischen Fragestellung aus, sondern er entschied sich für eine theologische Untersuchung der Frage des Gewissens. Der Anstoß dazu ging auf eine Äußerung Seebergs in einem Seminar zurück und auf eine Stelle in Luthers Galaterbriefvorlesung. Dies war der Anfang zu seinem später veröffentlichten, zweiten Buch ‚Akt und Sein', seiner Habilitationsschrift als Voraussetzung für den Beginn seiner Universitätslaufbahn in Berlin.

Am 17. Februar 1929 findet er sich wieder im Familienkreis im Grunewald. Spanien vergaß er aber nicht, zwischen seinem von vielen Aktivitäten erfüllten Leben der nächsten Jahre fand er sogar noch einmal Zeit für einen Besuch in Barcelona. Doch hatte er da schon dieser Art des geistlichen Dienstes, ja man kann sagen dem reinen Gemeindepfarrdienst überhaupt, den Rücken gekehrt. In dem spanischen Zwischenspiel hatte er viel gelernt, nicht zuletzt auch die Freude am Stierkampf mit seiner geradezu liturgischen Formgebundenheit!

Assistent in Berlin

Zwar hatte sich während Bonhoeffers Abwesenheit die Lage in Deutschland etwas gebessert, dafür waren jetzt die unheilvollen Anzeichen des Erstarkens einer rechtsradikalen Reaktion nicht mehr zu übersehen. Stresemann hatte mit der Erfüllung der harten Versailler Vertragsbedingungen und dem allmählichen Aushandeln von Zugeständnissen Wunder erreicht. Die galoppierende Inflation hatte ihren Höhepunkt überschritten, das Rheinland wurde von den Besatzungstruppen geräumt, wurde frei. Aber es gab eben nicht wenige Leute, die dieser demokratischen Regierung Schwäche vorwarfen. Wegen seiner „Erfüllung" der Bedingungen des Versailler Vertrages wurde Stresemann als Verräter verschrien; in weiten Kreisen verschloß man sich der Einsicht, daß er aus unzumutbaren und unerfüllbaren Voraussetzungen das in der Lage Bestmögliche gemacht hatte. Die ersten Anzeichen einer bewaffneten Erhebung fallen in die Zeit, als Bonhoeffer noch in Spanien war. Der „Stahlhelm", die größte Organisation ehemaliger Frontkämpfer unter der Führung des national gesinnten Franz Seldte, trat offen und drohend gegen die Weimarer Republik auf.

Auch andere nationalistische Gruppierungen taten sich zusammen, darunter auch die zahlenmäßig zunächst sehr kleine Bewegung, die sich „nationalsozialistisch" nannte. Mit Unterstützung auch einiger führender kirchlicher Kreise einigten sich diese Gruppen auf die Abfassung eines „Volksbegehrens für den Entwurf eines Gesetzes gegen die Versklavung des Deutschen Volkes". Es wurde zwar im Reichstag verhandelt, aber abgelehnt; die, die es ablehnten, wurden öffentlich als Verräter verschrien. Inzwischen starb Stresemann am 3. Oktober 1929, drei Wochen später folgte der Börsenkrach an der Wall Street, und in der darauf folgenden wirtschaftlichen Polarnacht siechte die Weimarer Republik unter der Führung von Reichskanzler Brüning ihrem Ende entgegen. Karl Bonhoeffer stand für Brüning, aber seine Welt mit ihren Wertvorstellungen war schon im Verschwinden begriffen. Die großen Liberalen, die in ihrem Denken und ihren Vorstellungen noch in den Anfangsjahren des Jahrhunderts verwurzelt waren und den Weltkrieg durchlebt hatten, starben nun einer nach dem anderen. Stresemann war tot, und zwei nahe Freunde und Nachbarn der Bonhoeffer-Familie, Hans Delbrück und Adolf von Harnack, starben kurz darauf.

Der Verlust dieser ihm nahestehenden Menschen berührte Dietrich Bonhoeffer stark, dazu konnte ihm auch die Besorgnis in seiner eigenen Familie nicht entgehen, doch galt seine eigene Sorge jetzt vor allem seiner beruflichen Laufbahn. Er war noch sehr unsicher über seine eigene Zukunft. So beschloß er, die für die Universität notwendigen wissenschaftlichen Voraussetzungen zu erfüllen, falls seine Entscheidung schließlich zugunsten der Universität anstatt zugunsten der Gemeinde ausfallen sollte; daneben blieb er aber der Gemeindearbeit verbunden.

Als Voraussetzung für eine Assistentenstelle an der Berliner Universität mußte er eine Habilitationsschrift vorlegen, um zu zeigen, daß er mit einem Thema aus einem Gebiet, in dem er Vorlesungen halten würde, umgehen konnte. ‚Akt und Sein' sollte dies erfüllen, aber bis zum Abschluß dieser Arbeit waren noch viele Vorarbeiten zu seiner ursprünglichen Untersuchung, in der es um das Gewissen in der Theologie ging, zu machen. Gleichzeitig war er dabei auch noch sehr jung für eine Assistentenstelle: Kein Wunder also, daß sich ihm sein Weg noch nicht klar abzeichnete.

Während er an ‚Akt und Sein' arbeitete, bemühte er sich gleichzeitig darum, seine Dissertation ‚Sanctorum Communio' zum Druck zu bringen, und daneben war er als „Volontärassistent" tätig. So begann er also im Sommersemester 1929 am systematischen Seminar.

Bonhoeffer schloß ‚Akt und Sein' im Februar 1930 ab und hatte damit dann zwei wissenschaftliche Arbeiten vorgelegt. Beide fanden lange Zeit nicht die Beachtung, die sie verdient hatten. Denn nimmt man sie zusammen, so ist hier der Grund gelegt für seine unter dem Titel ‚Widerstand und Ergebung' veröffentlichten ‚Briefe und Aufzeichnungen aus der Haft', die mehr als fünfundzwanzig Jahre später die Welt bewegen sollten.

Die Arbeit wurde angenommen, und nach Erfüllung der weiteren Habilitationsvoraussetzungen erhielt Bonhoeffer danach im Alter von vierundzwanzig Jahren die Berechtigung, an der Berliner Universität zu lehren. Die Habilitation fand am 18. Juli 1930 statt, seine Antrittsvorlesung hielt er am 31. Juli. Der Titel der Vorlesung lautete: Die Frage nach dem Menschen in der gegenwärtigen Philosophie und Theologie.

„Die Frage nach dem Menschen wird durch zweierlei lebendig gehalten, einmal durch das Werk des Menschen, zum andern durch die Erfahrung, die dem Menschen physisch, intellektuell und voluntativ seine Grenzen zeigt. Dort wo der Mensch zu staunen beginnt über das, was er selbst kann, über sein Werk, und dort wo dem Menschen rücksichtslos durch die Wirklichkeit seine Grenzen gewiesen werden, brechen die alten biblischen Fragen auf: ‚Was ist der Mensch, Herr, daß Du sein gedenkst, Du hast ihn wenig niedriger gemacht denn Gott' (Psalm 8), und die andere: ‚Was ist der Mensch, daß Du ihn heimsuchst jeden neuen Morgen, ihn jeden Augenblick versuchst' (Hiob 7,17). Geschichtlich gesprochen heißt das, daß einerseits ein Jahrhundert der Ingenieure, das eine Welt auf dem Boden der alten aufgebaut hat, und andererseits ein verlorener Krieg für uns die Frage nach dem Menschen neu und verschärft stellen müssen. Zwei große Möglichkeiten tun sich auf: der Mensch sucht sich zu verstehen aus seinem Werk oder aus seinen Grenzen."[10]

Die Vorlesung hielt sich streng an das Thema, Bonhoeffer entwickelte hier den Begriff der Möglichkeit. Dieser bezieht sich auf die menschlichen Grenzen. Dieser Begriff gehöre nicht in die Theologie und darum auch nicht in die theologische Anthropologie. Davon ausgehend zeigte er dann, daß der Kirche für das Selbstverständnis des Menschen eine wesentliche Rolle zukommt.

Aber noch sollte dieser jetzt so hochqualifizierte und vielversprechende Dozent sich nicht in Berlin niederlassen. Ein weiterer Schritt der Vorbereitung war noch notwendig – noch fehlte die Erfahrung in der Neuen Welt.

4. *Die Neue Welt*

Es scheint, daß eigentlich jeder, der Bonhoeffer kannte, annahm, er werde die Universitätslaufbahn einschlagen. Von kirchlicher Seite war sein Superintendent freundlich bemüht, ihm durch das bürokratische Labyrinth zum Erwerb der noch nötigen Voraussetzungen zu helfen. Bonhoeffer hatte jetzt die Lehrbefugnis an der theologischen Fakultät der Berliner Universität, aber er war sich doch auch bewußt, daß ihm zusätzliche Universitätserfahrungen auf der anderen Seite des Atlantik helfen könnten, seine eigene Arbeit in einen weiteren Horizont einzuordnen. Viele deutsche Wissenschaftler besuchten damals Amerika, für Theologiestudenten bot sich das Union Theological Seminary in New York besonders an. Als Deutscher konnte man dort mit Theologen aus vielen verschiedenen Ländern bekannt werden und so aus der Isolation ausbrechen, in der sich die deutsche Wissenschaft seit dem Krieg befand; seither war der Kontakt innerhalb der akademischen Welt abgebrochen, und nur langsam wurden die internationalen Beziehungen wieder angeknüpft. Darum empfahlen die, die Bonhoeffer fördern wollten, einen Studienaufenthalt im Ausland – in England oder Amerika – wärmstens und mit Nachdruck. Das Union Theological Seminary kam ins Gespräch, und schon bald erhielt Bonhoeffer eine Einladung dorthin.

Er selbst war zuerst gar nicht so begeistert davon. Eigentlich hatte er sich jetzt darauf eingestellt, mit dem Lehren an der Universität zu beginnen, aber nicht, noch einmal Student zu sein. Einige Mühe machte ihm das für Europäer bis heute so verwirrende amerikanische „Credit"-System. Anstatt über ein Thema zu arbeiten, konnte man sich hier mit Teilfragen eines Themas beschäftigen, deren Behandlung in einzelnen Kursen und dort eingereichten schriftlichen Arbeiten benotet und dem Studenten gutgeschrieben wurden. In mancher Hinsicht ließ dieses System dem Studenten vielleicht mehr Freiheit als die deutsche Methode, bei der der Doktorvater seinen Doktoranden manchmal sehr eng an sich band. In Deutschland entschied man sich als Student für eine Universität aufgrund eines oder mehrerer namhafter Professoren als Fachvertreter. Eine solche Entscheidung würde Bonhoeffer in Amerika nicht zu treffen haben. Vielmehr konnte er eigene Forschung betreiben und im übrigen die amerikanische Theologie kennen lernen. So nahm er also die Einladung an das Union Theological Seminary an; finanziert wurde der Aufenthalt durch eine Sloane Fellowship.

Am 5. September 1930 schiffte er sich auf der Columbus nach Amerika ein. Den Gedanken, Indien zu besuchen, um Gandhi kennen zu lernen, hatte er noch nicht aufgegeben. So war seine Freude besonders groß, als er entdeckte, daß er seine Kabine auf dem Schiff mit einem Dr. Lucas teilte, der Präsident eines College in Lahore, damals noch im britischen Indien, war. Dr. Lucas bestärkte ihn sehr in seinem Wunsch, Indien zu besuchen, lud ihn nach Lahore ein und versprach ihm, ihn dort einführen und bekannt machen zu wollen.

New York: Erste Eindrücke

Das Amerika, das Dietrich Bonhoeffer betrat, war das Amerika der Depression. Kaum ein Jahr war es her, seit der Zusammenbruch der Börse an der Wall Street die amerikanische Wirtschaft ruiniert hatte. Die Arbeitslosigkeit war höher als in Deutschland, es gab wirkliche Armut und Obdachlosigkeit, Straßenkämpfe waren nichts Seltenes, und es herrschte eine allgemeine Atmosphäre der Hoffnungslosigkeit. Viele Leute führten die schlechte wirtschaftliche Lage auf den Krieg zurück, und das nährte natürlich deutschfeindliche Gefühle. Was er von den ersten Amerikanern, mit denen er bekannt wurde, hörte, mußte ihm den Eindruck vermitteln, daß sie die jüngsten Entwicklungen in Deutschland sehr viel genauer verfolgt hatten als er. In Amerika fürchtete man, daß Deutschland schon wieder Kriegsabsichten habe. Die Nationalsozialisten nahm man sehr viel ernster, als Bonhoeffer das tat. Er war in letzter Zeit viel zu sehr mit seinen eigenen Angelegenheiten beschäftigt gewesen, um den Veränderungen, die sich in den letzten Monaten in Deutschland vollzogen hatten, viel Beachtung zu schenken. Noch vor kurzem hatten die Nazis kaum eine Bedeutung gehabt. In Bochum hatte ein Pfarrer Hakenkreuzfahnen in seiner Kirche aufhängen lassen; ein anderer Pfarrer hatte uniformierten Nazis den Zutritt zur Kirche verweigert. Trotzdem hielt man in den Kreisen der Familie Bonhoeffer die Nationalsozialisten für eine extreme Gruppe, die bald von selbst wieder verschwinden würde. Im September, während Bonhoeffer den Atlantik überquerte, fand eine Reichstagswahl statt. Daß sich die Zahl der nationalsozialistischen Sitze dabei drastisch von 12 auf 107 erhöhte, nahm er kaum zur Kenntnis. Aber die Nationalsozialisten waren jetzt keine unbedeutende Partei mehr im deutschen Reichstag.

Jährlich erhielten eine Reihe von ausländischen Studenten ein solches Stipendium wie Bonhoeffer. Er war in diesem Jahr der „deutsche" Student. Weil er sein eigentliches Studium schon abgeschlossen hatte, war er hier frei, seinen eigenen theologischen Interessen nachzugehen, ohne sich um Scheine und Zwischenprüfungen kümmern zu müssen. Daneben nutzte er aber auch die Freiheit, die er hatte, sich einen Einblick in das amerikanische Leben an der Schwelle zur Roosevelt-Ära zu verschaffen.

Mit Religionsphilosophie beschäftigte er sich bei Eugene Lyman, der theologisch seinen eigenen barthianischen Tendenzen sehr fern stand. Bonhoeffer hatte sich ganz bewußt so entschieden. Er verstand es, zuzuhören und zu lernen. Das amerikanische Leben außerhalb der Hochschule verwirrte und faszinierte ihn gleichzeitig. Ganz besonders bemühte er sich darum, das Leben der Neger – damals war die Bezeichnung „Blacks"/„Schwarze" noch nicht die korrekte –, wie er sie in Kirchengemeinden und in ihrem Zusammenleben in Harlem kennen lernte, zu verstehen; und er hätte wohl nicht leicht etwas finden können, das seiner eigenen Erfahrung von Gemeindeleben ferner gestanden hätte! Sein Führer in Harlem war Franklin Fisher, ein hoch begabter schwarzer Mitstudent am Union Theological Seminary.

Entdeckung der schwarzen Kirchen

In Franklin Fisher hatte Bonhoeffer einen außergewöhnlichen jungen Mann gefunden, von dem er viel lernen konnte. Dieser Student war ein „Neger" und konnte ihn so direkt in diese neue Welt einführen. Jeder, der Franklin Fisher kannte, war von seiner äußeren Erscheinung und der offenen und herzlichen Art seines Umgangs beeindruckt. Der amerikanische Rassismus schien ihm nichts anhaben zu können, im Umgang mit seinen Kommilitonen war er ganz natürlich, und sie behandelten ihn als ihresgleichen. Bonhoeffer schloß spontan Freundschaft mit ihm; die amerikanische Rassentrennung quälte ihn, wie das auch sein Bruder schon erlebt hatte. Als er einmal mit ein paar Freunden ein gutes Restaurant besuchte, in dem man sich weigerte, Fisher zusammen mit den anderen zu bedienen, brachte er sein Mißfallen deutlich zum Ausdruck, indem er ostentativ aufstand und dadurch die ganze Gruppe zum Verlassen des Restaurants veranlaßte. In seinem Charakter war kein Raum für Rassismus, er konnte ihn nicht ertragen.

Die dem Union Theological Seminary am nächsten gelegene Kirche ist die Riverside Church, von den Baptisten gegründet, zu Bonhoeffers Zeiten eine ausschließlich weiße Gemeinde. Schwarze wurden zwar nicht ausgeschlossen wie in manchen anderen Kirchengemeinden, aber mit Ausnahme einiger weniger Studenten kamen eben nur weiße Gemeindemitglieder zum Gottesdienst. Bonhoeffer sagte sie von Anfang an nicht zu. Den in ihr gehaltenen flachen Predigten stellte er die kraftvolle „Gospel"-Verkündigung der Negerkirchen gegenüber. Diese hätten sicher Bestand, meinte er, und wären noch da, lange nachdem dieser Baalstempel zerstört sei – harte Worte, aber er war ja noch ein junger Mann.

Mit großem Eifer machte er sich daran, die schwarzen Kirchen kennen zu lernen. Ihren Besonderheiten und Problemen ging er bis in Einzelheiten nach, und so las er viel, hatte immer neue Fragen an Franklin Fisher und machte unzählige Besuche in Harlem. In einer schwarzen Gemeinde hielt er regelmäßig die Sonntagsschule und arbeitete in Jugendgruppen mit. Es gelang ihm in einem erstaunlichen Maße, sich auf die Art der Leute einzustellen und auf sie einzugehen, und so nahmen auch sie ihn auf, als gehöre er zu ihnen. Besonders faszinierte ihn das „negro spiritual", wobei er nie vergaß, daß die Ursprünge dieser bewegenden Lieder in die Sklaverei zurückreichten. Ein späterer Bericht, den er 1939 für seine Kirche verfaßte, schließt mit Worten, in denen seine Hochachtung, ja fast Liebe, deutlich wird für diesen Teil des amerikanischen Volkes, von dem, wie er sagt, „jeder zehnte ein Neger ist":

„Der stärkste Beitrag der Neger für die amerikanische Christenheit liegt in den geistlichen Negerliedern („Negro spirituals"), in denen Not und Befreiung des Volkes Israel („Go down, Moses ..."), Elend und Trost des menschlichen Herzens („Nobody knows the trouble I've seen"), die Liebe zum Erlöser und Sehnsucht nach dem Himmelreich („Swing low, sweet chariot ...") zum ergreifenden Ausdruck kommen. Jeder weiße Amerikaner kennt, singt und liebt diese Lieder. Es ist schwer begreiflich, daß große Negersänger vor überfüllten Konzertsälen der Weißen diese Lieder singen und beispiellosen Beifall finden können, und daß gleichzeitig denselben Männern und Frauen durch soziale Diskriminierung der Zugang zu der Gemeinschaft der Weißen verschlossen bleibt. Man wird außerdem sagen dürfen, daß nirgends die Erweckungspredigt noch so lebendig und verbreitet ist wie bei den Negern, daß hier wirklich das Evangelium von Jesus Christus, dem

Heiland der Sünder, gepredigt und mit großer Empfänglichkeit und spürbarer Bewegung aufgenommen wird. Das Negerproblem ist eine der entscheidenden Zukunftsaufgaben der weißen Kirchen."[1]

Pläne einer Kubareise

Bonhoeffer war von Rastlosigkeit und Reiselust ergriffen. Seine Träume einer Indienreise verblaßten allerdings, als ihm klar wurde, wie viel mehr die Heimreise nach Deutschland über Indien kosten würde, aber auch die Vereinigten Staaten boten verlockende Ziele. Er war gefragt als Prediger und kam so mit Vorträgen, mit Predigen und mit der Teilnahme an Konferenzen weit herum. Er genoß die Fülle des Lebens in den amerikanischen Gemeinden, auch wenn er sie verwirrend fand. Es gab viele verschiedene protestantische Kirchen, aber trotz ihrer Lebendigkeit und Glaubensgewißheit erschien ihm ihre theologische Basis sehr schwach. Er kam zu dem Schluß, daß, was er hier sah, ein „Protestantismus ohne Reformation" sei, denn die Kirchen des amerikanischen Protestantismus hatten keinen Anteil am traumatischen Umbruch der Reformation in Europa. Er genoß auch Musik und Kultur in Amerika. Und doch blickte er auch über die Grenzen in die Nachbarländer, wo er die spanische Kultur, wie er sie von Barcelona her kannte, wiederfinden konnte: nach Mexiko und Kuba.

Den Kontakt mit Kuba hatte er schon durch seine ehemalige Erzieherin Käthe Horn, die dort an einer Schule tätig war, hergestellt. Durch ihre Vermittlung erhielt er zu Weihnachten einen Predigtauftrag in Havanna; nun galt es, eine billige Reisemöglichkeit ausfindig zu machen. Mit Erwin Sutz, dem Schweizer Auslandsstudenten am Union Theological Seminary, hatte sich, schon durch die Gemeinsamkeit der Sprache, alsbald eine Freundschaft ergeben, die die beiden noch viele Jahre verbinden sollte. Es ergab sich ganz natürlich, daß er dann auch Bonhoeffers Reisegefährte nach Kuba sein sollte. Bei einem kurzen Aufenthalt in Washington hörte er von einem besonderen Fahrpreisangebot für Geistliche in den Südstaaten und bat Erwin Sutz im Seminary in New York, sich nach genauen Einzelheiten zu erkundigen. Sie hatten beide nur recht wenig Geld zur Verfügung, und das Honorar für den Predigtdienst in Havanna war auch nicht nennenswert. Mit großer Sorgfalt arbeitete Bonhoeffer Reiseroute und -kosten bis ins einzelne aus. Und so hat diese Reise wesentlich dazu beigetragen, diese Freundschaft so fest zusammenzukitten.

Natürlich besuchten sie Käthe Horn und ließen sich ihre Schule zeigen.

Am 4. Advent (21. Dezember 1930) predigte Bonhoeffer dann in der deutschen Gemeinde in Havanna, seine Zuhörer waren Auslandsdeutsche in spanischem Land; es war, als sei er wieder in Barcelona. Aber Kuba war nicht Spanien, die große Abhängigkeit der Insel von Amerika wurde ihm recht deutlich. Der nordamerikanische Industrieriese war diesen Deutschen hier sehr viel gegenwärtiger, als das umgebende Spanien seiner Gemeinde in Barcelona im Bewußtsein gewesen war. Sein Predigttext war 5. Mose 32,48–52. Dies ist die Stelle, wo Mose geboten wird, auf den Berg Nebo zu gehen, um von dort das gelobte Land, das er nicht mehr betreten sollte, zu sehen – diese Textstelle hat ihn immer besonders berührt. Jetzt, so wenige Tage vor dem Weihnachtsfest, konnte er die Nähe der Freude mit dem Ernst der Vorbereitung in Beziehung setzen. Weihnachten sei keine Selbstverständlichkeit; vielleicht seien wir gar nicht würdig, an der Weihnachtsfreude teilzuhaben. Er gebot dem weihnachtlichen Jubel und der Festtagsfreude für einen Moment Einhalt, indem er seine Zuhörer auf die einsame und tragische Gestalt Moses verwies – Mose, dem geboten wird, den Berg zu ersteigen, in das Gelobte Land zu blicken, das Ziel, das er sein ganzes Leben lang verfolgt hatte, und dann dort auf dem Berg zu sterben. „Und der Herr redete mit Mose desselben Tages ... Also starb Mose daselbst nach dem Wort des Herrn."

Bonhoeffer empfindet die bittere Enttäuschung Moses, als ihm die Erfüllung der Hoffnung, die ihn sein ganzes Leben lang begleitet und erfüllt hatte, sein Volk in das Gelobte Land zu führen, versagt wird. Und er zögert nicht, diesen Predigttext auch direkt auf die Lebenserfahrungen der Mitglieder der Gemeinde, zu der er spricht, zu beziehen, denn auch sie kennen unerfüllte Hoffnungen. Schon Kinder machen solche Erfahrungen und sind dann enttäuscht, es gibt aber sehr viel mächtigere Hoffnungen, die uns quälen, vergleichbar dem „Stachel im Fleisch" des Paulus: „etwa Hoffnungen, innere geheime Schwächen zu überwinden, unerkannten Sünden abzusagen. Wieviel verzweifelte Versuche werden da getan, wie inbrünstig wird in solchen Nöten gebetet und wie hart ist es, wenn uns solche Erfüllungen versagt bleiben."[2]

Dies ist keine Predigt der Hoffnungslosigkeit, aber sie zwingt die Zuhörer, ihrer eigenen Situation in all ihrem Ernst ins Auge zu sehen. Erst diese lebendige Erfahrung und die klare Erkenntnis der Zusammenhänge zwischen Ungehorsam, gottloser Sünde und Tod machen bereit, das Evangelium anzunehmen.

„Gott hat verheißen, selbst der Erde zu nahen, uns zu nahen; hat verheißen, uns durch sich zur Erlösung, zum Heil, zur Seligkeit zu führen. Wir aber wissen von dieser Verheißung, und wir wandern wie Mose und müssen doch wissen, daß wenn Mose sterben mußte, wir ja doch erst recht sterben müßten, wenn Gott nach seinem eigenen Recht mit uns verführe; aber wir wissen als Christen ja auch, daß wir nicht sterben sollen, sondern leben in der Verheißung, daß die Verheißung unser sein soll."

Diese Schritte seien unumgänglich, betont Bonhoeffer. Wir können das gelobte Land nicht unvorbereitet betreten, und so ist die Predigt im Advent ein aufrüttelnd harter Bußruf. Die Buße ist es, die notwendig vor der Weihnachtsfreude steht.

„Aber nun soll ja in drei Tagen wirklich Weihnachten wiederkommen. Die große Wandlung soll wiederum geschehen, Gott will's so; aus der hoffenden, wartenden, sehnenden Welt soll eine Welt werden, der die Verheißung gegeben ist. Alles Klagen soll verstummen, keine Tränen sollen fließen, kein einsames Leid soll uns mehr ersticken und bedrohen. Er ist da, der hilft; er ist da, der uns nie allein läßt."

Wenn diese Predigt Bonhoeffers sich auch nicht sehr von seinen Predigten in Barcelona unterscheidet, so ist hier doch der Blick geweitet in einem neuen Weltverständnis und in einem neuen Bewußtsein von weltweitem Leiden. Die Arbeitslosigkeit in Amerika hatte ihm ebenso zu denken gegeben wie die Notleidenden und Entrechteten in diesem so mächtigen Land. So beziehen sich die Worte am Schluß seine Havanna-Predigt nicht nur auf Deutschland: „Menschenherzen unterm Christbaum sehen so überaus verschieden aus. Und es ist ja wohl richtig, daß es jedem von uns, der sich ein wenig in der Welt umsieht, vielleicht in diesem Jahr besonders wunderlich vorkommt, Weihnachten zu feiern."

An einer anderen Stelle in seiner Predigt hatte er gesagt: „Gott hatte das Elend der Welt angesehen und war selbst gekommen, um zu helfen." Jetzt, in der freudigen Erwartung von Weihnachten in nur drei Tagen sollten auch sie die Augen öffnen für die Armen der Welt, fordert er sie auf:

„Da stehen die Scharen der Arbeitslosen vor unseren Augen, die Millionen Kinder in aller Welt in Hunger und Jammer, die Hungernden in China, die Unterdrückten in Indien und in unseren unseligen Ländern, und aus aller Augen spricht die verzweifelte Ratlosigkeit. Und trotzdem kommt Weihnachten. Ob wir es wollen oder nicht, ob wir darauf gestimmt sind oder nicht, wir müssen wieder hören: Christ der Retter ist da; die zu rettende Welt ist eben unsere verlorene Welt ..."

Ungeduldiges Warten auf Nachrichten aus Deutschland

Bonhoeffer hatte Heimweh. Nie war es ihm so schwer gefallen, ein frohes Weihnachtsfest zu feiern, es fehlte ihm sowohl die geistige Anregung seiner Kommilitonen und seiner Familie als auch die Festtagsfreude von Friedrichsbrunn. Auch sah er Deutschland jetzt mit anderen Augen. Während er einerseits klagte, die Theologie in Amerika sei eine Groteske und die ökumenische Vorstellung eines „Weltprotestantismus" eine erschreckende Illusion, erfüllten ihn gleichzeitig die Entwicklungen in Deutschland, von denen er jetzt hörte, mit großer Sorge. In seiner Konzentration auf seine wissenschaftlichen Interessen hatte er gar nicht gesehen, daß die bedeutenden Aufbrüche in der Theologie in Deutschland keineswegs einen entsprechenden Niederschlag in der Verkündigung gefunden hatten. Einige hervorragende Denker in Deutschland ließen sich sogar vom Nationalsozialismus umgarnen. Freunde berichteten ihm über diese Anziehungskraft. Für das Volk, das die Schmach der Niederlage erfahren hatte und die Ungerechtigkeiten des Versailler Vertrages mit Erbitterung trug, war die Versuchung allzu groß, die immer stärker werdenden Forderungen des Nationalsozialismus, sein Pochen auf die, wie es schien, angestammten nationalen Rechte, zu unterstützen. Manche erkannten wohl, daß hier das Evangelium verraten werde, aber nicht alle sahen das. Anders als die Kommunisten war diese Partei nicht offen atheistisch, sondern schien durchaus auf seiten der Kirchen zu stehen. Sie begeisterte die Bevölkerung mit geschickt organisierten Kundgebungen und zog besonders die junge Generation an. Deutschland schien sich völlig verändert zu haben. Er las da von einem ganz neuen Erregungszustand. Während er die amerikanische Theologie kritisierte und das in den Negerkirchen pulsierende Leben bewunderte, versuchte er sich gleichzeitig vorzustellen, welche Predigten man wohl in diesem neuen Deutschland halten könne und müsse. Nach dem, was er hörte, wurden die Gemüter beherrscht von dem Gedanken eines Freiheitskampfes, von der Vorstellung eines neuen preußischen Staates (wieder mit einem Kaiser), von Reinheit der Rasse, Kampf gegen die Juden, Tod den Marxisten und einem Dritten Reich der deutschen Freiheit und Gerechtigkeit. Wie konnte man in einem von Stolz und Haß aufgewühlten Volk das Evangelium predigen?

Besonders ein Brief hatte ihn sehr hellhörig gemacht. Er kam von Helmut Rößler, einem Freund aus Berliner Studientagen, den er sehr schätzte und dem er über die Mängel der amerikanischen Theologie geschrieben hatte. Rößler nahm in seiner Antwort kein Blatt vor den Mund:

„Sie sind ja Ihrem ganzen Wesen nach ‚unpolitisch' veranlagt und haben, weil Sie nicht mitten in der Aktualität wirtschaftlichen Existenzkampfes und politischer Siedehitze stehen, es leichter von hoher Warte aus, ‚die Breite und die Länge und die Höhe und die Tiefe Christi' [Eph. 3,18] zu durchforschen. Das soll nicht bedeuten, daß ich Ihre Anfechtungen [hinsichtlich der amerikanischen Theologie] verkenne. Sie sind vielleicht umfassender, aber vielleicht nicht so konkretisiert wie bei uns ‚Frontkämpfern der Drecklinie'."[3]

Was sich in Deutschland abspielte, war sehr viel schlimmer, als Bonhoeffer ahnte. Der vor kurzem noch als ‚unbedeutend' eingeschätzte Nationalsozialismus war zu einer Bewegung von weiter Verbreitung und großer Anziehungskraft auf die Massen geworden. In jungen Leuten entfachte er ein sozusagen reines, glühendes Nationalgefühl. Dies war ein neuer heidnischer Kult unter dem Schafspelz eines christlichen Gewandes. Bonhoeffer war zwar nicht im einzelnen informiert, aber er begriff doch, daß die Lage äußerst kritisch war, daß die Kirche einer ernsten Bedrohung ausgesetzt war und daß darum sein Platz jetzt zu Hause sei, um dort sein Möglichstes zu tun in der Abwehr dieser Angriffe auf das Evangelium.

Sabine

Die Familie der Bonhoeffers hatte von Anfang an einhellig die Nationalsozialisten abgelehnt, aber die Haltung der Nazis gegenüber den Juden erfüllte sie geradezu mit Abscheu. Dies traf in besonders starkem Maß für Dietrich zu, da sich seine Zwillingsschwester Sabine, der er besonders nahestand, 1924 mit Gerhard Leibholz verlobt hatte, dessen Vater Jude war. Gerhard selbst war als Kind in der evangelischen Kirche getauft worden, wenn auch sein Vater sich nie hatte taufen lassen. Dieser war ein bedeutender Mann, Besitzer von Tuchfabriken in Lichtenberg bei Berlin, Stadtverordneter und später Stadtrat in Berlin-Wilmersdorf. Er hatte am Kurfürstendamm gewohnt, bevor er ein großes Haus in Grunewald bezog. Gerhard war von Anfang an gern gesehen im Kreis der Bonhoeffer-Freunde, besonders die Eltern mochten ihn gern. Trotzdem waren sie über die Verlobung zuerst nicht sehr erfreut, denn Sabine war gerade erst achtzehn. Die Mutter sah schon damals, daß sich aus Gerhard Leibholz' jüdischer Abstammung Schwierigkeiten ergeben könnten, und gab Sabine zu bedenken, daß ihr zukünftiger Mann in seinem Fach Jura wohl nie die Karriere würde machen können, die seinen Fähigkeiten entsprach.

Und das, sagte sie, sei für eine Ehefrau sehr schmerzlich mitanzusehen. Schon 1924 brachte die jüdische Abstammung in Deutschland Nachteile. Jedenfalls mußten die beiden noch warten, bis Sabine zwanzig war; einer Heirat unter zwanzig wollte Karl Bonhoeffer bei keinem seiner Kinder zustimmen. Am 31. März 1926 bestand Gerhard Leibholz sein zweites juristisches Examen, und am 6. April heirateten die beiden.

Zuerst wohnte das junge Ehepaar in Berlin, und dort wurde am 30. Juni 1927 die Tochter Marianne geboren. Gerhards berufliche Laufbahn machte gute Fortschritte, er wurde Richter beim Amtsgericht und dann Referent am Institut für Ausländisches Öffentliches Recht und Völkerrecht. 1928 habilitierte er sich und erhielt 1929 seinen ersten Ruf an die Universität Greifswald. So gingen Dietrichs erste Briefe aus Amerika an Sabine nach Greifswald. Aus ihnen spricht deutlich die Freude an ihren Kindern (die zweite Tochter Christiane wurde im Dezember 1930 geboren) und seine zunehmende Hochachtung für seinen Schwager Gerhard. Schon bald sind seine Briefe an „Liebe Sabine, lieber Gert" gerichtet. Sie ihrerseits informierten ihn regelmäßig über den großen Zulauf zu den Nazis und ihr Verhalten den Juden gegenüber und zeigten hier ein besseres Gespür für das politische Unwetter, das sich da zusammenbraute, als die meisten anderen Deutschen.

Im Land konnte es mit seinen nahezu viereinhalb Millionen Arbeitslosen zu keiner Stabilität kommen, und die NSDAP hatte durch einen enormen Stimmenzuwachs bei den Wahlen im September 1930 über hundert Sitze im Reichstag erhalten. Ziemlich bald schon berichtet Sabine vom Auftauchen von SA-Uniformen – „ein Mann in einer uns unbekannten Uniform mit hohen Stiefeln [harkte] das Laub zusammen". Sie hörten das Horst-Wessel-Lied zum ersten Mal und waren tief betroffen. Sabine berichtet auch von einem erschreckenden Erlebnis auf dem Marktplatz von Stralsund:

„Mein Schwiegervater hatte uns in Greifswald besucht und war mit uns und seinem Chauffeur in seinem großen Horchwagen spazierengefahren. Er hatte fast nie Zeit dazu, und wir hatten uns alle auf diesen Ausflug nach Stralsund gefreut. Auf dem Marktplatz drängte sich die SA frech an die Scheiben und rempelte seinen sehr langsam fahrenden Wagen an. Einige Kerle klopften an die Scheiben und nahmen eine ziemlich drohende Haltung ein, die sich gegen meinen Schwiegervater richtete. Ganz schnell nahm ich unser vierjähriges, damals hellblondes und blauäugiges Mariannchen von meinem Schoß und setzte es dem Großvater aufs Knie. Damit war die Situation gerettet, und wir konnten ungestört weiterfahren."[4]

In einem Brief, den Dietrich ungefähr um diese Zeit anläßlich ihres gemeinsamen Geburtstages aus New York an sie schreibt, gibt er seinem Erstaunen darüber Ausdruck, daß sie beide nun schon fünfundzwanzig Jahre alt sind. Er bedauert, daß er in diesem vorgeschrittenen Alter nicht so viel Erreichtes aufzuweisen habe wie sie: „wenn ich mir dächte, ich wäre seit über fünf Jahren verheiratet, hätte zwei Kinder, ein eigenes Häuschen, nun, dann würde ich auch mit einem Gefühl des vollen Rechts fünfundzwanzig werden".[5]

In demselben Brief wird aber auch deutlich, daß er die Ausmaße dessen, was sich in Deutschland abspielt, noch nicht richtig begriffen hat.

Gerhard Leibholz und seine Familie in Göttingen

Im Mai 1931 erhielt Gerhard Leibholz einen Ruf als Ordinarius für Staatsrecht nach Göttingen. Aber er konnte sich nicht recht darüber freuen, da ihm klar war, daß seine Tage gezählt waren. Ein Universitätsprofessor und Staatsrechtler jüdischer Abstammung hatte, er mochte so hervorragend sein, wie er wollte, in einem Deutschland, in dem die Nazis täglich mehr an Boden gewannen, keine Zukunft. Lohnte da ein Neuanfang überhaupt? Trotz dieser Bedenken nahm er den Ruf schließlich an, und die Familie zog im Oktober nach Göttingen. Schon seit 1930 hatte Gerhard Leibholz vorausgesehen, daß die Nazis an die Macht kommen würden.

Zu Anfang hatte ihn das noch nicht besonders beunruhigt. 1932 forderte der Nationalsozialistische Studentenbund in Göttingen, bei der Semestereröffnungsfeier mit Hakenkreuzfahnen einziehen zu dürfen. Der damalige Rektor, Professor Ludwig, untersagte es aber.

Dietrich war inzwischen wieder zurück in Deutschland und in Berlin gleich stark eingespannt. Die allgemeine Stimmung kommt deutlich in einem Zeitungsbericht vom Tag von Hitlers Machtergreifung, den seine Zwillingsschwester ausgeschnitten hatte, zum Ausdruck:

„Zehntausende aus allen politischen Lagern, aus allen Berufen und Ständen, säumten die Straßen und fühlten sich innerlich verbunden mit den braunen Soldaten des Dritten Reiches, die mit stürmischen Heil-Rufen begrüßt wurden. Wer die wohl 3000 SA- und SS-Leute und die Hitlerjugend im Schwunge einer hinreißenden Bewegung und doch gebändigt in eiserner Disziplin vorbeimarschieren sah, dazu die vielen, die im Rhythmus der preußischen Märsche mitzogen, mußte die geschichtliche Größe der Stunde empfinden."[6]

Die Leibholzens erkannten die Gefahr wohl und machten sich schon Gedanken über Fluchtmöglichkeiten. Auch Dietrich brauchte nicht lange, um zu erkennen, wie es in Wahrheit stand. Gerhard Leibholz kaufte ein Auto!

Freunde

Eine Freundschaft schloß Bonhoeffer nicht leichter Hand, wenn er sich aber einmal dafür entschieden hatte, dann war er völlig offen, frei und großzügig mit seinen Freunden. Während seines Studienaufenthaltes am Union Theological Seminary gewann er vier Freunde, zwei wie er Gaststudenten aus Europa – obwohl er ja durch sein abgeschlossenes theologisches Studium und seine weiteren theologischen Arbeiten eher eine Zwischenposition zwischen den Professoren und den Studenten einnahm. Diese europäischen Freunde waren der Schweizer Erwin Sutz und der Franzose Jean Lasserre. Sie hatten ein ähnliches Stipendium wie er, und als Europäer fanden sie fast unvermeidlich zueinander.

Mit Erwin Sutz konnte er deutsch sprechen, die gemeinsame deutsche Kultur verband sie beide. Mit Jean Lasserre war das anders. Bonhoeffer hatte wahrscheinlich bis dahin noch nie eine nähere Bekanntschaft mit einem Franzosen gehabt, und seine dezidierte Ablehnung des Versailler Vertrages und speziell der ungeheuren Forderungen Frankreichs waren ja nicht gerade günstige Voraussetzungen für eine solche Freundschaft. So war Bonhoeffer Jean Lasserre gegenüber zuerst unsicher und zurückhaltend, aber das Blatt scheint sich zur Freundschaft gewendet zu haben, als sie miteinander im Kino den Film „Im Westen nichts Neues" sahen. Jean Lasserre berichtet darüber:

„Im Frühjahr 1931 gingen die meisten von uns in New York ins Kino, um den Film ‚Im Westen nichts Neues' zu sehen. Der Kinosaal war voll. Das Publikum bestand aus Amerikanern, und da der Film aus der Perspektive der deutschen Soldaten gedreht ist, versetzte sich das Publikum gleich in deren Lage. Wenn auf der Leinwand französische Soldaten getötet wurden, lachte und klatschte die Menge. Wenn andererseits deutsche Soldaten verwundet wurden oder fielen, herrschte ein großes Schweigen und eine tiefe Betroffenheit. Für uns, die wir da nebeneinander saßen, er ein Deutscher und ich ein Franzose, war das eine sonderbare Erfahrung. Besonders paradox war die Situation deswegen, weil die Amerikaner im Krieg ja auf der Seite der Franzosen gegen die Deutschen gekämpft hatten. Für uns beide war dies ein ergreifendes Erlebnis. Vor allem berührte es mich durch die Brüderlichkeit, die er mir zeigte, wie er, nachdem wir aus dem Kino kamen, sich gar nicht genug damit tun konnte, mir tröstende und freundliche Worte zu sagen."[7]

Burton Nelson, bei dem sich diese Stelle findet, berichtet auch noch von einem Gespräch, das er, viele Jahre später, 1977 mit Jean Lasserre gehabt habe, und dabei sei ihm das Erlebnis dieses Kinobesuches immer noch lebendig gegenwärtig gewesen. „... die Erinnerung überwältigte ihn, und er schwieg eine Zeitlang, um ihr mit Tränen in den Augen nachzuhängen". Lasserre habe dann des weiteren gesagt, auch Bonhoeffer sei sehr betroffen gewesen, „meinetwegen".

Neben den beiden europäischen Freunden und Frank Fisher, seinem schwarzen Führer zu den Negergemeinden in Harlem, schloß er noch eine weitere enge Freundschaft mit dem Amerikaner Paul Lehmann, der ebenso wie die anderen den Kontakt aufrecht erhalten hat, solange es sich nur irgend machen ließ. Bei Paul Lehmann und seiner Frau Marion stand Bonhoeffer ein amerikanisches Haus offen, in dem er sich ganz zu Hause fühlen konnte. Hier feierte er seinen fünfundzwanzigsten Geburtstag. Lehmann schrieb am Union Theological Seminary an seiner Dissertation und befand sich so theologisch mehr oder weniger auf dem gleichen Stand wie Bonhoeffer. Er konnte die Nuancen in der europäischen Theologie verstehen, und er verfügte über genügend Kenntnisse in systematischer Theologie, um mit ihm argumentieren zu können und auch das Entsetzen verstehen zu können, das Bonhoeffer bei mancher der Aussagen sowohl von Studenten als auch von Professoren ergriff. Aus der Evangelical and Reformed Church kommend, gehörte Paul Lehmann der reformierten Tradition an, später wurde er Presbyterianer. Mit Bonhoeffers ausgeprägtem Luthertum ergab sich hier ein weites Feld für Debatten.

Von diesen vier Freunden war Paul Lehmann am besten in der Lage, Bonhoeffer in seiner Eigenart zu verstehen und zu beurteilen. Er verstand das Paradox zwischen der Disziplin seines Denkens und seinem geistlichen Leben. Obwohl typisch deutsch mit seinem blonden Haar und seinem Hackenzusammenschlagen, war Bonhoeffer doch oft ganz undeutsch in seiner Offenheit für jede neue Erfahrung, mit seinem Humor und dem völligen Fehlen jeglicher Herablassung gegenüber anderen.

Jeder einzelne dieser vier Freunde hat sein Teil zu Bonhoeffers Entwicklung beigetragen, wie er auch umgekehrt zu ihrer. Im Laufe dieses gemeinsamen Studienjahres unternahmen sie viel miteinander, wie noch zu sehen sein wird, aber der bleibende Wert ihrer Freundschaft sollte von viel größerer Bedeutung sein. In den vor ihm liegenden Jahren, zu denen auch die Kriegsjahre zählen sollten, hatte er Verbindungen über den großen trennenden Graben hinweg. Jean Lasserre war der erste, für den der Krieg sich als trennend erwies; Franklin Fisher und Paul Lehmann, ein schwarzer und ein weißer Amerikaner, konnten ihm die Verbindung mit Amerika noch etwas länger offenhalten, und Erwin Sutz stand ihm in einem neutralen Land zur Verfügung. Das war von keinem so geplant, aber es sollte sich als sehr nützlich erweisen.

Die vier Freunde Bonhoeffers haben den Krieg überlebt, und als sie in späteren Jahren auf dieses gemeinsame Studienjahr zurückblickten, hatte sich jeder seine ganz persönliche Erinnerung an Bonhoeffer bewahrt. Eine kurze Bemerkung Paul Lehmanns scheint mir dabei am treffendsten: „Man spürte gar nicht die Einsamkeit, aus der seine Kameradschaft erwuchs; auch nicht die Zucht, die seine Hingabe stützte; auch nicht die verborgene Frömmigkeit, die seinen scharfen Verstand speiste."[8]

Diese Bemerkung faßt einige der Paradoxe zusammen, die es so schwer machen, diesen hochbegabten jungen Mann zu beschreiben.

Die Reise nach Mexiko

Trotz aller Weite der Vereinigten Staaten wurde Bonhoeffer wieder von Unruhe und Reiselust erfaßt und vom Heimweh nach Formen spanischer Kultur. Nach Kuba jetzt also Mexiko. Das ergab sich eigentlich ganz von selbst. Reisen ist teuer, und es wurde ihm sehr bald klar, daß die einzige Möglichkeit, dorthin zu gelangen, wo man selbst hinwollte, und nicht bloß dorthin, wohin ein anderer einen mitnehmen würde, dadurch geboten wurde, daß man eben selbst Auto fuhr. Da er aber nicht Auto fahren konnte, beschloß er, es eben zu lernen. Vielleicht aus übergroßer Vorsicht und Nervosität oder, wie es auch heißt, weil er die Bestechungssumme nicht zahlen wollte, fiel er drei- oder viermal durch die Fahrprüfung. Schließlich bestand er sie dann aber doch und lud, um mit dem Fahren ganz sicher zu gehen, drei seiner Freunde – Jean Lasserre, Paul Lehmann und Erwin Sutz – ein, ihn auf der ersten Etappe seines Cross-Country-Marathon nach Mexico City zu begleiten. Die vier traten die Reise in einem Auto von schon ehrwürdigem Alter an, aber es hielt und fiel nicht auseinander. Als sie Chicago erreichten, fühlte sich Bonhoeffer schon recht sicher am Steuer, und seine Fahrweise stellte keine Gefahr mehr auf öffentlichen Straßen dar!

Diese Reise wurde zum wunderbaren Abenteuer, bei dem gerade im gemeinsamen Bestehen der alltäglichen Schwierigkeiten ihre Freundschaft noch enger wurde: in stundenlanger Fahrt, auf der Suche nach einem Hotelzimmer in abgelegenen Ortschaften, manchmal auch beim Zelten, beim Zubereiten der Mahlzeiten. In diesem Sommer 1931 lernten sie einander besser kennen als während des ganzen Universitätsjahres. Jean Lasserre vermittelt ein anschauliches Bild von einer gestörten Nachtruhe, und sicher war dies nicht das einzige Abenteuer dieser Art:

„An einem Abend hatten wir unser Zelt an einem stillen, baumbestandenen Fleckchen aufgestellt, ohne zu ahnen, daß wir uns auf dem Schlafplatz einer Schweineherde niedergelassen hatten. Wir hatten viel Mühe, die wütenden und lauten Tiere zu vertreiben und am Einnehmen ihres Schlafquartiers zu hindern. Nachdem die Sache schließlich erledigt war, waren wir zum Umfallen müde, und Dietrich schlief auch sogleich ein. Mir dagegen war die Sache nicht ganz geheuer, und ich schlief nur schlecht. Früh am Morgen fuhr ich erschreckt aus dem Schlaf auf, aufgestört von einem regelmäßigen aber unmäßigen Schnarchen direkt neben mir. Ich konnte mir nur vorstellen, Dietrich müsse es schlecht gehen, und so warf ich mich auf seine Seite hinüber, nur um festzustellen, daß er friedlich wie ein Kind schlief. Das Schnarchen, das mich so erschreckt hatte, kam von einem riesigen Schwein, das sich an der Zeltwand entlang hingestreckt hatte ... Dietrich ließ sich nicht stören; er war anscheinend nicht aus der Ruhe zu bringen, egal was passierte. Er hatte ein außerordentlich ausgeglichenes Temperament und die Fähigkeit, sich über Ärger, Angst und Enttäuschung hinwegzusetzen. Er machte den Eindruck, als seien ihm Herablassung und Geringschätzung anderer ganz unbekannt."[9]

Was sich Jean Lasserre von der mexikanischen Reise am stärksten eingeprägt hat, war eine Veranstaltung mit einem Quäker namens Herberto, an der sie teilnahmen und bei der er und Bonhoeffer gemeinsam sprachen. Es handelte sich hierbei um eine Veranstaltung zum Friedensthema mit mehreren Hunderten von Zuhörern, und es machte dabei einen großen Eindruck, wie hier ein Deutscher und ein Franzose mit großem Ernst gemeinsam von der Verantwortung der Christen, sich für den Frieden einzusetzen, sprachen. Dies gab Herbertos Friedensarbeit in Mexiko einen starken Impuls. Bonhoeffer sprach sehr eindringliche Worte und gab eine Erklärung ab, die, so Jean Lasserre, der überzeugte Pazifist, noch eindringlicher gewesen sei als seine eigene.

Union Theological Seminary

Bonhoeffer hatte eine Sloane Fellowship an dieser fast hundert Jahre alten Hochschule, einer presbyterianischen Gründung, jetzt aber durchweg ökumenisch. Er hielt Vorträge, hörte Vorlesungen und nahm an Seminaren teil und lernte die amerikanische Theologie kennen. Den allzu heftigen

Disput vermied er und zügelte seine kritischen Fähigkeiten! In Union wurde er zum Barthianer.

Barths Theologie gelangte mit Verzögerung nach Amerika. In Deutschland hatte Barths Römerbriefkommentar, als er 1919 im Druck erschien, viel Aufsehen erregt, und seine folgenden Schriften hatten dafür gesorgt, daß sich an nicht wenigen Universitäten in den Nachkriegsjahren Fronten bildeten. Er hatte die liberale Theologie der Zeit angegriffen, das völlige Anderssein Gottes betont, hatte die Christen unter das Wort Gottes gerufen und hatte eine biblische Theologie entwickelt, die man als „Theologie der Krise" oder dialektische Theologie bezeichnete. John Baillie am Union Theological Seminary hatte ihre Bedeutung erkannt und war froh, in seinem Seminar einen Studenten zu haben, der sie erklären konnte. Darum bat er Bonhoeffer, ein Referat über Barth zu halten. Trotzdem war er dann einigermaßen überrascht, als dieser junge Theologe sich gleich zu Beginn mit der Aufforderung an seine Hörer wandte: „Ich muß gestehen, daß ich keine andere Möglichkeit sehe, wie Sie sich wirklich in Barths Denken einfühlen könnten, als dadurch daß Sie, wenigstens für diese eine Stunde, alles vergessen, was Sie bisher gelernt haben."[10]

John Baillie sah, daß sich in der Theologie in Deutschland bedeutende Entwicklungen vollzogen, die weder in England noch in Amerika mit dem gehörigen Ernst zur Kenntnis genommen wurden. Er beriet sich mit Bonhoeffer darüber und erreichte es, daß ein Artikel von ihm im ‚Journal of Religion' veröffentlicht wurde. Bonhoeffers Aufsatz hatte den Titel „Concerning the Christian Idea of God".

Ein weiterer Dozent, mit dem er enger bekannt wurde, war Reinhold Niebuhr. Baillie und Niebuhr fiel an Bonhoeffers schriftlichen Arbeiten auf, daß sie mit Paradoxen, wie etwa der Verborgenheit der Offenbarung, geradezu gewürzt seien, ließen dies aber als typisch deutsche Kompliziertheit gelten und erkannten dahinter durchaus den vielversprechenden Theologen. Beide blieben auch nach seinem Amerikaaufenthalt mit ihm in Verbindung.

Bonhoeffers Urteil über Amerika

Am Union Theological Seminary und bei den vielen Leuten, mit denen er in den verschiedensten Teil der Vereinigten Staaten bekannt wurde oder die seine Vorträge und Predigten hörten, machte der junge deutsche Theologe Eindruck. Welchen Eindruck aber machte Amerika auf ihn?

Er war sehr beeindruckt von der Freiheit, die das amerikanische Seminarsystem den Studenten durch den persönlichen Kontakt mit ihrem Tutor bot. In Amerika sei der Zugang zu den großen Lehrern leichter als in Deutschland. Was er bei der amerikanischen Theologie vermißte, war die Systematisierung, die diese Disziplin in Deutschland hatte, dagegen war er sehr beeindruckt vom sog. Social Gospel. Immer wieder drängte es ihn, die Seichtheit der Theologie, wie sie an amerikanischen Universitäten getrieben wurde, zu kritisieren, aber die Anwendung im praktischen Christentum fand seine Bewunderung. So entdeckte er einen theoretischen Widerspruch in der amerikanischen strengen Betonung der Trennung von Kirche und Staat, während doch die Kirche sich fortwährend und kräftig in politische Angelegenheiten einmischte:

„Nirgends ist der Grundsatz der Trennung von Kirche und Staat von so allgemeiner, fast dogmatischer Bedeutung geworden wie in der amerikanischen Christenheit; und wohl nirgends ist andererseits die Beteiligung der Kirchen an den politischen, sozialen, wirtschaftlichen und kulturellen Vorgängen des öffentlichen Lebens so lebendig und bestimmend wie in dem Lande, in dem es keine Staatskirche gibt."[11]

Was ihm auch Kopfzerbrechen bereitete, war die amerikanische Einstellung zur Einheit der Kirche. Für ihn war Einheit eine Frage, die es theologisch zu diskutieren galt, seine amerikanischen Kollegen schienen dies aber für einen Verhandlungsgegenstand zu halten, bei dem es um gegenseitiges Geben und Nehmen, um guten Willen und ein bißchen Organisationstalent ging. Dies konnte natürlich nicht seine Wertschätzung amerikanischer Theologie erhöhen. Aber ganz abgesehen von diesen einzelnen kritischen Beobachtungen einerseits und seiner Bewunderung für die Negerkirchen andererseits überraschte ihn der Protestantismus in Amerika in seiner Andersartigkeit überhaupt. Er besuchte lutherische Gemeinden, in denen nichts von der Dynamik der Reformation zu spüren war, und so wurde ihm langsam klar, daß der Schlüssel zum amerikanischen Protestantismus gar nicht die Reformation auf dem europäischen Kontinent sei. Man könne die amerikanischen Kirchen nicht verstehen, wenn man nicht die Anfänge der Kongregationalisten in Neuengland, der Baptisten in Rhode Island und die von Jonathan Edwards ausgehende große Erweckungsbewegung kenne. Die Vitalität des amerikanischen praktischen Christentums erweckte seine Bewunderung, dabei wußte er aber nicht recht, was sich daraus für Deutschland lernen ließe.

Er sah jetzt seiner Rückreise mit Ungeduld entgegen. Es hatte ihm in Amerika sehr gut gefallen, und er hatte gelernt, Deutschland mit anderen Augen zu sehen; aber wenn er hätte sagen sollen, was sich von dem hier Gelernten auf Deutschland, oder wie er sagte „für unsere Verhältnisse", übertragen und anwenden ließe, dann mußte er wohl zugeben, daß das recht wenig sei.

Natürlich wäre es töricht, so eine unmittelbare Anwendung von Gelerntem zu erwarten, wie er auch selbst sah. So etwas zeigt sich dann erst im Lauf der Jahre, und es besteht gar kein Zweifel, daß Bonhoeffer vieles in sich aufgenommen und absorbiert hatte, ohne sich dessen bewußt zu sein, was dann später in seiner Theologie und in seiner Haltung zu den kritischen kirchlichen Fragen seiner Zeit in Deutschland zum Tragen kommen sollte. Und das läßt sich natürlich nicht auf einzelne Einflüsse zurückführen. In Amerika hatte er eine ganz andere Art von Kirchlichkeit kennengelernt. „Es ist eben nicht mehr und nicht weniger, als daß man angefangen hat, einen anderen Erdteil kennenzulernen", schreibt er am Ende seines ersten Berichtes über seinen Studienaufenthalt.[12]

5. *Die ökumenische Bewegung*

Nach seiner Rückkehr nach Berlin im Sommer 1931 nahm Bonhoeffer seine theologische Lehrtätigkeit an der Universität auf, gleichzeitig begann seine aktive Teilnahme am kirchlichen Leben. Sein Engagement galt diesen beiden Aufgabenbereichen in gleicher Weise, bald trat aber noch ein dritter Bereich in den Vordergrund, der für sein weiteres Leben von richtungweisender Bedeutung werden sollte: die ökumenische Bewegung.

Seit ihren Anfängen auf der Weltmissionskonferenz von Edinburgh 1910, auf der die Kirchen sich darüber Rechenschaft ablegten, wie sehr die Mission der Kirche in der Welt durch kirchliche Trennung gelähmt wurde, hatte diese Bewegung in verschiedener Weise Gestalt angenommen. Schon lange vor 1910 hatte zwischen einer ganzen Reihe von Organisationen eine praktische Kooperation bestanden wie z.B. im CVJM und in den Bibelgesellschaften; was sich jetzt aber, mit starker Unterstützung vor allem von amerikanischer Seite, herausbildete, hatte eine zweifache Ausrichtung: die Bewegung für Glauben und Kirchenverfasssung (Faith and Order), bei der es um die theologische Diskussion ging, die späteren Kirchenzusammenschlüssen vorausgehen müßte; und die Bewegung Praktisches Christentum (Life and Work), die sich der praktischen Hilfe für notleidende Kirchen annehmen sollte.

Daneben gab es aber noch eine weitere ökumenische Bewegung in den Vereinigten Staaten, die Bonhoeffers Aufmerksamkeit erweckt hatte. Dies war der Weltbund für Freundschaftsarbeit der Kirchen (World Alliance for Promoting International Friendship through the Churches), dessen Ausgangspunkt und Ziel offen pazifistisch war. Der Weltbund erhielt sowohl moralische als auch finanzielle Unterstützung von der Church Peace Union. Für ein auf Frieden unter den Völkern ausgerichtetes praktisches Christentum ließ sich sehr viel leichter finanzielle Unterstützung gewinnen als für theologische Diskussionen zur Vorbereitung einer erhofften Kircheneinheit. Das Programm des Weltbundes war von Kirchenführern positiv aufgenommen worden, und eine erste Tagung war vom 2. bis

4. August 1914 in Konstanz vorgesehen gewesen. Das Treffen wurde dann auch in aller Eile gehalten, damit die englischen Vertreter noch vor Kriegsausbruch das Land verlassen konnten, und immerhin so viel wurde erreicht, daß die Organisation die Kriegsjahre intakt überstand. Nach dem Krieg nahm sich der Weltbund der Kriegsopfer an; seine Friedensbotschaft fand weite Verbreitung und großen Anklang. Es kam dann zur Zusammenarbeit mit der Bewegung Praktisches Christentum (Life and Work) und zur gemeinsamen Organisation einer Konferenz, bei der Bonhoeffer 1934 auf der dänischen Insel Fanö eine bedeutende Rolle spielen sollte. Aber das lag noch in der Zukunft.

Der Weltbund für Freundschaftsarbeit der Kirchen

Vom 1. bis 5. September 1931 fand in Cambridge eine Tagung des Weltbundes statt, an der Bonhoeffer teilnahm. In Deutschland war das Interesse an der ökumenischen Bewegung bisher ein vorwiegend theologisches und das bedeutete, daß die deutschen Vertreter meist Universitätstheologen waren – im Gegensatz zu England, dessen Vertreter Bischöfe oder jedenfalls kirchliche Amtsträger waren. Bonhoeffers Interesse war nun aber nicht, wie man das von ihm hätte erwarten können, auf das Arbeitsgebiet Glauben und Kirchenverfassung gerichtet, sondern auf das konkretere Arbeitsgebiet Praktisches Christentum. Dies mag auf die Auswirkung amerikanischer Einflüsse zurückzuführen sein, jedenfalls kam er dadurch in den Rat für Praktisches Christentum (Council for Life and Work). Im September 1931 ging Bonhoeffer also nach Cambridge und wurde dort zum für Deutschland und Mitteleuropa zuständigen Jugendsekretär ernannt. In einem Bericht über die Tagung in Cambridge wies er darauf hin, daß die von den Kirchen in Cambridge diskutierten Fragen von der gleichzeitig in Genf stattfindenden Abrüstungskonferenz vorgegeben seien. Natürlich wurden nicht dieselben politischen Diskussionen wie bei den in Genf vertretenen Ländern geführt. Aber vor allen anderen stand die Frage im Vordergrund, ob die jetzt aufrüstenden Länder bereit sein würden, sich an ihr in der Völkerbundcharta gegebenes Wort zu halten. Wenn die einzelnen Länder die getroffenen Abmachungen nicht einhielten, das war ihnen klar, würden alle Bemühungen um eine Ordnung internationaler Beziehungen auf moralischer Basis zusammenbrechen. Gerade noch einen Schritt vor dem Wiederausbruch des totalen moralischen Chaos auf internationaler Ebene einigten sich die Kirchen auf einen Standpunkt und richteten sich mit der Mahnung an die Länder, in Wahrhaftigkeit und Treue zu den getroffenen Abmachungen zu stehen und sie zu erfüllen. Wie Bonhoeffer bemerkte, war diese Frage der nationalen Ehre der jetzt aufrüstenden Länder in den Augen der Engländer und Amerikaner der springende Punkt. Es gelang der Konferenz, eine einstimmige Resolution an die Kirchen der Welt zu verabschieden, die besagte, daß Krieg als Mittel zur Beilegung internationaler Konflikte nicht mit dem Geist („mind and method", wie er schreibt[1]) Christi oder der Kirche vereinbar sei. Des weiteren forderte sie:

a) eine namhafte Reduzierung der Rüstung,
b) vernünftige und gerechte Beziehungen zwischen den Nationen, die aufgerüstet waren,
c) Sicherheit für alle Nationen im Falle eines Angriffs.

Bonhoeffer war kein unkritischer Befürworter, aber er sah doch, welche Bedeutung es hatte, daß die Kirchen der Welt diese Mahnung so ganz in den Vordergrund stellten. Doch die dem Weltbund angegliederte Internationale Jugendkonferenz konnte sich nicht zu einer Resolution entschließen. Hier träten doch nur große Worte an die Stelle eines ernsthaften Versuches, neue Beziehungen zu knüpfen oder alte wieder aufzugreifen, meinten die Teilnehmer, eine Ansicht, die Bonhoeffer ganz offensichtlich teilte. In seinem Bericht über die Tagung in Cambridge befaßte er sich mit zwei amerikanischen Resolutionen zur Frage der Alleinschuld Deutschlands am Ersten Weltkrieg. Er konnte einen Wandel in der amerikanischen Einstellung entdecken. Dies war wichtig für ihn, da er sich nicht dazu bereitfinden konnte, Deutschland die alleinige Verantwortung für den Krieg zu geben. In der Resolution des CVJM, ungefähr zur gleichen Zeit auf der 20. Internationalen Konferenz in Cleveland verfaßt, wurde die Alleinschuldthese abgelehnt, was er sehr begrüßte, und er verglich dies auch mit der erst kürzlich im November 1930 verfaßten Resolution des Federal Council of Churches. In diesen beiden Resolutionen offenbare sich eine neue Menschlichkeit bei den amerikanischen Christen. Allerdings lautete sein Urteil über die Resolution des Federal Council of Churches, ebenso wie das vieler Amerikaner: „Zehn Jahre zu spät!" Er selbst formulierte seine Kritik in Form einer Frage: „Wann wird die Zeit kommen, da die Christenheit das rechte Wort zur rechten Stunde spricht?"[2]

Dozent an der Universität

Im Herbst 1931 widmete sich Bonhoeffer dann mit großer Energie dem Unterricht an der Universität. Das Unterrichten machte ihm Freude, und er hatte ein gutes Verhältnis zu seinen Studenten, besser als zu seinen Kollegen. Dafür mag es verschiedene Gründe geben. Er war jung und neigte dazu, mit Selbstbewußtsein aufzutreten. Er verstand sich darauf, bei Gelegenheit mit einem Lutherzitat aufzuwarten, das seinem Gegenüber gerade nicht eingefallen war und mit dem er dann seine Argumente festklopfte; und seine Unzufriedenheit mit der Theologie, wie sie an der Universität betrieben wurde, entfremdete ihn einigen älteren Fakultätsmitgliedern. Sein kritisches Urteil über einige Theologen, die schon Lehrstühle innegehabt hatten, als er noch die Schulbank drückte, mochte arrogant erscheinen. Wenn er in Amerika Gelerntes anzubringen versuchte, so trafen seine Vorschläge keineswegs immer auf offene Ohren. Der Druck von Inflation, politischen Unruhen und nationalsozialistischer Propaganda, der auch auf den Mitgliedern der Fakultät lastete, führte bei manchem von ihnen wohl zu einem gewissen Unbehagen gegenüber dem weite Räume durchschweifenden Geist dieses jungen Internationalisten!

Er dagegen meinte, der Grund für diese Zurückhaltung sei in seiner Nähe zu Karl Barth zu suchen. In Berlin lehrten einige der markantesten Vertreter der liberalen Theologie – Bonhoeffer hatte ja selbst bei Adolf von Harnack studiert und ihn sehr geschätzt – und Barth war ein heftiger Gegner der liberalen Theologie. So war ihm durchaus bewußt, daß seine Theologie seinen Kollegen suspekt zu werden begann. „Man hat wohl etwas das Gefühl, daß man sich eine Schlange am Busen großgezogen habe", schrieb er in einem Weihnachtsbrief an einen Freund.

Barth interessierte ihn brennend, daran bestand nach wie vor kein Zweifel, und es kam ihm auch gar nicht der Gedanke, diese eingeschlagene Richtung etwa zu ändern. Kaum von seinem Studienjahr in Amerika zurückgekehrt, reiste er gleich nach Bonn, wo Karl Barth unterrichtete. Das war am 10. Juli, so daß ihm nur einige wenige Tage für die notwendigen Planungen und Abmachungen, die für das Wintersemester zu treffen waren, blieben, bevor er seinen geistigen Mentor kennen lernte. Persönlich war er Barth noch nicht begegnet, aber auf Grund seiner Lektüre war er sich seiner Zugehörigkeit zu dieser Schule sicher. Gleich nach seiner Ankunft in Bonn, wo er nur zwei Wochen blieb, nahm er an Barths Seminar teil. Es wird erzählt, Barth habe – selbst oder durch Dritte – eine Bemerkung Bonhoeffers gehört, die ihm sehr gefallen habe. Bonhoeffer, der immer ein Lutherzitat parat hatte, erinnert sich an seine Bemerkung, daß die Flüche der Gottlosen in Gottes Ohren manchmal besser klängen als die Hallelujas der Frommen. Karl Barth lud den jungen Mann zum Essen ein, und damit war der Grund gelegt für eine Freundschaft von langer Dauer. Es herrschte keineswegs immer Übereinstimmung zwischen ihnen. Bonhoeffer fragte, argumentierte und widersprach, aber er war stark beeindruckt. Dieser Mann war noch besser als seine Bücher, er war offen, bereit, auch Einwände zu hören. Bonhoeffer fiel auf, daß er den vorgebrachten kritischen Einwänden, seien sie nun „stolz oder bescheiden, rechthaberisch oder völlig unsicher" vorgebracht, seine konzentrierte und sorgsame Aufmerksamkeit schenkte. Das sagt aber auch etwas über Bonhoeffer, der seine Argumente in jeder der hier aufgeführten Arten vorzubringen verstand. Aber Barth war ein sehr kritischer Gesprächspartner, und er wäre diesem jungen Mann sicher nicht mit so ernsthaftem Interesse begegnet, wenn er nicht Außergewöhnliches in ihm gesehen hätte.

So war es eigentlich unvermeidlich, daß Bonhoeffers Vorlesungen stark von Barth beeinflußt waren. Mit jugendlichem Enthusiasmus vorgetragen, konnten sie dann leicht das Mißfallen seiner antibarthianischen Kollegen erregen. Die Themen, über die er im Wintersemester lesen wollte, hatte er mit Karl Barth in Bonn besprochen, und diese Diskussion sollte dann besonders seine Vorlesung zur Ethik beeinflussen. Barth scheint einer größeren Kompromißbereitschaft das Wort geredet zu haben. Neben dem einen großen Licht in der Nacht, meinte Barth, gäbe es doch auch noch viele kleine Lichterchen, die sogenannten „relativen ethischen Kriterien".[3] Bonhoeffer mochte dem so nicht zustimmen. Barth hatte auch eingewendet, daß Bonhoeffer die Gnade zum Prinzip erhöbe und damit alles andere erschlage. Sie waren durchaus unterschiedlicher Auffassung, aber in seiner Ethikvorlesung stützte sich Bonhoeffer stark auf Barth. Hier nahm ein theologisches Zwiegespräch über ein Thema seinen Anfang, das Bonhoeffer sein ganzes Leben lang begleiten sollte.

Dies war aber auch eine Zeit, in der sich die Notwendigkeit ethischer Entscheidungen aufdrängte; das sah er wohl. Eigentlich hätte das jedermann an den beispiellosen, heillosen Zuständen des öffentlichen Lebens in Deutschland deutlich werden müssen; trotzdem brachten es manche noch fertig, sich so in wissenschaftliche Forschungsarbeiten zu vergraben, daß sie den Blick auf die düsteren Aussichten, die sich in Deutschland abzeichneten, vermieden. Bonhoeffer fühlte sich hin- und hergerissen zwischen der Fortführung seiner wissenschaftlichen Arbeit mit Lesen,

Forschen, Nachdenken, Vorlesungen und Diskussionen mit seinen Studenten, was ihm alles so sehr am Herzen lag, und dem Wunsch, sich unter die „Frontkämpfer in der Drecklinie" einzureihen. An Erwin Sutz schrieb er: „7 Millionen arbeitslos, d.h. 15 oder 20 Millionen Leute hungrig, ich weiß nicht, wie Deutschland und wie der Einzelne das überstehen soll. Kluge Leute vom Wirtschaftsfach haben mir gesagt, die Sache sehe so aus, als ob wir in rasendem Tempo einem Ziel zugetrieben würden, das niemand kenne und aufhalten könne."[4]

So stellte sich ihm die Frage, ob die Kirche überleben würde; die Anstrengungen, die kirchliche Amtsträger unternahmen, machten ihm wenig Hoffnung. Die Vorlesung des nächsten Semesters hielt er über eine Fragestellung, die ihn während seines ganzen weiteren Lebens begleiten sollte: Was ist die Gestalt der Kirche in der Welt? („Das Wesen der Kirche")

Aber akademischer Unterricht war eine so lebensferne Beschäftigung! Es drängte ihn in die Kirchengemeinde, dort wollte er arbeiten.

Die Gemeinde

Im November 1931 wurde er ordiniert; er nahm die Verpflichtung zum pastoralen Dienst sehr ernst. Mitten im laufenden Wintersemester warf er sich auch noch in die Gemeindearbeit. Eine Aufgabe, die ihn besonders erfüllte, war der Konfirmandenunterricht in einem der ärmsten Stadtteile Berlins. In einem Brief an Erwin Sutz gibt er eine anschauliche Beschreibung von dieser Konfirmandengruppe und auch von seinem eigenen Engagement:

„... was mich gegenwärtig viel mehr beschäftigt, ist die Konfirmandenstunde, die ich 50 Jungen im Norden von Berlin gebe. Das ist so ungefähr die tollste Gegend von Berlin mit den schwierigsten sozialen und politischen Verhältnissen. Anfangs benahmen sich die Jungen wie verrückt, so daß ich zum ersten Mal wirkliche Disziplinschwierigkeiten hatte. Aber auch hier half eines, nämlich daß ich den Jungen ganz einfach biblischen Stoff erzählte in aller Massivität, und besonders eschatologische Stellen. Wobei übrigens auch die Neger herhalten mußten. Nun ist absolute Ruhe, die Jungen sorgen selbst dafür, so daß ich das Schicksal meines Vorgängers, den sie ziemlich buchstäblich zu Tode geärgert haben, nicht mehr zu fürchten brauche. Neulich war ich auf zwei Tage mit einigen von ihnen draußen, morgen kommt eine andere Gruppe dran. Dies Zusammensein hat uns viel Freude gemacht. Da ich die Jungen bis zur Konfirmation behalte, muß ich alle 50 Eltern besuchen und werde zu diesem Zweck auf zwei Monate dort in die Gemeinde ziehen. Ich freue mich auf diese Zeit sehr. Das ist wirkliche Arbeit. Die häuslichen Verhältnisse sind meist unbeschreiblich, Armut, Unordnung, Unmoral. Und doch sind die Kinder noch offen, ich bin oft sprachlos, wie es möglich ist, daß ein Junge unter derartigen Verhältnissen nicht völlig verkommt; und man fragt sich dabei natürlich immer selbst, wie man auf solche Umgebung reagieren würde. Es muß eine große – doch wohl auch moralische – Widerstandskraft in diesen Leuten sein."[5]

Dieser Brief zeigt uns hier einen engagierten jungen Pfarrer, der sich trotz seiner akademischen Interessen und ungeachtet seines Blicks auf die weltweite Kirche mit ganzer Kraft für die pastoralen Probleme einer Kirchengemeinde vor Ort einsetzt. Er widmete diesen Jungen, die auch ihrerseits lange Jahre mit ihm in Verbindung blieben – auch die, die später begeisterte Nazis wurden – viel Zeit. Er empfand die Art der Unterweisung Jugendlicher, die damals üblich war, als sehr unbefriedigend und versuchte sogar, zusammen mit seinem Freund Franz Hildebrandt, einen neuen Katechismus zu schreiben, der mehr auf die Fragen von Jugendlichen in den dreißiger Jahren eingehen sollte.

Richard Rother, einer der Jungen aus dieser Konfirmandengruppe, hat ein sehr eindrucksvolles Bild von Bonhoeffer gezeichnet. Er erzählt, wie gelassen Bonhoeffer gewesen sei und wie er sie auf ganz neue Weise mit dem Katechismus vertraut gemacht habe, indem er ihn durch die Erzählung persönlicher Erlebnisse lebendig gemacht habe. Großen Eindruck machte es auf die Jungen, daß er ein Zimmer in ihrer Gegend mietete, um in ihrer Nähe zu sein, aber noch mehr beeindruckte es sie, daß er seiner Vermieterin gesagt hatte, wenn einer der Jungen käme, während er nicht da sei, so solle sie ihn ruhig in sein Zimmer lassen. Hier begegneten sie einem Vertrauen, wie sie es noch nie erlebt hatten. Als er zehn dieser Jungen für vierzehn Tage mit in den Harz nahm, war dies für die meisten von ihnen das erste Mal, daß sie aus Berlin herausgekommen waren. Er nahm sich viel Zeit und gab sich viel Mühe, ihnen zu zeigen, was Liebe ist, um sie selbst erfahren zu lassen, daß Gott sie liebt. Er war da, wann immer sie ihn brauchten. Die Konfirmation war an einem Sonntag im März 1932, und obwohl an diesem Tag eine entscheidende Wahl (Reichspräsidentenwahl) stattfand, dachte Bonhoeffer an nichts anderes als an die Jungen. An diesem Wahltag unternahm Hitler seinen ersten Versuch, an die Macht zu kommen, unterlag aber gegen Hindenburg, der als Reichspräsident wiedergewählt wurde.

Die Konfirmationspredigt

Als „hilfsdienstpflichtiger" Pfarrer an der Zionsgemeinde (Wedding) hielt Bonhoeffer auch die Predigt zur Konfirmation der Jungen am 13. März 1932. Er hatte sie vorher befragt, worüber er zu ihnen in seiner Predigt sprechen solle. Sie hatten geantwortet, sie wollten gern hören, ob es einen wirklichen Sinn in ihrem Leben geben könne. Lange dachte er darüber nach. Diese Jungen, besonders im Berlin dieser Jahre, mußten sich ja fragen, was das Leben eigentlich für einen Sinn habe. Für sie gab es keine Zukunftsaussichten, und obwohl sich zwischen ihnen und dem jungen Pfarrer eine freundschaftliche Beziehung entwickelt hatte, so würde diese Beziehung bald abbrechen. Er hatte die ihm aufgetragene Aufgabe erfüllt, und die Jungen eines anderen Jahrgangs würden nachrücken. Für die Vorbereitungszeit vor der Konfirmation hatte er ihrem Leben wirklich einen Sinn geben können, aber was jetzt? Ihm wurde klar, daß er ihnen erklären mußte, was in dieser sonderbaren Feier der Konfirmation geschah. Und was kam dann nach der Konfirmation? Was erwarteten sie von ihrer Konfirmationspredigt? So wie viele andere, die ihn hatten predigen hören, hatten sie erfahren, daß er in seinen Zuhörern das Bewußtsein ihres eigenen Wertes zu wecken und zu stärken vermochte. Sie wußten auch, daß er Bibelgeschichten gut und lebendig erzählen konnte. Fritz Figur, Pfarrer in einer Nachbargemeinde, bemerkte einmal, daß Bonhoeffer, dessen theologische Schriften oft vor lauter Gelehrsamkeit schwer verständlich seien, beim Predigen über die besondere Gabe verfüge, seine Gemeinde durch die Wahl der Texte und ihre Auslegung und durch seine Verwendung überraschender Metaphern geradezu zu fesseln.

Bonhoeffer konzentrierte all seine Fähigkeiten auf diese Predigt, die er mit seiner Liebe füllte. Sein Predigttext war 1. Mose 32,25–32, Jakobs Begegnung in der Nacht, bevor er seinen Bruder Esau, den er betrogen hatte, trifft, und dazu einen aus dem nächsten Kapitel herausgegriffenen Vers, 1. Mose 33,10: „denn ich sah dein Angesicht, als sähe ich Gottes Angesicht".

Selbst beim bloßen Lesen dieser Predigt wird man auch heute noch von der dramatischen Erzählung gepackt und fühlt sich mit Jakob in die Dunkelheit der Nacht versetzt mit der furchtgebietenden Gestalt, die sich drohend zwischen ihn und das Gelobte Land stellt. Mit diesem Augenblick vergleicht er die Konfirmation, eine Tür, durch die das Kind hindurchgehen muß, um erwachsen zu werden, durch die der junge Mann hinaustreten muß, wenn er sein Elternhaus verläßt und selbständig wird, eine Tür, hinter der die Freude der Familienfeier und die Freude des ersten Abendmahles wartet. Bonhoeffer entwirft in schönen Farben ein Bild von diesem Land, das sie nun betreten sollen, und dann erinnert er sie daran, daß zwischen ihnen und diesem neuen Land Gott steht, der dieses Land bewacht und rein erhält von unseren befleckten Händen. Wie Jakob müssen sie ringen, bis er sie segnet: „. . . aber Gott war da und hat seine Gnade und seinen Segen bei uns gelassen, und darum sind wir im Gelobten Land.

Nun dauert es nicht lange, daß Jakob den Bruder kommen sieht, und jetzt, wo Gottes Tag angebrochen ist, sieht er das Angesicht des Bruders nicht als Feind, sondern als ‚sähe er Gottes Angesicht'. Er sieht in dem Bruder Gott selbst. Und der Bruder nimmt ihn auf und er ist in der Heimat, denn er hat Gott und den Bruder gefunden.

Versteht ihr's recht? Wer Gott gefunden hat, der findet auch den Bruder, der sieht des Bruders Angesicht, als sähe er Gottes Angesicht. Und wer den Bruder nicht findet, der findet auch Gott nicht. Dazu ist Gott selbst unser Bruder geworden in Christus, daß wir hinter jedem Bruder ihn wiedersehen.

Und nun soll es auch über euch Tag werden, nicht so, daß nun von morgen an auf einmal alles glatt und einfach ginge, sondern so, daß ihr wißt, daß Gott, der euch segnen will, euch nie verläßt. Das ist die Sonne, die Jakob aufgegangen ist, die auch euch aufgeht, Gottes Liebe und Gnade, wie ihr sie in Christus unserem Bruder und Herrn seht am Kreuz und in seiner Auferstehung. In der christlichen Gemeinde sollt ihr Gott und den Bruder finden, sollt ihr die Heimat finden, sollt ihr das gelobte Land haben, hier soll einer der Herr sein und einer dem andern ein Christus werden.

. . . das gelobte Land, in dem Liebe herrscht, weil Christus herrscht . . . Warum sollten wir uns fürchten?"[6]

Seine Erfahrungen mit der Konfirmandengruppe im Stadtteil Wedding gaben Bonhoeffer den Anstoß, sich um eine Pfarrstelle im Berliner Osten zu bemühen, aber es wurde nichts daraus. Der Einfluß der Nazis begann schon in den Gemeinden spürbar zu werden. Immerhin gelang es ihm Ende 1932, in Berlin-Charlottenburg einen Jugendclub einzurichten, der arbeitslosen Jugendlichen kreative Beschäftigungsmöglichkeiten bieten und dazu auch ein Dazugehörigkeitsgefühl vermitteln sollte. Leider setzten die Ereignisse von 1933 dem bald ein Ende.

Internationaler Jugendsekretär

Wegen seiner Unterrichtsverpflichtungen an der Universität konnte Bonhoeffer nur in den Semesterferien an ökumenischen Konferenzen teilnehmen. Der Unterricht war nämlich von vitaler Bedeutung für ihn, zum einen weil er Freude daran hatte, und zum andern weil er hier seine Theologie entwickelte. Das Sommersemester ging von Anfang Mai bis Ende Juli. In diesem Semester des Jahres 1932 nahm er zwei Themen in Angriff, die immer wieder bei ihm auftauchen werden: „Das Wesen der Kirche" und „Gibt es eine christliche Ethik?" In seiner Dissertation ‚Sanctorum Communio' hatte er das Wesen der Kirche behandelt, aber sehr von wissenschaftlicher Warte aus. Jetzt galt es, dieses Thema in so klare Gedankenschritte zu gliedern, daß er es den Studenten würde verständlich machen können. Studenten gab es in Berlin genug, die Frage war nur, ob sie wiederkämen und dabeiblieben. Wenn eine Vorlesung langweilig war oder schwer verständlich, reagierten die Studenten darauf, indem sie ihr fernblieben. Bonhoeffers Hörerzahlen stiegen aber, und sein Seminar war immer voll.

Wenn wir erhaltene Entwürfe zu seinen Vorlesungen ansehen, so wird durchaus verständlich, daß er die Aufmerksamkeit seiner Hörer zu fesseln vermochte. Folgender Abschnitt über das „Wesen der Kirche" ist hierfür ein gutes Beispiel:

„Was die Kirche ‚ist', läßt sich nur sagen, wenn man zugleich sagt, was sie vom Menschen her ist und was sie von Gott her ist ... Kirche ist ein Stück Welt, verlorene, gottlose, unter den Fluch getane, eitle, böse Welt; und böse Welt in der höchsten Potenz, weil in ihr der Name Gottes mißbraucht, weil in ihr Gott zum Gespielen, zum Abgott der Menschen gemacht wird ... Aber: Kirche ist ein Stück qualifizierte Welt, qualifiziert durch Gottes offenbarendes, gnädiges Wort, das sie, die der Welt ganz anheimgefallene, ausgelieferte, für Gott in Beschlag nimmt und nicht mehr freigibt. Kirche ist die Gegenwart Gottes in der Welt."[7]

Er versäumt es nicht, solche theoretisch-theologischen Betrachtungen zur Situation in Deutschland in Beziehung zu setzen. Viele seiner Studenten müssen sich wohl später an das, was er in seiner Vorlesung über „das politische Wort der Kirche" sagte, erinnert haben, als sie von vielen Kanzeln herunter über das Vertrauen zur nationalsozialistischen Partei und über die göttliche Aufgabe Adolf Hitlers predigen hörten:

„Das erste politische Wort der Kirche ist der Ruf zur Erkenntnis der eignen Grenze, zur Nüchternheit. Die Kirche nennt diese Grenze Sünde, der Staat nennt sie

Wirklichkeit, beide mögen sie, wenn auch mit verschiedenem Akzent, Endlichkeit nennen. Politik der Endlichkeit – das ist das erste eminent politische Wort der Kirche, und dies Wort entbindet die Kirche von der Parteipolitik, stellt sie in die eigentliche ‚politische' Sphäre in parteilicher Ungebundenheit. Es ist zu beachten: das erste Wort der Kirche ist nicht: Verchristlichung der Politik! – das wäre wiederum ein Verkennen der Grenze – sondern Erkenntnis der Endlichkeit!"[8]

Schon bald sollten die kommenden Ereignisse den Prüfstein für das hier Gesagte liefern – im eigenen Land angesichts einer mächtigen und populären politischen Bewegung und im größeren internationalen Rahmen, den er in seiner Stellung als internationaler Jugendsekretär überschaute.

Während er bei der französisch-englischen Regionalkonferenz im April nur eine Beobachterrolle gespielt hatte, sollte er bei einer anderen Regionalkonferenz gegen Ende des Sommersemesters mehr zu tun haben. An der Organisation dieser deutsch-französischen Regionalkonferenz vom 12. bis 14. Juli in Westerburg hatte er selbst mitgearbeitet. Ihr Thema hieß: „Die Einheit des deutsch-französischen Protestantismus zwischen Katholizismus und Bolschewismus". Das politische Umfeld war einer solchen Konferenz natürlich wenig förderlich. Die deutsche Delegation bei den Genfer Abrüstungsverhandlungen hatte sich wegen der unnachgiebigen Haltung der Franzosen von der Teilnahme zurückgezogen, und die alten Spannungen waren auch in Westerburg zu spüren. Trotzdem war es wichtig, daß junge Franzosen und junge Deutsche sich hier in einem christlichen Kontext gegenüberstanden. Bei dieser Gelegenheit sprach August de Haas, ein reformierter Pfarrer aus Dresden, sehr deutliche Worte über das, was man von den Nazis zu erwarten habe. Dies war wahrscheinlich das erste Mal, daß jungen Franzosen deutlich gemacht wurde, wie schlimm die Zustände 1932 in Deutschland wirklich waren. Ein Studienkreis wurde gebildet, der eine ähnliche Konferenz für das Jahr 1933 vorbereiten sollte.

Bonhoeffers Hauptaufgabe für die ökumenische Bewegung, seit er als Jugendsekretär eingesetzt worden war, bestand aber in der Vorbereitung einer anderen Konferenz, die vom 25. bis 31. August in Gland in der Schweiz stattfinden sollte. Doch noch davor, nur zehn Tage nach der Konferenz von Westerburg, mußte er dann ganz unerwartet in der Tschechoslowakei einen Vortrag halten.

Jugendfriedenskonferenz in der Tschechoslowakei

Von der jungen Tschechoslowakischen Kirche unter ihrem Patriarchen Prochazka war der Ruf nach einer Friedenskonferenz für die Jugend ausgegangen, die in Bad Schwarzenburg, jetzt Ciernohorské Kúpele, stattfinden sollte. Bonhoeffer hatte nicht vorgehabt, dorthin zu fahren, da er schon allzu viele Reisen in seinem Kalender stehen hatte, aber Superintendent Max Diestel, dem er immerhin zum Teil seine Vikariatsstelle in Barcelona zu verdanken hatte, konnte nicht zu der Konferenz fahren und bat ihn, an seiner Statt teilzunehmen. So war es mehr ein Zufall, der ihn an den Ort führte, wo er seinen bis dahin bedeutendsten Vortrag hielt.

Er war mit seinen Gedanken gar nicht so ganz bei dem Thema der Konferenz „Die öffentliche Meinung und der Weltfrieden". Natürlich lag es auch ihm am Herzen, aber sehr viel wichtiger war ihm zu diesem Zeitpunkt die Frage nach dem Wesen der Kirche, und so ging er mit seinem Vortrag „Zur theologischen Begründung der Weltbundarbeit"[9] weit über die Themenstellung der Konferenz hinaus. Den Delegierten muß das schon bei seinem ersten Satz deutlich geworden sein, der lautete: „Es gibt keine Theologie der ökumenischen Bewegung."

Den Grund hierfür sah er darin, daß die Frage nach dem Wesen der Kirche bisher ausgespart worden war. Aus seinen amerikanischen Erfahrungen wußte er, daß die ökumenische Bewegung dort anders verstanden wurde, als reines Organisationsproblem, während es den Deutschen mehr um die Wahrheitsfrage ging. So ließ er seinem ersten Satz einige sehr eindrucksvolle und kritische Argumente folgen:

„So oft die Kirche Christi in ihrer Geschichte zu einem neuen Verständnis ihres Wesens kam, hat sie eine neue, diesem ihrem Selbstverständnis angemessene Theologie hervorgebracht. Eine Wendung des kirchlichen Selbstverständnisses erweist sich als echt dadurch, daß sie eine Theologie hervorbringt ... Entspringt die ökumenische Bewegung einem neuen Selbstverständnis der Kirche Christi, so muß und wird sie eine Theologie hervorbringen. Gelingt ihr das nicht, so wird das ein Beweis dafür sein, daß sie nichts ist als eine neue zeitgemäße kirchliche Zweckorganisation."

Er hatte erkannt, wie gefährlich es war, wenn die führenden Köpfe der Ökumene sich nicht um Theologie kümmerten oder jedenfalls die Theologie der Fachabteilung für Glauben und Kirchenverfassung überließen. Durch eine solche Vernachlässigung der Theologie sei die Kirche jeder Veränderung im politischen Klima wehrlos ausgesetzt, unfähig sich zu verteidigen. Folgerichtig warf er den Kirchen im eigenen Lande ihre nationalistischen Tendenzen vor, wobei er Immanuel Hirsch und Paul Althaus, deren Propaganda in evangelischen Kirchenzeitungen zu lesen war, namentlich erwähnte. Bei den Angelsachsen kritisierte er ihr Reden über das Reich Gottes, einschließlich ihrer verfrühten Friedensresolutionen. Alle Bemühungen um Übereinstimmung unter den Kirchen des Weltbundes hätten nur dann einen Sinn, meinte er, wenn eine solche Übereinstimmung sich in einer großen Proklamation niederschlüge: „Weil es keine Theologie der ökumenischen Bewegung gibt, darum ist der ökumenische Gedanke z. B. gegenwärtig in Deutschland durch die politische Welle des Nationalismus in der Jugend kraftlos und bedeutungslos geworden."

Auch in anderen Ländern sei die Lage nicht anders, betonte er. Es fehle die theologische Verankerung. Im folgenden umriß er dann einige der grundsätzlichen theologischen Fragen, die es zu stellen galt, wenn die praktische Arbeit des Weltbundes überhaupt ein klares Verständnis von sich selbst im Angesicht des Evangeliums gewinnen sollte. Sonst stünde man auf brüchigem Eis.

Darum lautete seine erste Frage: „In welcher Vollmacht spricht die Kirche, wenn sie diesen Anspruch Christi auf die Welt verkündigt?"

Wenn als Antwort nur die Gebote Gottes genannt werden, so ist die Kirche nicht mehr als die Synagoge; wenn sie jedoch gar kein Gebot nennt, dann ist die Kirche in Libertinismus abgeglitten.

„Das Wort der Kirche an die Welt muß darum aus der tiefsten Kenntnis der Welt dieselbe in ihrer ganzen gegenwärtigen Wirklichkeit betreffen, wenn es vollmächtig sein will. Die Kirche muß hier und jetzt aus der Kenntnis der Sache heraus in konkretester Weise das Wort Gottes, das Wort der Vollmacht, sagen können ... Die Kirche darf also keine Prinzipien verkündigen, die immer wahr sind, sondern nur Gebote, die heute wahr sind ... Gott ist uns ‚immer' gerade ‚heute' Gott."

Er erkennt, daß es Gefahren in sich birgt, wenn die Kirche eine Situation bis in jedes Detail kennen muß, bevor sie etwas dazu sagen kann. Gewöhnlich trage die Kirche diesem Problem dadurch Rechnung, daß sie das Handeln vermeide und sich stattdessen in allgemeinen Grundsätzen äußere. Dies sei aber gar nicht die Entscheidung, um die es wirklich gehe. Die Kirche solle einer gegebenen Situation voll ins Auge schauen und dann entweder „ein bewußtes und qualifiziertes Schweigen des Nichtwissens" einhalten oder das Risiko eingehen und das hier Gebotene in aller Konkretion, Ausschließlichkeit und in aller Radikalität aussprechen. Dann würde die Kirche nämlich den Mut haben zu sagen: „Geh nicht in diesen Krieg", und dann würde sie dieses Gebot als Gebot Gottes aussprechen in der klaren Erkenntnis, „daß es sein kann, daß sie damit Gottes Namen lästert, daß sie irrt und sündigt", und er fährt fort: „aber sie darf es sprechen im Glauben an das Wort von der Sündenvergebung, das auch ihr gilt".

Er zeigt hier also, daß das prophetische Wort der Kirche, gesprochen als das Wort Gottes in einer ganz konkreten Situation, sich gründet auf die Predigt von der Vergebung der Sünden. Die Argumente dieses noch nicht siebenundzwanzigjährigen jungen Mannes waren beunruhigend für seine Zuhörer. Was er hier sagte, war, daß die Kirche der Welt das göttliche Gebot verkündigen müsse. Der Weltbund müsse danach handeln. Dieses Gebot könne nur auf der Grundlage der Sündenvergebung gegeben werden. „Aber es muß ausgerichtet werden, solange die Welt nicht Kirche ist."

Dann stellt er die Frage, wie denn die Kirche wissen könne, welches das Gebot Gottes sei, das sie der Welt zu verkündigen habe, und er gibt zwei Antworten. Zum einen das biblische Gesetz und die Bergpredigt. Die zweite Antwort lautet, daß die Kirche Gottes Gebote in der Schöpfungsordnung finden müsse. Sein Vortrag war lang und spiegelte sein eigenes theologisches Ringen wider. Gleichzeitig saß er an der Vorbereitung zu seiner Vorlesung über Genesis 1–3, und viel von dem, was er hier bearbeitete und was dann unter dem Titel „Schöpfung und Fall" veröffentlicht werden sollte, trug zu seinem Verständnis der Schöpfungsordnungen bei. Bonhoeffer war eigentlich von Anfang an ein biblischer Theologe.

Bejahung und Kritik der ökumenischen Bewegung

Bonhoeffer war zuerst und vor allem seiner eigenen Kirche verpflichtet. Er war Lutheraner, für den das Wort Gottes erste und vorrangige Autorität war. Die Schriften Martin Luthers, in denen er sich bestens auskannte, gaben ihm die Hilfe an die Hand, die Bibel besser zu verstehen und zu erklären. Er fand dort auch Anmerkungen zum christlichen Leben, die seinem eigenen, stark ausgebildeten Sinn für die praktische Wirklichkeit entsprachen. Luther und Bonhoeffer schätzten beide den „gesunden Menschenverstand" sehr! Er war in der Kirche der Altpreußischen Union aufgewachsen und stand hier auf der mehr lutherischen Seite dieser Kirche. Die Kirche der Altpreußischen Union war 1817 unter staatlichem Druck durch Zusammenschluß entstanden, wobei die reformierte und die lutherische Kirche unter einer Verwaltung zusammengefaßt wurden, die Lutheraner aber immer vorherrschend geblieben waren. Bonhoeffer hatte im Lauf der Zeit vieles an anderen Kirchen, angefangen von der römisch-katholischen Kirche in Italien bis zu den Baptisten in New York, schätzen gelernt, aber er sah doch alles aus dem Blickwinkel seiner eigenen Kirche. Als er dann der Einladung zu der Konferenz nach Cambridge folgte und dann dort den Posten eines Jugendsekretärs für Mitteleuropa übernahm, tat er das als Vertreter seiner Kirche auf der internationalen Bühne.

Sein erstes Engagement in der ökumenischen Bewegung war, wie wir gesehen haben, aus der Friedensfrage gekommen. Eng damit verbunden war der Gesichtspunkt der Internationalität der Bewegung. Es wurde ihm klar, daß Frieden nur möglich sei, wenn die Kirchen der Welt sich in ihrem Bemühen, einen nächsten Krieg zu verhindern, zusammenschlössen.

Von den verschiedenen Plänen einer Kirchenunion hielt er nicht viel. In Deutschland war die Lage in dieser Hinsicht ganz anders als etwa in Amerika oder aber in England. In Deutschland waren die Freikirchen klein, und die beiden großen Konfessionen, die katholische und die evangelische Kirche, waren auf geographisch mehr oder weniger getrennte Gebiete verteilt. Die evangelische Kirche teilte sich ihrerseits noch einmal auf in Lutheraner, Reformierte und Unierte, auch diese wieder geographisch vorwiegend getrennt. Jede Kirche hatte ihr eigenes Territorium. Die Vergangenheit war reich an Kämpfen, und es gab wohl kaum einen Deutschen, dem die verheerenden Auswirkungen des Dreißigjährigen Krieges nicht noch in dieser oder jener Form gegenwärtig waren. Auch gab es immer wieder Beispiele konfessioneller Diskriminierung; ein Katholik hatte z.B. Schwierigkeiten, in einem protestantischen Gebiet eine Anstellung zu bekommen und umgekehrt. Doch funktionierte das System im ganzen gut. Zwischen den Kirchen herrschte kein Konkurrenzkampf, wie Bonhoeffer es bei den amerikanischen Kirchen erlebt hatte.

Außerdem war ihm klar, daß es bei vielen der Diskussionen um Kirchenunion vor allem um Organisationsfragen ging, nur wenige befaßten sich ernsthaft mit theologischen Schwierigkeiten. In Deutschland stand seit dem traumatischen Umbruch der Reformation die Wahrheitsfrage, nicht aber Verwaltungs- und Organisationsfragen, im Vordergrund. Darum war sein Vortrag „Zur theologischen Begründung der Weltbundarbeit“ so wichtig. Die ökumenische Bewegung konnte nur dann ernst genommen werden, wenn es ihr gelang, zu Fragen von Kirche und Welt theologisch Stellung zu nehmen.

Wenn sich Theologen in all den beteiligten Kirchen zusammentäten, um eine Antwort zu finden auf die Frage „Welche Gestalt sollte die Kirche Jesu Christi in der Welt haben?“ – die Frage, die er später so formulierte: „Wer ist Jesus Christus für uns heute?“ – dann könnte Bonhoeffer sich diesem Unternehmen voll und ganz anschließen. Aber die Eingliederung der Methodisten in England oder der Presbyterianer in Schottland oder der Zusammenschluß der verschiedenen lutherischen Kirchen in Amerika waren keine Aufgabe, für die er sich begeistert hätte. Das „Ärgernis der Trennung“ schien er nur insofern als ein solches zu empfinden, als es die Kirche hinderte zu erkennen, welches ihre Rolle in der Welt sein müsse. Darum versuchte er fast immer auf den verschiedenen ökumenischen Konferenzen, an denen er teilnahm, Kirchenvertreter dazu zu bewegen, daß sie sich deutlich zu einer ganz konkreten Frage äußerten und danach handelten.

In seiner theologischen Begründung des Handelns war er radikal im wahrsten Sinn des Wortes, da er zu den Wurzeln der Fragen vorzudringen versuchte. Schon vorgegebene Antworten war er nicht bereit zu akzeptieren, seine Autorität war die biblische. Das Wort, das die Kirche der Welt zu sagen hat und nach dem sie handeln muß, mußte sich auf die Verheißung und die Erfüllung stützen, die in Christus gegeben ist.

Was er an der ökumenischen Bewegung und an ihrer Stellungnahme zu Gegenwartsfragen kritisierte, war, daß die klugen und treffenden Worte allzu oft ohne Taten blieben. Und diese Worte selbst waren auch schon so geschickt formuliert, daß die verschiedensten Überzeugungen sich darin wiederfinden konnten. Er hatte miterlebt, daß von der Zeit, die zum Entwurf solcher Dokumente gebraucht wurde, viel mit Scheingefechten vertan wurde und nicht mit der erwarteten Erörterung der tatsächlichen Probleme. Und er sah, daß die Uhr ablief für Europa und für die Welt, daß die Stunde zu weit vorgerückt war für solche Scheingefechte im Vorfeld.

Wenige Tage, nachdem er von der Konferenz in der Tschechoslowakei zurückgekehrt war, fanden in Genf zwei Wahlen statt, die für seine weitere Mitarbeit in der ökumenischen Bewegung von großer Bedeutung sein sollten, obwohl ihm das zu der Zeit nicht eigentlich zum Bewußtsein kam. Karl Barth wurde in die Theologenkommission von Life and Work gewählt, und George Bell, der Bischof von Chichester, wurde zum Präsidenten des damals nach vorläufigen Ökumenischen Rates bestellt.

Die Konferenz in Gland in der Schweiz

Bonhoeffers Teilnahme an dieser Konferenz beruhte nicht auf einem Zufall. Fast ein Jahr lang, seit seiner Ernennung zum Jugendsekretär in Cambridge, hatte er sich darauf vorbereitet. Dies hier war eine Internationale Jugendkonferenz, vom 25. bis 31. August 1932, ein gemeinsames Treffen der Jugend vom Ökumenischen Rat und vom Weltbund. Organisatoren waren die drei Jugendsekretäre, von denen Bonhoeffer einer war, und Mr. Steele von Life and Work. Das Thema lautete: „Ruf und Verantwortung der Christenheit in der gegenwärtigen Krisis."

Bonhoeffer stand besonders den englischen Vertretern sehr kritisch gegenüber, da sie offenbar die christliche Stellungnahme dem Stand der wirtschaftlichen und internationalen Krise anpassen wollten, was jedenfalls eine Abschwächung bedeuten mußte. Den Vorsitz der Konferenz hatte Dr. Burroughs, der Bischof von Ripon, und er empfand Bonhoeffer offensichtlich als lästig. In einem Artikel in der Yorkshire Post berichtete er über Bonhoeffer, daß er pessimistisch sei und sich vor allem auf das Bibelwort stütze: „Wir wissen nicht, was wir tun sollen, aber unsere Augen sehen nach dir." Dies war aber kein Pessimismus, wie aus dem Wortlaut seiner Ansprache deutlich hervorgeht.[10] Er begann mit dem Hinweis auf das, was ein Deutscher zu ihm gesagt habe, nämlich, die Kirche sei doch tot und jetzt gelte es nur noch, sie in einem würdigen Rahmen zu bestatten. Er hielt nicht mit seiner Kritik an der Konferenz zurück und zog einen Vergleich zwischen ihrem Pomp und einer Beisetzungsfeier für die Kirche, wobei er betonte, daß „die Kirche mitten im Sterben lebt, allein weil Gott sie aus dem Tode zum Leben ruft, weil er gegen uns und durch uns das Unmögliche tut."

Den Angelsachsen mag es erschienen sein, als verliere er sich in den Verästelungen deutscher Theologie, in Wirklichkeit aber war von all den Ansprachen auf der Konferenz seine diejenige, die am meisten an der Praxis ausgerichtet war. Pessimismus verwarf er als ebenso wirklichkeitsfern und ebenso nutzlos wie Optimismus. Dagegen beschrieb er, was Gott mit einer Kirche tun könne, die sich eingestehe, daß sie sterbe, und für ihr Leben auf ihn allein blicke. Optimismus und Pessimismus entspringen derselben Wurzel – unseren Anstrengungen um uns selbst und unsere großen Pläne, der Verteidigung eines bestimmten Weltverständnisses, einer festgelegten Theologie oder der Ehre der Kirche. Während wir diese ausgetretenen Pfade verteidigen, sagte er, können wir nicht vernehmen, wo Christus uns ruft. Diesen Ruf müssen wir aus dem Munde unseres

Bruders vernehmen, der uns manchmal mit sonderbaren Worten anredet, so sonderbar wie etwa die, daß die Kirche tot sei und all unsere Gottesdienste nur Begräbnisfeiern: „Daß der Bruder dem Bruder in aller Offenheit und Wahrhaftigkeit und Bedürfigkeit begegnet und vom anderen Gehör beansprucht ..." Erst wenn wir auf diesen so sonderbar fremden Bruder hören, wobei es fast so scheint, als habe er hier sich selbst gemeint, „das ist es, wie uns Christus allein auf solcher Tagung begegnet".

Bonhoeffers Ansprache rückte in die Nähe einer Predigt, als er die Ereignisse in Europa und den Ruf an die Kirche, den er der Konferenz verdeutlichen wollte, mit dem Ruf verglich, der Paulus nach Mazedonien hinübergerufen hatte: „Zum zweiten Mal ergeht der Ruf an uns, an die Kirche. Europa ruft zum zweiten Mal: Komm und hilf uns. Europa, die Welt will zum zweitenmal von Christus erobert werden."

Dunkle Wolken ziehen auf

Die nationalsozialistische Partei gewann bei fast jeder Wahl mehr Stimmen dazu. Im September 1930 hatte der Zuwachs zu dem Sprung von 12 auf 107 Sitze im Reichstag geführt, jetzt am 31. Juli 1932 erhielt sie 230 Sitze. Bonhoeffer war sich der Gefahr sehr bewußt, besonders der Gefahr für die Kirche. Von den ökumenischen Konferenzen dieses Sommers zurückgekehrt, gab er besonders in seinen Predigten dieser Sorge Ausdruck.

Sein Weitblick und seine große Besorgnis zeigen sich deutlich in drei Predigten: der Predigt zum Reformationsfest, gehalten im akademischen Gottesdienst in der Dreifaltigkeitskirche in Berlin am 6. November[11], dem Fragment einer Andacht zum 1. Dezember [12] und einer Predigt aus einem Abendgottesdienst in der Dreifaltigkeitskirche am 15. Januar 1933.[13]

Die Reformationspredigt hatte als Text Offb. 2,4.5 und 7. Bonhoeffer begann sehr dramatisch:

„Daß wir in der zwölften Stunde der Lebenszeit unserer evangelischen Kirche stehen, daß uns also nicht mehr viel Zeit bleibt, bis es sich entscheidet, ob es aus ist mit ihr oder ob ein neuer Tag beginnt – das sollte uns allmählich klar geworden sein. Auch das sollten wir wissen, daß man einen Sterbenden nicht mit Fanfarenstößen tröstet oder gar ins Leben zurückruft, sondern daß der Fanfarenstoß zum Leichenbegängnis gehört; dorthin, wo man das kalte Schweigen mit einem noch kälteren Lärm überschreit, dorthin, wo Totenkränze und Totenmusik die Verwesung verdecken. Kinder machen es ja wohl so, wenn ihnen angst wird auf der dunklen Straße, daß sie pfeifen und fest auftreten und lärmen, um sich Mut zu machen."

Seine Aufzeichnungen zu der am 1. Dezember gehaltenen Andacht beginnen mit einer Erinnerung an die Jugendkonferenz in Westerburg. Der Text dieser Ansprache ist Daniel 10, abschließend mit Vers 19: „Fürchte dich nicht, du lieber Mann! Friede sei mit dir! Und sei getrost, sei getrost! Und als er mit mir redete, ermannte ich mich und sprach: Mein Herr, rede! denn du hast mich gestärkt."

Auf der Konferenz von Westerburg hatte ein französischer Teilnehmer diesen Text vorgelesen. Mit Sorge und Bangigkeit hatten sie sich dort mit der Frage des Friedens befaßt, da schienen diese Worte an Daniel ihnen plötzlich zu helfen: „Und als er zu den Worten kam: Mut! Mut! courage, courage, Friede sei mit dir – da war uns allen so, daß wir nachher hätten sprechen können: Nun, rede Herr, denn du hast uns gestärkt!"

Auch die dritte Predigt vom 15. Januar 1933 sprach von der Angst und ihrer Überwindung. Der Text war Mt 8,23–27, die Stillung des Sturms: „Die Bibel, das Evangelium, die Kirche, der Glaube – sie sind das Kriegsgeschrei gegen die Furcht. Die Furcht – das ist der Urfeind. Die Furcht sitzt dem Menschen im Herzen."

Diese Predigt ist ein Kriegsgeschrei gegen die Furcht, und alle, die sie an jenem Abend in der Dreifaltigkeitskirche gehört haben, werden sich wohl im Laufe dieses Jahres 1933 mit seiner langen Abfolge von Furcht und Schrecken verbreitenden Ereignissen dieser trotzigen Siegesgewißheit erinnert haben. Denn am 30. Januar 1933 hatte Hindenburg Adolf Hitler zum deutschen Reichskanzler ernannt.

6. Neunzehnhundertdreiunddreißig

Hitler kam auf einer Welle populärer Begeisterung an die Macht. Er hatte viel versprochen – straffe Disziplin für ein Land, das schon fast ganz zerrüttet war, Selbstachtung und Würde für ein Volk, das von den europäischen Nachbarn verachtet und gedemütigt worden war. Die Deutschen wollten wieder stolz auf ihr Land sein können, und Hitler verhieß ihnen eine Zukunft und sprach von ihrer Bestimmung; doch zuerst gelte es, das Land von fremden Elementen zu reinigen. Am größten war die Begeisterung bei den jungen Leuten. Die Größe, die ihre Väter in der Niederlage hatten preisgeben müssen, wollten sie wiedererlangen. Viele konnten nicht glauben, daß Deutschland wirklich auf dem Schlachtfeld geschlagen worden sei, sie glaubten lieber, daß der Dolchstoß feiger Zivilisten in den Rücken der tapferen Armee zur Niederlage geführt habe. Der Glaube, daß die verbündeten Siegermächte darauf aus seien, Deutschland bis zur absoluten Bedeutungslosigkeit zu zerschlagen, war weit verbreitet, und der schmähliche und ungerechte Versailler Vertrag wurde als das Hauptinstrument hierfür angesehen.

Auch die Kirchen begrüßten Hitler als willkommenen Wechsel von der farblosen Weimarer Republik, die für christliche Ansätze kaum Zeit zu haben schien und auch keine Anstalten unternommen hatte, der Kirche wieder zu ihrem angestammten Platz neben dem Regierungssessel zu verhelfen. Die Kirchen sprachen davon, man müsse die Leute wieder an ihr moralisches Erbe erinnern, und das tat Hitler auch.

Wo dieser neue „Lebenswille" sich in den Herzen der Leute regte, da fand das heroische Programm des Nationalsozialismus unmittelbaren Anklang. Hitler schien zu sagen: Kopf hoch! Es ist keine Schande, ein Deutscher zu sein! – Daneben war auch die Bedrohung durch die Bolschewisten eine durchaus wirkliche, und die Angst vor dem Chaos einer solchen Revolution und vor der Machtgier der alten Feinde im Osten war durchaus nicht ungerechtfertigt. Polen und Rußland schienen schon wieder eine Drohhaltung einzunehmen, wogegen allein der Nationalsozialismus Schutz zu bieten schien. Seine Propagandisten sprachen von Erneuerung im öffentlichen Leben, von der Bedeutung der Kirche als Volkskirche und von der Notwendigkeit, politisches und kirchliches Leben in wechselseitiger Harmonie aufzubauen als Garantie für das moralische Fundament der Nation.

Die Bonhoefferfamilie

Der akademisch geprägte Kreis von Familien, zu dem die Bonhoeffers und ihre Nachbarn gehörten, konnte in diese Begeisterung nicht miteinstimmen. Sie hatten schon einen Vorgeschmack der zu erwartenden Behandlung der Juden durch die Nazis gehabt und waren ernstlich besorgt. Denn schließlich waren Sabines Mann und Dietrichs engster Freund, Franz Hildebrandt, jüdischer Abstammung. Ihre Begeisterung für die Weimarer Republik war schwach, und wie alle übten sie heftige Kritik am Versailler Vertrag, aber in Hitler sahen sie nicht die Lösung ihrer Probleme, auch wenn sie glaubten, es müsse ein neuer Anfang gemacht werden.

Dietrichs Vater beschrieb die Symptome aus der Sicht des Psychiaters:

„Die Abneigung und das Mißtrauen gegen Hitler gründete sich bei mir auf seine demagogischen Propagandareden, sein Sympathietelegramm in der Potempaschen Mordangelegenheit [in einem schlesischen Dorf war ein Kommunist namens Pietrzuch von fünf Nazis vor den Augen seiner Mutter mit Fußtritten getötet worden], seine Autofahrten durchs Land mit der Reitpeitsche in der Hand, die Auswahl seiner Mitarbeiter, über deren Qualität uns hier in Berlin vielleicht mehr Einzelheiten bekannt waren als anderwärts . . ."[1]

Dies sind harte Worte, und man sollte sie nicht abtun als naserümpfendes Urteil des Bildungsbürgertums über Proleten, die zum Regierungsgeschäft nicht geeignet seien – auch die, denen man durchaus die Eignung zum Regieren zugestand, hatten sich ja seit Kriegsende nicht gerade mit Lorbeern bedeckt. Dasselbe formulierte aber auch Dietrich Bonhoeffer in Argumenten, die auf einer anderen Ebene lagen, in einer Radio-Ansprache am 1. Februar 1933, zwei Tage nach Hitlers Machtergreifung. Er sprach über „Wandlungen des Führerbegriffs in der jungen Generation"[2] – ein Thema von bemerkenswerter Relevanz. Er zeichnete die Entwicklung eines „Führerprinzips" seit den Tagen der Jugendbewegung nach, wobei er seine Verachtung für das, was er als „widernatürliche Selbstbespiegelung der . . . von alten Narren eitel gemachten Jugend" beschrieb, nicht verhehlte. Er trug theologische Gedanken zu den Autoritätsstrukturen vor und wies auf die Gefahr der allenthalben zunehmenden Tendenz hin, den Führer zum Idol zu machen. Die Gefahr liege in der Versuchung des Führers, daß er „sich von dem Geführten dazu hinreißen [läßt], dessen Idol darstellen zu wollen – und der Geführte wird das immer von ihm erhoffen –, dann gleitet das Bild des Führers über in das des Verführers ... Führer und Amt, die sich selbst vergotten, spotten Gottes."

Hier wurde die Sendung unterbrochen. Ob die Zensur schon am 1. Februar funktionierte?

Kirche und Staat

Die evangelische Kirche war besonders anfällig für das, was die Nazis zu bieten schienen, denn schon lange hatte faktisch eine Trennung zwischen Kirche und Volk bestanden. In der nach dem Krieg in Kraft getretenen neuen deutschen Verfassung stand, daß es keine Staatskirche gebe. Die „Trennung von Kirche und Staat" war einer der ersten Schritte der jungen Republik. Mit dem Kaiserreich war auch die alte Bindung von „Thron und Altar" gefallen. Die evangelische Kirche fühlte sich ohne jegliche Verankerung: ihr Platz war weder beim Staatsoberhaupt noch beim Volk. Die Möglichkeit, jetzt eine vom Volk getragene große Kirche in Deutschland zu schaffen, wurde verpaßt. Die einzige Erfahrung, die man in Deutschland mit Freiwilligkeitskirchen in der Form von „Freikirchen" hatte, waren kleine pietistische Zirkel ohne jegliches politische Gewicht. So stellte sich jetzt die dringende theologische Frage, wie die Kirche im politischen Bereich verantwortlich handeln könne, da doch die Verbindung zum Staat nicht mehr existierte. Was ist die Kirche? Welche Aufgabe hat sie in der Welt? Dietrich Bonhoeffer hatte in den Vereinigten Staaten vom Staat getrennte Kirche erlebt, und bei seinen theologischen Überlegungen zum Wesen der Kirche, einer der wichtigsten Fragen, die ihn immer wieder beschäftigten, baute er auf dieser Erfahrung auf. Unter Kirchenführern herrschte Uneinigkeit, Karl Barth und Otto Dibelius vertraten gegensätzliche Überzeugungen. Um diese beiden Gegenpole sammelten sich einerseits all diejenigen, die die Kirche durch strenge Zucht soweit reinigen wollten, bis nur noch die wirklichen Christen übrigblieben, und auf der anderen Seite die, die eine Kirche für alle aufbauen wollten, eine wirkliche Volkskirche.

Die sich 1933 abzeichnende Möglichkeit der Verbindung einer Volkskirche mit einer starken Regierung mit den richtigen Grundsätzen war fast unwiderstehlich. Eine Regierung, die versprach, das Böse selbst zu bekämpfen, Verbrechen und Unmoral ausrotten zu wollen, Literatur und die Künste von Entartung zu reinigen, die die jungen Männer aus den Bierlokalen zur Arbeit aufs Land und in Lager schickte und überhaupt in zuversichtlichen, starken Tönen sprach, hatte für viele junge Pfarrer eine schier unwiderstehlich große Anziehungskraft. Die Parole der „Reinheit", ungeachtet der darin enthaltenen Heuchelei, sprach nicht wenige an. Als ich nach dem Krieg Pfarrer und ehemalige kirchliche Jugendgruppenleiter, die 1933 in die Partei eingetreten waren, kennenlernte, hatte ich die größten Schwierigkeiten zu begreifen, wie solche ganz offensichtlich um das Gute bemühten Menschen sich von dieser Propaganda hatten einnehmen lassen. Viele von ihnen hatten sich dann, als sie das wahre Gesicht des Nationalsozialismus erkannten, zurückgezogen oder waren untergetaucht.

Schon 1933 heißt es in einer Zeitschrift für Religionslehrer:

„... ich persönlich kann mir den Begriff der Erziehung ohne Religion überhaupt nicht vorstellen. Es ist ein Unding und eine Lächerlichkeit, zu glauben, erziehen zu können, ohne Religion zu besitzen, ohne die letzte magische Kraft, die nach oben reißt und zieht ... Das Bewußtsein, daß ein Herrgott im Himmel lebt, daß dieser Herrgott uns Adolf Hitler geschenkt hat, das Bewußtsein, daß er uns die Gnade hat zuteil werden lassen, wieder ein Volk zu werden, das ist es, was uns nach oben reißt."[3]

Wie das Christentum hier einzuordnen sei, konnte man allerdings schon bei Alfred Rosenberg lesen: „Der gewaltige Prediger, der Zürnende im Tempel, der Mann, der mitriß und dem ‚sie alle' folgten, nicht das Opferlamm der jüdischen Prophetie, nicht der Gekreuzigte ist heute das bildende Ideal ..."

Aber auch schon früher konnte man in einem in Witten an der Ruhr verbreiteten Pamphlet lesen: „Ohne Hitler gibt es keinen Nationalsozialismus; ohne Nationalsozialismus kein Drittes Reich; ohne Drittes Reich keine Bewegung Deutsche Christen; ohne Deutsche Christen keine Deutsche Evangelische Kirche."

Da stand nun der Trugschluß in aller Deutlichkeit zu lesen. Aber so war es nicht am Anfang gewesen, am Anfang stand ein mehr verführerisches Werben um die Kirche. Wie ein Zeitzeuge sagt: „Die Kirche war bereit, die Verantwortung für das Volk zu übernehmen, und verband sich um dieser Aufgabe willen mit dem Staat, was für sie zu einer verhängnisvollen Umklammerung werden sollte."

Stärke und Gefahren der kirchlichen Situation in Deutschland

Die wenigsten Kirchenführer hatten, als in Deutschland die Republik ausgerufen wurde, diese Gelegenheit schon freudig erwartet, um nun die alte Verbindung von „Thron und Altar“ aufkündigen zu können. Der in diesen Nachkriegsjahren ausgearbeitete Kompromiß hat im großen und ganzen bis heute Bestand. Man könnte ihn beschreiben als eine Variante des alteingeführten Systems von Kirchenregiment, bei dem Kirche und Staat Hand in Hand zum Besten des Volkes arbeiten. Die Regierung zieht eine besondere Kirchensteuer ein von allen, die sich Mitglieder der Kirche nennen (oder besser gesagt, von all denen, die nicht offiziell aus der Kirche ausgetreten sind), und dieses Geld steht für die Pfarrer, für die Gemeinden und für die öffentlichen Dienste der Kirche zur Verfügung. Der deutsche Pfarrer ist in seinem Gehalt und den meisten Rechten den Staatsbeamten gleichgestellt; zwar ist er der Landeskirche unterstellt, doch wird von ihm Loyalität gegenüber der Regierung vorausgesetzt, und unter normalen Verhältnissen ergibt sich hier auch kein Konflikt. Natürlich hat die Kirche ihre eigenen Rechts- und Verwaltungsgremien, eigene Schulen und Krankenhäuser, soziale Dienste usw. Diese Einrichtungen unterliegen ihrer Kontrolle, und die Kirche hat auch ein nicht unbeachtliches Gewicht gegenüber der Regierung. Aber die z. T. enge Verbindung mit den staatlichen Strukturen hat zu einer Aufteilung der Aktivitäten und Zuständigkeiten von Kirche und Staat in verschiedene Aufgabenbereiche geführt. In Angelegenheiten, die im eigentlichen Sinne Sache der Regierung sind, wird von der Kirche Unterordnung unter Verfassung und Gesetze erwartet.

Die besondere, für europäische evangelische Kirchen charakteristische Staat-Kirche-Beziehung hat dazu geführt, daß die Leute den Pfarrer wie einen Beamten betrachten, und vielfach hat er sich selber so verstanden. Mehr noch als in England hat in Deutschland das Wort „Gemeinde“ die doppelte Bedeutung der politischen und der kirchlichen Einheit. Diejenigen, die innerhalb der Grenzen des Gemeindegebietes wohnen, haben Anspruch auf die Dienste der Kirche, für die sie ja Steuern bezahlen. Wer keine Kirchensteuern bezahlen will, kann zwar aus der Kirche austreten; das bedeutet dann aber, daß man keinen Anspruch mehr auf die Dienste des Pfarrers hat. Diese vertragsartige Beziehung wird zwar oft durch das wahrhaft seelsorgerliche Verhalten des einzelnen Pfarrers gemildert, aber die Situation leistet doch einer gewissen Kühle und Zurückhaltung in der Kirche Vorschub – außer in Zeiten religiöser Erweckung oder äußerer Krise.

Die Stärke dieser Art von Kirche liegt darin, daß der Pfarrer auch in öffentlichen Angelegenheiten eine Autoritätsperson ist; er kann nicht einfach beiseite geschoben werden. Allerdings ist die Kirche im Dritten Reich – regional unterschiedlich – dann auch nicht immer in der Lage gewesen, ihre Pfarrer zu schützen, oder sie hat dem staatlichen Druck nachgegeben. So kam einige Jahre nach Hitlers Machtergreifung Paul Schneider in das Konzentrationslager Buchenwald, weil er sich geweigert hatte, sich der staatlich verfügten Trennung von seiner Gemeinde im Rheinland zu fügen. Nach dem Krieg sagte mir ein Bischof, daß er mit allen öffentlichen Äußerungen sehr vorsichtig habe sein müssen, „da von jedem Wort, das ich sage, die Existenz von tausend Pfarrern abhängt". Aber ganz abgesehen von dieser besonderen Gefahr in Krisenzeiten hat das offizielle Ansehen, das der Pfarrer genießt, und sein besonderes Verhältnis zur Obrigkeit ein oft recht äußerliches Christentum gefördert. Der Pfarrer verrichtet seine Amtsgeschäfte; die Leute nehmen seine Dienste in Anspruch. Zugehörigkeit zur Kirche hat denselben Grad von Selbstverständlichkeit wie etwa das Bürgerrecht. Gegen eine solche kalte, offizielle Religion hat sich immer wieder der Protest pietistischer Gruppen erhoben, die, manchmal auch in übertriebener Form, die Notwendigkeit eines persönlichen Glaubens betonen und sich oft in einem ausgesprochenen Gegensatz zum Pfarrer befinden, der ihnen Symbol und Träger veräußerlichter Religion ist.

Die Deutschen Christen

Mit dem Erstarken der nationalsozialistischen Partei wuchs in dieser historisch so gewachsenen Kirchenstruktur eine Bewegung, die der Partei zuneigte und von ihr benutzt wurde. Sie nannte sich „Deutsche Christen"; in dieser Verbindung glaubten ihre Anhänger die Bestimmung Deutschlands zu verwirklichen. Gründer der Bewegung war Wilhelm Kube, der NS-Fraktionsführer im preußischen Landtag. Der Reichsleiter der Deutschen Christen (DC) war ein Berliner Pfarrer namens Joachim Hossenfelder, der 1929 Parteimitglied geworden war und die Parteistrukturen nachahmenswert fand: Gaue, Bezirke und Ortsgruppen. Er übernahm diese Einteilung und gab so der deutsch-christlichen Bewegung eine Organisation nach dem Vorbild der Partei. Jeder politischen Gruppierung entsprach eine ihr spiegelbildliche religiöse Gruppierung mit einem Führer oder Unterführer. Ihre Parole, mit der sie antrat, war die „Neuordnung der

Kirche". Die erste Landeskirche, in der die DC sich der Leitung bemächtigten, war die Altpreußische Union, andere folgten. Als nächsten Schritt wollte Hossenfelder diese Schattenorganisation auf das ganze Reichsgebiet übertragen und gesetzlich verbindlich machen; die Deutsche Evangelische Kirche (DEK) sollte im Ausland offiziell nur von Deutschen Christen vertreten werden. Die Vorstellung, die hier verfolgt wurde, war die einer geraden Entwicklung zu einer vereinigten evangelischen Kirche mit einem Reichsbischof als einer Art geistlichem Äquivalent zu Hitler. Schon 1932 war es Hossenfelder gelungen, die preußischen Kirchenwahlen zu beeinflussen. Und zwar hatte er hierfür Richtlinien zum deutsch-christlichen Glauben verfaßt.[4] Seine Hauptquelle, auf die er sich stützte, war Rosenberg, dessen weltanschauliche Vorstellung vom deutschen Volk dem Nationalsozialismus zugrunde lag. So finden sich in Hossenfelders Erklärung an vielen Stellen Formulierungen Rosenbergs wie etwa „gläubige deutsche Menschen", „ein bejahender artgemäßer Christusglaube" und „heldische Frömmigkeit".

Seine Erklärung hatte zehn Punkte, die deutlichste Aussage findet sich unter Punkt 7: „Wir sehen in Rasse, Volkstum und Nation uns von Gott geschenkte und anvertraute Lebensordnungen, für deren Erhaltung zu sorgen, uns Gottes Gesetz ist. Daher ist der Rassenmischung entgegenzutreten ..." Was viele Anhänger der Deutschen Christen wünschten, war eine Reichskirche, da sie die Konsequenzen der Zersplitterung fürchteten. Für Rosenbergs phantastische Weltanschauung interessierten sie sich ebenso wenig wie für die übertriebene Betonung des Deutsch-Völkischen.

Viel wurde über Aufbau und Erneuerung der Kirche geschrieben. Man beschrieb die besonderen Bedürfnisse „dieser unserer Zeit" und prangerte die Sinnlosigkeit kleinlicher Streitereien in der Kirche an: Dies seien schwere Zeiten. Zur Bekämpfung des gottlosen Marxismus und des allenthalben grassierenden Materialismus sei eine starke Kirche vonnöten. All die theologischen Haarspaltereien über die minimalen Unterschiede zwischen den neunundzwanzig Landeskirchen, oft mit heißer Leidenschaft und großer Voreingenommenheit diskutiert, mußten bedeutungslos erscheinen gegenüber der großen Aufgabe, ein starkes, auf ein geistliches Zentrum hin orientiertes Deutschland aufzubauen. Natürlich müßten Kirche und Staat Hand in Hand arbeiten, um dies zu erreichen. Die Deutschen Christen sprachen viel davon, daß Adolf Hitler von Gott berufen sei, Gottes Willen für Deutschland in die Tat umzusetzen. Wie konnte die Kirche einer solchen himmlischen Vision den Gehorsam verweigern? Endlich einmal war hier eine politische Partei an der Macht, die dieselben Ziele wie die Kirche zu haben schien. Statt neunundzwanzig Landeskirchen sollte es eine Kirche in einem Reich geben.

Zu Beginn des Jahres 1933 waren die Deutschen Christen noch eine gemischte Gruppe ohne konsistent ausgearbeitete Theologie. Manch einer, der durchaus das Verlangen nach Kircheneinheit teilte, hielt nicht viel von der Betonung des Völkischen, während die Lutherverehrung der Deutschen Christen noch zusätzlich in der Frage, worum es eigentlich ging, Verwirrung stiftete, was wiederum von den radikaleren Elementen ausgenutzt wurde. Einige Deutsche Christen behaupteten, durch sie würde Luthers Werk erst vollendet, indem nun hier, was er als deutscher Mann in deutschen Landen angefangen hatte, seine abschließende deutsche Krönung erhalte. Schließlich war der Schritt leicht getan von der Aussage, daß mit Luther Deutschland aus den Niederungen des Mittelalters als Volk unter die Völker der christlichen Welt getreten sei, zu der Behauptung, Deutschland sei von Gott dazu ausersehen, in der Geschichte der christlichen Welt die führende Rolle zu übernehmen, und deswegen brauche es eine von allen ausländischen, nichtdeutschen Elementen gereinigte, rein deutsche Kirche.

Nach den mit Hitlers Hilfe gewonnenen deutschen Kirchenwahlen im Juli 1933 zeichneten sich dann Spannungen ab zwischen denen, die den Ton mehr auf „deutsch" legten, und denen, denen das „christlich" wichtiger war. Etwa ein Jahr nach Hossenfelders Richtlinien wurde eine revidierte Liste von Glaubensgrundsätzen aufgestellt. Das deutsch-völkische Element erscheint hier stark gemildert, doch konnte sich dieser modifizierte Entwurf in der Bewegung nicht durchsetzen, und schon wenige Tage nach seinem Erscheinen riß der radikale Flügel die Führung an sich. Nun war selbst Hossenfelder nicht mehr radikal genug, obwohl er sich noch einige Zeit halten konnte. Jetzt wurde „deutsch" wichtiger als „christlich". In den Kirchen fing man an zu begreifen, was Hitler mit seiner Erklärung vom 1. Februar 1933, daß er das Christentum, die „Basis unserer gesamten Moral", unter seinen „festen Schutz" nehmen wolle, gemeint hatte.

Anfänge einer christlichen Opposition

Die Deutschen Christen waren nicht die einzigen, die wirkliche Veränderungen und eine daraus resultierende Neuordnung der Kirche wünschten. Zwar hatten der Nationalsozialismus und die theologisch verbohrten Deutschen Christen mit ihrer Initiative einen Vorsprung, doch wurden ihre eingängigen Argumente unter deutschen Theologen nicht allgemein akzeptiert. Allerdings waren nur wenige bereit, sich dem Übel direkt in den Weg zu stellen, lieber schenkten sie ihm möglichst wenig Beachtung und äußerten sich nicht. Nachdem Hitler die Macht übernommen hatte, verband sich dann für viele die natürliche Zurückhaltung des Akademikers mit dem schieren Selbsterhaltungstrieb.

In organisierter Form trat die protestantische Opposition zuerst mit der Jungreformatorischen Bewegung in Erscheinung. Ähnlich wie die Deutschen Christen lehnte diese Bewegung den Marxismus ab und bemühte sich um eine Neuordnung der Kirche. Was da zusammenkam, war eine sehr gemischte Gruppe, die sich manchmal ähnlich wie die Deutschen Christen anhörte. Aber hier kamen auch einige Leute zum ersten Mal zusammen, die später eine führende Rolle im Widerstand spielen sollten. Den Vorsitz hatte Walter Künneth, zu den führenden Köpfen gehörten Hanns Lilje und Martin Niemöller. Ihr Aufruf zur Neugestaltung der evangelischen Kirche erschien am 9. Mai 1933[5] mit einer Liste von Unterzeichnern, von denen sich später manche in entgegengesetzten Lagern wiederfinden sollten. In Berlin wurde der Aufruf noch mit einem Anhang versehen, der sehr viel schärfer und kritischer im Ton war. Bonhoeffer unterzeichnete den Anhang, nicht aber den Aufruf! Aus einem Brief der Berliner Sozialpädagogin Gertrud Staewen an Karl Barth geht hervor, daß die Schreiberin Bonhoeffers (wenn auch zögernde) Beteiligung mit großem Unbehagen sah; sie schreibt von einem Versäumnis Bonhoeffers, und es klingt ganz so, als befürchte sie, er sei in Gefahr, Deutscher Christ zu werden.

Die Bewegung war entstanden, als die Wahl eines Reichsbischofs anstand. Dies war etwas ganz Neues in Deutschland – eine Art Erzbischof, der über den Landesbischöfen und Superintendenten stehen sollte. Hitler brauchte solch eine Figur, um durch sie die Kirche zu kontrollieren bzw. „das Christentum unter seinen festen Schutz zu nehmen“. Er wollte den Wehrkreispfarrer Ludwig Müller als Reichsbischof haben, aber die Jungreformatorische Bewegung, mit Niemöller, Künneth und Lilje, setzte sich für Friedrich von Bodelschwingh ein, der als Leiter der Betheler Anstalt für Epileptiker über jeden eventuellen Vorwurf erhaben war. Ende Mai wurde Bodelschwingh gewählt, und sein hohes Ansehen machte die Errichtung einer Deutschen Evangelischen Kirche über den Landeskirchen möglich. Bodelschwingh war nun im Bereich der Kirchenpolitik in ähnlicher Weise moralischer Garant, wie Hindenburg das im säkularen Bereich war. Aber die Nazis ließen ihn nicht in Frieden, denn sie hatten ganz andere Vorstellungen davon, wie der Mann aussehen sollte, den man zur Führung der Kirche brauchte. Da er seine Unabhängigkeit in Frage gestellt sah, trat Bodelschwingh im Juni zurück, und im September 1933 wurde Ludwig Müller gemäß vorbereitender Absprachen gewählt.

Im Zusammenhang mit dieser manipulierten Wahl taucht in der Jungreformatorischen Bewegung zum ersten Mal das Wort „Bekennende Kirche" auf.[6] In der Zeitschrift ‚Junge Kirche' forderten die Jungreformatoren: „Wir kämpfen für eine bekennende Kirche. Es genügt nicht, daß unsere Bekenntnisse unangetastet bleiben. Die Kirche muß wieder neu lernen, sich zu ihrem gekreuzigten Herrn zu bekennen."

Die letzte freie Wahl in Deutschland

Der Reichstagsbrand, der zur Verhaftung von Tausenden von Kommunisten führte, war das politische Signal für den Beginn von Hitlers Schrekkensherrschaft. Dies war Ende Februar gewesen, und es war gleich deutlich, daß die Kommunisten und die Juden die Zielgruppen waren. Bonhoeffers Schwager Gerhard Leibholz war nun bedroht, und die Familie beobachtete mit großer Besorgnis, welche Wendung die Ereignisse genommen hatten. Bonhoeffer äußerte sich sehr besorgt, als Bernhard Rust zum preußischen Kultusminister ernannt wurde, und die Sorge wurde verstärkt durch Rusts Ankündigung: „Montag früh wird die kulturbolschewistische Invasion abgestoppt . . . Ich werde den Kirchen die klare Frage stellen, ob sie den Bolschewismus mit uns bekämpfen wollen oder nicht."

Inzwischen herrscht wohl allgemein Übereinstimmung darüber, daß der Reichstag von den Nazis selbst in Brand gesetzt worden ist, um ihnen einen Vorwand für die Verhaftung der Kommunisten und die Zerstörung ihrer politischen Organisationen vor der Reichstagswahl am 5. März zu liefern. In einer solchen Atmosphäre ist das Wort „frei" ein Euphemismus. Die Nazis brauchten die Wahl gar nicht zu fälschen. Bonhoeffer stimmte für die katholische Zentrumspartei, ein nachgerade unglaublicher Schritt für einen evangelischen Pfarrer! Aber er meinte, daß dies die einzige Partei mit internationalen Verbindungen und einem über die engen Landesgrenzen hinausgehenden Horizont sei, und er fürchtete nichts so sehr wie eine Isolation Deutschlands. Die Nazis erhielten 44% der Stimmen – nicht genug für die absolute Mehrheit, aber sie konnten immer mit der Unterstützung der Deutschnationalen rechnen.

Im Anschluß an die Wahl traten Gesetze in Kraft, die gegen die Nazis gerichtete Äußerungen als staatsfeindlich verboten; hieran knüpfte die antisemitische Propaganda an. Für den 1. April wurde zum Boykott jüdischer Geschäfte aufgerufen, was Dietrichs einundneunzigjährige Großmutter dazu veranlaßte, ostentativ den SA-Kordon vor einem jüdischen Kaufhaus zu durchschreiten. Das erste Gesetz gegen Nichtarier, das „Gesetz zur Wiederherstellung des Berufsbeamtentums" trat am 7. April in Kraft.[7]

Aber der entscheidende Schritt in diesen unruhigen Wochen erfolgte mit dem Ermächtigungsgesetz vom 24. März 1933[8], durch das Hitler und seine Partei Macht über die Verfassung hinaus erhielten. Hitler war jedoch daran gelegen, sich die Unterstützung der Kirchen zu erhalten. Seine am Vorabend der Reichstagswahl gehaltene Rede war ein Versuch, diese Unterstützung zu gewinnen: „Die nationale Regierung sieht in den beiden christlichen Konfessionen (Katholiken und Protestanten) die wichtigsten Faktoren zur Erhaltung unseres Volkstums."[9] Er versprach ihnen, er wolle ihnen „den ihnen zukommenden Einfluß einräumen und sicherstellen", denn er sähe „im Christentum die unerschütterlichen Fundamente des sittlichen und moralischen Lebens unseres Volkes."

Hier umwarb Hitler die Kirchen, aber Macht und Einfluß wollte er ihnen nur soweit zugestehen, wie es seinen eigenen Zwecken dienlich war.

Kirchenwahlen

Am 24. Juni 1933 trat Bodelschwingh also zurück, da er sich nicht dazu hergeben wollte, die ihm zugedachte politische Rolle zu spielen. Wenige Tage später erschien, von der Jungreformatorischen Bewegung nahestehenden Studenten verfaßt, folgende Erklärung: „Die gegenwärtige kirchliche Lage erfordert die Besinnung auf den rechten Glauben, weil die sichtbare Kirche ihre Struktur allein durch den Glauben an die Vergebung der Sünden erhalten darf."[10]

Ihre erste These enthält ein Glaubensbekenntnis gemäß den historischen Bekenntnissen, und dies ist dann mit Erläuterungen versehen:

a. Jedermann kann Glied der Kirche sein, ohne Unterschied von Rasse oder sozialer Stellung;
b. jegliche Verengung des Evangeliums auf ein bürgerliches Gottvertrauen oder auf eine freisinnige Moral wird zurückgewiesen;
c. die Ämter der Kirche sind geistliche Ämter, nicht politische.

Die zweite These stellt kategorisch fest, daß die Verfasser sich nur der Kirche verpflichtet sehen und keiner politischen Kirchenpartei.

Die dritte These stellt fest, daß der Kirchenfrieden nur durch ein gemeinsames Verständnis des Kreuzes Christi wiederhergestellt werden kann. Die Erklärung endet mit einem Protest gegen jegliche Einmischung in kirchliche Angelegenheiten, mit der Ablehnung Hossenfelders und seiner Deutschen Christen, der Aufforderung, die eingesetzten Staatskommissare zurückzuziehen, und spricht sich für Friedrich von Bodelschwingh aus.

Franz Hildebrandt entwarf eine Broschüre für den Wahlkampf, in der die Deutschen Christen noch eindeutiger als Häretiker angegriffen werden. In einer Predigt Bonhoeffers heißt es jedoch[11]:

„Hart am Abgrund des Todestales ist die Kirche gegründet, die Kirche, die sich zu Christus als ihrem Leben bekennt. Sie hat das ewige Leben, gerade wo der Tod nach ihr greift; und er greift nach ihr, gerade weil sie das ewige Leben hat. Die bekennende Kirche ist die ewige Kirche, denn Christus schützt sie. Ihre Ewigkeit ist nicht sichtbar in dieser Welt. Sie ist unangefochten durch die Welt, die Wellen gehen hoch über sie, und manchmal scheint sie ganz verdeckt und verloren. Aber der Sieg gehört ihr, weil Christus, ihr Herr, bei ihr ist und die Welt des Todes überwunden hat. Fragt nicht danach, ob ihr den Sieg seht, glaubt an den Sieg, dann gehört er euch."

Diese Predigt hielt Bonhoeffer am Ende einer aktionsreichen Woche. Er und Gerhard Jacobi hatten sich bei den Jungreformatoren mit kirchlichen Wahlvorbereitungen engagiert und waren mit der Gestapo in Konflikt geraten. Die Angelegenheit endete zwar glimpflich, aber sie mußten sich beide zu einem Kompromiß bereiterklären und die ihnen gestellten Bedingungen einhalten, andernfalls drohte ihnen Verhaftung.

Nach den Kirchenwahlen vom 23. Juli, nachdem die Deutschen Christen in viele Schlüsselstellungen eingerückt waren, herrschte eine Zeitlang so etwas wie eine antiklimaktische Ruhe. Die gemäßigteren unter den Deutschen Christen bemühten sich, eine Kirchenspaltung zu verhindern, und es machte für eine Weile den Eindruck, als sollten die radikalen Elemente doch nicht zum Zuge kommen – noch nicht! Der radikale Flügel hatte sich darauf eingestellt, sich bis zur Nationalsynode, die im September gehalten werden sollte, zu gedulden. Dort würden sie ihren großen Auftritt haben!

Bonhoeffers Einladung nach England

Bonhoeffer hatte sich hier so stark engagiert, daß er den Staatssicherheitsorganen aufgefallen war und dadurch möglicherweise seine persönliche Sicherheit gefährdet hatte, aber die Vorstellungen, die seine Freunde in der Ökumene von dieser Gefährdung hatten und die sie daran denken ließen, wie sie ihn retten könnten, waren doch wohl etwas übertrieben! Bonhoeffer versicherte ihnen, daß er sich nicht auf dem Weg ins Konzentrationslager befände. Aber er beschäftigte sich damals doch mit dem Gedanken, Deutschland zu verlassen.

Bevor er jedoch abreiste, war er noch an einem historischen Ereignis beteiligt. Normalerweise gehörte es sicher nicht zu den Aufgaben einer Nationalsynode, eine Entscheidung über ein „Glaubensbekenntnis" zu fällen. Die überlieferten Bekenntnisse änderte man nicht – sie wurden einfach akzeptiert und ausgelegt. Aber der Ernst der Lage in Deutschland schien nun eine neue Entscheidung erforderlich zu machen. Denn die Deutschen Christen veränderten nicht nur die Organisationsform der Kirche, sondern auch ihren Glauben. Niemöller gehörte zu denen, die ein neues Bekenntnis für dringend erforderlich hielten. Dies fand weite Zustimmung, und so entstand in Bethel (Bodelschwinghs Stätte der Hoffnung) das erste Bekenntnis der Bekennenden Kirche (BK), in dem auch die Judenfrage angesprochen wird. Der Entschluß zu einem solchen Bekenntnis wurde Ende Juli gefaßt, und man traf sich in Bethel im August 1933.

Zu der Zeit ging Bonhoeffer schon ernstlich mit sich zu Rate, ob er einer Anfrage, nach London zu gehen und dort zwei deutschsprachige Gemeinden zu übernehmen, folgen solle: eine der Gemeinden lag im Londoner Osten, die andere in Sydenham. Um sich besser entscheiden zu können, predigte er in beiden Gemeinden und sah sich das Pfarrhaus in Sydenham an. Am 27. Juli reiste er von Berlin ab und predigte in Sydenham am Sonntag, den 30. Juli. Theodor Heckel, der für die deutschen Auslandsgemeinden zuständig war, empfahl ihn wärmstens. Bonhoeffer konnte sich aber nicht entscheiden. Wenn er jetzt nach London ging, bedeutete das einen Rückzug aus dem Kampfgetümmel, vielleicht auch, um für einen späteren, wichtigeren Kampf zur Verfügung zu stehen; blieb er in Deutschland, so würde er unvermeidlich in eine Führungsposition in der Bekennenden Kirche aufrücken. Zu seiner Entscheidung, wie sie damals ausfiel, trug zum Teil auch seine Enttäuschung über die Betheler Zusammenarbeit bei. Was er in Bethel selbst sah, hatte einen tiefen Eindruck und eine bleibende Bewunderung für Bodelschwinghs Werk in ihm hinterlassen, aber die Diskussion um das Bekenntnis hatte ihn sehr enttäuscht. Den ganzen August hindurch rang er mit seiner Enttäuschung und der anstehenden Entscheidung. Er nahm an keiner ökumenischen Tagung teil.

Bonhoeffer und der Erlanger Theologe Hermann Sasse wollten ein den drängenden Tagesfragen angemessenes „Bekenntnis" schaffen, am 15. August begannen sie mit der Arbeit. Der erste Entwurf des Betheler Bekenntnisses verwarf die Glaubensbewegung Deutsche Christen in aller Deutlichkeit. Bonhoeffer ließ keinen Zweifel daran, daß die Deutschen Christen eine Gefahr für das Christentum darstellten. Hier ging es um Deutschtum einerseits und um Christentum andererseits, und je eher dies in aller Deutlichkeit gesagt wurde, desto besser. Dieser erste Entwurf wurde jedoch nicht akzeptiert, denn viele scheuten doch vor der Gefahr einer Kirchenspaltung zurück und wollten darum den Ton der Erklärung mildern und abschwächen. Dieser erste Entwurf lag am 25. August vor, und gleich am nächsten Tag verschickte ihn Bodelschwingh an zwanzig Fachleute mit der Bitte um Stellungnahme und gegebenenfalls ihre Unterschrift. Bonhoeffer war von Anfang an nicht recht glücklich darüber, wie die Dinge liefen. Er fand die Expertenliste zur Begutachtung nicht gut ausgewählt, und als die Stellungnahmen dann kamen, schienen sie ihm alle die klaren Aussagen des Bekenntnisses zu verwässern. Er zog seine Mitarbeit an der Schlußfassung zurück, und nun fiel seine Entscheidung, nach London zu gehen.

Das Verhältnis zu Karl Barth

Große Sorgen machte Bonhoeffer jetzt die Judenfrage. Die Deutschen Christen hatten die Behauptung der Nazis übernommen, daß die Juden der deutschen Gesellschaft an ihren Grundfesten Schaden zugefügt hätten und darum von allen Beamtenpositionen auszuschließen seien. Dementsprechend schlossen sich die Deutschen Christen den Nazis auch darin an, daß niemand, der jüdischer Abstammung war, ein Amt in der Kirche bekleiden könne und daß judenchristliche Gemeinden ausgegliedert werden müßten. Hiergegen wandte sich Bonhoeffer mit Vehemenz. Er stellte seiner Schrift zu diesem Thema zwei Lutherzitate voran. Luther galt allgemein als kein Judenfreund, und Lutherzitate, in denen Juden verunglimpft werden, waren in aller Munde. Aber Bonhoeffer, der über eine erstaunlich umfassende Lutherkenntnis verfügte, zitierte[12]:

„Luther 1546: ‚Noch wollen wir die christliche Lehre an ihnen üben und für sie bitten, daß sie sich bekehren und den Herrn annehmen, den sie vor uns billig ehren sollten.' ... ‚Wo sie sich aber bekehren, ihren Wucher lassen und Christus annehmen, so wollen wir sie gern als unsere Brüder halten.'

Luther 1523: ‚Wenn die Apostel, die auch Juden waren, also hätten mit uns Heiden gehandelt wie wir Heiden mit den Juden, es wäre nie einer Christ unter den Heiden geworden. Haben sie denn mit uns Heiden so brüderlich gehandelt, so sollen wir wiederum brüderlich mit den Juden handeln, ob wir etliche bekehren möchten; denn wir sind auch selber noch nicht ganz hinan, geschweige denn hinüber.'"

In seiner sorgfältig ausgearbeiteten Erklärung, die keineswegs nur ein Pamphlet gegen die Deutschen Christen war, sondern ein theologischer Aufsatz mit wohldurchdachten und formulierten Argumenten, verurteilte Bonhoeffer die widernatürliche Gesetzgebung, die die Kirche in Juden und Christen zerteilte. Seine Einwände gegen den Arierparagraphen gründeten sich auf ein klares Verständnis der Lehre von der Kirche.

Auch Karl Barth nahm im ersten Bändchen einer Reihe mit dem Obertitel ‚Theologische Existenz heute' zur Judenfrage Stellung. Bonhoeffer schrieb ihm am 9. September 1933:

„In Ihrer Schrift haben Sie gesagt, daß dort, wo eine Kirche den Arierparagraphen einführen würde, sie aufhört, christliche Kirche zu sein. In dieser Meinung ist sich ein großer Teil hiesiger Pfarrer mit Ihnen einig. Nun ist das zu Erwartende eingetreten, und ich bitte Sie im Namen vieler Freunde, Pfarrer und Studenten darum, uns wissen zu lassen, ob Sie es für eine Möglichkeit halten, in einer Kirche, die aufgehört hat, christliche Kirche zu sein, zu bleiben, beziehungsweise ein Pfarramt, das zu einem Privileg für Arier geworden ist, weiter zu verwalten."[13]

Im weiteren führte Bonhoeffer dann seine eigene Einstellung aus und berichtete Barth, daß sie eine Erklärung entworfen hätten des Inhalts, daß die evangelische Kirche der Altpreußischen Union sich von der Kirche Christi getrennt habe. Er erwähnte sogar, daß er die Möglichkeit einer Freikirche in Betracht ziehe.

Karl Barth stimmte ihm zu und bestätigte, daß es sich hier um den status confessionis handele, d.h. um eine Situation, die ein eindeutiges Bekenntnis erforderlich mache. Auch die Entscheidung, der kirchlichen Obrigkeit und ihren Anhängern zu sagen, daß sie nicht mehr Kirche Christi seien, fand seine Zustimmung. Einem aus Bethel kommenden Bekenntnis gegenüber würde er sich jedoch abwartend verhalten, schrieb er, denn er befürchte, Bethel sei der Ort der „blamablen Mittellinie".

Brief aus London

Unmittelbar im Anschluß an seinen Briefwechsel mit Barth, in der zweiten Septemberhälfte nahm Bonhoeffer seine einzige ökumenische Verpflichtung in diesem Sommer wahr, indem er zur Weltbundtagung nach Sofia fuhr.

Sobald er von dort zurückgekehrt war, ließ er sich in Deutschland beurlauben, um die Pfarrstelle an den beiden deutschsprachigen Gemeinden in London, die er kurz zuvor besucht hatte, zu übernehmen. Obwohl er mit Karl Barth über den Arierparagraphen im Briefwechsel gestanden hatte, hatte er seine Entscheidung, nach London zu gehen, nicht erwähnt. Vielleicht fürchtete er den starken Einfluß, den der Ältere auf ihn haben würde. Bonhoeffer war sich dessen bewußt, daß er diese Entscheidung allein fällen mußte. Dem auf ihn ausgeübten Druck, in London als Vertreter der Deutschen Christen aufzutreten oder auch nur in Sachen der Bekennenden Kirche zu schweigen, widerstand er. Ganz allein traf er die Entscheidung, nach London zu gehen, und erst nachdem er seinen Dienst dort angetreten hatte, schrieb er an Karl Barth:

London, den 24. Oktober 1933[14]

„Nun schreibe ich Ihnen den Brief, den ich schon vor 6 Wochen schreiben wollte und der vielleicht damals einen völlig anderen Lauf meines persönlichen Lebens zur Folge gehabt hätte. Warum ich ihn damals nicht schrieb, ist mir jetzt fast unverständlich. Ich weiß nur noch, daß zwei Dinge mitspielten. Ich wußte, daß Sie mit 1000 anderen Sachen beschäftigt waren, und es schien mir in jenen erregten Wochen ein persönliches äußeres Schicksal so ungeheuer belanglos zu sein, daß ich es einfach nicht für wichtig genug halten konnte, um an Sie zu schreiben. Zweitens aber glaube ich zu wissen, daß ein Stück Angst mit im Spiel war; ich wußte, daß ich doch hätte tun müssen, was Sie mir gesagt hätten, und ich wollte frei bleiben; darum entzog ich mich wohl einfach. Ich weiß heute, daß das falsch war und daß ich Sie um Verzeihung bitten muß. Denn ich habe mich nun ‚frei' entschieden ..."

Sehr ausführlich erklärte er Barth, warum er sich dazu entschlossen hatte, Deutschland zu verlassen. Er hatte vor der Entscheidung zwischen Pfarramt oder Dozentur gestanden, und jetzt war er sich doch ganz sicher, daß sein Beruf in der Kirche lag. Nach seinen Erfahrungen mit den Jungen seiner Konfirmandengruppe hätte er gern eine Gemeinde im Berliner Osten übernommen, aber der Arierparagraph mache einen solchen Schritt jetzt unmöglich. Wenn sein bester Freund Franz Hildebrandt keine Anstellung als Pfarrer in der Kirche bekommen könne, weil er Jude sei, so könne Bonhoeffer sein Privileg als Arier nicht in Anspruch nehmen. Er schrieb Barth, daß er Hildebrandt zu sich nach London eingeladen habe. Aus seinem langen Brief an Barth wird deutlich, daß er sich doch recht unsicher war, wie Barth reagieren würde, und das Bedürfnis hatte, sich durch die Anhäufung möglichst vieler Argumente zu rechtfertigen. Er hätte ihn um Rat fragen sollen, das wußte er jetzt! Die Art und Weise, wie er sich bemüht, sich über seine Motive Rechenschaft abzulegen, ist bezeichnend für ihn:

„Wenn man überhaupt in solchen Entscheidungen nachher ganz bestimmte Gründe ausfindig machen will, so war, glaub ich, einer der stärksten, daß ich mich den Fragen und Ansprüchen, die an mich herantraten, einfach äußerlich nicht mehr gewachsen fühlte. Ich fühlte, daß ich mich unbegreiflicherweise gegen alle meine Freunde in einer radikalen Opposition befände, ich geriet mit meinen Ansichten über die Sache immer mehr in die Isolierung, obwohl ich persönlich in nächster Beziehung mit diesen Menschen stand und blieb – und das alles machte mir Angst, machte mich unsicher ..."

Des weiteren sei auch die Enttäuschung mit dem Entwurf der Erstfassung des Betheler Bekenntnisses, bei dem kaum jemand die Bedeutung seiner Formulierungen erkannt hätte, ein zusätzlicher Grund dafür gewesen, daß er für eine Weile Abstand gewinnen müsse. Dann schrieb er Barth auch noch, daß die Entscheidung, ob er gehen oder bleiben solle, ihm schließlich von der Kirchenbehörde aus der Hand genommen worden sei. Er wäre gern bereit gewesen dazubleiben, wenn man seinem Weggang Schwierigkeiten in den Weg gelegt hätte. Der ganze Brief ist ein Zeugnis für die Unsicherheit des Schreibers und für seine Nervosität gegenüber Karl Barth. Er hat sich schwer getan, diesen Brief zu schreiben, und so erklärt er am Ende: „So, nun ist dieser Brief geschrieben. Es sind nur persönliche Dinge; aber solche, von denen ich gern wissen wollte, daß Sie sie wüßten. Wenn ich je wieder ein Wort von Ihnen hören würde, wäre es sehr schön."

In großer Ungeduld sah er der Antwort entgegen, und Barth ließ ihn vier Wochen warten. Dann schließlich kam sie – ganz so, wie er befürchtet hatte:

Bonn, 20. November 1933[15]

„Lieber Herr Kollege!
Sie können schon aus dieser Anrede entnehmen, daß ich gar nicht daran denke, Ihren Abmarsch nach England anders denn als ein vielleicht persönlich notwendiges Zwischenspiel zu betrachten. Sie hatten, da Sie diese Sache nun einmal im Sinn hatten, sehr recht, meinen weisen Rat dazu nicht erst einzuholen. Denn ich würde Ihnen bedingungslos und wahrscheinlich unter Aufführung schwersten Geschützes davon abgeraten haben. Und da Sie mich nun nachträglich wegen dieser Sache anreden, kann ich Ihnen wahrlich nichts anderes zurufen als: ‚Schleunigst zurück auf Ihren Berliner Posten!' Was heißt ‚Abseitsgehen', ‚Stille des Pfarramtes' usw. in einem Augenblick, wo Sie in Deutschland einfach gefordert sind? Sie, der Sie so genau wissen wie ich, daß die Berliner Opposition und die kirchliche Opposition in Deutschland überhaupt innerlich auf so schwachen Füßen steht! Daß jeder ehrliche Mann alle Hände voll damit zu tun haben müßte, sie scharf und klar und fest zu machen! Daß jetzt vielleicht alles kaputt geht nicht an der wahrlich nicht allzu großen Macht und List der D. C., wohl aber an der Sturheit und Dämlichkeit, an der heillosen Ungrundsätzlichkeit gerade der Anti-D. C.! Daß man jetzt unter keinen Umständen weder Elia unter dem Wacholder noch Jona unter dem Kürbis spielen darf, sondern aus allen Rohren schießen muß! Was soll das Lob, das Sie mir spenden von der anderen Seite des Kanals her!

Sehen Sie, ich bin ja nun in den letzten Wochen zweimal in Berlin gewesen und glaube nun ziemlich genau zu wissen, was dort gespielt wird, habe mich auch redlich bemüht, das Steuer herumzureißen, habe wohl auch einige Teilerfolge gehabt, hätte aber, wenn die Dinge sich zum Guten wenden sollten, ganz, ganz andere Erfolge haben müssen und bin darum speziell das zweite Mal sehr deprimiert von jener Stätte weggegangen. Warum waren Sie nicht da, um mit am Seil zu ziehen, das ich fast allein ja wirklich kaum vom Fleck kriegen konnte? Warum sind Sie nicht dauernd dort, wo nun so viel darauf ankäme, daß ein paar beherzte Leute bei jedem großen und kleinen Anlaß auf der Wache wären und versuchten, zu retten, was zu retten ist? Warum, warum? Sehen Sie, ich unterstelle ja, wie schon gesagt, gerne, daß dieser Ihr Abmarsch für Sie persönlich notwendig war! Aber ich muß schon hinzufügen dürfen: Was heißt im gegenwärtigen Augenblick sogar ‚persönliche Notwendigkeit'! Ich meine aus Ihrem Brief zu sehen, daß Sie, wie wir alle – jawohl, wie wir alle! – leiden unter der ganz ungemeinen Schwierigkeit, in dem gegenwärtigen Chaos ‚gewisse Tritte' zu tun. Aber sollte es Ihnen nicht einleuchten, daß das kein Grund ist, sich diesem Chaos zu entziehen, daß wir vielmehr in und mit unserer Ungewißheit, und wenn wir zehnmal und hundertmal straucheln und irren sollten, gefordert sind, unseren Mann zu stellen, wie gut oder schlecht wir dann unsere Sache machen mögen. Mir will es einfach so gar nicht gefallen, daß Sie angesichts dessen, worum es für die deutsche Kirche heute geht, jetzt noch eine solche Privattragödie auf die Bühne stellen mögen, als ob nicht nachher, wenn wir so Gott will aus dem Schlamassel wieder ein wenig heraus sind, zur Abreagierung der verschiedenen Komplexe und Hemmungen, an denen Sie leiden wie andere auch darunter zu leiden haben, Zeit genug wäre. Nein, ich kann und ich werde Ihnen auf alle Begründungen oder Entschuldigungen, die Sie mir vielleicht noch vortragen könnten, immer nur antworten: Und die deutsche Kirche? und die deutschen Kirchen? – bis Sie wieder in Berlin sind, um treu und brav Ihr dort verlassenes Maschinengewehr zu bedienen. Merken Sie noch nicht, daß jetzt eine Zeit gänzlich undialektischer Theologie angebrochen ist, in der es auf keinen Fall angeht, sich mit ‚Vielleicht – vielleicht auch nicht!' in Reserve zu halten, sondern daß jetzt jeder beliebige Bibelspruch uns förmlich zuschreit, wir verlorenen und verdammten Sünder sollten jetzt einfach glauben, glauben, glauben?! Sollten Sie mit Ihrem schönen theologischen Rüstzeug, und dazu noch eine solche Germanengestalt wie Sie, sich nicht fast ein wenig genieren etwa vor einem Mann wie Heinrich Vogel, der verhutzelt und aufgeregt wie er ist, einfach immer wieder da ist, seine Arme kreisen läßt wie eine Windmühle und ‚Bekenntnis, Bekenntnis!' schreit und in seiner Weise – in Kraft oder Schwachheit, darauf kommt jetzt nicht so viel an – tatsächlich ablegt? Ich kann Ihnen ja wirklich nicht die Beteiligung an einem Triumph in Aussicht stellen, wenn ich Sie bitte, wieder nach Deutschland zurückzukommen. Es ist hier alles so mühselig und unerfreulich wie nur möglich, und so wie man sich auf ein taktisches oder geschichtsphilosophisches Denken auch nur ein bißchen einläßt, kann man sich jeden Augenblick klar machen, daß – es rast der See und will sein Opfer haben – alle Mühe doch umsonst, die deutsche Kirche doch verloren ist. Aber nicht wahr, man darf jetzt nicht müde werden. Und so darf man jetzt noch weniger nach England gehen! Was in aller Welt sollen und wollen Sie dort drüben? Seien Sie froh, daß ich Sie nicht persönlich hier habe, denn ich würde sonst noch ganz anders eindringlich auf Sie losgehen mit der Forderung, Sie müßten jetzt alle noch so interessanten denkerischen Schnörkel und Sondererwägungen fallen lassen und nur das eine bedenken, daß Sie ein Deutscher sind, daß das Haus Ihrer Kirche brennt, daß Sie genug wissen und was Sie wissen genug zu sagen wissen, um zur Hilfe befähigt zu sein, und daß Sie im Grunde mit dem nächsten Schiff auf Ihren Posten zurückkehren müßten! Nun, sagen wir: mit dem übernächsten! Aber ich kann Ihnen nicht ausdrücklich und eindringlich genug aussprechen, daß Sie nach Berlin und nicht nach London gehören."

Die Wirkung dieses Briefes war niederschmetternd. Barth hatte sich noch bemüht, sie dadurch etwas zu mildern, daß er ein freundschaftliches Wort hinzufügte: „Wenn mir nicht so an Ihnen gelegen wäre, würde ich Ihnen nicht so ans Portepee greifen." Bonhoeffer antwortete nicht auf diesen Brief, und er kehrte auch nicht nach Berlin zurück, obwohl die Versuchung dazu sehr groß war. Aber inzwischen hatte er den Bischof von Chichester kennen gelernt und hatte erkannt, wie viel sich in London tun ließ, um die

Kirchen der Welt darüber zu informieren, was in Deutschland vor sich ging. Mit Barths Brief in der Tasche ging er zur Jahreskonferenz der deutschen Auslandspfarrer nach Bradford, um die dort versammelten Pfarrer der deutschsprachigen Gemeinden in England zur Opposition gegen die Deutschen Christen aufzurütteln. So hatte er sich selbst überzeugt, daß für ihn dies der rechte Ort zur rechten Zeit sei, er unternahm aber keinen Versuch, Karl Barth davon zu überzeugen.

7. *Pfarramt in London*

In einem gewissen Sinne war Bonhoeffer tatsächlich nach London geflüchtet, nicht so sehr weil er um seine Sicherheit besorgt gewesen wäre, sondern weil er sich seiner eigenen Überzeugungen nicht sicher war und das Bedürfnis hatte, sich für eine Weile „in die Wüste" zurückzuziehen. Er hatte dramatische Schritte gefordert – eine klare Verweigerung der Übernahme des Arierparagraphen durch die Kirche, Trennung von der offiziellen Kirche –, die zu einer Freikirche geführt haben würden; er hatte ein Bekenntnis formulieren helfen, das die Häresien der Deutschen Christen ausdrücklich verurteilte. Selbst Karl Barth hatte geraten abzuwarten, bis Schlimmeres geschah. Bonhoeffer fühlte sich isoliert und fragte sich, ob er sich vielleicht aus Rechthaberei verrannt habe.

Irgendwann würde der Punkt erreicht sein, an dem er sich öffentlich gegen das, was mit der Kirche in Deutschland geschah, wenden mußte; das wußte er. Seine Motive waren zu der Zeit nicht in erster Linie politisch, obwohl er den Nationalsozialismus uneingeschränkt ablehnte. Ihm ging es vor allem um die Kirche. Zu einer Reihe von Punkten – dem Führerprinzip in der Jugendarbeit, dem Arierparagraphen, der Wahl eines Reichsbischofs, der Notwendigkeit eines klaren Bekenntnisses usw. – hatte er schon deutlich einen Standpunkt bezogen. Er hatte sich auf die Seite der Jungreformatorischen Bewegung gestellt, den Pfarrernotbund und die Bekennende Kirche in ihrer Entstehung unterstützt. War die Zeit jetzt gekommen für den totalen Widerstand? Er war unsicher. Ein Pfarramt in London würde ihm erlauben, den nötigen Abstand zu dem Ringen zu Hause zu gewinnen, damit er klarer darüber nachdenken und urteilen konnte. Mit beinahe achtundzwanzig Jahren war er ein sehr passender Kandidat für die beiden kleinen Londoner Gemeinden. Der spätere Bischof Dr. Heckel, der für die Auslandsgemeinden zuständig war, hätte es wohl gern gesehen, wenn Bonhoeffer leichter zu beeinflussen gewesen wäre, und versuchte verschiedentlich, ihn dazu zu verpflichten, ein günstiges Bild von Deutschland im Ausland verbreiten zu helfen. Dies war auch gar keine abwegige Erwartung, denn in Deutschland hatte man die Pfarrer der deutschsprachigen Auslandsgemeinden immer als eine Art „Botschafter“ betrachtet. Aber Bonhoeffer ließ sich zu nichts verpflichten.

In einem Brief, den er Heckel unmittelbar vor seiner Abreise nach London schrieb, machte er es unmißverständlich deutlich, daß er sich nicht Parteianweisungen unterwerfen werde als Gegenleistung für seine Beurlaubung ins Ausland:

„Ich bin nicht Deutscher Christ und kann die Sache der Deutschen Christen auch draußen ehrlicherweise nicht vertreten. Ich würde selbstverständlich in erster Linie Pfarrer der deutschen Gemeinde sein, aber meine Beziehungen zu führenden Kreisen der englischen Kirchen von der ökumenischen Arbeit her sowie mein persönliches Interesse an der ökumenischen Aufgabe der Kirche machen eine Stellungnahme zu den Fragen der deutschen Kirche und der Deutschen Christen m. E. schon darum unvermeidlich, weil man an mich mit entsprechenden Fragen herantreten wird.

Es bedarf keines Wortes, daß ich in voller politischer Loyalität gegenüber Deutschland reden und handeln werde ... Ich würde lieber darauf verzichten müssen, nach London zu gehen, als irgendwelche Unklarheiten über meine Stellungnahme zu erwecken. Ich halte das für einen selbstverständlichen Akt der Loyalität gegenüber unserer Kirche.

Darf ich Sie bitten, diesen Brief zu den Akten zu nehmen?“[1]

Sydenham

Bonhoeffer trat sein Amt in Sydenham am 17. Oktober 1933 an. Seine erste Predigt hielt er über den Text: „So sind wir nun Botschafter an Christi Statt, denn Gott vermahnt durch uns; so bitten wir nun an Christi Statt: Lasset euch versöhnen mit Gott!“ (2.Kor 5,20). Er begann mit einer persönlichen Bemerkung, indem er seine Gemeinde daran erinnerte, daß es ganz natürlich sei, einen Pfarrerwechsel zu bedauern. Sie hatten ein enges Verhältnis zu seinem Vorgänger, Pastor Singer, gehabt, er hatte ihnen in traurigen und freudigen Zeiten beigestanden und hatte für sie den Gottesdienst versehen, er war ihr Hirte gewesen. Er fehlte ihnen. Und ihn, den neuen Pfarrer, kannten sie kaum! Dieser persönliche Anfang gestattete es ihm, auch bei der Auslegung des Textes durchaus persönlich zu bleiben. So entdeckte die Gemeinde sehr schnell, daß dieser junge Mann sehr wohl ins Schwarze zu treffen verstand und auch den wunden Punkt fand, wenn er sie zur Buße rief, wie er das mit großer Eindringlichkeit in seiner Predigt am 19. November – dem deutschen Bußtag – tat.

Eine anschauliche Beschreibung des Hauses, in dem er lebte, gibt Wolf-Dieter Zimmermann, ein Berliner Freund, der ihn in der Weihnachtszeit für ein paar Wochen besuchte:

„Das Pfarrhaus lag in einer südlichen Vorstadt (Forest Hill), auf einer Anhöhe. Es war ziemlich groß, unansehnlich und kalt. Denn geheizt wurde nur mit einem Gasbrenner im Kamin. Und natürlich brannte nicht ununterbrochen in jedem Zimmer die Gasflamme. Die Fenster ließen außerdem noch kalte, feuchte Luft von außen herein. So hielt man sich meist nur in einem Zimmer auf. Und die Morgenwäsche wurde oft sehr verkürzt.

Den Haushalt betreute eine Haushälterin (mit Franz Hildebrandt, der zu der Zeit auch dort wohnte, waren sie zu dritt). Sie kam stundenweise. Alles andere mußten wir allein machen, bis hin zum Kampf gegen Mäuse, die sich im Haus eingenistet hatten. Für einige Zeit waren wir sogar ganz ohne Betreuung, weil die Haushälterin plötzlich verrückt geworden war und in eine Anstalt gebracht werden mußte ...

Meistens frühstückten wir morgens etwa um elf Uhr. Ausgiebig und inhaltsreich. Dazu mußte einer die ‚Times' besorgen, aus der wir uns über die letzten Ereignisse im deutschen Kirchenkampf orientierten. Danach ging dann jeder eigenen Aufgaben nach. Mittags um zwei Uhr traf man sich wieder zu einem leichten Imbiß. Es folgten Gespräche, unterbrochen von Musik; denn beide (Bonhoeffer und Hildebrandt) spielten ausgezeichnet Klavier, allein oder zu zweit. Nachmittags trennten wir uns dann meist noch einmal. Viele Abende verbrachten wir gemeinsam im Haus; nur gelegentlich lockten Kino oder Theater, waren Verpflichtungen zu erfüllen. Diese Abende waren typisch. Theologische Diskussionen, Musizieren, Erzählen, Debattieren – alles ging ineinander über, löste einander ab. Bis zwei oder drei Uhr nachts."[2]

Hildebrandt und Bonhoeffer standen theologisch auf verschiedenen Seiten, und ihre Debatten gaben den Anstoß zu manch guten Gedanken für eine Predigt. Schnell notierten sie dann mitten in einem ausgelassenen Abend ihre Gedanken und vertrugen sich erst wieder, wenn sie sich ans Klavier setzten: „Das ist vollkommen, das ist klar, da sind keine Mißverständnisse drin."

Die Musik war für Bonhoeffer eine ständige Quelle der Freude und oft der einzig feste Grund in der sonst so chaotischen Welt.

Von dieser Zeit in Sydenham gibt es viele Geschichten und Anekdoten. Eine berichtet von einer Einladung zum Weihnachtsessen im Haus von Lawrence Whitburn. Bonhoeffer brachte einen deutschen Freund mit und fand sich zum ersten Mal in seinem Leben einem gebratenen Puter gegenüber. Die Whitburns hatten einen riesigen Truthahn besorgt und zubereitet, aber weder sie noch ihre Gäste verstanden sich aufs Zerlegen. Doch Bonhoeffer zögerte nicht lange. Er nahm diese ihm ganz neue Aufgabe in Angriff, wies die übrigen Mitglieder des Haushaltes an, wie sie den unglücklichen Vogel festhalten sollten, und führte das Tranchiermesser mit Entschlußkraft, wo nicht mit Fachkenntnis. Das anschließende Essen war ausgezeichnet, nur die Trümmer des Truthahnskeletts legten Zeugnis davon ab, daß er auch hier unter Beweis gestellt hatte, was man allenthalben von ihm sagte – „Bonhoeffer ist zu allem fähig".

Lawrence Whitburn erinnerte sich noch an viele von Bonhoeffers Abenteuern während seiner Londoner Zeit. Er berichtet von seinem Humor, seiner ständigen Bereitschaft zu Späßen und Neckereien, seiner Begeisterung für Tennis, wobei er immer gewinnen wollte, und vor allem von seiner Liebe zur Musik. Dies blieb nicht ohne Auswirkungen auf die Gottesdienste:

„Schlechte Musik war für ihn unerträglich, und daraus entspann sich eine kleine Geschichte. Wie es manchmal vorkommt, hatte unsere damalige Gemeinde die leidige Angewohnheit, beim Singen in der Kirche immer langsamer zu werden, eine Tatsache, welcher leider unser Organist auch noch Vorschub leistete. Bonhoeffer nahm sich nun vor, beim Choralsingen das richtige Tempo durchzusetzen, und erbat sich meine Unterstützung. So traten wir am nächsten Sonntag zum Kampfe an, mit dem Resultat, daß wir gleich beim ersten Lied sehr bald eine ganze Strophe voraus waren. Es hatte keinen Zweck, wir mußten den Kampf aufgeben. Daraufhin meinte Bonhoeffer, wir sollten einen Kirchenchor gründen; ich sollte dirigieren, er würde mitsingen. Daß die Proben immer glatt liefen, wäre zuviel gesagt."[3]

Seine zweifache Aufgabe

Es läßt sich nicht bestreiten, daß Bonhoeffer nicht ganz klar darüber hätte Auskunft geben können, warum er nach London gegangen ar. Dies wird an seinem an Karl Barth gerichteten Versuch einer Erklärung deutlich. Aber allmählich begann sich eine zweifache Aufgabe abzuzeichnen. Die Universität befriedigte ihn nicht, und er sah auch schon recht deutlich, daß der Bekennenden Kirche nahestehende Studenten bald von der Vikarsausbildung ausgeschlossen werden würden. In Deutschland mußte dann eine neue Form der Vorbereitung auf das Pfarramt geschaffen werden. Daran wollte er beteiligt sein, und darum brauchte er Gemeindepraxis. Sein Konfirmandenunterricht im Wedding hatte gezeigt, daß er über

Fähigkeiten zum Pfarrdienst in der Gemeinde verfügte, und wie wichtig das Predigen war, wußte er; und er predigte gern. Dies war die eine Seite der Entscheidung. Gleichzeitig sah er aber auch, daß seine ökumenischen Beziehungen wichtig werden würden und daß die Welt außerhalb Deutschlands jemanden brauchte, der das, was in Deutschland vor sich ging, erläutern konnte.

Er war von Oktober 1933 bis April 1935 in London. Die zweifache Aufgabe wird zum einen durch seine Predigten und zum anderen durch seine Korrespondenz und seine Zusammenkünfte mit dem Bischof von Chichester illustriert.

Die Predigten

Bonhoeffer entfaltete sich als Prediger immer mehr und ging dabei auch sehr auf sein Umfeld sein.[4] Er verstand es, überraschende und treffende Texte auszuwählen und sie auch schon in einer Gemeindebibelgruppe lebendig werden zu lassen. Nie zog er sich hinter den Text zurück und ließ seine Zuhörer in der biblischen Welt allein. Seine Veranschaulichungen, mit denen er den biblischen Stoff lebendig machte, stammten aus dem täglichen Leben. In den langen und hitzigen Diskussionen mit seinen Freunden werden ihm zwar, wie berichtet, Ideen gekommen sein, die er sich dann schnell aufnotierte, aber seine Veranschaulichungen hatte er immer mit der größten Sorgfalt ausgearbeitet. In Spanien hatte er mit Bedacht seinen Zuhörern vertraute Illustrationen benutzt, aber nie, um nur ihre Aufmerksamkeit zu fesseln. Dabei waren sie recht plastisch. Ein gutes Beispiel stammt aus der Adventszeit vor seinem ersten Weihnachtsfest in England. In Wales war ein Bergwerksunglück geschehen, über das die Zeitungen in allen Einzelheiten berichtet hatten. Unter den vielen tragischen Szenen dieses dramatischen Ereignisses hatte besonders eine seine Aufmerksamkeit erregt, und ebenso war es wohl vielen aus seiner Gemeinde ergangen. Es handelte sich hierbei um einige eingeschlossene Bergleute, die die Hoffnung schon fast ganz aufgegeben hatten, als sie schließlich doch die Klopfzeichen der Rettungsmannschaft hörten, die sich zu ihnen vorarbeitete. Es dauerte noch eine recht lange Zeit, ehe sie gerettet wurden, und ihr Schicksal hing am seidenen Faden, aber sie hatten die Klopfzeichen gehört und hatten neuen Mut geschöpft. Und sie wurden schließlich auch gerettet. Bonhoeffer benutzte dies zur Veranschaulichung des Advent. Sein Text an diesem Sonntag im Jahr 1933 war: „Wenn aber dieses anfängt zu geschehen, so sehet auf und erhebet eure Häupter, darum daß sich eure Erlösung naht." (Lk 21,28)

Die sonntäglichen Kirchgänger in Sydenham waren in der Regel zwischen dreißig und vierzig Leute. Die andere Kirche, für die er zuständig war, war St. Paul im Londoner Osten, eine schon ungefähr zweihundert Jahre alte reformierte Gemeinde. Diese zwei Kirchen waren nicht in der Lage, jede für sich einen Pfarrer zu unterhalten, und so hatten sie sich, trotz der Tatsache, daß sie aus ganz verschiedenen Traditionen kamen, finanziell zusammengetan. Diese beiden Gemeinden verhielten sich eigentlich mehr wie Freikirchen. Zur St. Pauls-Gemeinde gehörten etwa fünfzig Mitglieder, zum großen Teil dort ansässige Handwerker, während in Sydenham Angehörige der deutschen Botschaft zur Gemeinde gehörten. Er wird wohl oft etwas über die Köpfe dieser Leute hinweggepredigt haben. Sein Vorgänger hatte tröstliche, pietistische Predigten gehalten, die nur geringe intellektuelle Ansprüche stellten, und hatte weder theologische noch politische Probleme angeschnitten.

Bonhoeffer stand loyal zu seinem Vaterland und befürwortete z. B. auch die Sammlung für Goebbels' Winterhilfe in der Gemeinde, sprach sie gleichzeitig aber auch um Hilfe für die deutschen Flüchtlinge an, von denen die ersten jetzt in England eintrafen. Das Pfarramt brachte erhebliche Arbeit mit sich, und daneben verbrachte er viel Zeit mit solchen Flüchtlingen, die laufend bei ihm auftauchten, weil sie von Freunden und Familienmitgliedern zu Hause seine Adresse erhalten hatten. Einmal im Monat mußte Bonhoeffer eine englische Predigt halten; zu Beginn seiner ersten englischen Predigt setzte er sich mit der besonderen Aufgabe, die sich für einen Pfarrer an einer deutschsprachigen Auslandsgemeinde ergab, auseinander: „Als ich zu einer deutschen Auslandsgemeinde aufbrach, stellte sich mir eine Frage besonders dringend: Was brachte all diese Leute hierher? Was sind die verschiedenen Gründe und die angestrebten Ziele, die sie alle hierher geführt haben?«

Seine erste Aufgabe, wenn er ihnen predigen sollte, sah er darin, diese Leute, ihre eigenen Geschichten und Verhältnisse kennen zu lernen. So war es auch nicht überraschend, wenn man von verschiedenen Seiten hört, daß er den Flüchtlingen aus Hitlerdeutschland viel Zeit widmete. Das Schicksal dieser Flüchtlinge bereitete ihm viel Sorge. Als ordentlich angestellter Pfarrer mußte Bonhoeffer jeden Sonntag predigen. Selbst wenn man Urlaub und gelegentliche Vertretungen durch durchreisende Prediger abzieht, so muß er zwischen siebzig und achtzig Predigten gehalten haben, die er alle sorgfältig ausschrieb. Leider sind nur sechzehn davon erhalten. Aus dieser Auswahl müssen wir unsere allgemeinen Schlüsse ziehen. Der erste Eindruck ist der, daß er die Lage in Deutschland nur sehr gelegentlich erwähnte. Er folgte dem Kirchenjahr und legte die entsprechenden Bibelstellen mit Geschick aus, wobei er die Bibel lebendig werden ließ und mit wenigen, dafür aber besonders treffenden Beispielen den Text veranschaulichte. In seinen Predigten der Anfangszeit zieht er eschatologische Themen vor; man meint hier, dieser Prediger müsse sehr viel älter sein, als er es seinen Jahren nach war. Es wirkt sonderbar, wenn man liest, wie dieser junge Mann, achtundzwanzig Jahre alt, voll Lebenskraft und Freude an all dem Guten, das das Leben zu bieten hat, von seiner Sehnsucht nach „den letzten Tagen" spricht und mit großem Eifer über „die letzten Dinge" predigt.

Gedanken zum Selbstmord

In der Adventszeit werden die Predigten sehr viel drängender und intensiver, und Spuren seiner Todesfaszination aus früheren Zeiten tauchen wieder auf. Verständlicherweise läßt sich Heimweh aus diesen Predigten herauslesen, und es finden sich auch gelegentlich Anzeichen von Niedergeschlagenheit. Zwar gibt es keine Anzeichen dafür, daß er manisch-depressiv veranlagt war, doch wechseln bei ihm Zeiten großer Heiterkeit mit Zeiten der Wanderung durch ein tiefes finsteres Tal. In Briefen aus jener Zeit und sehr viel später in seinen Notizen zu seiner ‚Ethik' spricht er von dem „Haß gegen die Unvollkommenheit des eigenen Lebens" und von der „Erfahrung der Widerspenstigkeit des irdischen Lebens überhaupt gegen eine Erfüllung durch Gott". Ohne Zweifel bereitete ihm beides Kummer. Besonders seine Adventspredigten lassen erkennen, daß er wohl gerade deshalb so leidenschaftlich über das Ziel des Lebens predigen konnte, weil er über sein eigenes Ziel im Zweifel war. Diese drei Punkte – das Gefühl, den selbst gesteckten hohen Ansprüchen nicht zu genügen, Widerstand gegen Gottes Willen für ihn, Zweifel an Ziel und Zweck des eigenen Lebens – nennt er später als besondere Gefahren für den Menschen. Luther hatte diese Anfechtungen durchgemacht, und Bonhoeffer versuchte, Trost daraus zu gewinnen, wie dieser große Lehrer sie bestanden hatte. Trotzdem konnte er aber auch schreiben: „Es gibt dann kein menschliches oder göttliches Gesetz, das die Tat zu verhindern möchte." Dies war sein Urteil über den Selbstmord, und obwohl er später noch eine Reihe von anderen Gründen fand, warum jemand, der Selbstmord beging, nicht zu verdammen sei, standen doch diese Gründe jetzt im Vordergrund. Er hat Selbstmord nie als moralische Verfehlung verurteilt, sondern als zu schwachen Glauben an Gott.

Die folgenden Worte aus seiner ‚Ethik', wenn auch erst Jahre später niedergeschrieben, bringen doch seine Gedanken, mit denen er zeitweilig in seinem einsamen Londoner Pfarrhaus rang, treffend zum Ausdruck:

„Allein der Trost der Gnade und die Macht brüderlichen Gebetes kann in solcher Anfechtung helfen. Nicht das Recht auf Leben, sondern die Gnade, noch weiter leben zu dürfen unter Gottes Vergebung, vermag gegen diese Versuchung zum Selbstmord zu bestehen. Wer aber wollte sagen, daß Gottes Gnade nicht auch das Versagen unter dieser härtesten Anfechtung zu umfassen und zu tragen vermöchte?"[5]

Daß dies so niedergeschrieben wurde, lag aber noch in weiter Zukunft. Seine Predigten weisen Anzeichen der Melancholie auf. Am deutlichsten tritt sie bei den wenigen Gelegenheiten zutage, wo er sich unmittelbar auf Deutschland bezieht. Am denkwürdigsten ist hier die Predigt über Jeremia, die, in Zeiten unheilvoller Ereignisse in Deutschland gehalten, eine große Traurigkeit im Herzen dieses jungen Mannes erkennen läßt.

Die Jeremia-Predigt

Der 21. Januar 1934 brachte schlechte Nachrichten aus Deutschland. Ludwig Müller hatte weitere Unterstützung von Hitler erhalten, und alle Theologieprofessoren erhielten Weisung, nicht gegen ihn zu opponieren und nicht dem Pfarrernotbund beizutreten. Der Gemeinde in Sydenham verlas ihr junger Pfarrer den Predigttext des Sonntags[6]: „Herr, du hast mich überredet, und ich habe mich überreden lassen. Du bist mir zu stark gewesen und hast gewonnen." (Jer 20,7)

Seine Gemeinde hatte inzwischen gelernt, bei den ersten Sätzen dieses Predigers besonders aufmerksam zu sein, und an diesem Morgen konnten sie wohl einen Gleichklang in der Stimmung zwischen ihrem Pfarrer und dem von Zweifeln gequälten Propheten heraushören. Die Predigt wird zu einer Beichte Bonhoeffers, wie Gott ihn zu seinem Engagement im Kirchenkampf überredete. Die Stunde der Entscheidung war für ihn gekommen, und in seiner Auslegung des Jeremiatextes ließ er seine Gemeinde an seinem Ringen teilnehmen. Aber wie viele verstanden ihn? Gott hatte ihn zu diesem Kampf überredet, er konnte ihm nicht ausweichen, denn „du bist mir zu stark gewesen und hast gewonnen". Es liegt kein Triumph in diesem Schluß. Vielmehr hat die Unentrinnbarkeit die Oberhand. Die Entscheidung liegt, ebenso wenig wie für Jeremia, nicht bei uns. Von dem widerstrebenden Propheten leitet Bonhoeffer auf seine eigene Situation über:

„Tausende von Gemeindegliedern und Pfarrern sind heute in unserer Heimatkirche in der Gefahr der Unterdrückung und Verfolgung um ihres Zeugnisses für die Wahrheit willen. Sie haben sich diesen Weg nicht aus Trotz und Willkür ausgesucht, sondern sie wurden diesen Weg geführt, sie mußten ihn gehen. Oft gegen ihren Willen, gegen ihr Fleisch und Blut – weil Gott in ihnen zu stark geworden war, weil sie Gott nicht mehr widerstehen konnten, weil hinter ihnen ein Schloß zugefallen war, weil sie nicht mehr zurückkonnten hinter Gottes Wort, Gottes Ruf, Gottes Befehl. Wie wünschten sie es oft, daß innerlich Friede und Ruhe und Stille käme, wie wünschten sie oft, sie brauchten nicht immer wieder zu drohen, zu mahnen, zu protestieren, die Wahrheit zu bezeugen. Aber ein Zwang liegt auf ihnen, weh uns, wenn wir das Evangelium nicht predigten! ‚Gott, warum bist du uns so nahe?'"

Ja, man kann von Gott nicht loskommen, ebenso wenig wie ein Kind von seiner Mutter loskommen kann. Es kommt der Augenblick, wenn wir wünschen, wir hätten uns nie auf Gott eingelassen. Der Weg ist schwer. Bonhoeffer war nicht begierig auf eine Auseinandersetzung mit der Obrigkeit, er wollte keine Kirchenspaltung. Er war ein Theologe und ein Prediger, der die Frage stellte: Was oder wer ist Jesus Christus für uns heute? Die Antwort, die er auf diese hartnäckige Frage erhielt, sollte ihn in das Herz des Widerstandes führen. Er würde Christus nicht dort hineintragen, nein, dort würde er ihn finden. Doch war nicht alles in Düsternis verhüllt. Gerade wenn wir meinen, daß wir keinen Schritt mehr weiter gehen können, wenn wir unter der schweren Hand des auf uns lastenden göttlichen Gebotes zusammenbrechen – „und" fügt Bonhoeffer hinzu, „solche Stunden kommen über jeden zu seiner Zeit" –, dann ist Gott uns nahe und stärkt uns mit seinem Trost und seiner Kraft und seiner Treue. Für den Prediger gibt es keinen Zweifel daran, daß der Wahrheit der Sieg gehört und, ganz gleich wie stark der Widerstand gegen uns ist, wir teilhaben werden an diesem Sieg, wenn wir Gottes Willen an uns geschehen lassen:

„Daß er uns endlich an seinen Siegeswagen bände, daß wir doch, wenn auch gebunden und geschunden, an seinem Siege teil hätten! Er hat uns überredet, er ist uns zu stark geworden, er läßt uns nicht mehr los. Was kümmern uns die Fesseln und die Bürde, was kümmert Sünde und Leiden und Tod? Er hält uns fest. Er läßt uns nicht mehr. Herr, überrede uns immer neu und werde stark über uns, damit wir dir allein glauben, leben und sterben, damit wir deinen Sieg schauen."

Unschwer läßt sich aus dieser Predigt der seelische Kampf erkennen, den Bonhoeffer durchgestanden hatte, sein Zögern, in offene Opposition zu treten, seinen eigenen Kollegen den Kampf anzusagen, zum Rebellen zu werden. Er wußte nicht, wohin ihn dies führen würde, aber in dieser Predigt erklärt er sein Vertrauen, daß Gott ihn halten werde – auch dann, wenn er sich irren sollte.

Bonhoeffer und der Bischof von Chichester

Deutlicher als die Predigten zeugte der Briefwechsel zwischen Bonhoeffer und George Bell, dem Bischof von Chichester, von Bonhoeffers fortgesetzter Arbeit in der ökumenischen Bewegung. Schon aus dem ersten lebhaften Austausch von Briefen zwischen beiden ist deutlich zu ersehen, daß er seine Anwesenheit in London dazu nutzte, all denen den Widerstand in Deutschland verständlich zu machen, die nur durch die offiziellen Kanäle der Deutschen Christen davon gehört haben mochten. Dieser Briefwechsel begann gleich im November 1933. Der Bischof hatte ihn nach Chichester eingeladen, und er antwortete umgehend, bedankte sich für die Einladung und fuhr dann fort:

„Sicher haben Sie von den jüngsten Ereignissen in der deutschen Kirche gehört, und ich glaube, daß es mit großer Wahrscheinlichkeit zur Abtrennung einer Minderheit von der Reichskirche kommen wird; in diesem Fall wäre ein Schritt, der Unterstützung von ökumenischer Seite zeigte, in dieser angespannten Situation von außerordentlich großer Bedeutung. Jede Art von Abtrennung würde zweifellos sofort zu einer hochpolitischen Angelegenheit werden und würde darum von der Regierung ausschließlich als solche behandelt werden. Wenn die ökumenischen Kirchen sich in dieser Situation in Schweigen hüllten, so fürchte ich, daß damit alles Vertrauen, das die Minderheit in sie gesetzt hatte, zerstört würde. Wir dürfen diese Menschen, die – menschlich gesprochen – einen fast hoffnungslosen Kampf kämpfen, nicht im Stich lassen. Fast täglich erhalte ich die neuesten Nachrichten per Post und auch telefonisch. Gestatten sie mir, daß ich Ihnen meine neuesten Informationen zusende."[7]

Der Bischof hatte nicht geschwiegen und hatte sogar schon nach Deutschland geschrieben. Die – wie Bonhoeffer sie nennt – „ökumenischen" Kirchen waren schon aktiv geworden, bevor er sie dazu drängte! Er hatte auch gehört, daß andere Kirchenführer Müller aufgesucht hatten und daß sogar die Möglichkeit einer Delegation von der ökumenischen Bewegung in Betracht gezogen wurde. Bonhoeffer kam am 21. November nach Chichester und blieb zwei Tage beim Bischof. Wenige Tage danach schrieb er ihm von den sich überstürzenden Ereignissen und von dem konkreten Fall der Verhaftung von Pfarrer Wilde:

„Darf ich Sie auf die beigefügten Blätter aufmerksam machen. Drei Pfarrer sind nur wegen ihres aufrichtigen Bekenntnisses zu Christus als dem alleinigen Herrn der Kirche vom Amt suspendiert worden. Einer von diesen, Pfarrer Wilde, ist Vater von sieben Kindern. Der Fall ist noch nicht endgültig entschieden, aber vielleicht ist jetzt der Augenblick gekommen, da die ökumenische Bewegung Unterstützung und finanzielle Hilfe für die bereitstellen sollte, die ihre Stellung verlieren, nur weil sie ihren Glauben bekennen. Die Lage spitzt sich sehr zu."[8]

Ein paar Wochen danach erhielt Bischof Bell eine Anfrage vom Herausgeber der Zeitschrift ‚The Round Table', ob er einen Artikel über die gegenwärtige Krise in der Deutschen Evangelischen Kirche schreiben könne. Er selbst hatte keine Zeit dazu, empfahl aber Bonhoeffer als den besseren Kenner der Lage. Seine Empfehlung zeigt deutlich, was Bell damals von ihm dachte:

„Seit drei Monaten ist er als deutscher Auslandspfarrer in London. Ich kenne ihn gut, unsere Bekanntschaft geht auf Professor Adolf Deißmann in Berlin zurück, der ihn mir als ‚einen unserer besten jungen Theologen' vorstellte. Er spricht perfekt englisch. Er ist noch nicht dreißig. Zu theologischen Studien verbrachte er ein Jahr in den Vereinigten Staaten. Mit den Amtsträgern der deutschen Kirche in Berlin ist er sehr gut bekannt, und er ist ein Anhänger Karl Barths. Fast täglich steht er in Verbindung mit Berlin und bekommt die neuesten Auskünfte. Außerdem ist er eines der ersten Mitglieder des Pfarrernotbundes, der inzwischen auf 6000 Mitglieder angewachsen ist; unter der berühmten Eingabe der Vorreiter des Pfarrernotbundes an die Nationalsynode in Wittenberg vom September letzten Jahres steht sein Name unter den ungefähr zwanzig Unterzeichnern an erster Stelle."[9]

Die Beziehungen zwischen diesen beiden Männern wurden enger, und Bonhoeffer nutzte dies dazu, den Bischof zu überreden, einen Brief an

Reichsbischof Ludwig Müller zu schreiben, diesen Brief in der ‚Times' zu veröffentlichen und sich überhaupt so viel wie möglich einzumischen, um den Zusammenbruch der Deutschen Christen nach Möglichkeit herbeizuführen.

Franz Hildebrandt war zu der Zeit gerade bei ihm zu Besuch, und sie waren beide zutiefst betroffen von der Großkundgebung der Deutschen Christen im Sportpalast in Berlin am 13. November. Sie hörten von der schockierenden Rede, die Dr. Krause, der Berliner Gauobmann, gehalten hatte. Er hatte gesagt, jetzt da kirchliche Führungspositionen von „Männern der Bewegung" übernommen worden seien, würde es mehr Amtsenthebungen geben und der Arierparagraph würde unverzüglich durchgeführt werden. Er rief zur „Befreiung [der Kirche] vom Alten Testament mit seiner jüdischen Lohnmoral, von diesen Viehhändler- und Zuhältergeschichten" auf.[10] Selbst Deutsche Christen waren teilweise schockiert über das, was sie da gehört hatten.

In ihrem zugigen Pfarrhaus in Sydenham verfolgten Bonhoeffer und Hildebrandt die Ereignisse in Deutschland anhand von Briefen, langen Telefongesprächen und den ausgezeichneten Berichten in der ‚Times'. Der sich anscheinend abzeichnende Zusammenbruch der Deutschen Christen und dazu auch Hitlers Erklärung, daß er nicht in Kirchenstreitigkeiten eingreifen wolle, ließen sie wieder Mut schöpfen. Aber bald zeigte sich, daß der Pfarrernotbund in sich zu uneins war, um die Situation für sich nutzen zu können.

Niemöller sah sich zu diesem entscheidenden Zeitpunkt nicht in der Lage, mit den Bischöfen, die Ludwig Müller gewählt hatten und nun Bereitschaft zum Umdenken zeigten, zu verhandeln. Durch ihre Mahn- und Protestschreiben aus Sydenham rückten Bonhoeffer und Hildebrandt in das Licht der Öffentlichkeit.

Bradford, 27.–30. November 1933

Die Nachrichten von der Berliner Sportpalastkundgebung am 13. November überschatteten auch das Jahrestreffen der deutschen Pfarrer in England, das in Bradford stattfand. Als sie dort am 27. November zusammenkamen, sprachen sie ihre Besorgnis darüber aus und verfaßten dann einen Brief an Reichsbischof Müller. Dieser Brief wurde von sechs der deutschen Pfarrer unterzeichnet, inspiriert war er von Bonhoeffer. Sein Vortrag, den er auf dieser Konferenz hielt, war unzweideutig. Der Brief, der am letzten

Tag der eigentlichen Konferenz, am 29. November, abgeschickt wurde, war eine klare Stellungnahme für die evangelische Kirche in Deutschland als die Kirche der Reformation. Der Brief machte deutlich, daß jedes Abweichen von der theologischen Norm der bisherigen evangelischen Kirche den Bruch zwischen den deutschen Kirchen in England und der Kirche in Deutschland zur Folge haben würde, und schloß mit direktem Bezug auf die Kundgebung vom 13. November: „Empört und beschämt über die Angriffe auf die Substanz evangelischen Glaubens geben wir im Lutherjahr 1933 und anläßlich der Inthronisierung des Herrn Reichsbischofs um der Einheit und Reinheit der Kirche willen der Hoffnung und Erwartung Ausdruck, daß die Deutsche Evangelische Kirche auch in aller Zukunft die Kirche der Reformation bleibe."[11]

Die Unterzeichner waren die drei Londoner Pfarrer Schönberger, Rieger und Bonhoeffer, der Pfarrer von Bradford, Hansen, Böckheler von Hull und Schreiner von Liverpool. Für den Kirchenkampf in Deutschland waren die nächsten Wochen von entscheidender Bedeutung. Die Deutschen Christen, von der Regierung gestützt und mit ihrem Reichsbischof, der nur darauf wartete, seine Macht spielen zu lassen, bekamen wieder Oberwasser und gewannen sogar an Einfluß. Am 13. Januar 1934 bestellte Müller die Kirchenführer nach Berlin und erklärte ihnen, welche Maßnahmen gegen die, die nicht konform gehen wollten, vorgesehen waren. Dieser Kampf wurde natürlich von den deutschen Pfarrern in England mit großer Aufmerksamkeit verfolgt, und schon bald war Bonhoeffer zu ihrem Sprecher geworden. Er entwarf einen Brief an Reichspräsident von Hindenburg, der am 15. Januar im Namen der Pfarrer der deutschsprachigen Gemeinden in England abgesandt wurde. Auch dieser Brief hob den Verrat der Deutschen Christen an der Reformation, ganz besonders noch in diesem Lutherjahr, hervor. Außerdem wurde darauf hingewiesen, daß dieser Kampf in der Kirche und das Auftreten des Reichsbischofs dem deutschen Ansehen in England sehr schadeten. Abschriften wurden an alle Beteiligten geschickt, und der Brief verfehlte seine Wirkung nicht.

Der Besuch von Bischof Heckel und seine Konsequenzen

Am 8. Februar 1934 kam Bischof Heckel mit einer Abordnung nach London. Bei der Zusammenkunft mit den Pfarrern forderte er die Abgabe einer Loyalitätserklärung. Die hier versammelten Pfarrer waren alle loyale

Deutsche, aber keiner von ihnen war bereit, dem Reichsbischof einen Treueid zu schwören. Heckels Besuch verlief nicht sehr glücklich, und es hat den Anschein, daß er zu nicht wenigen Fragen die nötige Offenheit vermissen ließ. Auf eine von diesen geht Bonhoeffer in einem kurz nach dem Londoner Treffen an Heckel geschriebenen Brief im besonderen ein. Außerdem vermittelt dieser Brief einen deutlichen Eindruck von der Atmosphäre beim Besuch dieser Delegation und von Bonhoeffers Rolle. Der Brief trägt des Datum vom 18. März 1934:

„Es ist von Ihnen in der Sitzung mit den deutschen Pfarrern Englands am 8. Februar 1934 bei Ihrem ausführlichen Bericht über die kirchliche Entwicklung in Deutschland in den letzten Monaten gesagt worden, es sei seinerzeit Herrn Pfarrer Niemöller angeboten worden, in das Geistliche Ministerium einzutreten. Auf meine Zwischenbemerkung, daß nach meiner persönlichen Information ein solches Angebot nur beiläufig in einem privaten Gespräch von Herrn Dr. Oberheid gemacht worden sei, entgegneten Sie, Dr. Oberheid sei zu diesem Angebot offiziell autorisiert gewesen, wonach ich nochmals bemerkte, daß ich anders unterrichtet sei. Ferner weiß ich, daß von Ihnen auch dem Lord Bischof von Chichester noch nach der genannten Sitzung mit den deutschen Pfarrern von eben diesem Angebot an Pf. Niemöller und von den Gründen seiner Ablehnung berichtet worden ist. Den genauen Wortlaut könnte ich erst nach Anfrage bei dem Herrn Lord Bischof mitteilen, wenn es erwünscht ist. Bei der Bedeutung der Tatsache eines derartigen Angebotes für die Beurteilung und für den Verlauf der gesamten Kirchenpolitik in den letzten Monaten mußte ich – auch im Interesse der hiesigen Brüder – einfach auf Klärung der Wahrheitsfrage dringen und habe Pf. Niemöller Ihre Darstellung zur Beantwortung vorgelegt. Seine Antwort bestätigt meine frühere Information. Es ist zu begreifen, daß Niemöller an diesem Punkt auf äußerste Klärung Wert legen muß und jede Gerüchtbildung zerstreuen muß, wo er kann. Es läge auch hier viel daran, wenn an der Darstellung dieses Punktes nicht länger Unklarheit bleiben würde."[12]

Das Selbstbewußtsein in diesem Brief, in dem Bonhoeffer auch noch einmal wiederholt, was er vor seiner Abreise schon gesagt hatte, nämlich daß er keine Bedingungen für seinen Londoner Dienst akzeptieren würde, war gestärkt worden durch zwei Ereignisse im Februar und Anfang März.

Während Heckels Besuch hatte die deutsche Botschaft einen Empfang für ihn gegeben. Schließlich war er ja jetzt der Leiter des Kirchlichen Außenamtes der Deutschen Evangelischen Kirche (DEK). Dieser Empfang fand am 9. Februar statt, und einige von Bonhoeffers Kirchenvorstandsmitgliedern nahmen auch daran teil. Dort hatte Heckel sie mit sehr einleuchtenden Worten darüber aufgeklärt, daß der Konflikt, in dem sich ihr

Pfarrer so engagierte, keineswegs als „Kirchenkampf" zu bezeichnen sei, sondern daß es sich dabei um nichts weiter als einen betrüblichen „Kirchenstreit" handele. Bonhoeffer und Rieger hatten ihre Teilnahme an dem Empfang abgesagt. Jetzt wurde er in seiner Gemeinde zur Rede gestellt, wie er hier die deutschen Auslandsgemeinden in innerdeutsche Streitereien verwickeln könne. Diese Diskussion mit seinen Kirchenvorstehern zog sich bis tief in die Nacht hin, und man kam schließlich überein, daß Bonhoeffer die Angelegenheit vor die ganze Gemeinde bringen und erklären solle, was hier vorginge. Dies tat er, und der Kirchenvorstand ließ darüber abstimmen. Das Ergebnis zeigte, daß die Gemeinde einmütig zu ihrem Pfarrer stand.

Das andere Ereignis war sein Besuch in Berlin. Die Kirchenleitung hatte ihn bestellt, und es wurden wiederum Bemühungen unternommen, ihn zur Aufgabe seiner ökumenischen Verpflichtungen zu bewegen. Er ließ sich jedoch nicht dazu bewegen und weigerte sich, einen entsprechenden Revers zu unterschreiben. Aber während er in Berlin war, hatte er Gelegenheit gehabt, die führenden Persönlichkeiten des Pfarrernotbundes – Niemöller und Jacobi und dazu auch einige Freunde aus dem Rheinland – zu sprechen. So beteiligte er sich mit ihnen an der Vorbereitung einer Freien Gesamtsynode der Bekennenden Kirche, die für den 18. April 1934 in Barmen geplant war. Bonhoeffer war besorgt, daß über diese recht lange Zeitspanne hin die einmal geweckte Anteilnahme der ökumenischen Bewegung wieder abflauen könne, und so schrieb er gleich anschließend an den Bischof von Chichester.

Bonhoeffer erkannte die Dringlichkeit der Lage und die Notwendigkeit, daß der Weltbund jetzt ganz gezielt das, was in Deutschland geschah, verurteilen müsse. Er sah auch, daß der Bischof von Chichester hier eine Schlüsselstellung hatte.

Bonhoeffer schrieb ihm am 15. April[13], nachdem er einen sehr beunruhigenden Brief aus Deutschland erhalten hatte. Er zitiert aus diesem Brief die Worte: „Zum jetzigen Zeitpunkt hängt alles, aber auch wirklich alles davon ab, wie der Bischof von Chichester sich verhält."

Fast täglich gingen Briefe zwischen Bonhoeffer und dem Bischof hin und her, in denen dem Bischof die neuesten Informationen über Deutschland mitgeteilt, Entwürfe zu Briefen abgestimmt und Berichte kommentiert wurden, darunter auch die Tatsache, daß das Hakenkreuz im offiziellen Siegel des Reichsbischofs inkorporiert worden war. Für Bonhoeffer war dieses für den Kirchenkampf so entscheidende Jahr 1934 ein Jahr schnellen Wechsels zwischen Hoffnung und Enttäuschung.

Barmer Bekenntnissynode und Erklärung

Ende Mai hielt die Bekennende Kirche (BK) – so jetzt der Name der Widerstandsbewegung gegen die Deutschen Christen – ihre erste Reichssynode in Barmen, und zwar vom 29. bis 31. Mai 1934. Die Bekennende Kirche war entstanden aus den praktischen Anforderungen des Pfarrernotbundes und den theologischen Einwänden gegen die Deutschen Christen. Diesen doppelten Wesenszug behielt sie bei; zum einen stand sie den Opfern der „Machthaber" bei und griff zum andern Äußerungen der offiziellen Deutschen Evangelischen Kirche als häretisch an. Auf der Synode wurde entschieden, daß in Abgrenzung zu den Häresien der Deutschen Christen ein Bekenntnis des rechten Glaubens formuliert werden müsse. Dank der Aufmerksamkeit, mit der Bonhoeffer und der Bischof von Chichester die Vorgänge verfolgten, erschien diese Barmer Erklärung wenige Tage nach dem Ende der Synode im vollen Wortlaut in englischer Übersetzung in der ‚Times'.[14]

Zwei Artikel dieses langen Dokumentes mögen hier genügen, um Absicht und direkte Abgrenzung gegenüber den Deutschen Christen zu veranschaulichen:

Wir bekennen uns angesichts der die Kirche verwüstenden und damit auch die Einheit der Deutschen Evangelischen Kirche sprengenden Irrtümer der Deutschen Christen und der gegenwärtigen Reichskirchenregierung zu folgenden evangelischen Wahrheiten:

1. „Ich bin der Weg und die Wahrheit und das Leben; niemand kommt zum Vater denn durch mich." (Joh 14,6)

„Wahrlich, wahrlich ich sage euch: Wer nicht zur Tür hineingeht in den Schafstall, sondern steigt anderswo hinein, der ist ein Dieb und ein Mörder. Ich bin die Tür; so jemand durch mich eingeht, der wird selig werden." (Joh 10,1.9)

Jesus Christus, wie er uns in der Heiligen Schrift bezeugt wird, ist das eine Wort Gottes, das wir zu hören, dem wir im Leben und im Sterben zu vertrauen und zu gehorchen haben. Wir verwerfen die falsche Lehre, als könne und müsse die Kirche als Quelle ihrer Verkündigung außer und neben diesem einen Worte Gottes auch noch andere Ereignisse und Mächte, Gestalten und Wahrheiten als Gottes Offenbarung anerkennen.

2. „Jesus Christus ist uns gemacht von Gott zur Weisheit und zur Gerechtigkeit und zur Heiligung und zur Erlösung." (1.Kor 1,30)

Wie Jesus Christus Gottes Zuspruch der Vergebung aller unserer Sünden ist, so und mit gleichem Ernst ist er auch Gottes kräftiger Anspruch auf unser ganzes Leben; durch ihn widerfährt uns frohe Befreiung aus den gottlosen Bindungen dieser Welt zu freiem, dankbarem Dienst an seinen Geschöpfen.

Wir verwerfen die falsche Lehre, als gebe es Bereiche unseres Lebens, in denen wir nicht Jesus Christus, sondern anderen Herren zu eigen wären, Bereiche, in denen wir nicht der Rechtfertigung und Heiligung durch ihn bedürften.

Diese Erklärung sollte zur Satzung des Widerstandes werden. In der Treue zu dieser Erklärung verloren viele ihr Amt, nahmen schwere Haft auf sich, gingen ins Exil, und einige bezahlten ihren Widerstand mit dem Leben.

Das Verdienst, England über das, was in Deutschland vorging, informiert zu haben, gebührt zu gleichen Teilen Bonhoeffer, dem Bischof von Chichester und der ‚Times'.

Die Konferenz von Fanö

Wichtig war für Bonhoeffer nicht nur die Haltung der Kirche von England, sondern auch die der weltweiten Kirche. Darum befaßte er sich schon früh mit den ökumenischen Tagungen, die im August 1934 in Fanö in Dänemark stattfinden sollten. Die erste Schwierigkeit ergab sich gleich aus der Frage, welche deutsche Kirche dort vertreten sein sollte. Die für die Planung der Konferenz zuständigen Gremien wußten nämlich noch gar nichts davon, daß es in Deutschland eine zweite Kirche gab, und darum liefen ihre Kontakte ausschließlich zur Deutschen Evangelischen Kirche (DEK), und dort herrschten die Deutschen Christen. Bonhoeffer machte nun geltend, daß diese Kirche exkommuniziert sei und daß also die Bekennende Kirche die einzige wahre Kirche in Deutschland sei. Diese Kirche wollte keine Freikirche sein, sondern verstand sich selbst als die Deutsche Evangelische Kirche. Die Korrespondenz mit den Genfer Ökumene-Sekretären Henriod und Schönfeld zeigt ganz deutlich, daß sie keine offizielle Kenntnis davon hatten, daß es in Deutschland zwei Kirchen gab, zwischen denen es sich zu entscheiden galt. Darum luden sie nach Fanö auch nur die offizielle Deutsche Evangelische Kirche (Deutsche Christen) ein. Vertreter der Bekennenden Kirche konnten sich nur in einer anderen Eigenschaft dort einfinden. Bonhoeffer beispielsweise war als einer der Jugendsekretäre Kommissionsmitglied. Der andere Vertreter der BK war Präses Karl Koch.

Zur gleichen Zeit wurde Deutschland von starken politischen Unruhen erschüttert. Am 30. Juni liquidierte Hitler eine große Widerstandsgruppe innerhalb seiner eigenen Partei – zusammen mit Röhm, einem seiner engsten ehemaligen Mitstreiter, wurden über zweihundert Leute erschossen. Am 2. August starb Hindenburg, und so entfiel nun auch sein erhoffter mäßigender Einfluß auf Hitler. Am 19. August wurde eine Volksabstimmung durchgeführt, durch die die beiden höchsten Ämter des Landes mit der Bezeichnung „Führer und Reichskanzler" in Hitler vereinigt wurden. Aus Ludwig Müllers Amt kam der Vorschlag, in Dankbarkeit sollten alle Pfarrer einen persönlichen Diensteid auf Hitler leisten. Bei der Ordination hatten sie zwar alle durch Eid ihre Staatstreue bekräftigt, aber Müller legte folgende Formulierung vor: „Ich ... schwöre einen Eid zu Gott, daß ich ... dem Führer des deutschen Volkes und Staates Adolf Hitler treu und gehorsam sein und für das deutsche Volk mit jedem Opfer und jedem Dienst, der einem deutschen evangelischen Manne gebührt, mich einsetzen werde ..."[15]

Bonhoeffer gefiel dieser Diensteid gar nicht, aber vielen Pfarrern der Bekennenden Kirche war sehr daran gelegen, als Kirche loyaler Deutscher angesehen zu werden. Aus diesem Grund war die Mehrheit unter ihnen zwar Gegner der Deutschen Christen, nicht aber Gegner Hitlers. Bonhoeffer gehörte nicht zu dieser Mehrheit, aber er glaubte, Niemöller gehöre dazu! In einem Brief an seinen Schweizer Studienfreund Erwin Sutz schrieb er: „Phantasten und Naive wie Niemöller glauben immer noch, die wahren Nationalsozialisten zu sein."

Die Führung der deutschen Delegation nach Fanö, einer recht sonderbar gemischten Gruppe, hatte Bischof Heckel. In Fanö wurde dann die Frage ausgefochten, wer Deutschland vertreten solle. Stephen Neill macht das in seiner Geschichte der ökumenischen Bewegung deutlich: „Die Zweijahrestagung des Rates in Fanö in der letzten Augustwoche 1934 stellt sich vielleicht als die kritischste und entscheidendste Tagung in seiner Geschichte dar. Hier beschloß der Rat in aller Form, gegen die sog. ‚Deutschen Christen' und damit gegen das nationalsozialistische Regime auf die Seite der Bekennenden Kirche in Deutschland zu treten."[16]

Trotz Bonhoeffers Einspruch hatte die Bekennende Kirche beschlossen, keine Delegation nach Fanö zu schicken, aber man war sich einig, daß Bonhoeffer in seiner zweifachen Eigenschaft als Vortragender und als Vertreter der Sache der Bekennenden Kirche teilnehmen solle. Die auf der Tagung gefallene Entscheidung zugunsten der Bekennenden Kirche ist darum weitgehend auf Bonhoeffers Einfluß zurückzuführen und auf seinen großen Freund und Gönner, Bischof Bell. Diese Resolution wurde gefaßt trotz der gleich zu Beginn der Tagung abgegebenen Erklärung der offiziellen deutschen Delegation, daß über die Situation in Deutschland nicht diskutiert werden solle!

Bonhoeffer hielt auf dieser Tagung – nach wie vor mit leicht amerikanischem Akzent – eine Ansprache, in der er zum Frieden aufrief[17]:

„Wie wird Friede? Wer ruft zum Frieden, daß die Welt es hört, zu hören gezwungen ist?, daß alle Völker darüber froh werden müssen? Der einzelne Christ kann das nicht – er kann wohl, wo alle schweigen, die Stimme erheben und Zeugnis ablegen, aber die Mächte der Welt können wortlos über ihn hinwegschreiten. Die einzelne Kirche kann auch wohl zeugen und leiden – ach, wenn sie es nur täte –, aber auch sie wird erdrückt von der Gewalt des Hasses. Nur das eine große ökumenische Konzil der Heiligen Kirche Christi aus aller Welt kann es so sagen, daß die Welt zähneknirschend das Wort vom Frieden vernehmen muß und daß die Völker froh werden, weil diese Kirche Christi ihren Söhnen im Namen Christi die Waffen aus der Hand nimmt und ihnen den Krieg verbietet und den Frieden Christi ausruft über die rasende Welt.

Warum fürchten wir das Wutgeheul der Weltmächte? Warum rauben wir ihnen nicht die Macht und geben sie Christus zurück? Wir können es heute noch tun. Das ökumenische Konzil ist versammelt, es kann diesen radikalen Ruf zum Frieden an die Christusgläubigen ausgehen lassen. Die Völker warten darauf im Osten und Westen. Müssen wir uns von den Heiden im Osten beschämen lassen? Sollten wir die einzelnen, die ihr Leben an diese Botschaft wagen, allein lassen? Die Stunde eilt – die Welt starrt in Waffen und furchtbar schaut das Mißtrauen aus allen Augen, die Kriegsfanfare kann morgen geblasen werden – worauf warten wir noch? Wollen wir selbst mitschuldig werden, wie nie zuvor?

Wir wollen reden zu dieser Welt, kein halbes, sondern ein ganzes Wort, ein mutiges Wort, ein christliches Wort. Wir wollen beten, daß uns dieses Wort gegeben werde – heute noch – wer weiß, ob wir uns im nächsten Jahr noch wiederfinden?"

Ende des Pfarramtes

Bonhoeffer wurde in Deutschland zur Führung eines Ausbildungsseminars für Kandidaten der Bekennenden Kirche gebraucht. Seine letzte Predigt in London hielt er am 10. März 1935, aber noch war einiges unerledigt geblieben. Schon lange hatte sich Bonhoeffer ja mit der Absicht einer Indienreise getragen, dorthin, wo die Kunst der Innerlichkeit und der Meditation, des Schweigens und der Konzentration noch nicht in Vergessenheit geraten war. Auch fühlte er sich stark von der Gestalt Mahatma Gandhis angezogen, der die Bergpredigt mehr zu schätzen schien als die meisten Christen. In seinen Predigten und am Schreibtisch hatte Bonhoeffer schon mit der Arbeit für sein nächstes Buch, ‚Nachfolge', in dem er der

Bergpredigt seine besondere Aufmerksamkeit widmete, begonnen. Der Bischof von Chichester hatte ihn mit C. F. Andrews bekannt gemacht und hatte danach auch an Gandhi geschrieben und sich für Bonhoeffer um eine Einladung nach Indien bemüht. In seinem Brief an Gandhi schreibt der Bischof, daß Bonhoeffer Anfang 1935 gern zwei oder drei Monate in Indien verbringen würde. Er erwähnt dabei auch Bonhoeffers zukünftige Tätigkeit, „wahrscheinlich die Ausbildung von Pfarramtskandidaten für den Dienst in der in Deutschland sich bildenden Bekennenden Kirche zu übernehmen." Bonhoeffer hatte ihm wahrscheinlich gesagt, daß er das Leben in einer Gemeinschaft und entsprechende Exerzitien kennen lernen wolle.

Am Ende reichte dann aber doch die Zeit nicht für eine solche Indienreise, obwohl Bonhoeffer tatsächlich eine Einladung erhalten hatte, Gandhi selbst eine Zeitlang zusammen mit einem Freund zu besuchen (Julius Rieger und Herbert Heller waren bereit, ihn zu begleiten). Als er den Plan aufgeben mußte, unternahmen die drei stattdessen eine Reise in die englischen Midlands, wo sie anglikanische Kommunitäten kennen lernten. Ende März 1935 besuchten sie Mirfield, Kelham und die Cowley Fathers. Diesen drei klösterlichen Gemeinschaften war eines gemeinsam, nämlich ihr bemerkenswerter Erfolg in der Ausbildung junger anglikanischer Geistlicher. Jede dieser Klostergemeinschaften hatte natürlich ihre eigene Tradition. Die älteste der drei war die unter dem Namen Cowley Fathers bekannte ‚Gesellschaft des Evangelisten Johannes'.

Aus Julius Riegers Bericht geht hervor, „in Oxford ist Tabak mit dem Kirchenbann belegt und Rauchen strengstens verboten; in Mirfield ist Rauchen immerhin erlaubt; in Kelham muß man rauchen." In Kelham wurden sie von dem Gründer, Father Kelly, einem Kettenraucher und sehr gescheiten Theologen empfangen. Er hatte die *society* 1893 gegründet, und seine theologischen Arbeiten hatten ihm den Ruf verschafft, der englische Vorläufer Karl Barths zu sein. Bonhoeffer las seine Vorlesungen mit großem Interesse. Diese Rundreise zu diesen Klostergemeinschaften blieb nicht ohne Wirkung auf die Ordnung, die Bonhoeffer später für die Vikare im Predigerseminar verbindlich machte. Die regelmäßigen Stundengebete empfanden sie zuerst als eine beengende Zwangsmaßnahme, und doch prägten gerade sie die Vikare und ermöglichten das Entstehen einer geistlichen Gemeinschaft.

Ein anderer Anstoß, den Bonhoeffer von hier mitbrachte, war der Gedanke des „devotional life", des geistlichen Lebens, der in allen dreien dieser Gemeinschaften seinen Niederschlag gefunden hatte. Bonhoeffer erkannte hier, daß er seinen Vikaren würde deutlich machen müssen, daß die rein wissenschaftliche Beschäftigung mit der Bibel nicht ausreichte. Indem er sich immer intensiver mit diesen Gedanken von geistlicher Zucht auseinandersetzte, wurde ihm aber auch deutlich, daß diesen anglikanischen Gemeinschaften eine Freiheit eigen war, deren Einführung in Deutschland auf große Schwierigkeiten stoßen würde. Zum einen hatte diese Freiheit etwas mit der Haltung zum Sport zu tun – die anglikanischen „Mönche" spielten in ihrer freien Zeit Tennis oder Fußball. Und dann war da diese geheime Kraft, die dem Miteinander-schweigen-Können entspringt; und das, wußte er, würde für deutsche Protestanten mit ihrem ganz besonderen Hang zu Streitgesprächen sehr schwer zu erlernen sein.

Wenige Wochen nach dieser Reise übernahm er die Leitung eines Predigerseminars der Bekennenden Kirche, zuerst vorübergehend in Zingst an der Ostsee, und dann in Finkenwalde. Aber der Kontakt mit London brach nicht gleich ab. Julius Rieger berichtet, daß Bonhoeffer im Verlauf des Jahres 1935 mindestens viermal in England war – im April, im Mai/Juni, im August und im Oktober. Die Entscheidung, nach Deutschland zurückzukehren, war für Bonhoeffer nicht leicht gewesen, aber man hatte ihn gerufen, die Ausbildung von Pfarrernachwuchs für die Bekennende Kirche zu übernehmen. Immerhin hielt er sich die Möglichkeit einer Rückkehr nach England noch offen, falls sich die übernommene Aufgabe als undurchführbar erweisen sollte. Denn dies war kein offizielles Amt, keine etablierte Dozentenstelle, sondern ein bedrohtes und unsicheres Unternehmen. Er wußte nicht, ob er in Deutschland die Freiheit haben würde, das zu tun, was er für richtig und notwendig hielt, aber der Versuch mußte gewagt werden. Am 26. April 1935 begrüßte er die erste Gruppe von Vikaren in Zingst.

8. *Vikare für die Bekennende Kirche*

Das Jahr 1934 hatte für Bonhoeffer immer wieder die Frage nach seiner weiteren Zukunft aufgeworfen. Auf die Dauer konnte er nicht im abgelegenen Winkel einer Londoner Pfarrstelle bleiben, und doch war er auch gerade an dieser Stelle wichtig, da so die Kommunikation zwischen der ökumenischen Bewegung und der Bekennenden Kirche aufrechterhalten werden konnte. Aber was ihn in diesem Jahr am meisten bewegte, war die Frage, welche Art von theologischer Ausbildung Studenten im Nazideutschland überhaupt erhalten konnten. Die Nachricht von Barths Entlassung in Bonn bestärkte ihn in seiner Einsicht, zurückkehren zu müssen. Immer mehr verlor er das Vertrauen, daß die theologischen Fakultäten an den staatlichen Universitäten in der Lage und fähig sein könnten, Studenten auf den bevorstehenden Kampf vorzubereiten. Mehr noch, er zweifelte daran, daß sie in der Lage seien, christlichen Glauben zu lehren und die einem christlichen Theologen gemäße Einstellung zu den Problemen im Deutschland der dreißiger Jahre zu vermitteln. Die Universitäten hatten ihre Unabhängigkeit eingebüßt.

In der Bekennenden Kirche sah man dies deutlich und begann darum, Pläne für die Ausbildung eines eigenen Pfarrernachwuchses zu machen. Der erste Schritt erfolgte durch die Reformierte Kirche Elberfeld, deren Predigerseminar vom Reichsbischof geschlossen worden war. Man machte sich diese Gelegenheit zur Gründung eines Predigerseminars der Bekennenden Kirche in Bielefeld zunutze. Das war im März 1934 gewesen. Im Juni erhielt Bonhoeffer eine Anfrage, ob er bereit sei, in der Altpreußischen Union eine Aufgabe dieser Art zu übernehmen; es wurde aber noch nichts Definitives beschlossen. Er zeigte sich interessiert, was bei einer Sitzung des Altpreußischen Bruderrates am 4. Juli in Berlin festgehalten wurde. Jacobi schlug Bonhoeffer als Leiter für ein solches Predigerseminarvorhaben vor, und nach einigem Zögern, ob er dafür der geeignete Mann sei, wurde der Vorschlag angenommen. Niemöller faßte abschließend zusammen: „Bonhoeffer kann am 1. Januar 1935 als Direktor des

Berlin-Brandenburger Predigerseminars eintreten."[1] Dieser Termin war jedoch zu früh, sowohl für Bonhoeffer als auch für das Predigerseminar.

Mitte September 1934 kehrte Hildebrandt nach Berlin zurück und teilte dort mit, daß Bonhoeffer für den Winter noch in London werde bleiben müssen, im Frühjahr die Stelle dann aber antreten könne. Nach seiner Abschiedspredigt am 10. März 1935 und nach seiner Kurzrundreise zu den anglikanischen Klöstern verbrachte er dann die Osterferien in Berlin. Die ersten Kandidaten, die schon einige Wochen gewartet hatten, meldeten sich nun bei Wilhelm Niesel in Berlin. Erst war an eine vorübergehende Unterbringung im Burckhardthaus gedacht, aber am 25. April 1935 tat sich ein neues Angebot auf.

In der Bibelschule in Zingst

In Zingst an der Ostsee war ihnen eine Bibelschule der Rheinischen Kirche als Unterkunft zur Verfügung gestellt worden, allerdings nur bis zum Anfang des Sommers. Am 26. April begrüßte Bonhoeffer seinen ersten Jahrgang von Kandidaten. Ihre akademisch-theologische Ausbildung an der Universität hatten sie alle hinter sich. In diesem Predigerseminar sollten sie sich nun auf den praktischen Pfarrdienst vorbereiten. Sie wußten alle genau, daß sie als Mitglieder der Bekennenden Kirche von der offiziellen Kirche keine Förderung zu erwarten hatten. Die Zahl der Pfarrstellen, die für sie überhaupt in Frage kam, war begrenzt, und ihre Aufstiegsmöglichkeiten in der Kirche waren sehr eingeschränkt. Sie wußten, welchen Preis sie würden zahlen müssen. Einer von ihnen war Eberhard Bethge. Er kam gerade frisch von der Universität – er hatte in Königsberg, Berlin, Wien und Halle studiert. Er kannte Bonhoeffer nicht, bald entwickelte sich aber ein freundschaftliches Verhältnis zwischen den beiden. Später sollte Bethge sein engster Freund werden, aber jetzt war er nichts weiter als einer der älteren Kandidaten, wurde jedoch bald Bonhoeffers Assistent.

Die leeren Gebäude der Bibelschule waren einfach, fast primitiv, in ihrer Ausstattung. Es gab keine Heizung, und an der Ostsee ist es kalt! So begannen die Kandidaten ihre Seminarzeit in Hütten zwischen den Sanddünen; nach einigen Monaten zog das Predigerseminar dann aber nach Finkenwalde um, auch das nicht weit von der Ostsee, in der Nähe von Stettin. Die Räumlichkeiten dort waren auch nicht luxuriös, aber sie waren besser als in Zingst.

Finkenwalde

Der ehemalige Gutshof Finkenwalde war nicht groß, er bestand nur aus einigen Gebäuden. Das Mobiliar war eine Sammlung von geschenkten Stücken von verschiedenen Freunden und Gönnern. Die Bibliothek, soweit überhaupt vorhanden, enthielt keine theologischen Titel. So mußte Bonhoeffer seine eigene theologische Bibliothek zur allgemeinen Benutzung für die Kandidaten zur Verfügung stellen! Auch von den Kandidaten brachten einige ein paar eigene Bücher mit. Sie arbeiteten in Kleingruppen zu dritt in einem Raum; die Zimmer waren einfach möbliert – ein Schreibtisch, ein Regal und ein paar Stühle. Zum Schlafen diente ihnen allen gemeinsam ein großer Raum, für alle fünfundzwanzig gemeinsam, und eng war es dort noch dazu. Zur Erholung und zum Ausspannen hatten sie einen großen, halb verwilderten Garten, sie machten Spaziergänge am Fluß und gelegentlich auch mal einen Ausflug an die Ostsee. Nach Beendigung der eigentlichen Ausbildungszeit behielt Bonhoeffer einige der älteren Kandidaten da und unternahm mit ihnen den Versuch einer ähnlichen Gemeinschaft, wie er sie in England gesehen hatte. Diese etwas älteren jungen Männer wohnten in einem gesonderten, mit dem Predigerseminar verbundenen Gebäudeteil, dem sogenannten Bruderhaus. Die jüngeren Kandidaten beneideten sie ein wenig, da jeder von ihnen ein eigenes Zimmer mit Waschgelegenheit hatte.

Nicht wenige der Kandidaten kamen aus durchaus wohlsituierten Familienverhältnissen, wo sie nichts entbehrten, und so war Finkenwalde in mancher Hinsicht eine umwälzende Erfahrung für sie. Sobald sie sich von dem ersten Schock des Fehlens alltäglicher Bequemlichkeiten erholt hatten, kam die sehr viel schwierigere Auseinandersetzung und Anpassung an die strengen Regeln des Tageslaufes. Morgens fing es gleich an mit einer halben Stunde schweigender Meditation über einen Bibeltext in Luthers Übersetzung: und zwar eine ganze Woche lang über immer denselben Text! In dieser Meditationszeit durften sie nicht den Originaltext zu Rate ziehen und auch kein Wörterbuch oder irgendein anderes Buch aufschlagen. Nach dem Mittagessen gab es zwei Stunden Mittagsruhe. Und abends ging man schweigend zu Bett. Am Anfang war der Widerspruch stark. Der Zwang war ihnen zu groß. Bonhoeffer erklärte ihnen, daß diese strenge Ordnung ihnen eine große Hilfe sein könne, aber das überzeugte sie zuerst gar nicht. Was sie erlebten, war eine große Leere in sich selbst und in den Texten, wo ihnen doch Erkenntnis und Antworten in Aussicht gestellt worden waren.

Es gab durchaus auch Vorlesungen und schriftliche Arbeiten, aber was sich den Kandidaten am meisten einprägte, war die Disziplin eines mehr oder weniger monastischen Lebens. Jeden Samstag richtete Bonhoeffer das Wort an die Kandidaten, als Seelsorger. Er machte ihnen Mut, sich auf ein solches Gemeinschaftsleben einzulassen und mit den anderen über die vergangene Woche und ihre Ereignisse und auch ihre eigenen Gedanken zu sprechen. Mit großer Geduld führte er sie durch die Erfahrung der Selbstprüfung, so daß sie allmählich erkannten, wie wertvoll das für sie dann doch war. Obwohl Bonhoeffer strikt auf Einhaltung der Regeln bestand, war er gleichzeitig bereit zuzuhören. Als die Kandidaten darüber klagten, daß ihnen die Texte trotz aller Meditation oft sehr wenig bedeuteten, war er bereit, das System abzuändern. Anstelle des täglichen Schweigens wurde ihnen freigestellt, ein- oder zweimal in der Woche gemeinsam zu meditieren und über ihre Gedanken miteinander zu sprechen. Er bestand nicht darauf, daß es nur einen Weg zu dem ins Auge gefaßten Ziel gebe, doch durfte das Ziel nicht aus dem Auge verloren werden. Und das Ziel war, daß sie den Text selbst, aus sich heraus sprechen lassen sollten. In Textexegese und -interpretation hatten sie alle eine gründliche Ausbildung an der Universität erhalten; was sie jetzt lernen sollten, war, auf das zu hören, was Gott zu ihnen in ihrer ganz besonderen Situation durch den Text sprach.

Was für eine schwierige Disziplin dies war, faßte einer der Kandidaten in die Worte: „Eine halbe Stunde Konzentration! Es ist erstaunlich, was einem in dieser Zeit alles in den Kopf kommen kann. Der Geist wandert. Die Erinnerung meldet sich, Träume werden wach. Der Zorn brennt plötzlich auf. Als wir Bonhoeffer davon berichteten, meinte er: Das ist gut so. Alles soll herauskommen. Aber alles soll auch gebändigt werden im Gebet und durchs Gebet."[2]

Die halbe Stunde Meditationszeit ist vielen eine Last geblieben, und trotzdem lernten sie dadurch, daß das biblische Wort mehr ist als ein abzuhandelndes Thema. Sie lernten dadurch, wie man eine Predigt vorbereitet, und auch, wie man eine Predigt hört. Ein Text, über den man meditiert hat, läßt sich nicht mehr nur nach seinen Quellen und literarischen Schichten aufschlüsseln und zerlegen. Aber man kann dann darüber predigen.

Bonhoeffer lehrte sie auch, das freie Gemeinschaftsgebet zu schätzen; skeptisch, aber doch auch neugierig, ließen sie sich schon recht bald, an einem Pfingstsonntagmorgen, von ihm anleiten. Es ereignete sich kein zweites Pfingsten, aber aus ihrem verlegenen Schweigen und ihren kurzen

Gebetssätzen erwuchs ihnen Demut und zugleich die Erkenntnis, daß sie „zum treuen Dienst im Kleinen" berufen seien. Fremd war ihnen auch die Praxis der Beichte, die er einführte, nicht die Beichte einem Priester gegenüber, sondern gegenseitig. Diese Art der Beichte findet sich bei vielen europäischen Erweckungsbewegungen, aber in der evangelischen Kirche mit ihrer in feste Bahnen gefügten Kirchlichkeit erscheint sie höchst merkwürdig. Bonhoeffer machte ihnen deutlich, wie wichtig vor dem Empfang des Abendmahls die gegenseitige Einzelbeichte sei, aber er machte sie nicht zur Bedingung. Es stand jedem einzelnen frei, diese Beichtpraxis für sich anzunehmen oder nicht. Aber er wies sie darauf hin, daß sie allen Groll und Ärger, den sie gegeneinander hegten, ausräumen müßten, wenn sie frei werden wollten. Einer der Kandidaten berichtet darüber:

„Lange gingen wir an diesem Abend (vor dem Abendmahl am nächsten Tag) einer zum andern. Und alles wurde ausgesprochen, was sich in den vergangenen Wochen angesammelt hatte. Und wir hatten viel gegeneinander vorzubringen. Am meisten wohl waren wir erstaunt über das, womit wir den andern verletzt hatten. Unbeabsichtigt, zufällig, nebenbei war das fast alles geschehen. Wir merkten dabei, was es heißt, aufeinander Rücksicht zu nehmen. Die Atmosphäre war wieder rein. Wir konnten gemeinsam – ohne etwas gegeneinander zu haben – zum Abendmahl gehen."[3]

Dies wurde keineswegs als Routine eingeführt, aber wo nötig, wurde darauf zurückgegriffen. Außerdem regte Bonhoeffer an, jeder solle sich einen Bruder auswählen, der sein Leben mit seiner Fürbitte begleiten könne. Dies sollte ihnen ein äußerlich sichtbares Zeichen sein, daß sie auch in größter Not und Unglück nie allein seien. Die Kandidaten empfanden diese „geistliche Ordnung" immer wieder als Last und reagierten mit Protest oder mit Spott auf sie, indem sie sich über die festen Regeln lustig machten, die sie als gute Lutheraner allzu sehr an Pietismus und Schwärmerei erinnerten und die sie deswegen ablehnten; gleichzeitig erhielten sie aber auch die volle Ausbildung eines Predigerseminars.

Bonhoeffer unterrichtete selbst – Predigtlehre, Katechetik, Seelsorge, Exegese –, und er bereitete sich dazu mit sorgfältigen, schriftlichen Notizen vor. Um die Kandidaten im Predigen zu üben, hatte er eine ganz besondere Methode. Er gab ihnen einen besonders schwierigen Text – oft sehr theoretisch oder lebensfern –, zu dem sie einen Predigtentwurf machen sollten. Diese Entwürfe wurden dann vorgelesen, und dann führte er ihnen an einem eigenen Beispiel vor, wie man auch über einen solch schwierigen Text predigen könne.

Unter Bonhoeffers mitreißender Anregung entfaltete sich bald ein reiches Gemeinschaftsleben. Er verlangte viel, aber er war auch ein herzlicher Freund und brachte sie bald dazu, ihn, den Direktor des Predigerseminars, Bruder zu nennen, was damals noch neu war. Sie hatten aber auch praktische Aufgaben – so wurde eine „Volksmission" in Hinterpommern, mit Hausbesuchen und abendlichen Andachten mit einer Kurzansprache, gegründet.

Aus dieser Gemeinschaftserfahrung heraus schrieb Bonhoeffer zwei Bücher: ‚Gemeinsames Leben'[4], mit der Beschreibung vom Aufbau eines solchen Gemeinschaftslebens, und ‚Nachfolge'[5], in dem die Bedeutung der teuren Gnade dargelegt wird, mit einer ausführlichen Auslegung der Bergpredigt. Die „Nachfolge" war ein viel diskutiertes Thema bei den Kandidaten, das sie schon weitgehend aus den Vorlesungen kannten; das Erscheinen des Buches erwarteten sie alle mit Spannung.

Politik

Das Jahr 1935 ließ sich für die Bekennende Kirche vielversprechend an; voller Selbstvertrauen sah sie sich schon die Oberhand gewinnen. Aber in diesem Jahr wurden auch die einschneidendsten Gesetze gegen sie erlassen. In einem Brief schrieb Bonhoeffer an Niemöller[6], daß Mt 22,21 von jetzt an eine „wesentlich andere Auslegung finden" müsse: „Gebt dem Kaiser, was des Kaisers ist, ..." aber hört es denn auf, Gottes zu sein? Er schrieb hier an Niemöller im Zusammenhang mit einem Aufruf, für den dieser ihn um seine Unterschrift gebeten hatte.[7] In einem Rundbrief hatte sich Niemöller an die Amtsinhaber in der Bekennenden Kirche gewandt. Es sei falsch gewesen, sich um offizielle Anerkennung von staatlicher Seite zu bemühen und sie zu erwarten: „Wir sind in den letzten Monaten von einer Enttäuschung zur anderen gegangen. Wir müssen bekennen, daß es unser Unglaube war, der uns dazu verführt hat, unsere Hoffnung auf Menschen zu setzen."

Dem schloß sich ein Rückblick auf die beiden entscheidenden Synoden des vergangenen Jahres an: Barmen, wo die Lehre der Bekennenden Kirche und das Bekenntnis formuliert worden waren, Dahlem, wo die Ordnung der Bekennenden Kirche beschlossen worden war:

„Diesen Bann haben wir selbst verschuldet, denn wir hatten verleugnet, was Gott uns in Barmen und Dahlem anvertraut hat. Beide Synoden haben die Kirche unter die Alleinherrschaft des Herrn Jesus Christus gerufen; Barmen so, daß ihre Verkündigung und Lehre, Dahlem so, daß ihre Gestalt und Ordnung sich allein auf das eine Wort der Offenbarung Gottes gründen. Damit hätte uns jeder Gedanke an Kompromisse verwehrt sein müssen."

Dieser Brief gleicht einem Alarmruf, doch ja an den gefaßten Beschlüssen festzuhalten und jeder Form von Kompromiß mit einem „Nein!" zu begegnen. Gott allein sei ihr Schutz. Dieser Schritt war sehr viel bedeutungsvoller, als es auf den ersten Blick erscheinen mag. Wenn die Bekennende Kirche sich als *die* Evangelische Kirche in Deutschland verstand und verhielt, ohne offiziell anerkannt zu sein, so bedeutete das für die ihr angehörenden Pfarrer Verlust des Gehalts, möglicherweise Verhaftung und sogar Tod.

Bonhoeffer beglückwünschte Niemöller, den richtigen Zeitpunkt für die Erklärung getroffen zu haben, und gab mit Freuden seine Unterschrift. „Das ganze Seminar grüßt Sie aufs herzlichste mit mir", fügte er hinzu.

Ökumene

Bonhoeffers Aktivitäten in der ökumenischen Bewegung hatten 1934 einen Höhepunkt erreicht, aber jetzt war seine Aufmerksamkeit völlig vom Predigerseminar in Anspruch genommen. Zwar hatte er weder den Kirchenkampf noch die sich daraus für die ökumenische Bewegung ergebenden Konsequenzen aus den Augen verloren, doch beschränkte sich seine Teilnahme jetzt hauptsächlich auf schriftliche Stellungnahmen. Gelegentlich wurde er allerdings aus der Konzentration auf das Predigerseminar herausgerufen, wenn er in der Bekennenden Kirche irgendwo im weiteren Rahmen gebraucht wurde oder wenn seine Stellungnahme zu einem ganz bestimmten Fragenkomplex gefordert war. Eine solche Gelegenheit ergab sich im Mai 1935; in Hannover war eine Tagung zur Vorbereitung der für 1937 in Oxford geplanten ökumenischen Weltkonferenz für Praktisches Christentum angesetzt. Einer der in Hannover erwarteten Teilnehmer war Joe Oldham, der Sekretär der Konferenz von 1910 in Edinburgh, der jetzt für die Vorbereitung für Oxford verantwortlich war. Außerdem wollte er herausfinden, wie die Lage in Deutschland war, um Bischof Bell darüber berichten zu können. Als er ankam, hatte die Lage der Kirche gerade eine ernste Wendung genommen: Peter Brunner und zwei andere rheinische Pfarrer saßen schon seit vier Wochen im Konzentrationslager Dachau, und die Bruderräte hatten wöchentliche Bittgottesdienste für sie angesetzt. Am 11. Mai war zum ersten Mal das Ratsbüro in Dahlem von der Gestapo durchsucht worden.

Dies war der Hintergrund, vor dem Bonhoeffer auf der Tagung mit aller Deutlichkeit Stellung bezog. Zuerst wies er darauf hin, daß es für die Bekennende Kirche unmöglich sei, mit der Reichskirche (Deutsche Christen) in Vorbereitung der Oxford-Konferenz zusammenzuarbeiten. Des weiteren forderte er Genf, das heißt hier, die Forschungsabteilung der ökumenischen Bewegung, auf, ausdrücklich jeder anderen Kirche in Deutschland neben der Bekennenden Kirche die Anerkennung zu verweigern. Er war ärgerlich über die Genfer Versuche, einer verantwortungsvollen Entscheidung auszuweichen. Als stärkstes Argument brachte er vor, daß es, nach den Synodenbeschlüssen von Barmen und Dahlem, eine Vorbereitung auf Oxford nur geben könne, wenn die Theologie in der rechten Kirche wurzele. Die Reichskirche aber sei häretisch. Bei einem Treffen in Berlin sechs Wochen später rechtfertigte Dr. Hans Schönfeld von der Genfer Zentrale die neutralistische Position Genfs – für Bonhoeffer war das jedoch nicht zufriedenstellend.

Bonhoeffer wünschte die Einrichtung eines ökumenischen Amtes in der Bekennenden Kirche, aber er konnte sich damit nicht durchsetzen. Präses Koch, Organisator der Barmer Synode und anerkanntermaßen Führer der Bekennenden Kirche im Rheinland und den angrenzenden Gebieten, schickte Bonhoeffer im Laufe des Jahres 1935 zweimal nach England. Beide Male war der Anlaß, Bischof Bell von den Entwicklungen in Deutschland zu unterrichten. Bonhoeffer stellte eindeutig die Hauptverbindung von deutscher Seite zu Bischof Bell dar, den man jetzt als Verbündeten und Kampfgenossen der Bekennenden Kirche in England betrachtete.

Durch diese Aufgaben sah sich Bonhoeffer dann schon in Zingst veranlaßt, um die Einstellung eines Assitenten zu bitten. Andernfalls müsse er die Einstellung eines Reisesekretärs für die Kirche beantragen.

Niemöllers Aufruf

Der Rundbrief Martin Niemöllers, unter den Bonhoeffer so bereitwillig seine Unterschrift gesetzt hatte, sollte bald zu einem Manifest der Bekennenden Kirche werden, unterzeichnet von insgesamt neunundvierzig prominenten Kirchenvertretern aus den verschiedensten Teilen Deutschlands. Bei seinem zweiten Besuch in England im August 1935 überbrachte

Bonhoeffer Bischof Bell diese Erklärung. Bell war überzeugt, der ökumenische Rat könne nun nicht umhin, die von einer so gut organisierten Bekennenden Kirche gegen die „Befriedungsmaßnahmen" des Staates vorgebrachten Vorwürfe ernst zu nehmen. Außerdem machte ihm der Aufruf die Dringlichkeit eines Besuches in Deutschland deutlich. Dieser Besuch erfolgte im September, wobei er mit Koch, Asmussen und Lilje zusammentraf. Er sprach auch Heß (Hitlers Stellvertreter) und Hans Kerrl (Reichskirchenminister). Sein Besuch kam aber zu spät, um irgendeinen Einfluß auf die Nürnberger Gesetze zu haben, in denen die Minderwertigkeit der Juden festgeschrieben wurde; aber Heß bemühte sich, ihn davon zu überzeugen, daß die Juden jetzt eine bessere Behandlung erfahren würden, da alles gesetzlich geregelt sei. Kerrl versuchte, dem Bischof einsichtig zu machen, daß durch seine Gesetze wieder Frieden in der Kirche geschaffen würde, und bemerkte sogar, er sei optimistisch im Hinblick auf Verhandlungen mit der Bekennenden Kirche. Bell war nicht so leicht zu überzeugen. Er versuchte, seine Zweifel den Mitarbeitern in Genf begreiflich zu machen, aber ohne Erfolg. Die „Forschungsabteilung" in Genf war eigentlich der Mitarbeiterstab, der auf Verwaltungsebene die Vorbereitungsarbeiten zum Zusammentreten des Ökumenischen Rates der Kirchen leisten sollte. Hierzu gehörten Schönfeld und Henriod, die beide Bonhoeffer etwas radikal fanden. Außerdem waren sie der Ansicht, die Jugendkommission, die weitgehend in den Händen ehrenamtlicher Sekretäre wie Bonhoeffer lag, treibe die ökumenische Bewegung in eine extreme Position, wodurch es Genf unmöglich gemacht würde, mit der deutschen Reichskirche zu verhandeln. Um dieser Schwierigkeit entgegenzutreten, ernannten sie einen hauptamtlichen Jugendsekretär, der die Arbeit der ehrenamtlichen Sekretäre koordinieren sollte. Dieser Jugendsekretär war ein Amerikaner – Edwin Espy. Es kam alsbald zu Unstimmigkeiten, da die in Fanö gefaßten Beschlüsse zurückgestellt worden waren. Schönfeld und Henriod fanden einen Gesprächspartner, mit dem sie besser zurechtkamen, in Eugen Gerstenmaier, der nach Möglichkeit immer noch eine Verbindung zwischen der Bekennenden Kirche und der Reichskirche offenzuhalten hoffte. Zweifellos war Gerstenmaier, der im Kirchlichen Außenamt arbeitete, einer der prominenten Vertreter der Bekennenden Kirche, auf die sich Kerrl in seinem Gespräch mit Bischof Bell bezogen hatte. Bonhoeffer verhielt sich hier vollkommen ablehnend und erklärte, daß sich keine gemischte Delegation mit Vertretern sowohl der Reichskirche als auch der Bekennenden Kirche zusammenbringen ließe; er war aber durchaus bereit, Freikirchen mit in die Delegation aufzunehmen.

Vor Edwin Espys geplantem Besuch in Berlin schrieb Schönfeld einen recht ausführlichen Brief an das Kirchliche Außenamt:

„Vielleicht haben Sie schon mancherlei erschreckliche Dinge über die Arbeit dieser ökumenischen Jugendkommission gehört, und ich könnte sagen, daß ich Ihr Empfinden teilen würde, wenn sich nicht die Lage dieser Arbeit dadurch grundlegend geändert hätte, daß wir jetzt hier den richtigen Mann dafür gefunden hätten ... Hätten wir eine solche Lösung nicht gefunden, so würden wir von der Forschungsabteilung aus allerlei getan haben, um die Arbeit, wie sie in ihrer bisherigen Form getan wurde, zu unterbinden ... Sie können sicher sein, daß Mr. Espy seine Arbeit in vollem Einklang mit den Methoden der Forschungsabteilung und mit den von hier aus formulierten Frage- und Aufgabenstellungen durchführt ... Ich erkläre Ihnen dies alles, damit Sie verstehen, daß sich hier ein grundlegender Wandel zu vollziehen beginnt. Persönlich habe ich es seit langem als unmöglich angesehen, daß dieser Teil der Arbeit von oder fast allein durch einen Mann wie Bonhoeffer bestimmt werden konnte. Aber es wird natürlich sehr gut sein, daß sich gerade dann, wenn das geändert werden soll, die richtigen Leute finden, die Mr. Espy in seiner Arbeit unterstützen..."

Mit diesem Brief und der anschließenden lebhaften Korrespondenz zwischen Heckels Außenamt und Genf endete Bonhoeffers reger Kontakt mit der ökumenischen Bewegung, nur die Beziehung zu Bischof Bell und seine Unterstützung blieben ihm erhalten.

In Fanö hatte Bonhoeffer zwar den Kampf um die Vertretung der Bekennenden Kirche bei ökumenischen Konferenzen gewonnen, aber er ging noch einen Schritt weiter. Wie Niemöller in seinem Aufruf deutlich gemacht hatte, war es nach der Dahlemer Synode für die Bekennende Kirche nicht möglich, Vertreter zu entsenden, wenn die Reichskirche (Deutsche Christen) auch vertreten wäre.

So kam es, daß die Bekennende Kirche 1935 auf der Konferenz in Chamby, wo die Beschlüsse von Fanö bestätigt und die Konferenz von Oxford 1937 geplant werden sollte, nicht vertreten war. Die Gemäßigten in Genf waren der Meinung, Bonhoeffer verlange zu viel. Bonhoeffer seinerseits war nicht bereit nachzugeben und lehnte 1935 alle Einladungen zu ökumenischen Zusammenkünften ab. Die letzte war eine sehr verlokkende Einladung zur Teilnahme am Fortsetzungsausschuß von ‚Glauben und Kirchenverfassung' (Faith and Order). Die Einladung kam von Canon Leonard Hodgson, und Bonhoeffer hätte sehr gern teilgenommen, aber er lehnte ab, solange nicht sichergestellt war, daß kein Mitglied der Reichskirche in gleichberechtigter Funktion anwesend sein würde. In diesem

Punkt wirkte er beinahe fanatisch, und für die Organisatoren von ökumenischen Treffen war eine solche Haltung einfach lästig. Für ihn war dies aber ein wesentlicher theologischer Punkt seines Kirchenverständnisses, und wenn er zur Dahlemer Synode stehen wollte, so konnte er nicht anders handeln.

Er war erst neunundzwanzig, und er ließ sich hier große Chancen auch für seine berufliche Laufbahn entgehen. Immer war es Bischof Bell, der bei diesen Gelegenheiten für die nicht anwesende Bekennende Kirche sprach, und er vertrat ihre Sache gut. Canon Hodgson war nicht davon abzubringen, daß Faith and Order doch besonders gut geeignet sei als Rahmen, in dem die beiden gegnerischen deutschen Parteien ihre Streitpunkte vortragen könnten. Für Bonhoeffer handelte es sich hier aber nicht um gegnerische Parteien, sondern um das theologische Kirchenverständnis. So nahm er zwar an keinem Treffen teil, umso deutlicher aber brachte er seine Überzeugung in schriftlicher Form zum Ausdruck.

„Die Bekennende Kirche und die Ökumene"

Dies ist der Titel eines Aufsatzes, den er (für Heft 7 der ‚Evangelischen Theologie') im Juni und Juli schrieb.[9] Es war ein geradezu programmatischer Aufsatz, in dem er die ökumenische Bewegung mit Fragen konfrontierte; so sei vor allem die Frage zu klären, ob die ökumenische Bewegung sich als Kirche verstehe, und wenn nicht (und Bonhoeffer selbst meinte auch, daß sie nicht Kirche sei), so müsse sie sich der Aufgabe unterziehen, zu bestimmen, was Kirche ist. Andernfalls wäre auch die Bekennende Kirche in Frage gestellt. Würden die beiden – die Reichskirche und die Bekennende Kirche – nebeneinander als Kirchen anerkannt, dann sei der Kirchenkampf verloren. – Dies war ein Aufsatz, der seine Wirkung auf seine Leser nicht verfehlen konnte.

Die Kandidaten in Finkenwalde folgten Bonhoeffer mit fliegenden Fahnen und unterstützten ihn bei solchen Erklärungen. Das Predigerseminar wurde zu einer Hochburg des kirchlichen Widerstandes, und er verschaffte seinen Ansichten weit über die Grenzen Deutschlands hinaus Gehör. Bonhoeffers Bekanntheit in der Ökumene hatte zur Folge, daß Finkenwalder Aktivitäten die mehr als bloß neugierige Aufmerksamkeit nicht weniger Kirchenführer außerhalb Deutschlands auf sich zogen. Und Interesse an Finkenwalde bedeutete unmittelbar auch Interesse an der Bekennenden Kirche. Bonhoeffer pflegte dies nach besten Kräften. Sein Englandaufenthalt hatte ihm gezeigt, wie wichtig es war, daß das Ausland erfuhr, was in Deutschland vor sich ging; und seine Erfahrungen mit der Genfer Verwaltung hatten ihm gezeigt, wie leicht eine Situation mißverstanden werden konnte. Gleich zu Beginn des Jahres 1936 bemühte er sich um eine Einladung für sich und eine Gruppe seiner Studenten ins Ausland. Sie kam vom Schwedischen Ökumenischen Zentrum, zu einem Besuch nach Schweden und Dänemark. Bonhoeffer stellte eine Gruppe zusammen, die dann vom 29. Februar bis 10. März 1936 nach Skandinavien reiste. Bei ihren Besuchen an Universitäten und in Kirchengemeinden boten sich der Gruppe gute Gelegenheiten, um Unterstützung für Finkenwalde und für die Bekennende Kirche zu werben. Bonhoeffer hielt immer wieder informative Vorträge über die Bekennende Kirche. Eine gute Vorstellung von dem, was er bei verschiedenen Gelegenheiten in Schweden und Dänemark sagte, vermittelt der Aufsatz „Sichtbare Kirche im Neuen Testament"[10], den er vor seiner Abreise geschrieben hatte. Hier stellt er die Frage: „Nimmt die Kirche des Wortes Gottes einen Raum ein in der Welt, und welcher Art ist er?"

Er beginnt damit, daß er auf zwei Gefahren hinweist: die Gefahr einer sich jenseitig verstehenden Kirche, die keinen Anspruch auf eine Bedeutung in dieser Welt erhebt; und die Gefahr einer säkularen Kirche, die sich dem Materialismus verbunden hat und sich aus einem magischen Sakramentsverständnis herleitet. Der größte Teil des Aufsatzes befaßt sich jedoch mit einer sorgfältigen Untersuchung des Neuen Testaments. Bevor er sich einigen ausgewählten Passagen aus dem 2. Kapitel der Apostelgeschichte zuwendet, skizziert er, was er als die Grundthemen zur Frage der Kirche im Neuen Testament ansieht:

I. Der Raum der Verkündigung und des Bekenntnisses.
II. Der Raum des Amtes, der Ämter und der Gaben.
III. Der Raum der christlichen Gebote (neues Leben, Nachfolge).
IV. Die Grenzen des Raumes der Kirche,
   a) gegen den Raum des Staates,
   b) gegen die *leges naturae*,
   c) gegen den Raum des Reiches Gottes.

Vorausgesetzt ist, daß die Kirche eine Kirche des Wortes ist, und die Frage, um die es hier geht, ist die nach dem Raum, den die Kirche in all diesen Beziehungen innehat. Darum ist sie eine sichtbare Kirche.

Auf diese Einleitungen folgen dann vier Unterabschnitte über die Gründung der Kirche, die Ereignisse von Apg 2, über die in Apg 2,42–47 beschriebene neue Gemeinschaft und über die Lehre der Apostel, der seine besondere Aufmerksamkeit gilt. Diese Lehre ist mit keiner anderen Lehre zu vergleichen, besonders was die „Beständigkeit" betrifft. Diese Lehre ist Gottes Werk, in ihr ist der Heilige Geist. Und noch etwas zeichnet sie vor anderen aus. Sie läßt den Gläubigen nicht als Einzelnen stehen. Sie schafft Gemeinschaft. Koinonia, diese ganz eigentlich christliche Art der Gemeinschaft, ist „das Warten auf die Teilnahme am ewigen Abendmahl, das Christus mit uns neu trinken will im Reiche seines Vaters. Bruderschaft steht zwischen Wort und Sakrament, zwischen dem irdischen Abendmahl und dem ewigen Abendmahl."

An der Skandinavienreise nahmen neben Wilhelm Rott (dem Studieninspektor von Finkenwalde) und Bonhoeffer vierundzwanzig Studenten teil. Die Einladung kam vom ökumenischen Ausschuß der schwedischen Kirche und lief über den Privatsekretär von Erzbischof Erling Eidem. Die Schweden übernahmen als Gastgeber alle Unkosten, und die Gruppe besuchte Kopenhagen, Lund, Uppsala, Sigtuna und Stockholm. Die Reise wurde zu einem vollen Erfolg in vielerlei Hinsicht. So brachte sie nicht nur den jungen Männern eine reiche Fülle wertvoller Anregungen für die Arbeit in ihrer eigenen Kirche, sondern eröffnete auch den schwedischen Gastgebern ganz neue Einblicke in die tatsächlichen Probleme der deutschen Kirche und erneuerte und stärkte die Bande der Freundschaft zwischen den Kirchen in beiden Ländern. In den wärmsten Tönen berichtete Bonhoeffer von der herzlichen Gastfreundschaft, die sie erfahren hatten. Drei von den jungen Männern waren in Uppsala sogar im Haus des Erzbischofs untergebracht, der ihnen versicherte, „daß die schwedische Kirche täglich in treuer Fürbitte der kämpfenden und leidenden deutschen Schwesterkirche gedächte und weiterhin gedenken werde."

Bischof Heckel, für die auswärtigen Angelegenheiten der Kirche zuständig, war über diese Reise nicht so erfreut. So wurde der deutschen Botschaft in Stockholm mitgeteilt, sie solle ein wachsames Auge auf diesen Besuch haben, und an den Erzbischof von Schweden wurde persönlich die Frage gerichtet, um was für eine Einladung es sich denn hier eigentlich handele und ob die schwedische Kirche hierdurch einseitig zur Kirchenpolitik in Deutschland Stellung nehmen wolle.

Hilfe für Finkenwalde

Sehr bald nach der Rückkehr aus Skandinavien wurde Bonhoeffer immer dringlicher deutlich, daß das Predigerseminar Hilfe brauchte. So begann er, sich mit Bitten um Geld und Hilfe verschiedenster Art an die Gemeinden der Bekennenden Kirche zu wenden, und es dauerte auch gar nicht lange, bis reichlich Hilfe kam, in Form von Geld und von Sachspenden. Bonhoeffer versuchte, auch die Notwendigkeit regelmäßiger Unterstützung deutlich zu machen. In einem Bitt- und Dankbrief des Predigerseminars aus dem Frühsommer 1936 heißt es:

„Ihr habt im vorigen Monat von der bedrohten Existenz unseres Hauses und damit zugleich unserer Arbeit gehört. Wir sind nun dabei, die Freunde unseres Hauses zusammenzurufen und sie um eine regelmäßige Unterstützung für unsere Arbeit zu bitten. Schon haben sich eine Anzahl verpflichtet, uns monatlich mit einer Spende zu helfen; auch von Euch hat mancher unseren Ruf gehört, so daß wir eigentlich nur danken können. Aber Ihr versteht uns, wenn wir meinen, rechtes Danken fordere rechtes Bitten, damit die alten Geber nicht müde werden und neue Geber gerufen werden. Wir haben nun an Euch alle eine große Bitte, die mir selbst doch recht klein erscheinen will, für solche, die wissen um Wert und Aufgabe von Finkenwalde: Könnte sich nicht jeder von Euch bereit erklären, uns monatlich mit einer festen Gabe beizuspringen, ich denke an 1,– oder 2,– RM, natürlich wird ein Mehr nicht abgewiesen. Es würde für uns schon etwas bedeuten, wenn wir auf diese Weise monatlich 50,– bis 60,– RM erhielten.

Neben dieser Bitte, die uns das Wichtigste ist, einige Anregungen: Habt Ihr schon in eurer Bekennenden Gemeinde von Finkenwalde erzählt, könnte Eure BK Gemeinde oder auch einzelne Glieder derselben nicht mit einer regelmäßigen Gabe dem Freundeskreis beitreten? Und Eure Frauenhilfe – ich denke besonders an die Brüder auf dem Lande – wird gewiß gern allerlei Naturalien für Finkenwalde zusammenschicken. Letzthin schickte uns die Frauenhilfe Stemnitz zweihundertfünfundzwanzig Eier als Dank gegen Gott vom 10jährigen Stiftungsfest, eine andere Frauenhilfe schickte uns Wurst, Speck, Eier, Butter und Mehl und als wir sie baten, sie möchten uns auch weiterhin nicht vergessen und unser Seminar in ihre Frauenhilfsarbeit mit hineinnehmen, schrieb uns die Vorsitzende: ‚Es ist auch wirklich schön, daß unsere Frauen nun eine bestimmte Frauenhilfsarbeit haben, für die sie sich ganz einsetzen können.'

Und nun rufen wir Euch: Stellt Euch selbst in die Front – wir sind gewiß, Hände, die für Finkenwalde beten, öffnen sich auch zum Opfer. Helft uns unseren Freundeskreis vergrößern."[11]

Die Olympischen Spiele

1936 war das Jahr der Olympischen Spiele in Berlin. Hitler brauchte Devisen zum Aufbau der Streitkräfte, außerdem brauchte er ein Schaufenster, um der Welt darzustellen, wie gut es Deutschland ging. Jeder der auch nur irgendwelche Beziehungen oder Kontakte besaß, hatte sich für Berlin einsetzen müssen, und diese Bemühungen hatten dann auch zum Erfolg geführt. Gleichzeitig eröffnete sich dadurch aber auch für die Bekennende Kirche die Möglichkeit, die Welt darauf aufmerksam zu machen, wie es hinter den Kulissen der Propaganda wirklich aussah. Der August 1936 war der Monat der großen Möglichkeiten und Chancen. In einer der großen, zentralen Kirchen in Berlin wurden täglich von den führenden Männern der Bekennenden Kirche Vorträge gehalten, und Bonhoeffer war einer von denen, die hierfür ausgewählt worden waren. Im Juli erhielt er die Anfrage und meinte zuerst, ablehnen zu müssen. Es war ganz offensichtlich, daß man ihn zu Propagandazwecken benutzen würde, und die Befürchtung verstärkte sich noch, als er aufgefordert wurde, ein Foto einzureichen, was er nicht tat. Er fand sich aber dann doch bereit, am Mittwoch nach Eröffnung der Olympiade um 17.00 Uhr einen Vortrag zu halten. Als Thema hatte er gewählt „Das innere Leben der deutschen evangelischen Kirche seit der Reformation", wofür ihm eine halbe Stunde Vortragszeit zur Verfügung stand! Er behandelte sein Thema an Beispielen von Kirchenliedern, von Luther, Paul Gerhardt, Zinzendorf und Gellert. Weitere Vorträge in dieser Reihe der Bekennenden Kirche wurden gehalten von Jacobi, Dibelius und Niemöller. Durch diese anderen vorgesehenen Redner hatte sich Bonhoeffer dann bestimmen lassen, dieser Einladung nachzukommen. Er bereitete sich sorgfältig vor, indem er unzählige Kirchenlieder las. Während seiner Beschäftigung mit Zinzendorf schrieb er an Eberhard Bethge: „Was für ein modriger Untergrund dieser Frömmigkeit. Ich sage Dir, ich habe da Dinge gefunden, die ich mich fast genieren würde, Dir wiederzusagen. Das alles in Geistlichen Liedern! Ja, das ist der Mensch! Der fromme Mensch!"[12]

Da war die Luft freier und reiner, wenn er die Bibel zur Hand nahm – „Es muß die reine und wahrhaftige Luft des Wortes um uns sein." Der Vortrag wurde in der Apostel-Paulus-Kirche gehalten. Am folgenden Tag, am 6. August 1936 berichtete er in einem Brief: „Der Abend gestern war ganz gut. Die Kirche war überfüllt, Leute saßen auf den Altarstufen und standen überall herum. Ich hätte lieber gepredigt als meinen Vortrag gehalten, vor 1500 bis 2000 Menschen. Dann Parallelgottesdienst wegen Überfüllung."

Diese begeisterte Beteiligung wurde in der offiziellen Berichterstattung, wenn auch widerwillig, bestätigt:

„... Waren so die Vorträge in der Dreifaltigkeitskirche wissenschaftlich sehr befriedigend, aber wenig gut besucht, so lagen die Dinge in der Apostel-Paulus-Kirche fast umgekehrt. Das riesige Gotteshaus war Abend für Abend nicht nur überfüllt, sondern es mußten auch Parallelveranstaltungen mit denselben Rednern in der ebenfalls recht großen Zwölf-Apostel-Kirche stattfinden, um die Menge der Besucher zu fassen ... Denselben Ton (wie Jacobi) schlug Lic Bonhoeffer (Stettin) an, und zwar illustrierte er seine Darlegungen an einigen Kirchenliedern. Schon mit Paul Gerhardt beginnt nach ihm der Abstieg; Pietismus, Aufklärung und 19. Jahrhundert führen immer weiter nach unten, und erst in der Gegenwart, z B. in den Liedern Heinrich Vogels (!), beginne man sich wieder auf die reformatorische Höhe zu erheben. Der Redner suchte diese seine Meinung an der Hand der gewählten Kirchenlieder zu beweisen, was ihm insofern auch gelang, als er in Auswahl und Zitierung die denkbar größte Willkür walten ließ, sich z.B. nicht scheute, aus der ersten Hälfte einer Strophe irgend etwas nachzuweisen, während er die das Gegenteil besagende zweite Hälfte wegließ usw. Wenn man bedachte, daß es sich hier um einen Schüler Harnacks handelte, so konnte man angesichts solcher ‚Geschichtsbetrachtung' sehr traurig werden. Im Grunde ging auch der dritte Redner, Professor Iwand (Königsberg) in derselben Linie ...

... Alles in allen: In der Dreifaltigkeitskirche wertvolle, wissenschaftlich aufgeschlossene Theologie, aber nur eine kleine Zuhörerschaft; in der Apostel-Paulus-Kirche enge und sehr anfechtbare Theologie, aber starke religiöse Kraft und eine mit größter Andacht lauschende riesige Gemeinde. Dieser Tatbestand muß im Hinblick auf die Zukunft der evangelischen Kirche die schwersten Bedenken erregen."[13]

Immer wieder finden sich, verstreut in den Briefen, die Bonhoeffer während der Zeit der Olympischen Spiele schrieb, Bemerkungen, die auf einen aufziehenden Sturm hindeuten. In der Bekennenden Kirche gab man sich keinen Täuschungen darüber hin, daß es zu drastischen Maßnahmen kommen würde, sobald diese zeitweilige Freiheit der Olympiade vorüber war. Die Dringlichkeit der Lage veranlaßte Bonhoeffer, seinen Entschluß, an keinem ökumenischen Treffen teilzunehmen, bei dem auch die Reichskirche vertreten war, zu revidieren, jedenfalls für dieses eine Mal. Er sah sehr deutlich, daß die Einladung zur Teilnahme an dem Vorbereitungstreffen für die Weltkonferenz Life and Work wahrscheinlich die letzte sein würde, zu der man ihn würde fahren lassen. Diese Konferenz war für 1936 in Chamby in der Schweiz angesetzt und sollte der Vorbereitung der Weltkonferenz über „Kirche, Volk und Staat" (Oxford 1937) dienen. In einem weiteren Brief an Bethge ließ er ihn wissen, daß sie möglicherweise noch zehn Tage länger, nach Abschluß der Konferenz, in der Schweiz bleiben würden. Er hatte die Absicht, sich in einiger Ruhe an den Entwurf eines Memorandums zu setzen, und er hoffte, den Bruderrat überzeugen zu können, ein solches Memorandum an Hitler zu schicken. So fuhren also Bonhoeffer und Bethge nach Chamby und blieben auch noch anschließend einige Tage dort. Nachdem sie ihre eigentliche Aufgabe erledigt hatten, verbrachten sie noch ein paar kurze Ferientage in Italien. Die Erinnerung an diese Ferien blieb Bonhoeffer durch all die schwierigen und düsteren Tage, die kommen sollten, lebendig, und in seinen Briefen an Bethge aus dem Gefängnis spricht er noch von ihnen. Karl Barth sah er bei dieser Gelegenheit nicht, schrieb ihm aber ausführlich.

1936: erstes und zugleich letztes volles Jahr in Finkenwalde

Während die Unwetter, die 1937 dann losbrechen sollten, sich erst noch zusammenbrauten, führte Bonhoeffer inmitten vieler Schwierigkeiten des täglichen Lebens und kirchlicher Kontroversen sein Predigerseminar durch das Jahr 1936. Am 21. Dezember[14] schreibt er einen Bericht unter dem Motto: „Er hat alles wohl gemacht" (Mk 7,37). Dabei weist er darauf hin, daß der Text nichts davon sage, daß *wir* alles wohl gemacht hätten. Seine Studenten ermahnt er, ihre Fehler und ihre Schuld nicht vergessen zu wollen, und er vergißt auch seine eigenen Fehler und Versäumnisse nicht. „Und doch bist du kein Christ, sondern verhärtest dich in deiner Sünde, wenn du nicht auch über deiner Schuld sprechen kannst, ER hat alles wohl gemacht!"

Dieser Bericht ist für ehemalige Kandidaten (jetzt in Gemeinden) und für Freunde bestimmt. Gleichzeitig dient dieses Schreiben auch zu einem Überblick über das zurückliegende Jahr für die Bekennende Kirche und für die Rolle, die Finkenwalde dabei gespielt hat:

„Gott der Herr hat unsere Bekennende Kirche im vergangenen Jahr großer Fragen, Aufgaben und Leiden gewürdigt. Seit dem Eingreifen der staatlichen Kirchenausschüsse in das Leben unserer Kirche sind schwere Erschütterungen durch die Bekennende Kirche gegangen. Für Euch, liebe Brüder in den Gemeinden, hat es schwere Entscheidungen gegeben. Ihr habt den Kampf führen müssen und seid dabei durch viele Fragen, Zweifel und Anfechtungen gegangen. Unser Dienst hier im Hause konnte hauptsächlich darin bestehen, unsere Arbeit ruhig und selbstverständlich fortzuführen."

Er berichtet von der regelmäßig eingehaltenen halben Stunde Meditation, an die ehemalige Seminaristen sich erinnern werden – und die sie, wie er hofft, auch noch praktizieren – und von den täglichen Fürbitten für alle, die zu ihrer Gemeinschaft gehören und gehört haben. Dann berichtet er von ihrer Arbeit, im besonderen von ihrem Studium der Schrift: „Es darf kein Tag unseres Lebens im Amt vergehen, an dem wir nicht die Schrift gelesen haben. Gerade die Auseinandersetzungen der letzten Monate haben wieder beschämend deutlich gezeigt, wie unmündig wir noch in der heiligen Schrift sind."

Er beschreibt friedliche, häusliche Szenen, wie im Seminar miteinander musiziert wird und alle als eine Gemeinschaft von Lernenden miteinander leben. Er erzählt von der Reise nach Schweden und von den in pommerschen Gemeinden durchgeführten Volksmissionen. Ehemaligentreffen werden mit besonderer Liebe beschrieben, und er kann mitteilen, daß fast alle Brüder aus dem ersten und zweiten Kurs inzwischen ordiniert sind. Sehr betrübt ist er darüber, daß drei der Brüder sich den Kirchenausschüssen der Reichskirche zur Verfügung gestellt und sich so von der Bekennenden Kirche getrennt haben: „Es war uns ein großer Schmerz. Unsere Worte haben hier nichts mehr vermocht. Und wir befehlen sie in ihrem Leben und in ihrem Amt fürbittend der Gnade Gottes."

Das letzte Ehemaligentreffen

Im April 1937 trafen sich die Ehemaligen des ersten Kurses, mit dem Bonhoeffer zwei Jahre zuvor, nach seiner Rückkehr aus London, angefangen hatte, in Finkenwalde. Dieses für alle eindrückliche Treffen mit seinen Pionieren dauerte vom 12. bis 17. April. Bonhoeffer und die ehemaligen Kandidaten waren sich der spannungsreichen Atmosphäre bewußt, in der dieses Treffen stattfand. Im Blick auf dieses Treffen hielt Bonhoeffer am 14. März eine seiner bewegendsten Predigten, die dann vervielfältigt und verbreitet wurde: die Judaspredigt.[15] Der Predigttext war Mt 26,45b–50. Die Predigt begann in geradezu typischer Weise: „Ein Geheimnis hatte Jesus seinen Jüngern bis zum letzten Abendmahl verborgen." Von seinem bevorstehenden Tod hatte er ihnen erzählt, des Menschen Sohn mußte in die Hände der Sünder ausgeliefert werden. Aber erst in den allerletzten gemeinsamen Stunden konnte er ihnen sagen: „Des Menschen Sohn wird überantwortet in die Hände der Sünder – durch Verrat. ‚Einer unter euch wird mich verraten.'" Die Feinde können ihm nichts anhaben, der Verrat geschieht durch einen Freund. Zwei Stellen aus dieser Predigt mögen hier ihre Wortgewalt und auch ihre Gegenwartsbezogenheit in diesem schicksalhaften Jahr 1937 verdeutlichen:

„‚Und als er noch redete, siehe, da kam Judas, der Zwölf einer, und mit ihm eine große Schar, mit Schwertern und Stangen.' Jetzt sehen wir nur noch zwei, um die es hier geht. Die Jünger und die Häscher treten zurück, sie beide tun ihr Werk schlecht. Nur zwei tun ihr Werk so, wie sie es tun mußten.

Jesus und Judas. Wer ist Judas? Das ist die Frage. Es ist eine der ganz alten und grüblerischen Fragen der Christenheit. Halten wir uns zunächst an das, was der Evangelist uns selbst dazu sagt: Judas, der Zwölf einer. Ob wir etwas spüren von dem Grauen, mit dem der Evangelist dieses kleine Satzteilchen geschrieben hat? Judas, der Zwölf einer – was war hier mehr zu sagen? Und war hiermit nicht auch wirklich alles gesagt? Das ganze dunkle Geheimnis des Judas und zugleich das tiefste Entsetzen vor seiner Tat? Judas, der Zwölf einer, das heißt doch: es war unmöglich, daß dies geschah, es war ganz unmöglich, und es geschah doch. Nein, hier ist nichts mehr zu erklären und verstehen. Es ist ganz und gar unerklärlich, unbegreiflich, es bleibt ganz und gar Rätsel – und doch geschah diese Tat. Judas, der Zwölf einer, das heißt ja nicht nur: er war einer, der Tag und Nacht um Jesus war, einer, der Jesus nachgefolgt war, der es sich etwas hatte kosten lassen, der alles verlassen hatte, um mit Jesus zu sein, ein Bruder, ein Freund, ein Vertrauter des Petrus, des Johannes, des Herrn selbst. Es hieß ja noch etwas viel Unbegreiflicheres: Jesus selbst hatte Judas berufen und erwählt! Das ist das eigentliche Geheimnis, denn Jesus wußte, wer ihn verraten würde, von Anfang an. Bei Johannes sagte Jesus: Habe ich nicht euch Zwölf erwählt, und euer einer ist ein Teufel. Judas, der Zwölf einer – dabei muß ja nun der Leser nicht nur auf Judas, sondern vielmehr in großer Bestürzung auf den Herrn schauen, der ihn erwählte. Und die er erwählte, die hat er geliebt. Er hat ihnen Anteil gegeben an seinem ganzen Leben, an dem Geheimnis seiner Person, er hat sie in gleicher Weise ausgesandt zur Predigt des Evangeliums. Er hat ihnen die Vollmacht der Teufelsaustreibung und Heilung gegeben – und Judas war mitten unter ihnen. Nirgends eine Andeutung davon, daß Jesus den Judas im Geheimen gehaßt hätte. Nein, Judas schien durch sein Amt, den Beutel der Jünger zu verwalten, noch ausgezeichnet vor den andern."

Und dann gegen Ende der Predigt:

„Mein Freund, warum bist du gekommen?" Hört ihr, wie Jesus den Judas noch liebt, wie er ihn noch in dieser Stunde seinen Freund nennt? Jesus will den Judas noch jetzt nicht loslassen. Er läßt sich von ihm küssen. Er stößt ihn nicht zurück. Nein, Judas muß ihn küssen. Seine Gemeinschaft mit Jesus muß sich vollenden. Warum bist du gekommen? Jesus weiß es wohl, warum Judas gekommen ist, und dennoch: Warum bist du bekommen? Und: Judas, verrätst du des Menschen Sohn mit einem Kuß? Ein letzter Ausdruck der Jüngertreue, vereint mit Verrat. Ein letztes Zeichen der leidenschaftlichen Liebe, gepaart mit dem viel leidenschaftlicheren Haß. Ein letzter Genuß an einer unterwürfigen Geste, im Bewußtsein der Übermacht des davongetragenen Sieges über Jesus. Ein bis ins Tiefste hinein entzweites Tun, dieser Judaskuß! Von Christus nicht lassen können, und ihn doch preisgeben. Judas, verrätst du des Menschen Sohn mit einem Kuß? Wer ist Judas? Sollten wir hier nicht auch des Namens gedenken, den er trug? ‚Judas', steht er nicht hier für das im tiefsten entzweite Volk, aus dem Jesus stammte, für das erwählte Volk, das die Verheißung des Messias empfangen hatte und ihn doch verwarf? Für das Volk Juda, das den Messias liebte, und doch so nicht lieben konnte? ‚Judas' – sein Name heißt verdeutscht ‚Dank'. War dieser Kuß nicht der Jesus dargebrachte Dank des entzweiten Volkes des Jüngers und doch zugleich die ewige Absage? Wer ist Judas, wer ist der Verräter? Sollten wir angesichts dieser Frage etwas anderes tun können, als mit den Jüngern sprechen: Herr, bin ich's, bin ich's?"

Das Ende von Finkenwalde

Bis 1937 war der Kirchenkampf ein theologischer Kampf, und die einzige Art von Politik, in die die Bekennende Kirche verwickelt war, war Kirchenpolitik. Der Gegner waren die Deutschen Christen. Finkenwalde war ein theologisches Predigerseminar, und die dortige Gemeinschaft verstand sich als eine der Kirche dienende Gemeinschaft. Und wenn die hier ausgetragenen Gegensätze einmal die Grenze zur Politik berührten, so hatte es sich dabei doch meist um die Frage nach dem Wesen der Kirche gehandelt und daraus folgend die Frage nach ihrem Verhältnis zum Staat. Doch jetzt mußte Bonhoeffer sich eingestehen, daß er, ohne es zu wollen, aber auch ohne es vermeiden zu können, zu einem politischen Kampf gedrängt wurde.

Etwa um die Zeit des letzten Treffens mit ehemaligen Finkenwaldern im April 1937 arbeitete er an dem Entwurf eines Vortrages zum Thema Frieden für die Oxford-Konferenz im Juli, deren Gesamtthema „Kirche, Volk und Staat" war.[16] Hierbei ging es nicht nur einfach um eine pazifistische Erklärung, vielmehr wurde hier die politische Frage aufgeworfen, was die ökumenische Bewegung im Falle eines Krieges tun solle. Ausgehend von der einfachen Feststellung, daß das Evangelium Friedensbotschaft ist, werden neun Punkte angeführt, deren letzter das unmittelbar in der Luft liegende politische Problem anspricht:

„Ein Krieg bedeutet für die Kirche immer eine schwere Anfechtung und zugleich den Ruf zur Bewährung des Glaubens und Gehorsams gegen ihren Herrn. Gerade darum darf auch in solchem Schicksal die ökumenische Verbundenheit der Kirche Christi nicht zerbrechen, sondern muß sich bezeugen in der Gemeinschaft des Glaubens, der Liebe und der Fürbitte. Die Bande des Heiligen Geistes sind stärker als die Bande der geschaffenen Welt."

Im nächsten Monat fand eine Freizeit für Pfarrer der Bekennenden Kirche in Finkenwalde statt, und Bonhoeffer richtete jetzt sein Augenmerk besonders auf Fragen der Kirchenzucht und der kirchlichen Autorität – so, als wisse er schon, daß der Hauptangriff unmittelbar bevorstand, und wolle die Gemeinden der Bekennenden Kirche durch innere Ordnung und Zucht und das Bewußtsein ihrer eigenen Stärke dafür rüsten. Ausgehend vom Neuen Testament hielt er ein Referat, oder eher noch eine Reihe von Thesen, über „Schlüsselgewalt und Gemeindezucht".[17]

Diese Sätze erinnerten in ihrer deutlichen Klarheit an Luthers 1517 an die Wittenberger Kirchentür genagelte Thesen. Sie richteten sich an die Kirche, die demnächst einem äußeren Feind gegenüberstehen würde, und forderten eine klare und strenge Zucht, die sie unter dem zu erwartenden Ansturm stützen sollte. Der erste Angriff erfolgte am 9. Juni mit einem Erlaß, der kirchliche Kollekten für die Bekennende Kirche untersagte. Des weiteren wurde Dozenten an Predigerseminaren der Bekennenden Kirche untersagt, in Berlin zu unterrichten. Am 14. Juni durchsuchte die Gestapo die Büroräume der Bekennenden Kirche der Altpreußischen Union und verhaftete Wilhelm Niesel. Am 23. Juni drang die Gestapo in eine Sitzung des Reichsbruderrates in der Friedrichswerderschen Kirche in Berlin ein und verhaftete Beckmann, Böhm, Iwand, Lücking, Müller (aus Heiligenstadt), Perels, von Rabenau und Rendtorff. Wenige Tage später wurden die Räume der Provinzverwaltung des Pfarrernotbundes geschlossen und versiegelt.

Am 3. Juli schrieb Bischof Bell in der ‚Times': „Dies ist eine entscheidende Stunde. Es geht hier nicht nur um das Schicksal einzelner Pfarrer, es geht hier um die Haltung des deutschen Staates zum Christentum."[18] Fast umgehend entsandte er den Dean von Chichester, Duncan-Jones, nach Berlin, um beim Reichskanzler und beim Justizministerium zu intervenieren.

In den folgenden Monaten waren Finkenwalder Seminaristen allen möglichen Verfolgungen – Verhören, Haussuchungen, Beschlagnahmen und Verhaftungen – ausgesetzt. Man hätte denken können, schon die

Tatsache der Ausbildung in Finkenwalde bei Bonhoeffer sei ein Verbrechen. Die Arbeit im Predigerseminar ging weiter, aber man erwartete täglich, daß zugeschlagen würde. Bonhoeffer stellte wie vorgesehen das Manuskript seines Buches ‚Nachfolge' fertig und verbrachte ein paar erholsame Tage mit den Kandidaten an der Ostsee; das letzte Semester endete am 8. September 1937.

9. *Schicksalsjahre*

Am 1. Juli 1937 wurde Martin Niemöller verhaftet; damals sah es so aus, als sei dies nur eine der Einschüchterungsmaßnahmen und der Kirchenführer sei bald wieder frei, aber er blieb bis Ende des Krieges 1945 in Haft. Niemöller war schon einmal, im Jahr 1935, verhaftet worden; damals hatte er zusammen mit fünfhundert weiteren Pfarrern drei Tage im Gefängnis verbracht. Im Herbst 1936 war er darauf gefaßt gewesen, wieder verhaftet zu werden, und hatte dem in aller Ruhe entgegengesehen; das hatte sich dann aber als falscher Alarm erwiesen. Im Frühjahr 1937 erfuhr er, daß die Staatsanwaltschaft vierzig Anklagepunkte gegen ihn gesammelt habe, aber nichts geschah. Und dann im Sommer war es soweit.

Es war der erste Tag der Sommerferien. Seine beiden ältesten Söhne waren schon mit den Fahrrädern in die Ferien aufgebrochen; Frau Niemöller hatte die Töchter an einen frühen Zug an die Ostsee gebracht und war gerade vom Bahnhof zurück; Niemöller selbst war, nach einer Gemeindesitzung am vorhergehenden Abend, die bis spät in die Nacht gedauert hatte, noch gar nicht angezogen und spielte mit dem jüngsten Sohn Martin. Um 8.30 Uhr kam die Gestapo, um ihn zu einer Vernehmung abzuholen. Er zog sich schnell an und ging mit in der Erwartung, bald wieder zurück zu sein. Solche Verhöre hatte er schon verschiedentlich mitgemacht; sie fanden immer am gleichen Ort statt, im Polizeipräsidium am Alexanderplatz. Aber diesmal ließ man ihn stundenlang warten. Und dann kam kein Verhör. Er verschwand in einer Gefängniszelle, später im KZ, ohne Anklage, für die nächsten acht Jahre.

Die Kirche vergaß ihn nicht während dieser ganzen langen Haftzeit. Vom Tag nach seiner Verhaftung bis zum Tag nach Kriegsende wurden in der kleinen, an seine Gemeindekirche angebauten Annenkapelle regelmäßige Fürbittgottesdienste gehalten – zuerst zweimal wöchentlich und später täglich. Diese Gottesdienste waren immer gut besucht, besonders von Frauen. Im Lauf der Zeit kamen weitere Namen hinzu, und so wurde diese Einrichtung zu einem Fürbittgottesdienst für die Märtyrer der Bekennenden Kirche. Im Sommer 1937 versuchte die Gestapo, diesen Gottesdiensten durch Massenverhaftungen ein Ende zu machen. Aber gegen den schlichten Mut der Leute waren sie machtlos. Je mehr verhaftet wurden, umso mehr kamen, und so gab die Gestapo es schließlich auf.

Am 24. Juli wurde Paul Schneider „wegen Gefährdung der öffentlichen Sicherheit" aus dem Rheinland ausgewiesen. Er machte geltend, daß Hindenburgs Erlaß von 1934, auf Grund dessen er schon einmal verhaftet und jetzt von seiner Gemeinde und sogar aus dem gesamten Rheinland ausgewiesen worden war, falsch angewendet worden sei. In einem Schreiben an den Reichskanzler beschwerte er sich:

„Bei der Ausweisungsverhandlung vor der Geheimen Staatspolizei, Leitstelle Koblenz, erklärte ich: . . . Die mir jetzt gemachte Eröffnung meiner Ausweisung sei für mich nunmehr ein Beweis, daß schon die Schutzhaft eine Verfolgungsmaßnahme gegen die Bekennende Kriche und damit gegen die Kirche Jesu Christi in Deutschland darstelle. Ich müsse den Schutzhaftbefehl mit Berufung auf den Hindenburgerlaß als unrecht und unwahr bezeichnen; ich zerreiße zum Zeichen dessen den Schutzhaftbefehl. Dieses tat ich dann auch. Ein Vermächtniswort Hindenburgs sei gewesen: ‚Sorgen Sie dafür, daß Christus in Deutschland gepredigt wird.' Nichts anderes tue die Bekennende Kirche. Selbstverständlich könne ich auch die Ausweisung nicht anerkennen oder annehmen. Ich wisse mich vor Gott an meine Gemeinden gewiesen und könne mich von ihnen nicht durch Menschen, auch durch die Obrigkeit nicht einfach losreißen lassen, ohne daß mir ein Unrecht nachgewiesen sei. – In der Konsequenz dieser Erklärung lehnte ich es auch ab, einen Ort außerhalb des Rheinlandes zu nennen, wo ich Wohnung nehmen wolle . . ."[1]

Paul Schneider war Pfarrer im Rheinland in den zwei Hunsrückgemeinden Dickenschied und Womrath. Er hatte sich nicht um die ergangene „Ausweisung" gekümmert, sondern versah weiterhin seinen Pfarrdienst in den beiden Gemeinden. Erst wurde er nach Koblenz gebracht, und von dort nach Buchenwald, wo er 1939 umkam. Noch viele sollten folgen, aber er war der erste. Ein kleines Buch, erstmals 1937 gedruckt und von Hand zu Hand weitergereicht, erzählt von diesen Stimmen aus der Haft. Die meisten der Briefe in dieser Sammlung waren anonym. Nach dem Krieg wurde sie wieder veröffentlicht und auch in andere Sprachen übersetzt. Die Briefe sprechen von Mut, vom Annehmen des Leidens als biblisch, als erlösend und als Teil von Gottes Plan zum Anbruch der neuen Zeit, die wir noch nicht erkennen können. Viele müssen aus diesen Briefen Mut geschöpft haben, selbst fest und unerschütterlich zu bleiben. Aber es gab auch andere, wie es sie in der Kirche immer gegeben hat, die in der Verfolgung schwach wurden und ihren Glauben verleugneten.

Dietrich Bonhoeffer wurde nicht so auf die Probe gestellt. Oft hat er sich allerdings überlegt, wie er sich wohl verhalten würde, wenn er verhaftet werden sollte. Später sollte er diese Erfahrung machen, aber jetzt war er noch frei, hatte Zeit für ein paar Urlaubstage in Bayern und konnte sein Buch ‚Nachfolge' zum Druck vorbereiten. Das Buch widmete er Martin Niemöller, mit dem Zusatz: „Ein Buch, das er selbst besser schreiben könnte als der Verfasser."

Fast unmittelbar nach Beendigung des Sommersemesters in Finkenwalde wurden durch einen Erlaß Himmlers alle inoffiziellen Seminare geschlossen; das betraf auch Finkenwalde.

Nachfolge

Bonhoeffers Buch ‚Nachfolge' enthält das, was er in Finkenwalde gelehrt hat, in seiner wesentlichen Form. Liest man es zusammen mit der Schrift ‚Gemeinsames Leben', die man als Grundlage und Erläuterung zum Finkenwalder christlichen Gemeinschaftsleben bezeichnen kann, so vermittelt es besser als alle Erinnerungen ehemaliger Finkenwalder eine Vorstellung von der Besonderheit dieser Ausbildungsstätte der Bekennenden Kirche. Solche Erinnerungen tragen natürlich viel dazu bei, die Atmosphäre einzufangen, und ich denke mit besonderer Freude an die langen Unterhaltungen, die ich mit ehemaligen Kandidaten des Predigerseminars hatte, die Krieg und Verfolgung überlebt hatten. Aber diese beiden Bücher können uns Finkenwalde von seinem Zentrum her erschließen. In ihnen geht es natürlich um sehr viel weiter gespannte Themen als eine bloße Beschreibung des Lebens im Predigerseminar. Hier hat Bonhoeffer umrissen, was er als das Kernstück des christlichen Glaubens sah. Gleichzeitig setzt er sich in diesen beiden Büchern mit den im Bereich der Spiritualität vorhandenen Schwächen seiner Kirche auseinander. Um dies zu sehen, muß man die beiden Bücher jedoch nebeneinanderlegen. Das eine handelt von der christlichen Gemeinschaft und der geistlichen Verantwortung, die wir füreinander tragen (Gemeinsames Leben), und das andere fordert uns heraus zu einer Nachfolge, die einen hohen Preis hat (Nachfolge).

In ‚Gemeinsames Leben' rechtfertigt Bonhoeffer die Einführung der Einzelbeichte. Er ist sich der Gefahren bewußt und nennt sie auch bei

Namen. Es sollte nicht einer allein der Beichtiger für alle sein, denn dann würde das Beichtehören für ihn zu einer stumpfen Routine, und er wird auch versucht sein, den Beichtstuhl zur Ausübung geistlichen Drucks auf die anderen zu mißbrauchen. Vielmehr empfiehlt er, jeder in der Gruppe solle sich seinen eigenen Beichtiger wählen, aber niemand solle Beichte hören, der sie nicht auch selber praktiziere. Seine Beschreibung der Gefahren der Beichte gehört zu dem Bedeutendsten, was er geschrieben hat, und läßt an den Aufsatz denken, der seinem Buch ‚Nachfolge' als einführendes Kapitel vorangestellt ist und der seinerseits am besten zu verstehen ist, wenn man ihn im Zusammenhang mit diesem Angriff auf die Beichte als Beispiel der billigen Gnade in ‚Gemeinsames Leben' liest:[2] „Er [der Beichtende] bewahre seine Seele um ihres Heiles willen davor, daß seine Beichte jemals zu einem frommen Werk wird. Dann nämlich wird sie die letzte, abscheulichste, heilloseste, unkeuscheste Preisgabe des Herzens, sie wird zum wollüstigen Geschwätz. Die Beichte als frommes Werk ist ein Gedanke des Teufels."

Der einleitende Aufsatz in der ‚Nachfolge' ist überschrieben „Teure Gnade". Er beginnt mit der Ablehnung der „billigen Gnade": „Billige Gnade heißt Gnade als Schleuderware, verschleuderte Vergebung, verschleuderter Trost, verschleudertes Sakrament, Gnade als unerschöpfliche Vorratskammer der Kirche, aus der mit leichtfertigen Händen bedeutungslos und grenzenlos ausgeschüttet wird."

Hier klingt einerseits Luthers Angriff auf den Ablaßhandel seiner Zeit durch, gleichzeitig findet sich eine starke Ablehnung eines protestantischen Pietismus, der Religion als Tugend um des Lohnes willen praktizierte. Gnade kann nicht in dieser Weise erkauft werden, vielmehr wird sie frei gegeben zu teurem Preis und sollte als etwas Kostbares geschätzt werden. Der Aufsatz ist eine Verteidigung Luthers gegenüber denen, die ihn mißbrauchen.

„Wie Raben haben wir uns um den Leichnam der billigen Gnade gesammelt, von ihr empfingen wir das Gift, an dem die Nachfolge Jesu unter uns starb. Die Lehre von der reinen Gnade erfuhr zwar eine Apotheose ohnegleichen, die reine Lehre von der Gnade wurde Gott selbst, die Gnade selbst. Überall Luthers Worte, und doch aus der Wahrheit in Selbstbetrug verkehrt."[3]

Diese Selbsttäuschung bestehe darin, daß wir zufrieden seien, wenn wir nur die richtigen Lehraussagen zur Rechtfertigung durch den Glauben hätten. Gnade wird dann als Schleuderware nachgereicht. „Das sollte lutherisch heißen, daß man die Nachfolge Christi den Gesetzlichen, den Reformierten oder den Schwärmern überließ," fährt er fort und schließt noch vernichtender: „... daß man die Welt rechtfertigte und die Christen in der Nachfolge zu Ketzern machte. Ein Volk war christlich, war lutherisch geworden, aber auf Kosten der Nachfolge."

Das Buch enthält eine detaillierte Auslegung der Bergpredigt. Bonhoeffer weigert sich, die dort ausgesprochenen „Gebote" im idealistischen Sinne zu verstehen; vielmehr seien dies ganz reale, wirkliche Forderungen an die, die Christus nachfolgen wollen. Die „guten Werke" will er nicht abtun, als brächten sie uns in die Gefahr der Häresie. Im Neuen Testament finde sich keine so scharfe Trennung zwischen den guten Werken und dem Glauben, wie sie lutherischen Theologen dann so am Herzen lag. Jesus erwarte von denen, die ihm nachfolgten, durchaus auch bessere Taten als von den Pharisäern. Bonhoeffer spricht hier sowohl zu sich selbst als auch zu seinen Studenten. Miteinander bemühten sie sich darum, in der außergewöhnlichen Situation in Deutschland unter dem sich zusammenziehenden Netz nationalsozialistischer Herrschaft treue Jünger zu werden.

Bonhoeffer war stark beeindruckt gewesen, als er hörte, Mahatma Gandhi habe die Bergpredigt zum Leitfaden seines täglichen Lebens gemacht. Es gab wohl nur wenige Christen, die diesen Abschnitt des Matthäusevangeliums (Kap. 5–7) so ernst nahmen wie er. Darum fühlte sich Bonhoeffer verpflichtet, diese Kapitel genau zu interpretieren und zu prüfen, ob er nach diesen Worten leben könne. In Finkenwalde waren die Voraussetzungen hierfür geradezu ideal. Dort waren sie eine Gemeinschaft von Jüngern, besonders die etwas Älteren des Bruderhauses. Durch die Beichte trugen sie gemeinsam ihre Verfehlungen in Gedanken und Werken. Und doch war es keine klösterliche Gemeinschaft und auch kein weltflüchtiger Pietismus, denn die Welt störte ihre Andacht laufend. Sie mußten Stellung beziehen zu den Deutschen Christen, den Juden, den Nationalsozialisten, zur internationalen Lage und dem deutschen Drang nach Lebensraum, zu großdeutschen Plänen, nach denen alle deutschsprachigen Völker, von allen nichtdeutschen Elementen gereinigt, unter einer Herrschaft vereint werden sollten, und zu noch vielen anderen Tagesfragen.

Von den Seligpreisungen bis zu dem Gleichnis von den zwei Häusern, von denen das eine auf festem Fels, das andere auf Sand gebaut ist, ging er der Frage nach dem Wesen christlicher Ethik nach. Wie sollte ein Christ leben, wie konnte ein Jünger Jesu ein gerechteres Leben führen als die Pharisäer? So wie Jesus an den Zehn Geboten gezeigt hatte, daß das wörtliche Befolgen, wie es normalerweise gefordert ist, nicht genug ist für einen Jünger, so zeigte Bonhoeffer an den allgemein akzeptierten christlichen Grundsätzen seiner Zeit, wieviel mehr von einem Nachfolger gefordert war. Mit diesem Buch sind wir wieder bei seinen ersten Predigten. Ein religiöser Mensch sei nicht unbedingt ein Jünger im Sinne der unmittelbaren Nachfolge. Aus der Annahme des Rufs zur Nachfolge ergeben sich Konsequenzen, durch die der Mensch heraustritt aus der Masse der Namenschristen, dies heißt aber nicht, daß der Jünger, der nachfolgt, frömmer ist als die anderen. Wahrscheinlich bedeutet es, daß er menschlicher ist. Nicht im Blick auf sein eigenes, gutes Verhalten, sondern darauf, wie sich seine Beziehungen zu anderen Leuten entwickeln, fragt der Jünger, ob er die Gebote gehalten habe; so habe niemand das Recht, gregorianische Gesänge anzustimmen, wenn er nicht in gleicher Weise seine Stimme erhöbe für die Juden. Er konnte nicht verneinen, daß die Bekenntnisse seiner eigenen evangelischen Kirche sehr wohl von den Deutschen Christen anerkannt wurden, aber sie wurden dort von einer ihnen fremden Philosophie in Anspruch genommen. Die Beziehung zu Christus und zum anderen Menschen müsse eine persönliche sein, was den Bekenntnissen dann eine neue Bedeutung verleihe. Wenn es zeitweilig den Anschein hatte, als vermeide er religiöse Formulierungen, so deshalb, weil sie von den neuen Pharisäern ihres Sinnes entleert worden waren.

Manchmal klingt er wie Jeremia, wie er sich am Krönungstag vor dem Tempel aufstellt (Jer 7) und seine Mitbürger dazu aufruft, sich durch ihren Lebenswandel des Gottes, zu dem sie sich mit Worten bekennen und den sie verehren, würdig zu erweisen. Auch Bonhoeffer konnte seine Landsleute drängen, sich nicht täuschen zu lassen von schönen Worten, sinnlos wiederholt: „Hier ist des Herrn Tempel, hier ist des Herrn Tempel, hier ist des Herrn Tempel."

Seine Beschreibung der Szene zu Beginn des 5. Kapitels des Matthäusevangeliums, bevor er die Bergpredigt im einzelnen auslegt, zeigt sehr deutlich, wie sehr es ihm um die Frage geht, wie der wahre, Jesus nachfolgende Jünger sich wohl in der Situation im Deutschland der dreißiger Jahre verhalten solle. Diese ersten Verse bedeuten eine Pause, bevor die Bergpredigt in ihrer ganzen Gewalt über die Hörer ergeht. Bonhoeffer macht viel aus dieser vorgeschobenen Pause: „Da er aber das Volk *sah, ging* er auf einen Berg und *setzte sich*; und seine Jünger *traten zu ihm*. Und er *tat seinen Mund auf* und *lehrte* sie ..." (Mt. 5,1.2)

Die kursiv hervorgehobenen Worte ziehen den Zeitablauf in die Länge und gestatten so ein genaueres Betrachten der Szene. Das Volk sieht Jesus mit seinen Jüngern. Bis noch vor kurzem gehörten diese Jünger zur

Menge, gerade so wie alle anderen. Das Volk muß nun der beunruhigenden Tatsache ins Auge sehen, daß diese Menschen anders geworden sind. Das Volk, das sind die verlorenen Schafe des Hauses Israel, das von Gott auserwählte Volk, die „Volkskirche".

Jesus sieht seine Jünger. Sie sind dem Ruf, der an ganz Israel ergangen ist, gefolgt. Schon durch die Tatsache, daß sie den Ruf hören und ihm folgen, wird deutlich, daß sie aus diesem Volk sind. Aber sie haben die Stimme des guten Hirten gehört. Dies bedeutet nun nicht ein gutes Leben für sie, so sehr auch das Alte Testament lehrt, daß dem so wäre, vielmehr führt dies zu Entbehrungen. Diese Jünger haben alles aufgegeben, sie haben die Menge in aller Öffentlichkeit verlassen, um in Not und Entbehrung zu leben.

Die Jünger sind es, die Jesus in den Seligpreisungen beschreibt – selig, weil sie nichts haben, die Ärmsten der Armen, die am schlimmsten Bedrängten und die Hungrigsten der Hungrigen. Sie haben nur Jesus, und mit ihm haben sie nichts, nichts auf der Welt, aber alles mit und durch Gott. Im Weiterlesen in der ‚Nachfolge' wird deutlich, daß Bonhoeffer recht klar vorausgesehen hat, daß der Weg der Bekennenden Kirche ein Weg der Verfolgung und nicht des Erfolges sein würde. Die Ereignisse von 1937 sollten das dann mit immer größerer Deutlichkeit zeigen. Alles schlug zugunsten der Deutschen Christen aus. So ging der Kampf jetzt nur noch um die Reinerhaltung der Kirche, von der ein kleines Häuflein überleben würde, um eines Tages dann den Weg aus den Trümmern zur Erneuerung weisen zu können. Ab 1937 war Bonhoeffers Blick auf eine fernere Zukunft gerichtet, auf die Zeit nach dem Sturz der Naziherrschaft, wenn die Deutschen Christen ihren mächtigen Schutz verlieren würden und eine zerschlagene Nation der Hilfe treuer Nachfolger Jesu Christi bedürfe. Aber er sah auch schon, daß diese Jünger auch zur Menge gehörten und an der Schuld der Menge teilhaben würden.

Die Gebote

Bonhoeffer setzt sich in der ‚Nachfolge' mit der Haltung der Jünger gegenüber den zehn Geboten auseinander und führt dazu in recht orthodoxem Verständnis die Verse an, wo Jesus über den eigentlichen Sinn der Gebote spricht. Er ist gekommen, nicht um das Gesetz aufzuheben, sondern um es zu erfüllen. Besonders an einem Gebot wird hier deutlich, wo Bonhoeffer selbst jetzt steht.

Das Kapitel über „Du sollst nicht töten" ist überschrieben: „Der Bruder". „Bruder" bleibt hier nicht eingeschränkt auf den Mitchristen, sondern schließt auch die Juden ein. Das Gebot, das den Mord verbietet, befiehlt uns unseres Bruders Wohlergehen an:

„Das Leben des Bruders ist von Gott gesetzt und in Gottes Hand, allein Gott hat Gewalt über Leben und Tod. Der Mörder kann in der Gemeinde Gottes keinen Raum haben ... Das Leben des Bruders ist dem Nachfolger Jesu zur Grenze gesetzt, die nicht durchbrochen werden darf. Eine solche Durchbrechung geschieht aber schon im Zorn, es geschieht erst recht durch ein böses Wort, das uns entfährt (Racha), es geschieht schließlich durch die wissentliche Schmähung des Anderen (du Narr)."[4]

Zorn sei immer schon Bedrohung des Bruders, schreibt er; ebenso wie die Lutherbibel verwirft auch er die Texttradition, die hier noch ein das harte Urteil entschärfendes „ohne Ursache" einfügt (Matth. 5,22). Die Jünger dürfen sich überhaupt nicht des Zornes schuldig machen. Schon ein gedankenloses Wort verrät unsern Mangel an Achtung gegenüber unserem Nächsten, eine wissentliche Beleidigung stellt ihn in aller Öffentlichkeit bloß und macht ihn vor uns und anderen verächtlich.

Auch die Kirche ist gemeint; hier denkt Bonhoeffer an das Beispiel der Reichskirche, der Deutschen Christen, die ihre Brüder, die Juden, verachten, und zwar unabhängig davon, ob sie getauft sind oder nicht:

„So prüfe sich die Gemeinde Jesu heute, ob nicht in dem Augenblick, in dem sie zum Gebet und Gottesdienst vor Gott tritt, viele Stimmen anklagend zwischen sie und Gott treten und ihr Gebet verhindern. So prüfe sich die Gemeinde Jesu, ob sie den von der Welt Geschmähten und Entehrten ein Zeichen gegeben hat von der Liebe Jesu, die Leben erhalten, tragen, schützen will. Sonst möchte der korrekteste Gottesdienst, das frömmste Gebet, das tapferste Bekenntnis ihr nicht helfen, sondern müßte gegen sie zeugen, weil sie die Nachfolge Jesu verlassen hat. Gott will sich von unserm Bruder nicht trennen lassen. Er will nicht geehrt sein, wenn ein Bruder entehrt wird."[5]

Mit der ‚Nachfolge' erweist sich Bonhoeffer als gestandener Theologe, der in allgemein verständlicher Weise über die Bedeutung des Neuen Testaments für Christen heute schreiben kann. Karl Barth hatte seine erste Veröffentlichung ‚Sanctorum Communio' als ein theologisches Wunder bezeichnet. Sein zweites Buch, ‚Akt und Sein', erhielt kein solches Lob, zum Teil wohl, weil hier die Barthsche Position kritisch hinterfragt wird.

Beides waren wissenschaftliche Veröffentlichungen für einen begrenzten Leserkreis. Die ‚Nachfolge' basiert zwar nicht weniger als diese beiden Bücher auf gewissenhafter Exegese, aber hier wurde jedermann, der ein christliches Leben nach der Lehre des Neuen Testaments führen wollte, angesprochen. Die Leser, an die er sich mit diesem Buch von 1937 wendet, sind nicht die theologischen Kollegen und auch nicht die Theologiestudenten, sondern die, die Jesus Christus nachfolgen wollen. Darum trägt es den Titel ‚Nachfolge'.

Auch an die heutige Kirche richtet es die ernste Frage, wie anfechtbar sie ist, und zeigt die Fragwürdigkeit vieler ihrer Einstellungen. Der Leser, der in dem Buch nicht mehr als nur eine Erläuterung zum Neuen Testament sucht, wird erstaunt sein, wieviel Neues er lernt. Aber das ist noch nicht alles. Hier sind die Worte Jesu für unsere Zeit neu lebendig geworden, und das Buch läßt uns nicht den drängenden Fragen, wie es denn mit unserer eigenen christlichen Nachfolge stünde, ausweichen.

Die Tür fällt ins Schloß

Bonhoeffer konnte das letzte Semester in Finkenwalde ungestört zu Ende führen. Diese Ruhe kam auch daher, daß er weder nach Oxford noch nach Edinburgh zu den dortigen ökumenischen Weltkonferenzen fahren konnte, da die Pässe der Vertreter der Bekennenden Kirche eingezogen worden waren. Aus englischen Zeitungen entnahm er allerdings, daß die Abwesenheit der Vertreter der Bekennenden Kirche, mit ihrem doch wohl bekannten Interesse an der ökumenischen Bewegung, für aufmerksame Beobachter eine beredtere Sprache sprach, als eine vollzählige Delegation das möglicherweise hätte tun können.

Die Nachricht von der Schließung Finkenwaldes erreichte ihn durch einen Telefonanruf aus Stettin am 28. September. Als die Gestapo kam, waren die Kandidaten schon abgereist, nur noch der Studieninspektor Fritz Onnasch und die Hausdame, Frau Struwe, waren da. Die mußten beide das Haus verlassen, und dann wurden die Türen versiegelt. Der Schließungserlaß wurde am nächsten Tag in den Zeitungen abgedruckt, „gegeben vom Reichsführer SS und Chef der deutschen Polizei". Der Erlaß war jedoch schon vom 29. August datiert. Die Schließung anderer Predigerseminare folgte kurz darauf.

Bonhoeffer fuhr nach Berlin, um Widerspruch einzulegen, und kam gerade mitten in die Feiern zu Ehren von Mussolinis Besuch. Die Bekennende Kirche setzte alle möglichen Hebel in Bewegung, um den Erlaß außer Kraft zu setzen, mit dem Argument, das Paul Schneider in seinem Fall auch vorgebracht hatte, nämlich daß der Erlaß hier nicht zutreffe – aber es half alles nichts. So wandte sich Bonhoeffer, als er einsehen mußte, daß nichts zu machen sei, der Frage zu, was nun aus den Kandidaten werden solle ... Gleichzeitig nutzte er allerdings die Gelegenheit dieses Berlinaufenthaltes und ließ sich die besonderen Veranstaltungen, die im Zusammenhang mit den Festlichkeiten anläßlich von Mussolinis Besuch geboten wurden, nicht entgehen.

Wilhelm Rott war aus der Haft entlassen worden, und das wurde gefeiert, indem eine ganze Gruppe von ihnen eine Don-Giovanni-Aufführung in der Staatsoper besuchte. Ende Oktober fand in Berlin ein Fest der Kirchenmusik statt. Eberhard Bethge kam nach Berlin, wo er auch in Bonhoeffers Familie herzlich aufgenommen wurde. Karl Bonhoeffer bemerkt dazu in seinem Rückblick am Ende des Jahres: „Für uns hatte der Eingriff [der Gestapo] das Gute, daß wir Dietrich eine Reihe von Wochen bei uns mit seinem Freund Bethge hatten."

Trotz der Freuden des Familienlebens und der Musik machte sich Bonhoeffer aber ernste Sorgen um seine Finkenwalder. Es hatte sich so eingebürgert, daß sie ihm schrieben, wenn sie Schwierigkeiten und Sorgen hatten, und er beantwortete alle ihre Briefe, aber jetzt hörte er so viele Klagen und Nöte, daß er die Bekennende Kirche in Pommern vom Zusammenbruch bedroht sah. In einem Rundbrief an ehemalige Finkenwalder[6] in ihren Gemeinden schrieb er: „Es sind in den letzten Wochen Briefe und persönliche Stimmen zu mir gedrungen, die es deutlich machen, daß unsere Kirche und in Pommern besonders unsere junge Theologenschaft in eine Stunde schwerer Anfechtung geraten ist."

Es ist dies ein ernster, ein harter Brief. Er bittet die Empfänger, ihn als persönliches Schreiben zu lesen, obwohl er sich durch die große Zahl der Briefe, mit einander ähnelnden Klagen, die er erhalten hat, gezwungen sieht, einen Rundbrief zu schreiben, in dem er versucht, die Schwierigkeiten, an denen die Bekennende Kirche in Pommern im allgemeinen krankt, zu analysieren.

Zu Beginn ruft er ihnen lebhaft das geradezu epische Anfangsstadium ihres Kampfes in Erinnerung, als sie sich als Kandidaten in Finkenwalde aufs Pfarramt vorbereiteten, als die Worte der Barmer Synode sie zu begeisterter Bereitschaft anfeuerten, dem Ruf nach Gehorsam gegenüber dem Wort Gottes zu folgen, und als die Dahlemer Synode die Prinzipien der kirchlichen Strukturen festlegte. Er ermahnt sie, nicht zu vergessen, daß es ihnen vergönnt sei, die wahre Kirche Jesu Christi zu erkennen. Was habe sich denn jetzt geändert?

Er verweist dann auf andere Gebiete, wo die Bekennende Kirche nach wie vor stark und gehorsam und bereit zum Leiden sei. Warum sei die Lage in Pommern denn anders? Beklagten sie sich darüber, daß die Aufgabe jetzt so viel schwerer werde? Meinten sie, ihre Gemeinden seien nicht in der Lage, ihren Widerstand zu verstehen und zusammen mit ihnen Widerstand zu leisten? Man kann durchaus verstehen, daß manche äußerten, Bonhoeffer habe gut reden, er müsse sich nicht mit einer unverständigen und „unreifen" Gemeinde herumschlagen.

„Sind die Gemeinden zu ‚unreif'? – als ob eine Gemeinde dafür unreif sein könnte, Gottes Wort zu hören und gehorsam danach zu handeln, aber für ein unkirchliches Handeln sind sie gerade ‚reif' genug! Wer hat uns gelehrt, so verächtlich von unseren Gemeinden zu denken?" Bonhoeffer erinnert sie daran, daß Gott sie zum Kirchenkampf rufe, nicht als Gesetz – dann sei ihr Unwillen durchaus verständlich –, sondern im Sinne des Evangeliums, das ihnen Freude im Gehorsam brächte. Er zeigt ihnen hier das theologische Gegenstück zu „Blut, Schweiß und Tränen" und führt das 1. Kapitel Haggai an, wo das aus dem Exil zurückgekehrte Volk sagt: „Die Zeit ist noch nicht da, daß man des Herrn Haus baue." Darauf erwidert Haggai mit dem Wort des Herrn: „Aber eure Zeit ist da, daß ihr in getäfelten Häusern wohnt, – und dies Haus muß wüst stehen?"

So geht er auf ihre Fragen eine nach der anderen ein und beantwortet sie zu seiner, wenn auch vielleicht nicht immer zu ihrer Zufriedenheit! Und dann befiehlt er ihnen mit der Entschiedenheit eines Generals, der sich bis hierher ihre Klagen mit großer Langmut angehört hat, sich an ihre Arbeit zu machen: „Arbeit gibt es genug. Wir müssen sie nur endlich anfassen."

„Einfältiges" Leben

Albrecht Schönherr, einer der Finkenwalder Brüder, hat versucht zu erklären, worin Bonhoeffers Anziehungskraft für diese jungen Theologen bestand.[7] Er war vielleicht ganz besonders dazu geeignet, da er selbst nach dem Predigerseminar gleich in einen Kampf mit der theologischen Fakultät der Greifswalder Universität verwickelt wurde. Mit einer kleinen Schar von Studenten hatte er dort, unter Benutzung und Umgestaltung eines studentischen Verbindungshauses, eine an Finkenwalde orientierte Gemeinschaft aufgebaut, die ein festes Zentrum der Bekennenden Kirche darstellte. Bonhoeffer sah, mit welchen Widerständen Schönherr sich auseinandersetzen mußte, „ein schwerer Kampf, in dem die ganze Fakultät gegen ihn steht." Es herrschte ein enges Vertrauensverhältnis zwischen den beiden. Worin lag nach Schönherrs Meinung die von Bonhoeffer ausgehende Faszination?

„Er machte eine stattliche, aber nicht elegante Figur; er hatte eine hohe, aber nicht besonders klangvolle Stimme; er formulierte etwas mühsam, keineswegs glänzend. Vielleicht war es das, daß man in ihm einem ganz einheitlichen, ja, im Sinne von Matth. 6,22 ‚einfältigen' Menschen begegnete." Und er fügt hinzu: „Ich habe nie etwas Minderwertiges, Zuchtloses, Gemeines an ihm entdeckt."

Schönherr versucht dann zu erklären, was er mit „einfältigem Leben" meint. Bonhoeffer war kein einseitiger Intellektueller. An Spielen hatte er mehr Spaß und erwies mehr Ausdauer als alle Studenten. Er zeigte seinen Studenten ihren eigenen Wert und verstand es, den Arbeitsdruck des Studiums mit Musik aufzulockern, wobei er selbst mit Freude und Begabung mitmusizierte. Auch deswegen war sein Leben „einfältig" oder, wie Schönherr an anderer Stelle sagt, ein „Leben aus einem Guß", weil er zu seiner eigenen Vergangenheit eine klare, ungebrochene Beziehung hatte. Viel hatte er von seinem Vater gelernt, und er betrachtete seine Lehrer mit großer Hochachtung, am meisten Adolf von Harnack. Dieses „einfältige" Leben zeigte sich, wie Schönherr sich erinnert, in unmittelbaren und auch unverrückbaren Äußerungen, die einer inneren Konzentration auf die Sache entsprangen. Darum ist für Bonhoeffer die Äußerung verständlich und auch geradezu typisch, die viele der Brüder stark verstörte und bestürzte: „Wer sich wissentlich von der Bekennenden Kirche in Deutschland trennt, trennt sich vom Heil."

Der Anlaß, bei dem er einer so radikalen Haltung Ausdruck verlieh, war der Versuch von staatlicher Seite, die Bekennende Kirche mit der Reichskirche (Deutsche Christen) zu versöhnen. Albrecht Schönherr berichtet dazu:

„Ich werde den Augenblick nicht vergessen, als wir die für die Bekennende Kirche, besonders in Pommern, schicksalsschwere Nachricht bekamen, daß der Staat zur Befriedung des Kirchenkampfes Kirchenausschüsse aus beiden Lagern gebildet habe. Der Postbote hatte uns gerade die Zeitung gebracht. Wir standen noch auf der Treppe. Bonhoeffer überlegte ein paar Sekunden. Dann war alles klar: ‚Kirche und Unkirche können nicht miteinander paktieren.' Von da an gab es kein Schwanken. Einer der Kandidaten des Seminars, der sich den Kirchenausschüssen unterstellt hatte, wurde von uns mit großen Schmerzen, aber auch, nachdem alles ganz klar war, mit großer Ruhe verabschiedet."

In der frühen Phase des Kirchenkampfes hatte einer der späteren bedeutenden Vorkämpfer der Bekennenden Kirche erwogen, den Deutschen Christen beizutreten, um sie von innen heraus aufbrechen zu können. Bonhoeffers Antwort darauf lautete: „Wenn man in einen falschen Zug einsteigt, nützt es nichts, wenn man im Gang entgegen der Fahrtrichtung läuft."

Sammelvikariat

Finkenwalde und alles, wofür es stand, wurde jedoch nicht kampflos aufgegeben! Hans Joachim Iwand hatte versucht, sein ostpreußisches Predigerseminar nach dem bewährten Muster in Dortmund neu zu eröffnen, aber Kandidaten und Dozenten wurden verhaftet und dann aus der Stadt ausgewiesen. Es gab Stimmen in der Bekennenden Kirche, die öffentlich auf dem Recht, ihre Ausbildung selbst zu organisieren, bestehen wollten, aber die bedachtsameren Stimmen überwogen, wobei es doch auch sehr bald deutlich wurde, daß die Arbeit selbst wichtiger war als eine Demonstration von Rechten. Eine neue Art der „Ausbildung im Pfarrdienst" entstand, Bethge bezeichnet dies als „Sammelvikariat". Jeder der Kandidaten war einem Pfarrer in seinem Pfarramt zugewiesen und dort auch polizeilich gemeldet und war auch offiziell bei dieser Pfarrstelle als Vikar angestellt. Es hing alles davon ab, ob die Superintendenten der Bekennenden Kirche freundlich gesonnen waren. Und zwar wurden diese „Lehrvikare" auf möglichst nah beieinander liegende Pfarrämter verteilt, und dann brauchte man noch ein Ausbildungszentrum. Für Bonhoeffers Kandidaten fanden sich zwei leerstehende Pfarrhäuser auf dem hinterpommerschen Lande, und so war die Lage dann faktisch nicht unähnlich dem Leben in Finkenwalde. Natürlich waren sie hier nicht so viele, und die Unterbringung war nicht so komfortabel. Diesen beiden Sammelvikariaten gehörten jeweils sieben oder acht Kandidaten an. Keiner war dort als Mitglied eines Predigerseminars gemeldet, vielmehr war jeder als Vikar in der Gemeinde, der er nominell zugeteilt war, gemeldet. Dies funktionierte ungefähr zweieinhalb Jahre lang. Auch andere Predigerseminare arbeiteten auf diese versteckte, „illegale" Weise.

Bonhoeffers zwei Sammelvikariate befanden sich in Köslin und in

Schlawe. Köslin hatte sich dafür insofern regelrecht angeboten, als der dortige Superintendent der Vater von Fritz Onnasch, dem Finkenwalder Studieninspektor, war. Er wies seinen Sohn auf eine Hilfspredigerstelle ein und sparte so für die Bekennende Kirche noch ein Gehalt ein!

Köslin war ein Landstädtchen mit ungefähr 30000 Einwohnern. Es lag 160 km von Stettin entfernt. Fünf Bekenntnispfarrer in der Stadt konnten bis zu zehn Kandidaten als Lehrvikare „im Gemeindedienst" aufnehmen. Sie lebten aber tatsächlich alle zusammen in dem großen Pfarrhaus des Superintendenten. Schlawe, ein Städtchen mit ungefähr 10000 Einwohnern, lag 40 km weiter östlich, und hier waren Bonhoeffer und Bethge (der dort der Studieninspektor war) als Hilfsprediger eingewiesen. Der dortige Superintendent Eduard Block hatte immer ein Bett für Bonhoeffer bereit. Die Kandidaten waren jedoch noch weiter östlich in der kleinen Gemeinde Groß-Schlönwitz untergebracht. Zur Verbindung mit diesem abgelegenen Standort war irgendeine Art von Motorisierung nötig; als der dortige Pfarrstellenverwalter heiratete, brauchte er das Pfarrhaus, und so mußten die Vikare in den nahegelegenen Sigurdshof umziehen.

Ein gutes Bild vom Sammelvikariat in Schlönwitz vermittelt ein Brief von einem der Kandidaten,[8] der von seinen ursprünglichen Befürchtungen vor diesem Platz am Ende der Welt schreibt und dann fortfährt:

„Es ist dann alles anders gekommen, als ich gefürchtet hatte. Statt in die muffige Luft theologischen Muckertums kam ich in eine Welt, die vieles vereinte, was ich liebe und brauche: saubere theologische Arbeit in kameradschaftlicher Gemeinschaft, die das eigene Unvermögen nie verletzend merken ließ, sondern die Arbeit zur Freude machte; Bruderschaft unter dem Wort, die alle einte ohne Ansehung der Person; dabei doch Aufgeschlossenheit und Liebe zu allem, was auch diese gefallene Schöpfung noch liebenswert macht: Musik, Literatur, Sport und die Schönheit dieser Erde; ein großzügiger Lebensstil ..."

Und er fügt mit einem Augenzwinkern, das für Finkenwalde und die Sammelvikariate vielleicht charakteristisch ist, an: „Trübt es die Objektivität Ihrer theologischen Schau, wenn ich schreibe, daß es die peripheren Dinge waren, die meine Freude für das Zentrale erhöhten?"

Frau von Kleist-Retzow

Ganz besonders bedauert wurde der Wegzug aus Finkenwalde an so viel weiter von Stettin entfernte Örtlichkeiten von Ruth von Kleist-Retzow, einer Angehörigen des pommerschen Landadels, die sich als Witwe auf eines ihrer Güter in Klein-Krössin bei Kieckow zurückgezogen hatte.

Sie war eine bemerkenswerte Frau, immer mit großer Anteilnahme an Bewegungen interessiert, die neues Leben in die Kirche brachten. Selbst im hohen Alter las sie noch jedes von Karl Barths neu erscheinenden Büchern. Mit Bonhoeffers Ankunft in der Stettiner Gegend ging ein neuer geistiger Impuls auf ihr Leben aus, in ihrem Haus begann er seine Bitt- und Sammelaktion zur finanziellen Unterstützung Finkenwaldes. An der Niederschrift der ‚Nachfolge' nahm sie lebhaften Anteil und überschüttete Bonhoeffer mit Fragen. Oft wünschte er, seine Kandidaten stellten so viele Fragen! Viele freie Tage verbrachte er in Klein-Krössin, und dort fanden auch viele seiner Kandidaten freundliche Aufnahme, wenn sie einen Ort der Zurückgezogenheit oder Zuflucht brauchten.

Maria von Wedemeyer

Frau von Kleist-Retzow brachte ihre Enkelkinder nach Finkenwalde, unter ihnen ein anmutiges und sehr natürliches Mädchen namens Maria von Wedemeyer. Ihr Hauptinteresse an dem Predigerseminar bestand wahrscheinlich im Spiel im Garten mit den Kandidaten, aber ihrer Großmutter lag die Erziehung der Schar ihrer Enkel am Herzen, und sie überredete Bonhoeffer, deren Konfirmandenunterricht zu übernehmen. Die Schließung von Finkenwalde durchkreuzte zwar diese Pläne, aber Bonhoeffer erteilte den Unterricht dann doch; die Enkel kamen dazu zusammen mit ihrer Großmutter, die diese Stunden wahrscheinlich sehr viel mehr zu schätzen wußte als die Kinder. So bereitete Bonhoeffer Marias Bruder Max und den späteren Mann ihrer Schwester Ruth-Alice, Klaus von Bismarck, auf die Einsegnung vor. Neben dem Konfirmandenunterricht ergaben sich aber auch sonst viele Gelegenheiten zu Besuchen, und so fand Bonhoeffer Eingang in die Welt des pommerschen und ostpreußischen Landadels – derer von Kleist-Retzow, von Wedemeyer, von Bismarck. Dies waren keine Akademikerkreise wie im Berliner Grunewald, doch faszinierte ihn diese Welt, durch die er den Zugang erhielt zu einer für ihn neuen Sphäre des politischen und literarischen Lebens in Deutschland. Bei seinen Besuchen in Klein-Krössin wird Dietrich Maria nicht selten gesehen haben, aber das junge Mädchen ist ihm damals wohl kaum aufgefallen. Erst Jahre später, als ihr Vater 1942 an der Ostfront gefallen war und er ihrer Mutter in ihrer Trauer seinen geistlichen Beistand bot, verliebte er sich in Maria. Es sollte ein tragisches Verlöbnis werden, aber die beiden liebten sich sehr. Die Familie meinte allerdings, Maria sei noch zu jung, und die Mutter wollte ihn zu einem Trennungsjahr verpflichten, wogegen Bonhoeffer sich heftig wehrte. Er war ein ungeduldiger Liebender und fand die altmodische Vorstellung der ostdeutschen Landadligen schwer zu ertragen. All das aber lag noch in der Zukunft der Jahre 1942 und 1943. In diesem schicksalhaften Jahr 1937 war Maria noch ein Kind von dreizehn Jahren, nicht weiter beachtet.

Christlicher Geist und preußisches Pflichtbewußtsein

Marias Vater war Gutsbesitzer auf Pätzig in der Neumark, 100 km nordöstlich von Berlin. Seinen Grundbesitz bewirtschaftete er erfolgreich, und er nahm seine Verantwortung in Kirche und Staat sehr ernst. Er gehörte zu den Gründungsmitgliedern der ‚Berneuchner', einer bruderschaftlich-liturgischen Erneuerungsbewegung in der evangelischen Kirche. Das Aufkommen des Nationalsozialismus hatte er mit großer Sorge beobachtet, als ehemaliger Kriegskamerad von Papens hatte er diesem bei der Zusammensetzung eines neuen Kabinetts mit seinem Rat geholfen. Als aber Hitler an die Macht kam, zog er sich zurück und bekam die Konsequenzen hierfür zu spüren. Er schwankte zwischen der Verpflichtung zum Gehorsam, die er als Soldat empfand, und seiner engen Beziehung zu der Verschwörung gegen Hitler – Fabian von Schlabrendorff war sein Vetter und hielt sich häufig in Pätzig auf. Aber Hans von Wedemeyer beteiligte sich selbst nicht an der Verschwörung. Er kämpfte als Offizier in Rußland und fiel dort im August 1942.

Auch Frau von Kleist-Retzow nahm keinen aktiven Anteil am Widerstand, dafür kämpfte sie ganz für sich allein ihren eigenen Kampf mit dem Ziel, ihre Enkel in der besten Tradition ihres evangelischen Glaubens zu erziehen. Sie hatte den äußeren Pomp des Dritten Reiches durchschaut und die Fäulnis an der Wurzel erkannt und wandte sich ab. Sie hatte ein klares Urteil, und ihr war vor allem daran gelegen, ihre Familie vor dem korrumpierenden Einfluß der Zeit zu bewahren. In Dietrich Bonhoeffer fand sie den rechten Bundesgenossen. Er sollte die religiöse Unterweisung übernehmen, und sie würde ihren Enkeln die geistige Tradition der im Land und in der Kultur Preußens verwurzelten Familie vermitteln.

Zu diesem Zweck hatte sie in der Politzer Straße in Stettin eine Wohnung gemietet, die so etwas wie ein Kleistsches Schulinternat war. Die

Erziehung dieser ganzen Generation ihrer Familie hatte sie planvoll in die Hand genommen. Christlicher Geist und preußisches Pflichtbewußtsein sollten die Eckpfeiler sein! Sie erstellte einen Stundenplan für den Unterricht, half bei den Hausaufgaben und ließ selbst bei den Mahlzeiten die Weiterbildung der Enkel nicht außer acht, indem alle Unterhaltung bei Tisch französisch geführt wurde. Werner Koch, damals Kandidat in Finkenwalde, erschien sie wie eine Seherin alter Zeiten! Diese Frau hatte die Gabe, Briefe des Trostes und der Ermutigung an alle, die dies brauchten, zu schreiben. Sie liebte die Bekennende Kirche, und wenn das Predigerseminar in Bedrängnis war, war sie gleich zur Hilfe bereit. Sie ermutigte die Verzagenden, bot Ruhe und einen sicheren Platz der Zurückgezogenheit für Geängstigte, und wenn in Finkenwalde die Vorräte knapp wurden, so schickte sie praktische Hilfe: eine Wagenladung Kartoffeln, Fleisch, Gemüse, Eier und auch Geld. Viele ihrer Briefe sind erhalten, in ihnen teilt sich die große Freude mit, die es ihr bereitete, wenn sie Gemeinden zu neuem Leben erweckt sah. Sie nahm großen Anteil am Leiden anderer, wobei sie aber nicht bereit war, Leiden als Niederlage zu akzeptieren.

Im Februar 1937 schrieb sie in einem Brief an Werner Koch, daß sie trotz der schwierigen Zeiten wirkliche Zeichen der Hoffnung sehe, denn in diesem ganz großen Unglück erwache das arme unterdrückte Christentum zu neuem Leben, wie sie es in den ganzen siebzig Jahren ihres Lebens noch nicht gesehen habe.

Zu Ostern kamen Bonhoeffer und Bethge nach Klein-Krössin, sowohl um der Ruhe und Erholung willen, als auch um die ‚Nachfolge' für den Druck fertig zu machen. Wieviel Freude ihr der Besuch bereitet habe, könne sie kaum sagen, schrieb sie in einem anschließenden Brief. Im folgenden brachte sie dann ihre Zuversicht in einer Weise zum Ausdruck, die diese beiden Männer ebenso gestärkt haben muß wie Werner Koch, an den der Brief gerichtet war. Oft hätten sie von ihm gesprochen und ihn ebenso wie die anderen in Gefängnissen oder in Konzentrationslagern inhaftierten Brüder in ihr abendliches Gebet eingeschlossen. Sie zweifele nicht, daß Gott ihre Gebete erhören werde; doch sei Gottes Zeit nicht unsere Zeit. Und doch sei auch dies sicher nicht ohne Sinn, vielleicht ließe der Sinn sich in das Wort fassen: „Sie meinten's böse mit uns, Gott aber hat es gut mit uns gemeint." Dabei denke sie daran, wie viel und wie lange die Menschen der Bibel oft hätten warten müssen. Dieses Warten sei vielleicht eine besondere Gabe und Auszeichnung.

Im Januar 1938 wurde ein Treffen, an dem Bonhoeffer teilnahm, von der Gestapo gesprengt, allerdings hatte die Gestapo wohl gehofft, hier auf eine geheime Seminarsitzung der verbotenen Kirchlichen Hochschule zu stoßen. Es wurden Verbote verhängt, die den in Berlin ansässigen Teilnehmern dieses Treffens untersagten, Berlin zu verlassen, und allen anderen, die ihren Wohnsitz außerhalb Berlins hatten, verboten, die Hauptstadt zu betreten. Bonhoeffer war hier nur einer unter anderen, und gegen ihn persönlich lag nichts vor, denn es wurde ihm gestattet, nach Schlawe, wo er ja seinen offiziellen Wohnsitz hatte, zurückzukehren und seine Pflichten als Hilfsprediger dort weiterhin wahrzunehmen. Dieses Aufenthaltsverbot für Berlin war jedoch außerordentlich lästig, da sich dort seine Hauptinformationsquellen befanden. Sein Vater setzte sich für ihn ein und erreichte dank seines Ansehens, daß dieses Verbot dahingehend eingeschränkt wurde, daß es sich nur auf dienstliche Aufenthalte bezog. Der Treffpunkt, an dem er dies mit seinen Eltern durchsprechen und vereinbaren konnte, war die Stettiner Wohnung von Frau von Kleist-Retzow.

Erste Schritte in den politischen Bereich

Im Februar 1938 machte ihn sein Schwager Hans von Dohnanyi, der ihn bisher immer schon außerordentlich gut über die Ereignisse in Berlin auf dem laufenden gehalten hatte, mit vier der führenden Männer des deutschen Widerstandes bekannt: Dr. Karl Sack, Chefrichter des Heeres; Oberst (später General) Hans Oster, Chef der Zentralabteilung bei der Abwehr; Admiral Canaris, Chef der Abwehr; und Generalstabschef Beck. Die Bonhoeffer-Familie als ganze hörte es 1938 schon im Gebälk krachen und meinte, Hitlers Sturz werde nun wohl nicht mehr lange auf sich warten lassen; aber Dietrich hatte sich bis jetzt an keinen politischen Aktionen gegen den Staat beteiligt, sondern hatte im Gegenteil sorgsam darauf geachtet, daß seine Proteste sich innerhalb des gesetzlich vorgegebenen Rahmens hielten. Als Gegner, gegen den er kämpfte, hatte er nicht den Nationalsozialismus als solchen, wie sehr er ihn auch als staatliches System verabscheute, gesehen, sondern die Deutschen Christen. Ihm ging es um den theologischen Gegner. Hieran liegt es auch, daß ihm gelegentlich vorgeworfen wird, es sei ihm ja nur um die „getauften Juden“ gegangen. Dies ist nicht ganz richtig, aber seine Einwände in den Anfangsjahren galten in erster Linie den Gesetzen, durch die ein Unterschied zwischen jüdischen und nichtjüdischen Christen gemacht wurde. Jetzt aber sollte er den politischen Bereich selbst betreten. Der Anstoß dazu ging von seinem Schwager aus.

Hans von Dohnanyi hatte nie etwas Gutes am Nationalsozialismus gesehen, aber er hatte von 1929 an als persönlicher Referent bei drei Justizministern seine Nützlichkeit als guter Jurist in Staatsdiensten erwiesen. Der Justizminister im ersten Kabinett nach Hitlers Machtergreifung war Franz Gürtner, und er schätzte Hans von Dohnanyi sehr. 1935 setzte er sich dafür ein, daß Dohnanyi eine ihm angebotene Dozentur in Leipzig ausschlug und in Berlin blieb. Wegen dieses Vertrauensverhältnisses saß Dohnanyi an recht zentraler Stelle und war immer bestens informiert. Dabei war es dann wohl unvermeidlich, daß früher oder später jemand Verdacht schöpfte an der Zuverlässigkeit dieses Mannes. Martin Bormann machte sich zum Sprachrohr einer Parteiclique im Justizministerium, die ihn denunzierte; Gürtner deckte ihn jedoch vor allen ernsteren Konsequenzen. Er wurde versetzt; im September 1938 wurde er in Leipzig zum Reichsgerichtsrat ernannt. Den Kontakt mit Berlin konnte er jedoch aufrecht erhalten, und so führte er auch sein gefährliches Unternehmen fort, in einem fortlaufenden Bericht die Untaten der Führungsspitzen zu sammeln und festzuhalten. Er nannte dies seine „Skandalchronik" und hatte vor, dieses Dokument eines Tages zur Anklageerhebung zu verwenden. Da in dieser Richtung gar kein Verdacht aufgekommen war, war es ihm auch möglich, regelmäßig nach Berlin zu kommen, wo er noch Vorlesungen hielt; seine Kontakte mit der Verschwörung wurden nicht überwacht. Das Jahr 1938 war reich an enttäuschten Hoffnungen für die Verschwörer: ein Staatsstreich- und zwei Umsturzversuche wurden vereitelt – durch Hitlers Erfolg in München, seine Annexion des Sudetenlandes und den Einmarsch in der Tschechoslowakei. Jedesmal hatten die Verschwörer angenommen, daß Hitler Deutschland in einen aussichtslosen Krieg stürzen würde. Aber die Westmächte reagierten nicht.

Der entschiedene und hochqualifizierte Widerstand war keineswegs nur auf eine kleine Gruppe von Verschwörern beschränkt; umso unbegreiflicher ist immer wieder die Unzulänglichkeit ihrer Bemühungen – besonders auch deswegen, da in diesen Jahren vor dem Krieg die Mehrzahl der Deutschen einen Kriegsausbruch fürchtete. Während die Masse des deutschen Volkes Hitlers Programm des nationalen Wiederaufbaus, der Revision des Versailler Vertrages und eines größeren Deutschland begeistert aufnahm, konnten sich nicht viele Deutsche für seine Expansionspläne nach Osten erwärmen. Obwohl es vor Hitler auch schon Antisemitismus in Deutschland gegeben hatte, so brachten ihm seine Angriffe auf die Juden doch kaum Anhänger. Die Mehrheit des deutschen Volkes lehnte schon bald die grausame Behandlung der Juden und die Massendeportationen ab, und die spätere „Endlösung" fand keine breite Unterstützung im Volk.

Dohnanyi führte Bonhoeffer hier also nicht in ein kleines, fanatisches Grüppchen ein, das sich der in Deutschland allgemein herrschenden Meinung hätte entgegenstellen müssen. Wäre es dieser Gruppe gelungen, Hitler zu stürzen, so hätte sie durchaus zu einer Volksbewegung führen können. Aber Bonhoeffers Zögern, ob er sich hier engagieren solle, war auch sehr verständlich, denn dies lief ganz und gar den Grundsätzen, nach denen er im Elternhaus erzogen worden war und wie sie in der Kirche galten, zuwider. In der Gesellschaftsschicht, der er angehörte, machte man Widerspruch und Ablehnung geltend, man tat sich aber nicht verschwörerisch zusammen, um die Regierung zu stürzen; für die Kirche war Revolution ein Ausfluß des Bösen schlechthin. Doch traf er in dieser Gruppe auf Menschen seiner Schicht und aus den Kreisen, die er in Pommern so schätzen gelernt hatte – und dabei waren Offiziere und Landadel doch traditionell regierungstreu.

Außerdem war dies aber auch ein gefährliches Spiel. Das bedeutende Widerstandspotential der Kommunisten, Sozialdemokraten und unabhängigen Gewerkschaften war gleich zu Beginn von den Nationalsozialisten mit einer Gründlichkeit von damals noch nicht dagewesener Brutalität ausgelöscht worden. Die Verschwörer wußten also, daß es bei einem Fehlschlagen ihrer Pläne oder bei deren frühzeitiger Entdeckung keine Gnade für sie geben würde. So zögerte Bonhoeffer, ob er gegen alle Grundsätze, die er als gut und richtig angesehen hatte, handeln solle. Der entscheidende Punkt in diesem Prozeß des Abwägens war mit dem Beginn der Judendeportationen erreicht. Dies war nicht mehr eine Angelegenheit der Kirche, mit Beschlüssen kirchlicher Synoden konnte man hier nichts ausrichten. Hier war politisches Handeln gefordert; hier mußte das Wort befolgt werden, das Gott zu allen Zeiten, in denen eine Minderheit unterdrückt wird, an sein Volk richtet: „Tut euern Mund auf für die Stummen!"

Judenverfolgung

1967, nach der Lektüre von Eberhard Bethges umfassender Bonhoeffer-Biographie, schrieb Karl Barth, mit Scham rufe er sich ins Gedächtnis, daß Bonhoeffer sich viel deutlicher und viel früher als irgendjemand sonst zur Judenfrage ausgesprochen habe – der Juden als Mitmenschen, und nicht bloß der jüdischen Mitchristen. Die evangelischen Kirchen hätten sich zu der Zeit mehr um ihre Selbsterhaltung gekümmert als um das schreckliche Unrecht, das den Juden geschah. Dies aber war es, was Bonhoeffer die Augen öffnete, so daß er selbst von der Bekennenden Kirche enttäuscht war und sich politischem Handeln zuwandte, das ihm doch ganz fremd war.

Nach jener grausigen Nacht der Zerstörung und Verfolgung von Juden, die unter dem Namen „Kristallnacht" in die Geschichte eingegangen ist, trug Bonhoeffer in seiner Bibel das Datum dieses 9. 11. 38 neben den Vers in Psalm 74 „Sie verbrennen alle Häuser Gottes im Lande" ein. Dies war eine Schreckensnacht, an die bis heute jeder Deutsche nur mit Scham denken kann. Nicht weit von der Sektorengrenze nach Westberlin stehen in Ostberlin die Mauern der zerstörten Synagoge, als Ruine ein Mahnmal zum Gedenken an jene Nacht. Zu dem, was da geschah, hätte sich die Stimme des Protestes aus jedem christlichen Mund erheben müssen. Wie oft, und wie oft vergeblich, drängte Bonhoeffer: „Tut euern Mund auf für die Stummen!"

Die protestantischen Kirchen in Deutschland haben allen Grund, ihr Stillschweigen und manchmal sogar ihre zustimmende Duldung der Behandlung, die die Juden durch die Nazis erfuhren, zu bereuen. In den deutschen Kirchen hat es schon von alters her antisemitische Strömungen gegeben, die bis auf Luther und auf katholischer Seite bis ins Mittelalter zurückverfolgt werden können. Andererseits hatte Bonhoeffer, wie wir gesehen haben, in Luthers Schriften Stellen finden können, die in ausdrücklichem Gegensatz zu den Behauptungen der Deutschen Christen standen. Auch die Aristokratie war nicht frei von Antisemitismus, wie die skandalösen Memoiren des Fürsten Bülow enthüllten. All dies trug dazu bei, daß antisemitische Parolen und auch gelegentliche Ausschreitungen, die heute undenkbar wären, damals von vielen toleriert wurden. Darum waren die protestantischen Kirchen schlecht vorbereitet, als es darum ging, gegen die zunehmende judenfeindliche Propaganda und die damit einhergehenden Ausschreitungen Stellung zu nehmen.

Selbst in der Bonhoeffer-Familie mit ihrer starken liberalen Tradition und trotz jüdischer verwandtschaftlicher Bindungen, erkannten anfangs nicht alle, wie ernst das war, was hier in Deutschland geschah. Karl-Friedrich hielt das Negerproblem in Amerika für sehr viel gewichtiger; wolle man den Antisemitismus in Deutschland daran messen, so sei er geradezu bedeutungslos, die Judenfrage im Vergleich dazu kaum mehr als ein Witz. Dietrich erkannte sehr bald, das dies nicht so war, und seit seiner Rückkehr nach Deutschland 1931 wies er deutlich auf die Gefahren hin.

Gleich 1933 bot sich den Kirchen eine Gelegenheit, ihre Stimme dagegen, wie die Nazis die Juden behandelten, zu erheben. Jedoch taten das sehr wenige, und Bonhoeffer mahnte die Kirche, daß ihr doch die Funktion des sozialen Gewissens im Staat zukomme. Er war einer der ganz wenigen, der gleich die Konsequenzen erkannte, die sich für die Kirche aus dem Arierparagraphen vom 7. April 1933 ergaben. Schriftlich und mündlich äußerte er sich zur Judenfrage, und bis zum August dieses Jahres zeichnete sich für ihn die Konsequenz ab, daß er in einer Kirche, die Juden ausschloß, nicht würde bleiben können. So veranlaßten ihn die Ereignisse dieses Jahres dazu, sich systematisch Gedanken darüber zu machen, welches die Rolle der Kirche im Gegenüber zu einem ungerechten Staat sei:[9]

Erstens muß die Kirche dem Staat die Frage stellen, ob sein Handeln als legitimes politisches Handeln verantwortet werden kann.

Zweitens muß sie sich der Opfer des Unrechts annehmen.

Drittens, wenn die Kirche sieht, daß der Staat die Gesetze in skrupelloser Weise und willkürlich anwendet, dann kann sie sich nicht mehr damit begnügen, „die Opfer unter dem Rad zu verbinden", sondern sie muß „dem Rad selbst in die Speichen fallen".

Bei seiner Mitarbeit am Entwurf des Betheler Bekenntnisses hatte er sich darum bemüht, daß auch ein Artikel über die Judenfrage aufgenommen würde. Die Streichung dieses Artikels war einer der Gründe, warum er so enttäuscht von diesem Bekenntnis gewesen war. Wäre dieser Artikel ein Teil des Bekenntnisses geblieben und von dort später in die Barmer Erklärung übernommen worden, könnte sich heute nicht immer wieder von jüdischer Seite der berechtigte Vorwurf erheben, daß Barmen die Juden mit Schweigen übergangen habe.

Noch heute tragen die protestantischen Kirchen in Deutschland schwer an der Verlautbarung der „Braunen Synode" vom August 1933: „Wir verstehen und würdigen die Maßnahmen des Staates und erkennen an, daß auch die evangelische Kirche Anlaß hat, in der Bewahrung der deutschen Art wachsam zu sein ..."[10]

Als der westfälische Präses Koch dagegen Einwände erhob, wurde er niedergeschrien.

Einen Monat später gab Bonhoeffer zur Frage der Anwendung des Arierparagraphen in der Kirche zu bedenken, „ob nicht gerade um der Sache der Kirche willen der Gemeinde ein solcher Anstoß (d.h. Judenchristen in einem Amt der Gemeinde) zugemutet werden muß ... Die anderen, die von dieser Forderung unbetroffen, also privilegiert bleiben, werden sich selbst lieber den Brüdern minderen Rechts zur Seite stellen wollen, als in der Kirche von Privilegien Gebrauch machen."[11]

Nachdem die Kontroverse diesen Höhepunkt erreicht hatte, konnte es eigentlich keine Kooperation mehr zwischen der Bekennenden Kirche und der Reichskirche geben. Für Bonhoeffer war dies auch gar keine Frage, aber anderen fielen im Laufe der, wie es schien, ohne Erfolge verstreichenden Zeit die Opfer der Standfestigkeit immer schwerer. So wandte sich Bonhoeffer nach und nach von der sich immer wieder kompromittierenden Bekennenden Kirche ab und der Verschwörung zu, die ihn immer mehr in Anspruch nahm. Bei seinen Aufgaben unter Admiral Canaris ging es häufig um Hilfsaktionen für Juden. Hier gab es für ihn keinen Zweifel. Es war die Pflicht jedes Christen, denen, die ihrer Rechte beraubt waren, beizustehen, und Hitlers „Endlösung" war von solcher Entsetzlichkeit, daß Bonhoeffer sich zu Verschlagenheit, Gewaltanwendung und schließlich Verschwörung gegen sein eigenes Vaterland bereit fand. Darum gab ich dem dritten Band der englischen Ausgabe seiner gesammelten Schriften und Briefe den Titel „True Patriotism" – „Wahrer Patriotismus", in dem Versuch, die Paradoxie dieses Mannes in einen Begriff zu fassen, dieses Mannes, der sein Vaterland so liebte, daß er zum Verschwörer gegen sein Land wurde und für dessen Niederlage betete.

10. Der Wendepunkt

Zu der Zeit, als es zu ersten Kontakten Bonhoeffers mit den Verschwören kam, verstanden die hier zusammenarbeitenden höheren Offiziere sich nicht als Beteiligte an einer „Verschwörung". Wie sie es sahen, ging es hier nicht so sehr um den Sturz einer Regierung als vielmehr um Festnahme und Unschädlichmachen eines Wahnsinnigen, der ihr Land zugrunde richtete. Sie waren Patrioten. Zwar hatten sie selbst Hitler schon seit längerer Zeit für nachweislich wahnsinnig gehalten, doch bedurfte es einer wissenschaftlichen Untersuchung seines Verhaltens durch einen kompetenten Psychiater. Hier ergab es sich ganz von selbst, daß Hans von Dohnanyi an Karl Bonhoeffer dachte, und so rückte auch Dietrich ins Blickfeld. Auf diesem Wege tat sich also der Kontakt auf zu dem, was hier schon als „Verschwörung" bezeichnet worden ist.

Hitlers Treffen mit Chamberlain, Daladier und Mussolini in München schien der ideale Zeitpunkt für einen Putsch zu sein. Einer der Verschwörer, General von Witzleben, war zu der Zeit Berliner Stadtkommandant. In Deutschland nahm man allgemein an, daß Hitler Krieg wollte und daß das Treffen in München ihn in keiner Weise davon abbringen würde. Die anderen Nationen, so nahm man an – möglicherweise mit Ausnahme von Mussolinis Italien –, würden seiner Forderung nach einer deutschen Besetzung des Sudentenlandes nicht nachgeben, er würde aber trotzdem in der Tschechoslowakei einmarschieren; dann stünde die öffentliche Meinung gegen ihn. In diesem Moment und in dieser Stimmungslage wollten die Patrioten Hitler verhaften, ihn vor Gericht stellen, für geisteskrank erklären lassen und ihn absetzen.

Das Appeasement der Alliierten ermöglichte es Hitler jedoch, das Sudetenland ohne Krieg zu besetzen, und als er später in die restliche Tschechoslowakei einmarschierte, gab es keinen Widerstand von westlicher Seite. Sein Ansehen als Retter des deutschen Volkes wuchs. Die Stimmungslage war dem Gelingen eines Putsches, welcher Art auch immer, nun nicht mehr günstig.

Das Judenproblem

Niemand machte sich im Grunde Illusionen darüber, daß es in München zu irgendeiner wirklichen Lösung gekommen sei; „München" hatte nur Hitlers Position gestärkt. Die Deutschen fingen an, an Hitlers beinahe göttliche Kräfte zu glauben. Er übernahm jetzt das Oberkommando über die Wehrmacht und nahm in den oberen Rängen der Offiziere Umbesetzungen mit ihm ergebenen Männern vor, obwohl bisher keiner der Verschwörer einen Verdacht auf sich gelenkt hatte. Ausgenommen von dieser Maßnahme waren auch Admiral Canaris und Generalmajor Hans Oster in der Abwehr, die in ihren Positionen blieben. Die Nationalsozialisten sahen sich jetzt in der Lage, Beeinträchtigung und Verfolgung der Juden noch zu verstärken und ihre „restlose Vernichtung" in Angriff zu nehmen. Bis 1938 hatte man in der Bonhoeffer-Familie gehofft, Gerhard Leibholz im Schutz der großen Familie decken zu können. Aber nach und nach wurde es unausweichlich klar, daß die junge Familie Leibholz würde emigrieren müssen, alle: Gerhard, Sabine und die Kinder. Am 9. September 1938 begleiteten Dietrich und Eberhard Bethge sie ein Stück weit von Göttingen auf ihrer „Reise" in die Schweiz. Es war aber klar, daß sie nicht mehr nach Deutschland zurückkehren würden. Durch weitere Gesetze wurde die Identifikation von Juden und ihr Ausschluß aus fast allen Berufen sichergestellt. Jeder Deutsche jüdischer Abstammung, selbst wenn er nur einen jüdischen Großelternteil hatte, mußte sich ein J in den Paß stempeln lassen. Die Leibholzens waren gerade in der Schweiz eingetroffen, als alle Pässe von Juden, die dieses J nicht aufwiesen, für ungültig erklärt wurden. So war eine Rückkehr faktisch nicht mehr möglich, und sie zogen weiter nach England. Auf den ersten Blick erscheint dies als keine sehr naheliegende Entscheidung für einen deutschsprachigen Juristen, aber Dietrich hatte sich an Bell, den Bischof von Chichester, der gerade seinen Sitz im englischen Oberhaus eingenommen hatte, gewandt, und mit dessen Einfluß kam Gerhard Leibholz nach Oxford. So ließ sich die ganze Familie dort nieder.

Dietrich war also im Kreise seiner eigenen Familie von der Judenfrage direkt betroffen, in den folgenden Monaten standen weitere, das eigene Leben betreffende Fragen sehr im Vordergrund. Sabines Flucht ging ihm sehr nahe. Ihm schien, zwischen Zwillingen bestehe noch eine besonders nahe Beziehung, und so berührte ihn dieser Abschied von Sabine sehr; von ihrer gemeinsamen Kindheit her und auch aus späteren Zeiten, als sie räumlich getrennt gelebt hatten, verband sie viel. Denn bald wurde deutlich, daß dies eine Trennung für länger werden würde, was ihn sehr bedrückte, aber ähnlich wie bei einem Manisch-Depressiven hatte er dann auch wieder Zeiten voll großer Hoffnung und heiterer Zuversicht. Als die Zeit ihres gemeinsamen Geburtstages (4. Februar) näher kam, schrieb er davon, daß „alles sehr anders geworden" sei, und unternahm alle möglichen Versuche, Sabine in England zu besuchen. Wenn er seine Stimme für die Juden erhob oder sich mit allen seinen Möglichkeiten einsetzte, weitere Erniedrigungen von ihnen abzuwenden, so mag man hier an einen Ritter denken, der den guten Kampf kämpft gegen die Mächte der Finsternis, für seine Schwester. Aber noch ein anderes Problem lastete auf ihm, und das betraf seine eigene Freiheit.

Wehrdienst

Deutschland rüstete sich zum Krieg, und Dietrich Bonhoeffer mußte sich auf seine Einberufung gefaßt machen. Durch öffentliche Bekanntmachungen wurden in Berlin alle Männer der Geburtsjahrgänge 1906 und 1907 informiert, daß sie sich sofort zu melden hätten. Dies war noch keine Einberufung, aber die würde dann bald folgen. Bonhoeffer stand nun vor der Entscheidung, der sich viele jungen Männer stellen mußten, bei ihm aber gab es noch einige zusätzliche Komplikationen. Man schrieb jetzt Januar 1939, und seit der Verhaftung Martin Niemöllers und der Schließung des (illegalen) Predigerseminars in Finkenwalde stand er unter starkem Druck. Alles was Dietrich Bonhoeffer tat, konnte möglicherweise ehemalige Finkenwalder in Gefahr bringen. So stand er vor der Entscheidung zwischen drei Möglichkeiten.

Er konnte sich melden und dann einfach seine Einberufung abwarten und so wie alle anderen an den Wehrdienstübungen in Vorbereitung auf diesen unentrinnbaren Krieg teilnehmen; oder er konnte sich als Kriegsdienstverweigerer melden und sich vor ein Kriegsgericht stellen lassen, was mit großer Wahrscheinlichkeit zu seiner Inhaftierung führen würde. Als beste Lösung bot sich jedoch ein Hinauszögern an, bis er die Altersgrenze für den Wehrdienst überschritten hätte. Er zog sogar halb im Scherz in Erwägung, daß er doch so viele Einladungen ins Ausland habe, daß er einfach außer Landes bleiben könne, bis er zu alt wäre. Etwa in dieser Stimmung schrieb er auch an seinen Bruder Karl-Friedrich in Leipzig zu dessen 40. Geburtstag: „In mancher Hinsicht beneide ich Dich um diese Zahl!"

Tatsächlich hatte er viele Einladungen in die Schweiz, nach England und Amerika; aber für Auslandsreisen brauchte man eine besondere Erlaubnis, und alles, wodurch die amtliche Aufmerksamkeit auf ihn gelenkt würde, war jetzt riskant. Schließlich hatte sein Vater genügend Ansehen und Einfluß, um einen Aufschub für ihn zu erwirken, aber nicht genug, um ihm ganz aus seinen Schwierigkeiten zu helfen.

Ein Hilferuf

Bonhoeffer brauchte jetzt Rat, und er erbat ihn von dem Mann, dem er am meisten vertraute, der ihn kannte und der sein Dilemma nicht mißverstehen würde. Was er brauchte, war der Rat eines älteren Mannes, der die Lage in Deutschland begriff, aber selbst nicht darin gefangen war. Die Meldung und mögliche Einberufung waren nur ein Teil des Problems. Er verspürte auch ein wachsendes Ungenügen an seiner Arbeit in Deutschland. Das Sammelvikariat, der Zuspruch, den seine „illegalen" Kandidaten und Ehemaligen brauchten, die langen Debatten mit den Amtsbrüdern, die ihn enttäuscht hatten mit ihrer mangelnden Reaktion auf die furchtbare „Kristallnacht" und mit ihrer Unfähigkeit, in der Judenfrage mehr zu sehen als nur das Problem, ob ein Jude ein Amt in der Kirche innehaben könne oder nicht – all dies belastete ihn sehr, so daß ihm der Gedanke kam, daß ihm jetzt vielleicht ein Dienst außerhalb Deutschlands von Nutzen sein könne, um seinem Denken und seinem Gewissen Klarheit zu verschaffen. Wurde er jetzt nicht vielleicht außerhalb der deutschen Grenzen irgendwo gebraucht, und war es vielleicht nicht schon deshalb geboten, das Land zu verlassen, damit er diesen Ruf vernehmen konnte?

Wieder schrieb er an Bischof Bell,[1] der schon auf seine Bitte, der Leibholz-Familie zu helfen, so unmittelbar und freundlich reagiert hatte. Jetzt ging es um seine eigene Person. Ein solcher Brief war nicht leicht zu schreiben. Er konnte Bell nicht alles mitteilen, er konnte nur hoffen, daß der Empfänger es verstehen würde, zwischen den Zeilen zu lesen. Über einen Punkt ließ er aber in diesem Brief keinen Zweifel, nämlich daß er der Einberufung entgehen wollte. Seine Gründe dafür waren verschiedenartig, und er brauchte Rat. Er konnte sich nicht als Pazifist bezeichnen, aber unter den derzeitigen Umständen konnte er nicht Soldat werden. Er fürchtete, daß das, was er tat, als Haltung der Bekennenden Kirche gelten würde, „dies würde nämlich von dem Regime als typisches Beispiel für die Feindseligkeit unserer Kirche gegen den Staat angesehen werden". Das

Schlimmste für ihn an der Meldung zum Wehrdienst sei der Eid, den er als Soldat würde leisten müssen. Dies war ein Treueid nicht nur auf das Land, sondern auf den Führer. Er war durchaus ein guter Patriot, aber einen Treueid auf Hitler konnte er nicht schwören. Denn er wollte ja nichts so sehr wie den Sturz Hitlers. Dies waren die Gedanken, die ihn quälten; er brauchte Hilfe.

Daneben gab es aber noch eine weitere unbeantwortete Frage, die in diesem Brief nicht vorkommt und die er sich so ausdrücklich kaum selbst gestellt hat. Inwieweit kann ein christlicher Pfarrer es verantworten, Gewalt anzuwenden? Dies ist nicht bloß ein pazifistisches Problem. Es läßt sich zeigen, daß Bonhoeffer es als legitim akzeptierte, wenn Christen als Soldaten ihren Dienst im Krieg leisteten. Seine Gedanken kreisten aber immer wieder um die „Verschwörung". Wie schon erwähnt, sah der Plan ursprünglich vor, Hitler zu verhaften und ihn vor ein Gericht zu stellen. Mit Hitlers immer neuen Erfolgen drängten sich nun aber Gedanken an drastischere Schritte auf. Wahrscheinlich war es Churchill, der die Verschwörer zwang, diese Tatsache ins Auge zu fassen. Um Unterstützung angesprochen sagte er, sie könnten alle Hilfe, die sie brauchten, von ihm erhalten, aber erst, fügte er hinzu, müßten sie ihm Hitlers Kopf bringen! Wenn es dahin kam, würde Bonhoeffer es mit seinem Gewissen in Einklang bringen können, Mitverschworener an einer Ermordung zu sein? Und war so etwas theologisch zu rechtfertigen? Es gab keine evangelischen Theologen, mit denen er diese Frage hätte besprechen können.

Seine Familie stand zwar hinter ihm (vgl. hierzu das Vorwort von Renate Bethge), aber zur Erörterung und zum Durchdenken dieser schwierigen Fragen brauchte er einen anderen, Bischof Bell. Zu keiner anderen Zeit in seinem ganzen Leben war Bonhoeffer so schwankend und unsicher wie jetzt, da all diese äußerst komplexen Probleme sich auf die scheinbar so simple Frage der Meldung zum Wehrdienst mit dem dazugehörigen Treueid reduzierten. Er mußte fort. Er ergriff die Flucht vor der unüberschaubaren Komplexität. Man mag diese seine Flucht auf verschiedene Art und Weise zu begründen versuchen: Wollte er sich schlicht und einfach vor der Einberufung zum Wehrdienst „drücken", oder brauchte er jetzt dringend die freiheitliche Luft außerhalb der deutschen Grenzen, war es die Angst, seine Zwillingsschwester zu verlieren, oder entzog er sich so den Streitigkeiten, die die Bekennende Kirche zerrissen, oder war es vielleicht sogar Angst vor weiterer Verwicklung in die Verschwörung? Bonhoeffer selbst hätte keine Antwort darauf geben können.

Freunde in England

Am 10. März 1939 bestieg er zusammen mit Eberhard Bethge den Nachtzug nach Ostende. Bonhoeffer konnte nicht schlafen, bis sie schließlich die deutsche Grenze passiert hatten. Er hatte von dem geplanten Überfall auf Prag gehört und wußte, daß seine Reise auf deutschem Boden jederzeit noch aufgehalten werden konnte. Sie überquerten den Ärmelkanal und erreichten England und begaben sich gleich zu Bischof Bell. Bonhoeffer konnte sich nun dem älteren Bell anvertrauen, der mit ihm beten und auch das Rechte von ihm fordern würde. Er war bereit, ein direktes „Ja" oder „Nein" zu hören, und wäre Bells Urteil gefolgt; zugleich wußte er aber auch, daß er nach all dem vielen Rat, den er sich eingeholt hatte, diese Entscheidung letzten Endes doch allein würde treffen müssen.

Was genau bei diesem Gespräch gesagt wurde, wissen wir nicht, aber es hat den Anschein, daß Bell ihm versicherte, wenn er sich dafür entschiede, Deutschland vorübergehend zu verlassen, so sei dies durchaus verständlich. Daneben sprachen sie aber zweifellos auch über die Frage, welche Haltung die ökumenische Bewegung gegenüber der Bekennenden Kirche einnehmen sollte. Der Vorläufige Weltrat (Provisional Committee), dessen Aufgabe es war, den Ökumenischen Rat der Kirchen aufzubauen, hatte unter der Leitung von William Temple schon mit seiner Arbeit begonnen, während Bonhoeffer seinerseits schon kritisch darauf hingewiesen hatte, daß die ökumenische Bewegung bisher noch keine Theologie entwickelt habe. In dieser Unterhaltung überwogen aber sicher die persönlichen Fragen.

Bells Verständnis war eine große Hilfe für Bonhoeffer, sein anschließender Dankesbrief bringt das deutlich zum Ausdruck: „Ehe ich nach Deutschland zurückkehre, möchte ich Ihnen noch einmal für die große Hilfe danken, die Sie mir mit unserem Gespräch in Chichester erwiesen haben. Ich weiß nicht, was sich aus all dem ergeben wird, aber es bedeutet mir sehr viel zu wissen, daß Sie die großen Gewissensnöte, in denen wir uns befinden, erkennen."[2]

Offiziell war Bonhoeffer nach England gereist, um Verwandte zu besuchen – dies war ein legitimer Grund für eine Auslandsreise –, und der Besuch bei seiner Schwester war auch keineswegs ein nur vorgeschobener Grund, denn abgesehen von seinem Bedürfnis, sie wiederzusehen, mußte er mit Gerhard Leibholz finanzielle Fragen regeln. Zwar hatte die Familie Leibholz das sichere Exil in England erreicht, aber wegen der Devisenbeschränkungen war es ihnen nicht möglich gewesen, ihre Guthaben aus

Deutschland nach England zu transferieren, um dort ein einigermaßen unabhängiges Leben führen zu können. Die Bonhoeffer-Familie und besonders der Vater Karl Bonhoeffer verfügten über internationale Beziehungen, an die Dietrich sich nun ebenso wenden konnte wie an seine früheren englischen Freunde, um der Familie seiner Schwester ein einigermaßen erträgliches Auskommen in England zu sichern. Und das tat er jetzt. Gerhard Leibholz begleitete ihn auf seinen Reisen innerhalb Englands, wobei sein Schwager ihm einen Bekanntenkreis gewinnen konnte. Die Bonhoeffers waren eine Familie, die eng zusammenhielt und auch wußte, wie wichtig es war, Kontakte zu pflegen.

Bonhoeffer kam auch mit Pastor Rieger zusammen, der auf der Pfarrstelle, die er selbst ein paar Jahre zuvor innegehabt hatte, nun für die deutschsprachigen Gemeinden in London zuständig war. Zusammen mit Gerhard Leibholz besuchte er am 3. April den amerikanischen Theologen Reinhold Niebuhr, der sich gerade zu einem Urlaub in Bexhill aufhielt. Sicher war die Unterhaltung vor allem theologischer Natur, und sie brachten sich gegenseitig über die jüngsten Entwicklungen in ihren so getrennten Welten auf den neuesten Stand. Bonhoeffer kannte Niebuhr von seinem Amerika-Aufenthalt her gut; 1933 hatte er von ihm sein damals ganz neues Buch ‚Moral Man and Immoral Society' erhalten. Das war allerdings der letzte intensive Kontakt. Er hatte also einigen Nachholbedarf in amerikanischer Theologie, aber auch Niebuhr mußte erst einmal hören, was sich in Deutschland inzwischen alles zugetragen hatte. Bonhoeffer fing also an, ihm davon zu berichten, worauf Niebuhr sogleich vorschlug, Einladungen zu Vorträgen für ihn in Amerika zu organisieren. Dadurch ergäbe sich eine doppelte Möglichkeit, zum einen daß Bonhoeffer in Amerika darüber berichten könne, was in Nazi-Deutschland wirklich vor sich ging, und zum andern daß Bonhoeffer seine Kenntnis amerikanischer Theologie auffrischte. Niebuhr erwirkte Einladungen für Bonhoeffer bei Henry Smith Leiper beim Federal Council of Churches in New York und bei Paul Lehmann am Elmhurst College. Dies war die Basis für Bonhoeffers Reise nach New York wenig später im gleichen Jahr.

Mangelndes Verständnis in der englischen Kirche

Aber abgesehen von seinem eigenen, persönlichen Dilemma ging es Bonhoeffer daneben auch um die Vertretung der Bekennenden Kirche bei internationalen Zusammenkünften. Allzu deutlich sah er es kommen, daß bald nur noch Vertreter der offiziell anerkannten Landeskirchen, die sich zum großen Teil in der Hand der Deutschen Christen befanden, oder der sogenannten „intakten" Kirchen, die sich in einem Verhältnis gegenseitiger Nichtbeachtung mit dem Staat befanden, in der Lage sein würden, ins Ausland zu reisen. Er stattete Leonard Hodgson, dem Generalsekretär von Faith and Order in London einen Besuch ab und setzte sich mit aller Dringlichkeit für einen permanenten Vertreter der Bekennenden Kirche in London oder in Genf ein, um die internationalen Verbindungen aufrecht zu erhalten. Es war Bonhoeffer schon nicht gelungen, Dr. Schönfeld in Genf zu überzeugen, und hier hatte er auch nicht mehr Erfolg. In Genf schien man zu glauben, daß Deutschland durch die offiziell Beauftragten durchaus angemessen vertreten sei.

Bischof Bell unterstützte zwar Bonhoeffer, doch ohne Erfolg. Der im Aufbau begriffene Ökumenische Rat der Kirchen schien nicht in der Lage, den Kirchenkampf zu begreifen, oder man war nicht bereit, sich auf etwas einzulassen, das nach einer politischen Stellungnahme aussah. Besonders bedrückte es Bonhoeffer, daß als offizieller Vertreter des kirchlichen Außenamtes Heckel so sehr in den Vordergrund trat, der sich doch auf die Seite der Godesberger Erklärung der Deutschen Christen gestellt hatte. Ein Zitat mag genügen zur Verdeutlichung dessen, was Bonhoeffer beunruhigte:

„[Der Nationalsozialismus führt] das Werk Martin Luthers nach der weltanschaulich-politischen Seite fort [und verhilft] dadurch in religiöser Hinsicht wieder zu einem wahren Verständnis des christlichen Glaubens ... Der christliche Glaube ist der unüberbrückbare religiöse Gegensatz zum Judentum ... Überstaatliches und internationales Kirchentum römisch-katholischer oder weltprotestantischer Prägung ist politische Entartung des Christentums. Echter christlicher Glaube entfaltet sich fruchtbar nur innerhalb der gegebenen Schöpfungsordnungen."[3]

Vorsitzender des Vorläufigen Weltrates der Kirchen war Erzbischof William Temple, der bei all seiner Bedeutung nicht die geringste Ahnung von der kirchlichen Situation in Deutschland hatte. So bereitete es Bonhoeffer besonders große Schwierigkeiten, sich in der jetzt erstarkenden ökumenischen Bewegung, deren Bedeutung er sehr wohl erkannte, mit seinem Hinweis Gehör zu verschaffen, daß man ja gerade durch die Anerkennung der von solchen offiziellen Stellen entsandten Vertreter politisch Stellung beziehe. Bischof Bell war wohl in England die einzige Person von Bedeutung, die ihn wirklich verstand, an ihn schrieb er, der Verzweiflung nahe:

„Ich fürchte, wir werden sehr bald völlig von unseren Brüdern im Ausland abgeschnitten sein ... Offen und mit aller schuldigen Achtung ausgesprochen, heißt das, daß die deutschen Repräsentanten in Genf einfach nicht die Sache der Bekennenden Kirche vertreten können."[4]

Wartezeit in London

Bonhoeffer blieb länger in London, als er vorgehabt hatte – mehr als fünf Wochen im ganzen. Wieder war er fasziniert von dem, was er dort beobachten konnte. Besonders beeindruckte ihn, wie plötzlich die öffentliche Meinung in London umschlug, als Hitler am 15. März unter Mißachtung des Münchner Abkommens in der Tschechoslowakei einmarschierte. Am Anfang war er so sicher, daß nun der Kriegsausbruch unmittelbar bevorstünde, daß er mit dem Gedanken spielte, sich hier bei seiner Zwillingsschwester in Oxford vom Krieg überraschen zu lassen. Am 18. April kehrte er schließlich nach Berlin zurück. Zwei Tage später wurde Hitlers fünfzigster Geburtstag mit großem Aufwand gefeiert. Was er dazu in den offiziellen kirchlichen Blättern las, widerte ihn an.

Entschluß zum Aufbruch nach Amerika

Die ersten paar Wochen in Berlin verstrichen mit Versuchen, seine Einberufung zum Wehrdienst hinauszuzögern. Dies war auch nicht allzu schwierig, da die internationalen Spannungen etwas nachgelassen hatten, als es deutlich wurde, daß England um der Tschechoslowakei willen nicht den Krieg erklären würde. Und davon abgesehen hatte Bonhoeffer mehrere sehr bedeutende Einladungen nach Amerika in der Tasche, und in Deutschland war man äußerst bemüht, die Beziehungen mit den Vereinigten Staaten so normal wie möglich zu erhalten. Reinhold Niebuhr hatte auf seine Zusagen Taten folgen lassen, und so gab es eigentlich keinen Grund, warum Bonhoeffer nicht sofort abreisen sollte, um den sicheren amerikanischen Boden zu erreichen. Es war ihm aber außerordentlich wichtig, daß seine Amtsbrüder seine Entscheidung verstanden und daß der Bruderrat der Altpreußischen Union auch seinen Segen dazu gab. Sie hatten seinen Wünschen fast immer entsprochen, aber jetzt mußte er sich doch dessen versichern, daß sie seine „Flucht" nicht als ein Davonlaufen vor dem Kampf betrachteten. Sie verstanden seine Beweggründe und sahen auch, daß es für die Bekennende Kirche einerseits sehr wichtig war, nicht durch eine Eidesverweigerung Bonhoeffers – im Fall seiner Einberufung – als Kirche in politische Fragen verstrickt zu werden, und andererseits einen Fürsprecher in Amerika zu haben, der die dortigen Kirchen von der ernsten Lage des Kampfes unterrichten konnte. Die Unfähigkeit führender ökumenischer Männer, die Sache der Bekennenden Kirche und die Häresie der Deutschen Christen zu begreifen, wurde ihnen klar, als sie hörten, welche Argumente Bonhoeffer in London vorgebracht hatte, und dann William Temples Verlautbarungen dazu lasen. Außerdem hatte Reinhold Niebuhr Bonhoeffer eindringlich deutlich gemacht, daß er in Amerika gebraucht werde.

Als am 2. Juni sein Flugzeug in Tempelhof abhob, sah es ganz so aus, als habe er jetzt all seine Probleme hinter sich gelassen und könne aufatmen. Alles hatte wunderbar geklappt: in London würde er die Familie seiner Schwester sehen und würde sich dann zusammen mit seinem Bruder Karl-Friedrich, der eine Einladung zu Vorträgen nach Chicago hatte, auf der „Bremen" einschiffen. Trotzdem war Dietrich Bonhoeffer nicht wohl bei der Sache. Bisher hatte sich noch niemand gefunden, um seine Nachfolge im Sammelvikariat auf dem Sigurdshof zu übernehmen, und so hatte er dort einen Zettel für seinen ihm unbekannten Nachfolger hinterlassen: „An meinen Nachfolger. Er findet vor: 1. eine der schönsten Arbeiten der Bekennenden Kirche ..." Dann fügte er einiges über den Unterricht an, den die verstreuten Kandidaten erhalten sollten, und bat den neuen Leiter, wer immer es sein würde, dringend, „möglichst viel mit den Brüdern spazieren zu gehen oder sonstwie zusammenzusein".

Es ist deutlich, daß ihm die Aufgabe, die er hier zurückließ, sehr am Herzen lag und daß er die Kandidaten im Sammelvikariat sozusagen als seine Kinder betrachtete. Die Tatsache, daß noch kein Nachfolger ernannt worden war, beschäftigte und bedrückte ihn doch sehr, und das gerade zu einer Zeit, da er selbst schwerwiegende Entscheidungen für sich zu treffen hatte. Schließlich wurde Hellmut Traub ernannt, aber das hörte Bonhoeffer erst Wochen später in New York.

Als er gerade im Aufbruch begriffen war, wurden weitere Schritte gegen die Bekennende Kirche bekannt. Pfarrern, die in ihren Gemeinden die Anweisungen des Bruderrates befolgten, wurde vorgeworfen, sie hielten sich beim Einsammeln und Abführen der Kollekten nicht an den amtlichen Plan. Darum wurden ihnen zum 1. Juni die Pfarrerbesoldungszuschüsse gesperrt. Am Tag seiner Abreise erfuhr Bonhoeffer, daß Martin Niemöller, nun schon seit zwei Jahren im Konzentrationslager, von der offiziellen Kirchenbehörde in den Wartestand versetzt worden war. Einer Minderheit in der Bekennenden Kirche wurden ihre letzten Rechte genommen, während ein größerer Teil bemüht war, sich den neuen Reglementierungen anzupassen. Am 31. Mai gab eine Kirchenführerkonferenz eine u. a. von den lutherischen Bischöfen Marahrens, Wurm und Meiser unterzeichnete Erklärung heraus, in der die Änderungen angegeben wurden, mit denen sie der Godesberger Erklärung zustimmen würden. In ihr werden die Kirchen immer noch angewiesen, „sich in das völkisch-politische Aufbauwerk des Führers mit voller Hingabe einzufügen . . . Im Bereich des völkischen Lebens ist eine ernste und verantwortungsbewußte Rassenpolitik zur Reinerhaltung unseres Volkes erforderlich."

Bonhoeffers Reise war von Anfang an von den Sorgen um das, was er zurückließ, überschattet. Einen Tag vor der Ankunft in New York schrieb er in sein Tagebuch: „Wenn nur die Zweifel am eigenen Weg überwunden wären." Und diese Zweifel wurden auch nicht durch den freundlichen und herzlichen Empfang, den er bei seiner Ankunft in New York erhielt, entkräftet.

Mißverständnisse in New York

Wegen der möglichen Briefzensur in Deutschland war eine offene und klare Korrespondenz nicht möglich gewesen. Die Einladungen waren an Bonhoeffer ergangen in der Absicht, ihm die Ausreise nach Amerika zu ermöglichen, wenn nicht gar, wie manche auch meinten, um ihn in Sicherheit zu bringen. Zum einen waren Vorträge und Seminare, die er halten konnte, vorgesehen, aber daneben gab es auch noch ein Angebot, das in den Briefen, die möglicherweise geöffnet wurden, nicht hatte erwähnt werden können. Dieses Angebot kam vom Federal Council of Churches und bestand darin, daß Bonhoeffer Koordinationsaufgaben unter den deutschen *refugees* in New York übernehmen sollte, und war für einen Zeitraum von drei Jahren vorgesehen. Das war ihm vor seiner Abreise nicht klar gewesen, und zum Erstaunen seiner Gastgeber lehnte er diesen Gedanken ab. Wenn er die hier angebotene Aufgabe beim „American Committee for Christian German Refugees in the City of New York" übernahm, dann mußte er eindeutig auf die Möglichkeit einer Rückkehr nach Deutschland verzichten.

Voller Zweifel und Unsicherheit war er gekommen: er wollte aus Deutschland heraus, aber er wollte doch nicht alle Brücken hinter sich abbrechen. Sobald ihm aufging, was die so wohlmeinenden Amerikaner für ihn vorgesehen hatten, konnte er nur noch in aller Deutlichkeit sagen: „Ich mache zum klaren Ausgangspunkt für alles, daß ich zurück will in spätestens einem Jahr. Überraschung. Aber mir ist ganz deutlich, daß ich zurück muß."[5]

Zwei Wochen lang rang er mit sich, im sogenannten „Prophetenzimmer" (dem Gästezimmer im Union Theological Seminary), im Garten von Dr. Coffins Haus in Lakeville und in den Straßen von New York. Er zerbrach sich den Kopf über Fragen der Rückkehr. Von Deutschland kamen keine Nachrichten, er hatte Heimweh. Die hilfsbereiten Amerikaner stellten ihm alle nur möglichen Annehmlichkeiten zur Verfügung, aber ihm fehlte Deutschland. Wie konnte man in seinem Alter und nach so vielen Auslandsaufenthalten noch ein solches Heimweh haben, warf er sich in seinem Tagebuch vor; aber er sah die Gefahr, auf die Dauer abgeschnitten zu werden. Er war kein *refugee,* und er wollte nicht in Sicherheit gebracht werden! Es bewegte ihn sehr, wie in amerikanischen Familien für die deutschen Brüder Gebete gesprochen wurden, aber dies verstärkte nur umso mehr seinen Wunsch, nach Hause und zu ihnen zurückzukehren. Er begann, sich mit Vorwürfen einer falschen Entscheidung zu peinigen. Schließlich, als er es nicht länger ertragen konnte, schrieb er einen langen Brief an Dr. Leiper, den Exekutivsekretär im Federal Council of Churches, in dem er ihm seine Zweifel darlegte und ihn um eine Aussprache für den 20. Juni bat.

Die Entscheidung

Am Abend vor der Zusammenkunft mit Dr. Leiper, die über seine Zukunft entscheiden sollte, wanderte er ziellos um den Times Square und rang mit sich in der Einsamkeit. Später, in seinem Zimmer, schrieb er in sein Tagebuch[6]: „Ohne Nachricht aus Deutschland den ganzen Tag, von Post zu Post, vergebliches Warten. Dabei hilft es nichts, zornig zu werden ... Ich will wissen, was die Arbeit drüben macht, ob alles gut geht oder ob man mich braucht. Ich will für die morgige Unterredung einen Wink von drüben haben. Vielleicht gut, daß er nicht gekommen ist."

Die Unterredung gestaltete sich schwierig. Dr. Leiper hatte sich sehr um Geld für die Arbeit mit den *refugees* bemüht und hatte gerade die ersten tausend Dollar zusammengebracht. So fühlte er sich im Stich gelassen, war enttäuscht „und wohl etwas verstimmt", als Bonhoeffer ablehnte.

Und es war keine klare Entscheidung; auch nachdem er sie getroffen hatte, machte er sich weiterhin fortwährend Gedanken, was dies nun wirklich bedeute. Er konnte durchaus noch in Amerika bleiben und in der verbleibenden Zeit des Universitätsjahres Vorträge halten, aber sein Tagebuch zeigt, wie er angestrengt mit Fragen rang, die ihm nie wirklich klar und durchsichtig wurden. Er war nicht einer von denen, die immer schon wissen, was Gottes Wille für sie ist, ihn quälte das Entscheidenmüssen, und er war sich nie ganz sicher, ob er sich richtig entschieden habe. Seine Tagebucheintragung über den Besuch bei Dr. Leiper zeigt deutlich, in welchem seelischen Zustand er sich zu der Zeit befand:

„Es ist merkwürdig, ich bin mir bei allen meinen Entscheidungen über die Motive nie völlig klar. Ist das ein Zeichen von Unklarheit, innerer Unehrlichkeit oder ist es ein Zeichen dessen, daß wir über unser Erkennen hinausgeführt werden, oder ist es beides? ... Die Gründe, die man für eine Handlung vor anderen und vor sich selbst ausgibt, sind gewiß nicht ausreichend. Man kann eben alles begründen. Zuletzt handelt man doch aus einer Ebene heraus, die uns verborgen bleibt. Darum kann man nur bitten, daß Gott uns richten und vergeben wolle ... Am Ende des Tages kann ich nur bitten, daß Gott ein gnadenvolles Gericht üben möge über diesen Tag und alle Entscheidungen."

Auch weiterhin spiegelt Bonhoeffers Tagebuch Ungewißheit und Zweifel, aber nach und nach wurde ihm klar, daß er wirklich zurückkehren müsse. Das Datum stand noch nicht fest, da er noch an einer Vortragsreihe arbeitete. War es Heimweh oder der überhebliche Gedanke, daß die Bekennende Kirche ohne ihn nicht zurechtkäme, die Angst, hier gefangen zu sein und niemals wieder in sein Heimatland zurückkehren zu können, oder konnte er sich im so ganz anderen Amerika nicht wohlfühlen (seinen Eltern schrieb er, daß er die Atmosphäre in New York kaum aushalten könne, „full of hatred und schauderhaft pharisäisch"), oder war es ein tief in ihm sitzender, innerer Drang? Die beste Erklärung hat er wohl Reinhold Niebuhr gegenüber gegeben:

„Mein Kommen nach Amerika war ein Fehler. Ich muß diese schwierige Periode unserer nationalen Geschichte mit den Christen Deutschlands durchleben. Ich werde sonst kein Recht haben, am Wiederaufbau des christlichen Lebens nach dem Kriege in Deutschland mitzuwirken, wenn ich die Heimsuchungen dieser Zeit nicht mit meinem Volk teile ... Die Christen in Deutschland stehen vor der fürchterlichen Alternative, entweder die Niederlage ihrer Nation wünschen zu müssen, damit die christliche Zivilisation weiterleben kann, oder den Sieg ihrer

Nation zu wünschen und dadurch unsere Zivilisation zu zerstören. Ich weiß, welche dieser Alternativen ich zu wählen habe; aber ich kann diese Wahl nicht treffen, während ich mich in Sicherheit befinde!“[7]

„Komm noch vor dem Winter“

Die Entscheidung war gefallen. Wäre Paul Lehmann zu der Zeit in New York gewesen, vielleicht hätte er ihn umstimmen können, aber hier waren mächtigere Kräfte im Spiel, als es Bonhoeffer selbst bewußt war. Er mußte noch Vorlesungen im Rahmen der Summer School halten, was ihm auch Freude machte. Er hatte vor, im Herbst abzureisen, aber die Nachrichten aus Europa deuteten darauf hin, daß bald Krieg ausbrechen würde; er machte sich zunehmend Sorgen darüber, daß er in Amerika festsitzen könne und ihm dann die Entscheidung aus der Hand genommen wäre. Täglich las er die Losungen der Herrnhuter Brüdergemeine, durch die er sich geführt und zurechtgewiesen fühlte. Die Losung für den 26. Juni war 2. Tim 4,21: „Komm noch vor dem Winter.“ Diese Bibelstelle verfolgte ihn den ganzen Tag. Er sprach davon, daß er sich wie ein beurlaubter Soldat fühle, der gerade wieder an die Front zurückbeordert sei. Es sei kein Mißbrauch der Schrift, sagt er, wenn er den Text auf sich selbst und seine Situation beziehe, und fügt dann hinzu: „Wenn mir Gott Gnade dazu gibt.“ Die Nachrichten wurden von Tag zu Tag düsterer. Goebbels hatte sich in Danzig mit Drohungen hören lassen, und es war nun nicht mehr zu bezweifeln, daß Deutschland über kurz oder lang in Polen einmarschieren werde. Dann hörte er, daß sein Bruder einen Lehrstuhl, der ihm angeboten worden war, abgelehnt hatte und am 8. Juli nach Hause zurückreisen werde.

11. Teilhabe

Als Bonhoeffer am 27. Juli 1939 wieder in Berlin eintraf, hatte er nichts gelöst. All seine Probleme, um derentwillen er Bischof Bells Rat gesucht, die Einladung nach Amerika und auch die schier unendlichen Mühen angenommen hatte, die seine Freunde und Bekannten sich mit der Organisation eines Programmes zu seiner wenigstens vorübergehenden sicheren Versorgung gemacht hatten, all diese Probleme bestanden nach wie vor. Er hatte vieler Leute Zeit und Geld verschwendet und seine Bekannten vor den Kopf gestoßen. Er hatte eine Entscheidung getroffen, aber sie war negativ. Er hatte sich gegen die Sicherheit, die Amerika bot, entschieden. Wofür er sich damit entschieden hatte, war keineswegs klar. Die Gründe seiner Entscheidung waren klarer als das, wofür er sich entschieden hatte!

Vielleicht ist es auf einen selbstquälerischen Zug in ihm zurückzuführen, daß er sich von seinem Lieblingspsalm 119 so unmittelbar angesprochen fühlte: „Es ist mir lieb, daß du mich gedemütigt hast, daß ich deine Rechte lerne." Bei diesem Wort schlug das Herz des Puritaners in Bonhoeffer höher. Auch dies gehört zum „einfältigen Leben", von dem Albrecht Schönherr spricht. Mit Offenheit und Integrität konnte er sich dem Leiden stellen und aus ihm lernen. Das Leben Dietrich Bonhoeffers war aus einem Guß, von dem Kind, das sich einen guten Tod wünschte, bis zur Nachfolge, die einen teuren Preis hat. Bei diesem kurzen Amerika-Aufenthalt vollzog sich eine entscheidende Entwicklung. In diesem einen Monat habe er mehr über Amerika gelernt als in dem ganzen Jahr seines vorherigen Aufenthalts, meinte er. Mary Bosanquet beschreibt in ihrer Bonhoeffer-Biographie diese Entwicklung in recht dramatischen Worten, die aber der Sache vielleicht gerade dadurch sehr nahe kommen:

„Indem Bonhoeffer immer tiefer und unausweichlicher in das Übel seiner Zeit verstrickt wurde, wurde fast unmerklich der Verlust des einen großen, stolzen Besitzes, von dem er sich so oft zu lösen versucht hatte, der aber wie mit Fangarmen sein innerstes Selbstbewußtsein immer wieder umschlang, – der Verlust seiner eigenen Gerechtigkeit – immer unausweichlicher."

Das verlorene Paradies

Der Gedanke, in Amerika zu bleiben, war äußerst verlockend. Bonhoeffer hatte dort Freunde und war sehr geachtet. Die Befürworter und Förderer der ökumenischen Bewegung schätzten seine Mitarbeit und seinen Einfluß. Die Kritiker amerikanischer Theologie, die ihre mangelnde Kraft und ihren engen Horizont beklagten, hatten große Hoffnungen auf ihn gesetzt. Paul Lehmann am Elmhurst College, der an beinahe vierzig Universitäten und Ausbildungsstätten geschrieben und ihnen Bonhoeffer für einen Vortrag empfohlen hatte, versuchte bis zum letzten Moment, ihn von seinem Entschluß der Abreise abzubringen: „Es ist doch ganz undenkbar, daß Du zurückkehren solltest, ehe Amerika nicht umfassend Gelegenheit gehabt hat, in seiner Schicksalsstunde der Theologie durch Deinen Beitrag bereichert zu werden," schrieb er ihm. Wie viele Amerikaner sah auch er, daß die aus Nazi-Deutschland hereinströmenden *refugees* viel Gutes mitbrachten: „in der Erweiterung des amerikanischen theologischen Denkens durch die gegenwärtig stattfindende wechselseitige Befruchtung mit der kontinentalen Tradition."[2] Paul Tillich war schon 1933 nach Amerika emigriert und hatte sich inzwischen schon einen Raum zur Entfaltung seines theologischen und philosophischen Denkens geschaffen. Auch sammelten sich schon bald Schüler um ihn, und sein Einfluß auf die amerikanische Theologie wurde spürbar. Dies setzte sich über viele Jahre bis zu seinem Tod fort.

Im Vergleich zu den Lebensbedingungen der meisten Emigranten wäre die Möglichkeit, die sich Bonhoeffer in Amerika bot, sehr angenehm gewesen. Er hätte dort seinen Beruf ausüben können, er hätte theologisch arbeiten, seine Ethik schreiben können und wäre auch, dank den ihn freundlich aufnehmenden ökumenischen Einrichtungen persönlich unabhängig gewesen. In Deutschland dagegen brachte er ohne Zweifel der Bekennenden Kirche Ungelegenheiten. Niemand hätte ihm Vorwürfe gemacht, wenn er sich gemäß seinen Fähigkeiten dort eingesetzt hätte, wo er gebraucht wurde, anstatt dorthin zurückzukehren, wo seine beunruhigenden Forderungen und Aktionen Unbehagen unter den Leuten verbreiteten.

Wäre er geblieben, so wäre er möglicherweise heute noch am Leben, ein geachteter Theologe, Autor einer ansehnlichen Reihe von Büchern und Artikeln und dazu sicher auch noch Ehrendoktor verschiedener in- und ausländischer Universitäten. Aber er kehrte zurück.

Verlust der Gerechtigkeit

Anstatt dieses klare und sichere Angebot anzunehmen, mit einem Aufgabenbereich, der es ihm ermöglicht hätte, deutschen *refugees* zu helfen und gleichzeitig Amerikaner darüber zu informieren, wie die Verhältnisse in Deutschland wirklich waren, tauschte er Sicherheit und Rechtschaffenheit ein gegen ein Leben der Verstellung und Verschlagenheit in seinem gefahrvollen Heimatland. Etwas von dieser Verschleierungstaktik zeigt sich schon in seiner Reaktion auf Paul Lehmanns freundliche Bemühungen. In den Briefen, mit denen sich Paul Lehmann bei einer Reihe von Universitäten um Einladungen für Bonhoeffer bemüht hatte, hatte ein Satz gestanden, der allerdings nicht gerade diplomatisch war. In dem Teil des Briefes, in dem er einiges zur Person Bonhoeffers sagt, erwähnt er, daß Bonhoeffer seit der Schließung Finkenwaldes durch die Behörden seine Lehrtätigkeit in Pommern im privaten Rahmen fortgesetzt habe. Als Bonhoeffer dies erfuhr, bestand er darauf, daß Lehmann an alle Empfänger dieses Briefes schrieb und diese Aussage korrigierte. So mußte Paul Lehmann unter großer Verlegenheit in einem neuen Brief mitteilen, er habe die Lage mißverstanden; gleichzeitig mußte er dann allerdings auch mitteilen, daß Bonhoeffer schon wieder nach Deutschland zurückgekehrt war.

Aber das war nur der Anfang. Unvermeidlich wurde Bonhoeffer immer mehr in die Verschwörung hineingezogen. Nach und nach wandelte sich Dietrich Bonhoeffer, der Christ, völlig zu Bonhoeffer, dem Zeitgenossen, wie Bethge es in seiner Biographie beschreibt. Wegen seiner Beteiligung an der Verschwörung mußte er vieles, was selbstverständlich und unbedingt zu einem christlichen Lebenswandel gehört, aufgeben – wohlgeplantes Lügen mußte sich allmählich zu einem dicht gewebten Schleier der Täuschung verknüpfen und würde schließlich bis zur Bereitschaft zu töten führen. Auch nicht für einen Augenblick gab er sich der Täuschung hin, daß dieses Übel etwas Besseres sei als eben das – Übel. Aber dies war nun der gebotene Weg. Manchmal muß ihm dieser schreckliche Weg, den er nun gewählt hatte, eher wie ein Weg zur Hölle als wie ein Weg zum wiederzugewinnenden Paradies erschienen sein. Seine eigenen Worte, einige Jahre später in der Haft geschrieben, zeigen, was das war, wofür er sich da entschieden hatte – ohne daß er zu dem Zeitpunkt die Tragweite schon überblickt hätte.

„Wir sind stumme Zeugen böser Taten gewesen, wir sind mit vielen Wassern gewaschen, wir haben die Künste der Verstellung und der mehrdeutigen Rede gelernt, wir sind durch Erfahrung mißtrauisch gegen die Menschen geworden und mußten ihnen die Wahrheit und das freie Wort oft schuldig bleiben, wir sind durch unerträgliche Konflikte mürbe oder vielleicht sogar zynisch geworden – sind wir noch brauchbar?"[3]

Das war der vor ihm liegende Weg, den er nun einschlug.

Kriegsausbruch

Schon bevor Bonhoeffer wieder in Berlin zurück war, war es jedermann klar, daß Deutschland auf einen Krieg zusteuerte. Darum unterbrach er seine Heimreise kurz in England zu einem letzten Wiedersehen mit dortigen Freunden und Verwandten; dort erhielt er auch die Nachricht von Paul Schneiders Tod, die ihn schwer traf. Mit seiner Schwester und Franz Hildebrandt verbrachte er zehn Tage in London. Die Zeit reichte nicht für einen Besuch bei Bischof Bell, aber vor seiner Abreise schrieb er ihm aus London: „Mein Paß wird nächstes Frühjahr ungültig; es ist deshalb ungewiß, wann ich wieder in dieses Land kommen werde ... Wir werden Sie nie vergessen in den kommenden Ereignissen."[4]

Reinhold Niebuhr war immer noch bemüht, ihm zu helfen. So hatte er den schottischen Theologen John Baillie dafür gewonnen, Bonhoeffer für die Croall Lectures nach Edingburgh einzuladen, und Bonhoeffer sagte für den Winter 1939/40 zu. Aus Berlin schrieb er dann und gab als Thema für die Vorlesungsreihe an: „Death in the Christian Message".

Kurz darauf, am 1. September, marschierten die deutschen Truppen in Polen ein, und ab 11 Uhr morgens am 3. September herrschte Krieg zwischen England und Deutschland.

Es scheint, daß Bonhoeffer erwartet hatte, nach Erklärung des Krieges werde es gleich zu weiteren Schritten kommen, aber auf den Einmarsch in Polen folgte erst einmal eine Art Flaute. Bonhoeffer hatte seine Ausbildungsarbeit mit den jungen Theologen wieder aufgenommen und verschickte lange Rundbriefe, mit denen er durch die Mitteilung von Neuigkeiten die Verbindung untereinander stärkte, die Diskussion theologischer Fragen anregte und ihnen für ihre Predigten Anregungen und Mut gab. In einem dieser Briefe, vom 20. September, teilt er den ersten Verlust aus ihrem Kreise mit:

„Als Antwort auf eine Feldpostkarte bekam ich die Nachricht, die ich Euch heute weitergeben muß, daß unser lieber Bruder Theodor Maass am 3. 9. in Polen gefallen ist. Es wird Euch wie mir diese Nachricht unfaßlich sein. Aber ich bitte Euch, laßt uns Gott danken in der Erinnerung an ihn. Wir hatten in ihm einen guten Bruder, einen stillen, treuen Pastor der Bekennenden Kirche, der selbst vom Wort und Sakrament lebte, den Gott auch gewürdigt hat, für das Evangelium leidend einzustehen. Ich bin gewiß, er war bereit zu gehen. Wo Gott Lücken reißt, da sollen wir sie nicht mit Menschenworten zu füllen versuchen."[5]

Dem fügte er, das praktische Leben nicht vergessend, die Adresse von Maass' Eltern in Stralsund hinzu. Dieser Kontakt zu den Ehemaligen sollte zu einer wichtigen Aufgabe für Bonhoeffer werden.

Die letzten und die vorletzten Dinge

Das Material für die Croall Lectures in Edinburgh, die er nun natürlich nicht würde halten können, übernahm er in den Entwurf seiner ‚Ethik'. Das Buch blieb unvollendet, aber zwei der vorliegenden Abschnitte behandeln das Thema „Tod".[6] Er beginnt mit einer Kritik an der „Todesvergötzung": „Das Wunder der Auferstehung Christi hebt die Vergötzung des Todes, wie sie unter uns herrscht, aus den Angeln." Was er mit seiner kategorischen Ablehnung der Vorstellung vom Bauen für die Ewigkeit und des großen Geredes von einem neuen Menschen, einer neuen Welt und einer neuen Gesellschaft meint und trifft, ist die Nazi-Anschauung und die verbreitete Stimmung einer Aufopferung für Deutschland an der Schwelle zum Krieg – „dieses Neue [besteht] alles nur in der Vernichtung vorhandenen Lebens." Dieser Abschnitt gehört zu einem größeren Thema, das „Ethik als Gestaltung" behandelt.

Bonhoeffer möchte aber genauer von „Gleichgestaltung" sprechen, die dadurch geschieht, „daß die Gestalt Jesu Christi von sich aus so auf uns einwirkt, daß sie unsere Gestalt nach ihrer eignen prägt (Gal 4,19)." Was dies bedeutet, legt er im Folgenden dar:

„Nicht christliche Menschen gestalten mit ihren Ideen die Welt, sondern Christus gestaltet die Menschen zur Gleichgestalt mit ihm . . .

Gleichgestaltet mit dem *Menschgewordenen* – d.h. wirklicher Mensch sein. Der Mensch soll und darf Mensch sein. Alles Übermenschentum, alles Bemühen, über den Menschen in sich hinauszuwachsen, alles Heldentum, alles halbgöttliche Wesen fällt für den Menschen ab; denn es ist unwahr."

Und etwas weiter in demselben Teil seines Buches faßt er zusammen:

„Christus hebt die menschliche Wirklichkeit nicht auf zugunsten einer Idee, die Verwirklichung gegen alles Wirkliche fordert, sondern Christus setzt die Wirklichkeit gerade in Kraft, er bejaht sie, ja er selbst ist ja der wirkliche Mensch und so der Grund aller menschlichen Wirklichkeit. Gestaltung nach der Gestalt Christi schließt also das Doppelte ein: daß die Gestalt Christi ein und dieselbe bleibt, nicht als allgemeine Idee, sondern als die sie einmalig ist, der menschgewordene, gekreuzigte und auferstandene Gott und daß gerade um der Gestalt Christi willen die Gestalt des wirklichen Menschen gewahrt bleibe und daß so der wirkliche Mensch die Gestalt Christi empfange."

Bei einer so gewaltigen theologischen Grundlegung bleibt kein Raum für *theoretische* Ethik. Menschliche Ethik muß konkret sein. Dies ist hier die Parallele zu Bonhoeffers früher auf der ökumenischen Konferenz gemachten Aussage, daß die Kirche gebieten müsse, wenn sie Gottes Wort spreche – und sie dürfe nicht eine abstrakte Aussage machen wie etwa „Krieg ist schlecht", sondern müsse sagen: „An diesem Krieg sollst du nicht teilnehmen"; sie solle nicht darüber reden, was gut und böse sei, jetzt und immer gemäß ewigen Prinzipien, sondern von Christus, der hier und jetzt Gestalt annimmt und richtet. Den langen Teil über „Die letzten und die vorletzten Dinge"[7] beginnt er mit einem Abschnitt „Rechtfertigung als das letzte Wort", in dem er die Gnade, die gerecht macht, behandelt; hier scheut er sich auch nicht, als „Vorletztes" die schwierige Frage des Selbstmordes anzuschneiden. An früherer Stelle betont Bonhoeffer das „Recht auf das leibliche Leben".[8] Dieses Recht ist ein „mit uns geborenes":

„Da es nach Gottes Willen menschliches Leben auf Erden nur als leibliches Leben gibt, hat der Leib um des ganzen Menschen willen das Recht auf Erhaltung. Da mit dem Tode alle Rechte erlöschen, so ist die Erhaltung des leiblichen Lebens die Grundlage aller natürlichen Rechte überhaupt ... Der Leib ist aber in erster Linie nicht dazu da, um geopfert, sondern um erhalten zu werden."

Er erkennt an, daß es ein über allem Normalen stehendes Recht oder auch die Pflicht geben kann, das eigene Leben zu opfern, doch müsse dies im Zusammenhang mit dem fundamentalen Recht auf Unversehrtheit des Leibes gesehen werden. Was bedeutet das für den Selbstmord? Ist Selbstmord Verachtung des leiblichen Lebens? „Der Mensch hat sein Leben im Unterschied zum Tier nicht als einen Zwang, den er nicht abwerfen kann."[9]

Der Mensch sei frei, sein Leben anzunehmen oder es zu zerstören, sagt

Bonhoeffer: Mit dieser Möglichkeit zu sterben ist dem Menschen eine einzigartige Freiheit gegeben. Er kann der Niederlage entgehen und so dem Schicksal seinen Sieg rauben. Dies ist die stoische Begründung für den Selbstmord. Das bedeutet aber noch nicht, daß er selbst den Selbstmord gutheißen würde, sondern nur daß es uns nicht zusteht, den Selbstmord moralisch zu verurteilen. Auch der Vorwurf der Feigheit trifft hier nicht zu: „Über jede kleinliche, moralisierende Beurteilung als Feigheit und Schwäche ist diese Tat, sofern sie in Freiheit vollzogen wird, erhaben."

Für den Christen aber muß sich der Selbstmord dem Gericht Gottes stellen – zwar ist er weder unmoralisch noch unethisch; aber Selbstmord ist ein Mangel an Glauben. Ein Mensch kann sein Leben geben für seinen Freund. Auch das ist Selbstmord. Aber wenn es sich nicht um ein Opfer handelt, so ist dies die Weigerung zu glauben, daß Gott doch noch etwas aus dem verbleibenden Leben machen könne. Überzeugend legt er dar, daß eine Verurteilung des Selbstmordes auf rein moralischer Grundlage nicht möglich ist: „Das Recht des Selbstmordes zerbricht allein an dem lebendigen Gott."

Es finden sich noch viele andere Stellen in seiner ‚Ethik', die auf Bonhoeffers Vorbereitung auf die Croall Lectures hinweisen und wohl ursprünglich dafür vorgesehen waren. Noch eindrucksvoller läßt sich hieran aber auch ablesen, wie er sich jetzt, da Deutschland sich in diesen Krieg hineinstürzte und die jungen Theologen, die er ausgebildet hatte, täglich dem Tod Aug in Aug gegenüberstanden, dieser Frage nach dem Tod stellte.

In dem Brief, in dem er Theodor Maass' Tod mitteilt, führt er all die Kandidaten auf, die jetzt ihren Dienst an der Front tun, und schreibt dazu: „Der Tod ist wieder mitten unter uns getreten, und wir müssen uns, ob wir wollen oder nicht, Gedanken über ihn machen."

Solange er seine Basis in Köslin bzw. auf dem Sigurdshof hatte, war Bonhoeffer völlig mit seiner theologischen Arbeit und der Fürsorge für seine Kandidaten beschäftigt. In der Einsamkeit des ländlichen Hinterpommern focht er einen Kampf von großer Tragweite um die Seele Deutschlands. Durch den Polenfeldzug wurde diese Arbeit zwar für eine Weile unterbrochen, obwohl Bonhoeffer nicht aufhörte, Briefe zu schreiben und eine möglichst enge Verbindung mit all seinen Kandidaten aufrecht zu erhalten, den gegenwärtigen und den ehemaligen. Nach Beendigung des Feldzuges kehrten die Kandidaten nach Köslin und zum Sigurdshof zurück.

Der Kriegsanfang mit allen damit einhergehenden Unsicherheiten hatte die Bekennende Kirche in ziemliche Verwirrung gestürzt. Gerüchtweise war zu hören, Martin Niemöller habe sich aus der Haft zum Wehrdienst gemeldet. Daß dies tatsächlich stimmte, hat sich zwar inzwischen feststellen lassen, aber damals konnte eben so ein Gerücht der Tendenz Vorschub leisten, in diesen Kriegszeiten solle man doch nun alle Meinungsverschiedenheiten begraben und sich zusammenfinden. In der Bekennenden Kirche führte dies zu neuerlichen Spannungen und ließ Bonhoeffer noch unerbittlicher auf seiner Position bestehen, daß Kirche sich nicht mit Unkirche einlassen könne. Auch fürchtete man um Niemöllers Leben, und für die wegen illegaler Zusammenkünfte Verhafteten klang in der Nachricht vom Tod Paul Schneiders im KZ ihre eigene Bedrohung an.

Bonhoeffer fing nun an, Rundbriefe mit theologischen Betrachtungen an seine Kandidaten zu schicken, um ihnen damit Predigthilfen für die einzelnen Zeiten des Kirchenjahres an die Hand zu geben. Er begann zur Weihnachtszeit, mit der bedenkenswerten Beobachtung: „Kein Priester, kein Theologe stand an der Krippe von Bethlehem. Und doch hat alle christliche Theologie ihren Ursprung in dem Wunder aller Wunder, daß Gott Mensch wurde. ‚Neben dem Glanz der Heiligen Nacht brennen die unergründlichen Geheimnisse der Theologie‘ (Hello)."

Dies ist eine theologische Abhandlung; schon lange gedachte Gedanken und nichts originell Neues, kleine Bruchstücke vom mächtigen Gebäude der kirchlichen Christologie nennt er sie. Er habe dies hier für sie aufgeschrieben, nicht damit sie das Gebäude bewundern, sondern um bei ihnen Gedanken anzuregen, „ehrfürchtiger und andächtiger das biblische Zeugnis von dem Geheimnis der Menschwerdung Gottes zu lesen und zu betrachten und vielleicht auch die Weihnachtslieder Luthers nachdenklicher und fröhlicher zu singen."

In ähnlicher Weise führt er kurz darauf Gedanken zur Epiphaniaszeit als Predigthilfe für die unter seiner Obhut ausgebildeten jungen Pfarrer aus.[10] In weiteren Betrachtungen behandelte er die Auferstehung und Himmelfahrt Christi. So band er sie eng an das Kirchenjahr und stärkte sie gleichzeitig in ihrer lutherischen Theologie.

Diese theologischen Abhandlungen waren den Rundbriefen, die monatlich an die Brüder der Bekennenden Kirche in Pommern verschickt wurden, als Beilage beigefügt. Der Brief vom Februar 1940 beschwor dann gleich einen Konflikt herauf. Hier ging es um das Abendmahl. Er hatte dazu Luther ausgelegt, worauf Protest von Eberhard Baumann aus der Reformierten Kirche kam. Der pommerschen Bekennenden Kirche gehörten nämlich sowohl Lutheraner als auch Reformierte an. Bonhoeffer sagte, er müsse es ablehnen, etwas zu schreiben, an dem keiner Anstoß nehme, wenn das bedeute, daß er die lutherische Position nicht klar darstellen und seine eigene theologische Überzeugung nicht deutlich zum Ausdruck bringen könne. Er drücke sich nie unklar aus, und nur durch unklare Ausdrucksweise könne man Unterschiede verschleiern. Der Streit tobte wie schon zu Zeiten der Reformation, aber er spaltete doch nicht die Bekennende Kirche. Vielmehr stimulierte er theologisches Nachdenken. Bedenkt man, welche Rolle die Reformierte Kirche in den einzelnen Stadien des Kirchenkampfes seit 1934 gespielt hatte, als das Bekenntnis in Barmen in einem reformierten Gotteshaus der Öffentlichkeit übergeben wurde, dann überrascht es nicht, daß Reformierte mit Protest auf einen solchen Angriff auf ihr Abendmahlsverständnis reagierten.

Am 12. März schrieb Eberhard Baumann in Stettin an Superintendent Onnasch in Köslin und protestierte gegen das, was er als Bonhoeffers sogenannten „Gruß der Bekennenden Kirche" bezeichnete. Er fürchte um die Zukunft der Evangelischen Kirche in Deutschland, sagte er, wenn derartige Kontroversen unter dem Deckmantel brüderlicher Grüße aufblühten. Es kam aber schnell zu einer Versöhnung, als Bonhoeffer erklärte, daß es ihm nur darum ginge, der Kirche in Erinnerung zu rufen, wie wichtig die theologische Auseinandersetzung sei. Er wollte sich nicht mit einer schwachen Bekennenden Kirche zufrieden geben, die nicht in der Lage sei zu sagen, zu welcher Tradition sie gehöre, oder die vorgäbe, daß alle denselben Glauben hätten, wo doch deutliche Unterschiede zwischen ihnen bestünden. Dies müsse in aller Deutlichkeit gesagt werden, sonst untergrabe man die Wahrheit. Dies war aber auch noch nicht das letzte Mal, daß Bonhoeffer den Anstoß zu einer Kontroverse lieferte. Er wünschte sich kein monolithisches Lehrgebäude, sondern herzhafte Diskussion theologischer Streitpunkte. Schon lange vor seiner Zeit in der ökumenischen Bewegung hatte er von den Angehörigen verschiedener Traditionen gefordert, sie sollten sich den Konsequenzen, die sich aus Taufe, Abendmahl und Amtsverständnis in ihrer Glaubensgemeinschaft ergäben, stellen.

Am 17. März 1940 wurde die letzte Unterkunft des Sammelvikariats im Sigurdshof durch die Gestapo geschlossen. Kandidaten befanden sich keine mehr dort. Seit Finkenwalde 1937 versiegelt worden war, führte Bonhoeffer ein Nomadendasein ohne festen Wohnsitz und ohne einen eigenen Schreibtisch und Studierzimmer. Zuerst war er zwischen Köslin und Schlawe hin- und hergependelt, solange das Sammelvikariat auf diese beiden Orte aufgeteilt war, für eine Weile war, neben seinem Elternhaus in Berlin, der Sigurdshof der letzte Unterschlupf. Jetzt waren nur noch briefliche Kontakte möglich oder persönliche Einzelbesuche. Mit persönlichen Nachrichten, besonders immer wieder über Kriegsgefallene aus ihrem Kreis, und mit theologischen Betrachtungen in seinen Rundbriefen hielt er die Gemeinschaft der Kandidaten wie in einem großen Fernkursus in Seelsorge und Theologie zusammen, solange es ihm möglich war.

Pfarrer als Soldaten

Durch seine seelsorgerliche Betreuung der Brüder erlebte er mit, wie im Krieg an der Front so ganz andere Bedingungen herrschen. Denn die jungen Männer der Bekennenden Kirche waren keine Militärpfarrer, und er riet ihnen, ihren Platz als „Soldat unter Soldaten" einzunehmen. Im Mai 1940 hatte er zu Hause in Berlin viele Worte des Dankes, viele Grüße und lange Briefe erhalten. Diese beantwortete er nun alle mit einem Rundbrief.[11] In diesem Brief spricht er vor allem die zum Dienst mit der Waffe Eingezogenen an, ohne diejenigen, die noch in ihren Heimatgemeinden mit den sich dort häufenden Schwierigkeiten kämpften, darüber vernachlässigen zu wollen. Aber hier geht es ihm in erster Linie um diejenigen, die jetzt in eine Situation gestellt sind, wo ein pastoraler Dienst von ihnen erwartet wird, für den sie keinerlei Vorbereitung erhalten haben. Wo kommt die „Nachfolge" im polnischen Feldzug zum Tragen? Manch einer hatte ihm geschrieben, er könne seinen pastoralen Dienst nicht leisten und fürchte, seinem Ordinationsgelübde untreu zu werden, wenn er jetzt nichts weiter sein könne als „Soldat unter Soldaten". Bonhoeffer setzt sich ernsthaft mit diesem Problem auseinander. Die Ordination gilt ihm sehr viel, aber er schreibt ihnen doch:

„Ich weiß nun nicht, ob es ganz richtig ist, wenn man Euch immer wieder schreibt, daß Ihr auch da draußen ‚im Amte' seid und sein müßt. Gewiß wird keiner von uns jemals von der Verantwortung seines Christenstandes entbunden, und keiner darf es verleugnen, daß er Pastor ist. Aber ist das nicht doch etwas anderes, als wenn man so selbstverständlich sagt, daß man auch draußen ‚im Amte' sei? Das seid Ihr meiner Meinung nach doch eigentlich nicht und könnt es auch nicht sein."

Bonhoeffer sieht sehr deutlich, daß seine ehemaligen Kandidaten, die spüren, daß sie mit der Ordination eine untilgbare Verpflichtung auf sich genommen haben, daran als an einer besonders schweren Last zu tragen haben. Er warnt sie vor „enthusiastischen Gedanken“ und spricht von der Ordination als „uns zum Trost und als Gnade eingesetzt, um uns in unserem Amt gewiß zu machen. Sie will uns aber nicht quälen“. Der Brief ist zudem sehr lebenspraktisch, er ermuntert sie, lieber nach Hause zu schreiben, als lange Briefe an ihn zu verfassen, obwohl er diese Briefe sehr schätzt. Den aus ihren Gemeinden herausgerissenen Brüdern rät er, gerade als Soldaten zu entdecken, was die Berufung Christi hier bedeutet. Voller Verständnis geht er auf ihre Zweifel und Probleme ein und verweist sie dann auf das, was Gott hier ins Werk setzt: „Wir wollen auf seine Gnade sehen, die uns alle durch viele dunkle Stunden, vor deren Ausgang wir bangten, bis hierher bewahrt hat. Wir wollen auf seine Treue sehen, die noch immer Wort gehalten hat. Gott hat es mit uns und unserer Kirche angefangen, so wird er es auch zu Ende führen, wie es für einen jeden gut ist.“

Er schickt ihnen seine Auswahl von Meditationstexten für den Monat, empfiehlt ihnen die neue Stuttgarter Jubiläumsbibel mit ihren, besonders zum Alten Testament sehr wertvollen Anmerkungen und ermahnt sie zur gegenseitigen Fürbitte. In der besonderen Situation des Krieges sieht er aber auch die sich hier bietende Chance, mit den Gefahren und Widrigkeiten auch das Schicksal „der Mehrzahl der arbeitenden Menschen“ teilen zu können. Die Fragen, mit denen er hier rang, und die Erfahrungen, die er in der Teilnahme am Leben der Finkenwalder Brüder machte, haben dann später seine Gedanken über ein „religionslos-weltliches“ Christentum befruchtet.

Ich erinnere mich lebhaft an eine Begegnung nach dem Krieg mit dem Pfarrer einer Baptistengemeinde in Hannover, dessen Kirche im Krieg zerbombt und dessen Gemeinde zerstreut worden war. Ich war gekommen, um meine Hilfe anzubieten und um seine Trauer und Sorge zu teilen. Stattdessen fand ich einen Mann, der Freude und Glaubenszuversicht ausstrahlte und mir sagte: „Endlich bin ich frei – frei, ein Diener Jesu Christi zu sein. Endlich bin ich frei von den Fesseln der Gemeindeveranstaltungen.“ Eine ähnliche Befreiung mögen diese Kandidaten an der Front verspürt haben.

Behinderungen und Proteste

Mit dem erfolgreichen Verlauf von Hitlers Krieg entspannten sich allmählich die Beziehungen zwischen dem Staat und der Bekennenden Kirche. Obwohl es immer noch zu staatlichen Behinderungen kam und einige Pfarrer der Bekennenden Kirche ihre Pfarrstellen verloren, wurde 1940 die Fürbittenliste doch kürzer, denn weniger Pfarrer waren in Haft. Hitler hatte durch das Propagandaministerium Instruktionen ergehen lassen, Konflikte mit der Kirche seien weitgehend zu vermeiden. In Kriegszeiten kann ein Land keine Uneinigkeit im Innern brauchen. Trotzdem kamen aber immer noch schwerwiegende Eingriffe vor. So ist ein interessanter Protestbrief von einem von Bonhoeffers Kandidaten an die Disziplinarkammer des Konsistoriums der Mark Brandenburg vom 30. Mai 1940 erhalten:

„Als Frontsoldat, der sein Leben täglich aufs Spiel zu setzen hat und darum eine offene Sprache pflegt, muß ich Ihnen, meine Herren, ins Gesicht sagen, welchen Unmut und Ekel diese Ihre Handlungsweise in mir hervorgerufen hat. Männer, deren vaterländische Verdienste im Ernst nicht angezweifelt werden können, sollen in einem Augenblick zur Strecke gebracht werden, wo die Allermeisten ihrer Freunde zur Verteidigung des Vaterlandes eingesetzt und so zu einem wirksamen Protest nicht in der Lage sind ... Wie ungezählte Frontsoldaten stehe ich in der vorliegenden Affäre voll und ganz zu den verurteilten Pastoren. Mit dem ‚Urteil', das Sie, meine Herren, jetzt vom sicheren grünen Tisch ausgehen ließen, haben Sie unter anderem auch mich in einer dreisten Weise herausgefordert und beleidigt. Seien Sie sich darüber klar, daß Sie durch Ihre Entscheidung die Einsatzfreudigkeit zahlloser Soldaten aufs Ärgerlichste gestört haben ... Die Bek. Kirche ist bei aller Hilflosigkeit getroster und gewisser als Sie in Ihrer ungeistlichen Machtstellung."[12]

Sicher hat es diesem jungen Pfarrer der Bekennenden Kirche gutgetan, in dieser Deutlichkeit an die deutsch-christlichen Führer der Reichskirche zu schreiben. Er jedenfalls spürte, welchen Vorrang ihm die Stellung eines „Soldaten unter Soldaten" gab. Sein Protest richtete sich gegen Schritte, die das Konsistorium durch seine Disziplinarkammer im April und Mai gegen Mitglieder des Bruderrates der Bekennenden Kirche, im besonderen gegen Sup. Heinrich Albertz und den Juristen Franz Böhm, unternommen hatte.

Dies waren aber nicht die einzigen Behinderungen. Am 4. September 1940 erhielt Bonhoeffer Redeverbot, und dies wurde außerdem verbunden mit der Meldepflicht, was bedeutete, daß er sich in regelmäßigen Abständen bei der Polizei melden mußte. Im nächsten Jahr, mit Datum vom

27. März 1941, erhielt er dann noch das Verbot, irgendwelche von seinen Schriften zu veröffentlichen. Schon lange war versucht worden, ihn am Versenden seiner theologischen Rundbriefe an seine Kandidaten an der Front zu hindern.

Die Bruderräte der Bekennenden Kirche waren im übrigen schon allein durch die große Zahl der als Soldaten aus ihren Reihen Eingezogenen stark beeinträchtigt.

Bonhoeffers Protest

Es wurde nun immer deutlicher, daß Bonhoeffer zum Schweigen gebracht werden sollte und daß jede Möglichkeit ausgeschöpft wurde, ihn für die Bekennende Kirche auszuschalten. Inzwischen waren ihm aber Gerüchte zu Ohren gekommen, daß in großem Umfang „Euthanasie" praktiziert würde und daß Juden zur Vernichtung deportiert würden. Unter diesen Umständen trat er in immer engere Verbindung zur Verschwörung gegen Hitler. Seine Hauptinformationsquelle, sein Vertrauter, der ihn zugleich auch deckte, war sein Schwager Hans von Dohnanyi. Bonhoeffer hatte internationale Verbindungen in neutralen Ländern und konnte darum als Kurier zur Übermittlung von Botschaften eingesetzt werden, wenn es gelang, ihn mit offiziellen Aufträgen, etwa zu Propagandazwecken, ins Ausland zu entsenden.

Im Juni 1940 bereiste Bonhoeffer Ostpreußen: Königsberg, Danzig und am 17. Juni Memel. Am Vormittag dieses Tages nahmen er und Bethge an einer kleinen Pfarrerzusammenkunft mit Dr. Werner Wiesner teil, den Nachmittag bis zur Abendandacht hatten sie frei. So nahmen sie die Fähre zur Halbinsel hinaus, zwischen U-Booten, Schleppern und Minensuchbooten hindurch. Große Ereignisse lagen in der Luft. Stalin hatte den Baltischen Staaten ein Ultimatum gestellt, dessen Ablauf er, dank Hitlers Nichtangriffspakt, mit Gelassenheit entgegensehen konnte. In Deutschland interessierte man sich dafür kaum, die Aufmerksamkeit war fast ausschließlich auf die Kriegsfront im Westen gerichtet. Während sie auf einer Caféterrasse in der Sonne saßen, erscholl plötzlich laute Musik aus einem Lautsprecher, gefolgt von der Meldung der Kapitulation Frankreichs. Es herrschten Jubel und große Aufregung allenthalben. Wie alle anderen hob Bonhoeffer den Arm zum vorschriftsmäßigen Hitlergruß, während Bethge zauderte und nicht wußte, wie er sich verhalten solle. Aber dann hörte er, wie Bonhoeffer ihm ins Ohr flüsterte: „Nimm den

Arm hoch! Bist du verrückt? Wir werden uns jetzt für ganz andere Dinge gefährden müssen, aber nicht für diesen Salut!"

Ungefähr zur gleichen Zeit begann die entsetzliche, großangelegte Aktion der Judentransporte, ausgerechnet von Stettin aus. Einen großen Teil des Juli verbrachte Bonhoeffer auf Reisen. So lautet eine kurze Nachricht, heute müsse er nach Danzig, dann zu Frau von Kleist, und am folgenden Montag und Dienstag sei er in Berlin zu einer Besprechung mit Hans ...

Die Gestapo war ihm auf der Spur, und Hans von Dohnanyi mußte ihn decken. Am 14. Juli war eine Freizeit mit ehemaligen BK-Kandidaten in Bloestau aufgelöst worden; Bonhoeffer protestierte. Es hat sehr stark den Anschein, daß das im September erlassene Redeverbot und die Meldepflicht mit diesem Ereignis in Zusammenhang standen. Unter dem Eindruck der sich hier zusammenziehenden, drohenden Wolken sprach er dann mit Hans von Dohnanyi und General Hans Oster über Möglichkeiten einer Betätigung bei der Abwehr. Er stand auf der Schwelle zur Verschwörung. Bonhoeffer hatte seinen Protest gegen die Unrechtmäßigkeit von Behinderungen zum Ausdruck gebracht. An das Reichssicherheitshauptamt in Berlin schrieb er einen ausführlichen Brief.[13] Gleich zu Beginn verbittet er es sich mit Entrüstung, daß ein so loyaler Patriot wie er einer Verletzung der Sicherheitsbestimmungen verdächtigt werden könne:

„Am 9. 9. 1940 ist mir von der Staatspolizeileitstelle Köslin die Verfügung des Reichssicherheitsamtes IV A 4b 776/40 eröffnet worden, durch die mir ein Redeverbot für das Reichsgebiet erteilt wird. Als Grund wird ‚volkszersetzende Tätigkeit' angegeben. Diesen Vorwurf weise ich zurück. Es kommt für mich nach meiner gesamten Einstellung, meiner Arbeit wie auch meiner Herkunft nicht in Betracht, mich mit Kreisen identifizieren zu lassen, die den Makel eines solchen Vorwurfs mit Recht tragen. Ich gehöre mit Stolz einer Familie an, die sich um das Wohl des deutschen Volkes und Staates seit Generationen verdient gemacht hat. Zu meinen Voreltern gehört der Generalfeldmarschall Graf Kalckreuth und die beiden großen deutschen Maler gleichen Namens; gehört der in der gesamten wissenschaftlichen Welt des vorigen Jahrhunderts bekannte Jenenser Kirchenhistoriker Karl v. Hase; die Bildhauerfamilie Cauer; mein Onkel ist der Generalleutnant Graf v. d. Goltz, der das Baltikum befreite; sein Sohn, der Staatsrat Rüdiger Graf v. d. Goltz ist mein Vetter ersten Grades; der im aktiven Heeresdienst stehende Generalleutnant v. Hase ist mein Onkel; mein Vater ist seit fast 30 Jahren ordentlicher Universitätsprofessor der Medizin in Berlin und steht bis heute in ehrenvollen Staatsämtern; seine Vorväter haben jahrhundertelang als hochangesehne Handwerker und Ratsherren der damaligen freien Reichsstadt Schwäbisch-Hall gelebt und noch heute zeigt man dort ihre Bilder mit Stolz in der Stadtkirche; meine Brüder und Schwäger stehen in hohen staatlichen Stellungen, einer meiner Brüder fiel im Weltkrieg. Es ist das Streben aller dieser Männer und ihrer Familien gewesen, dem deutschen Staat und Volk zu jeder Stunde zu dienen und ihr Leben für diesen Dienst einzusetzen. In bewußter Bejahung dieses geistigen Erbes und dieser inneren Haltung meiner Familie kann ich den Vorwurf ‚volkszersetzender Tätigkeit' nicht hinnehmen. Ein diesem Vorwurf entsprechendes Verhalten ist mir wesensfremd und kommt für mich niemals in Frage."

Hierauf fußte sein Protest. Er führte hier seine Ahnenreihe und die vaterländischen Verdienste seiner Familie an, wohl wissend, daß die, die seinen Brief lasen, weit unter ihm standen. Aber er wandte sich auch gegen den Vorwurf, daß die Bekennende Kirche nichts weiter als ein Grüppchen rebellischer Pfarrer sei. Er trat auf mit dem Anspruch eines Vertreters der Kirche und eines Angehörigen der akademischen Welt und der führenden Schicht des militärischen und bürgerlichen Lebens in Deutschland. Eine erstaunliche Einleitung für einen Protestbrief! Dann macht er deutlich, daß seine Arbeit im Sammelvikariat in keiner Weise im Widerspruch stehe zum in der Deutschen Evangelischen Kirche gültigen Verständnis des Pfarrerberufes. Der Terminus Bekennende Kirche fällt allerdings nicht. Aber er gibt eine Beschreibung der Begebenheit, die wahrscheinlich zu dem Vorwurf der „volkszersetzenden Tätigkeit" geführt hat:

„Bei Gelegenheit eines Aufenthaltes in Ostpreußen wurde ich aufgefordert, auf einer kleinen Zusammenkunft Königsberger Studenten verschiedener Fakultäten eine Bibelarbeit und einen Vortrag zu übernehmen. Am 13. 7. 1940 fanden sich in Blöstau bei Königsberg 3 oder 4 Studenten ein, dazu etwa ebensoviele Gemeindeglieder. Ich hielt am Nachmittag eine Bibelarbeit mit anschließender kurzer Aussprache über das Evangelium vom reichen Jüngling. Die Skizze dieser Bibelarbeit füge ich dieser Eingabe bei. Am Sonntagmorgen hielt ich den Gottesdienst für die Ortsgemeinde Blöstau und predigte über das Sonntagsevangelium. Nach dem Gottesdienst saß ich mit 3 oder 4 Studenten kurze Zeit persönlich zusammen, als eine größere Zahl Beamter der Geheimen Staatspolizei erschien und uns erklärte, daß wir auseinandergehen müßten. Wir wurden auf einen Erlaß vom Ende Juni 1940 aufmerksam gemacht, den keiner von uns kannte, da er nirgends veröffentlicht war, und der uns auch trotz wiederholten Bittens nicht vorgelegt wurde."

Dabei betonte er, daß die Beamten durchaus höflich gewesen seien und auch gar nichts weiter hätten wissen wollen und dazu auch erkennen ließen, daß sie gar nicht gekommen wären, wenn sie gewußt hätten, wie klein die Gruppe war, die sie vorfanden. Es sah ganz so aus, als sei die Gestapo dem Hinweis eines Informanten gefolgt, in der Annahme, dies sei eine „konfessionelle Veranstaltung". Wie das zu verstehen sei, wollte er wissen. War es ihm z. B. untersagt, vor einer kleinen Gruppe vorzutragen, was Luther zu dieser oder jener Frage der christlichen Lehre gesagt hatte? Unter den Brief setzte er das vorschriftsmäßige „Heil Hitler!"

Eine Antwort erhielt er nicht. Jetzt war es Zeit, daß er sich über seine weitere Tätigkeit entschied!

Stunde der Entscheidung

Die Nachrichten von der Kapitulation Frankreichs, die Bonhoeffer an jenem 17. Juni in Memel gehört hatte, zwangen ihn, seine Einstellung diesem „Unrechtsstaat" gegenüber neu zu durchdenken. Im Zusammenhang mit diesem Ereignis bemerkt Eberhard Bethge: „Zu dieser Zeit begann Bonhoeffers Doppelleben, nämlich das Engagement des Pfarrers im politischen Untergrund." Jetzt fing er an, seine „Gerechtigkeit" zu verlieren.

Man kann dies verschieden interpretieren. Bonhoeffer war sich der Tragweite dieses Schrittes bewußt, und im Rückblick sah er auch, daß dieser Schritt ihn möglicherweise später von der Übernahme eines Pfarramtes ausschließen würde. Was sich hier vollzog, war ein psychologischer Wandel, der ganz Deutschland betraf. Seit Preußen vor nun schon fast zwei Jahrhunderten zu einer politischen Größe geworden war, herrschte Gegnerschaft zwischen Deutschland und Frankreich im Ringen um die Vorherrschaft auf dem europäischen Kontinent. Die (preußisch-französischen) Befreiungskriege waren im Bewußtsein jedes Deutschen in ähnlicher Weise lebendig wie etwa die Erinnerung an Waterloo in England. Und Waterloo selbst gehört ja auch zu den deutschen Befreiungskriegen, wie mir als Engländer mit einer gewissen Überraschung klar wurde, als ich mit Deutschen über das Ende Napoleons sprach. Wellington war ihnen allerdings gänzlich unbekannt, sie hatten den gemeinsamen Sieg Blüchers und Wellingtons immer als einen deutschen Sieg verbucht. Kein Deutscher, der sein Vaterland liebte, hatte sich dem Gefühl der Demütigung nach dem Ersten Weltkrieg entziehen können, und der junge Dietrich Bonhoeffer war da keine Ausnahme gewesen. Die harten Bedingungen des Versailler Vertrages wurden als Ergebnis der Bemühungen Frankreichs, wo der Vertrag ja aufgesetzt worden war, und Clemenceau wurde als Urheber desselben angesehen. Als Deutschland die Reparationsforderungen nicht erfüllen konnte und gleichzeitig die Leute im eigenen Land vor Hunger umkamen, hatte Frankreich das Ruhrgebiet besetzt. Und jetzt die Kapitulation Frankreichs gegenüber Deutschland! Dies war der Wendepunkt!

Wilhelm Niesel erinnert sich an eine Sitzung des Bruderrates der Bekennenden Kirche der Altpreußischen Union kurz nach diesen Ereignissen: „In diese Sitzung schneite Bonhoeffer herein. Zum nicht gelinden Erstaunen aller hielt er eine Rede, in der er ausführte, wir müßten unsere Einstellung zu Hitler ändern. Die Ereignisse hätten bewiesen, daß Gott mit ihm sei und das müßten wir anerkennen."

Eberhard Bethge rückt dies in seiner Biographie Bonhoeffers zurecht und meint, Niesel habe mißverstanden, was Bonhoeffer hier gemeint habe:

> „Von einer Kapitulation Bonhoeffers vor den Tatsachen kann keine Rede sein, auch nicht für Augenblicke. Etwas ganz anderes ging in ihm vor. Er wollte erfassen, was es bedeute, wenn nun der Erfolg dem Unrechtsregime eine viel längere Dauer beschied, als alle Freunde im kirchlichen und politischen Widerstand bisher angenommen hatten ... Ferner wollte er sich und anderen einschärfen, daß es seit dem 17. Juni nie mehr eine einfache Rückkehr zu früher Gewesenem geben könne ... Der Weg zu einem Neuen würde unendlich langwieriger und teurer, das Ziel von unbekannter Gestalt sein."[14]

Dies ändert zwar Wilhelm Niesels Interpretation dessen, was Bonhoeffer sagte, nicht vollständig, aber es stellt die Aussagen doch in einen weiteren Kontext. Die Verschwörer, mit denen Bonhoeffer ja schon in Verbindung stand, hatten darauf gebaut, daß Hitler in seiner großen Selbstüberschätzung zu weit gehen würde. Im Zusammenhang mit München 1938 hatten sie auf den Mißerfolg als Signal für die geplante Verhaftung und Anklage Hitlers vor einem moralischen Tribunal gewartet. Als er dann die Resttschechei (Böhmen und Mähren) besetzte, hatten sie fest mit der Kriegserklärung und daraus folgend seiner Niederlage gerechnet. Mit einer Niederlage hätte er dann gestürzt und eine neue Regierung eingesetzt werden können. Stattdessen war der Krieg in Polen vom Westen aus so abgelegen, daß die Risiken gering waren; als aber Frankreich und England den Krieg erklärten, glaubten die Verschwörer wieder, nun stünde Hitlers Niederlage unmittelbar bevor. Die Kapitulation von Paris machte dann auch diesen Erwartungen und Plänen ein Ende. Von jetzt sprach man von Ermordung.

Sollte Bonhoeffer für die „Abwehr" (Abwehrabteilung im Reichskriegsministerium, der militärische Geheimdienst) Aufträge übernehmen, müßte er als Doppelagent auftreten. Es war dann nötig, nach außen hin Hitler offen zu unterstützen, während er gleichzeitig seinem Regime gegenüber in neutralen Ländern subversiv tätig wurde. Außerdem mußte er alle Möglichkeiten, die sich aus einer solchen offiziellen Position ergaben, nutzen, um Juden zu helfen.

Hitlers Erfolg: Theologische Implikationen

Auch als Verschwörer blieb Bonhoeffer Theologe, und die Bahn, die er jetzt einschlug, bedurfte der theologischen Rechtfertigung. Während er mit der Entscheidung rang, wie weit er sich darauf einlassen sollte, Aufgaben für die Abwehr zu übernehmen, verbrachte er vier Wochen auf dem Gut von Frau von Kleist in Klein-Krössin und arbeitete dort an seiner ‚Ethik'. Laut Bethge befaßte er sich zu diesem Zeitpunkt mit einem besonders wichtigen Kapitel: mit der Frage des Erfolges.[15]

So schreibt er, im Zusammenhang mit der damaligen Reaktion in Deutschland auf Hitlers allen vernünftigen Erwartungen spottende Erfolge, über den Erfolgreichen – Worte, die in ihrer Relevanz nur wenige Jahre später auch umgekehrt für die Verlierer vor dem Nürnberger Gerichtshof zu denken geben. „Die Welt will und muß durch den Erfolg überwunden werden. Nicht Ideen oder Gesinnungen, sondern Taten entscheiden. Der Erfolg allein rechtfertigt geschehenes Unrecht. Die Schuld vernarbt im Erfolg . . . Der Erfolgreiche schafft Tatbestände, die nie mehr rückgängig zu machen sind."

Das erinnert ein wenig an das, was Wilhelm Niesel Bonhoeffer bei dem erwähnten Bruderratstreffen im Hause von Pastor Hasse in Nowawes hatte sagen hören. Zweifellos veranlaßten ihn auch seine Unterhaltungen mit Frau von Kleist und vielleicht mit seiner zukünftigen Verlobten, die nicht weit entfernt wohnte, zu analysieren, welche unterschiedlichen Reaktionen es auf die gleichen Tatsachen geben kann. Dabei kam er zu drei möglichen Haltungen, mit denen die Leute sich dem Faktum eines erfolgreichen Menschen stellen:

a) die große Mehrheit wird der Vergötzung des Erfolgs verfallen;
b) sobald die Wunden der Schuld vernarbt sind, wird der Erfolg einfach mit dem Guten gleichgesetzt werden. „Diese Haltung ist allein im Zustand des Berauschtseins echt und verzeihlich";
c) bleibender Erfolg ist gesichert durch den Schluß: „Nur das Gute ist erfolgreich."

Dieses dritte Argument scheint verlockend, und Bonhoeffer möchte ihm zustimmen, wenn auch nur vorläufig:

„Hier wird das Urteilsvermögen dem Erfolg gegenüber gewahrt, hier bleibt Recht Recht und Unrecht Unrecht. Hier drückt man nicht im entscheidenden Augenblick ein Auge zu, um es erst nach geschehener Tat wieder zu öffnen. Auch wird hier ein Gesetz der Welt bewußt oder unbewußt erkannt, demgemäß Recht, Wahrheit, Ordnung auf die lange Sicht beständiger sind als Gewalttat, Lüge und Willkür."

Doch sogleich kommt er zu dem Schluß, daß diese optimistische These in die Irre führt. Um sie zu stützen, müssen nämlich die historischen Fakten manipuliert werden, so daß sie entweder beweisen, daß das Böse nicht erfolgreich gewesen sei, oder umgekehrt, daß der Erfolg sich mit dem Guten deckt. Die pharisäische Vergangenheitskritik, die beklagt, daß nur Bosheit zum Erfolg führe, lehnt er jedoch ab; stattdessen zeigt er, daß alle Anschauungen, bei denen der Erfolg der einzige Maßstab ist, durch den Gekreuzigten widerlegt sind.

„Allem um Erfolg und Mißerfolg kreisenden Denken stellt Christus den von Gott gerichteten Menschen, den Erfolgreichen wie den Erfolglosen, gegenüber. Weil Gott den Menschen vor sich bestehen lassen will aus lauter Liebe, darum richtet er ihn. Es ist ein Gericht der Gnade, das Gott in Christus über den Menschen bringt. Dem Erfolgreichen gegenüber erweist Gott im Kreuz Christi die Heiligung des Schmerzes, der Niedrigkeit, des Scheiterns, der Armut, der Einsamkeit, der Verzweiflung" (und diese Anhäufung ist nicht nur ein Ausfluß rhetorischen Stils, hier spricht Bonhoeffer in den Tagen seiner einsamen Entscheidung). „Nicht als hätte das alles einen Wert in sich selbst. Aber es empfängt seine Heiligung durch die Liebe Gottes ... Der Erfolglose aber muß erkennen, daß nicht seine Erfolglosigkeit, nicht seine Pariastellung als solche, sondern allein die Annahme des Gerichtes der göttlichen Liebe ihn vor Gott bestehen läßt."

Bei den Benediktinern in Ettal

Bonhoeffers unstetes Reisen zwischen Klein-Krössin und München kam im November 1940 zum Ende. Er hatte sich zu einem Entschluß durchgerungen und nahm das Angebot der Abwehr an. Das bedeutete zuerst einmal Schutz vor der Einberufung und auch vor Verhaftung. Aber er wurde nicht gleich auf irgendeinem geheimdienstlichen Gebiet eingesetzt. Derweil fand er ein Refugium bei den Benediktinern im oberbayerischen Kloster Ettal. Die Dienststelle der Abwehr war in München.

Sein erster Besuch in der Abtei, bei dem er die nötigen Abmachungen traf, fand am 31. Oktober statt. Wenige Tage danach schreibt er aus einem Münchner Hotel an Bethge; er beneide ihn um seine Arbeit in der Gemeinde, besonders um die Vorbereitung zur Bibelwoche, und er bedauert, daß sie diese Vorbereitungen nicht wie früher gemeinsam machen können. In diesem Brief berichtet er auch von neuen Verbindungen, die er geknüpft habe, und daß er in mancher Hinsicht feststelle, daß ihm die Zusammenarbeit mit Katholiken leichter falle als mit Protestanten! Er berichtet auch von Behinderungen kirchlicher Aktivitäten (bemerkenswert ähnlich den Beschränkungen, die die Russen nach Kriegsende in ihrer Besatzungszone verhängten): das Verbot, in Kirchen Bücher auszulegen; vormilitärische Übungen für Jugendliche am Sonntagmorgen zwischen 8 und 11 Uhr; nach nächtlichem Fliegeralarm kein Gottesdienst vor 10 Uhr, kein Glockengeläut vor 13 Uhr. Er spricht in diesem Brief von Weihnachtsfeiertagen mit Bethge und erzählt von seiner freudigen Überraschung, als er unerwartet einen 200-Mark-Schein in seiner Tasche fand. Er erwähnt eine Besprechung mit seinem Verleger. Ein paar Tage später schreibt er von einer Reise nach Berlin und von da nach Jena, wo er Propst Wolfgang Staemmler besucht, den er sehr bewunderte, besonders seit ihm klargeworden war, wie nahe sie sich standen mit ihrer Forderung nach Disziplin und Opferbereitschaft in der Vorbereitung auf das Pfarramt. Zum Zeitpunkt dieses Besuches war Staemmler Vorsitzender des Bruderrates in der Bekennenden Kirche Sachsens, die er zusammenhielt; wenige Tage nach Bonhoeffers Besuch wurde er verhaftet, weil er sich zu sehr exponiert hatte. Bonhoeffer hatte eine Reihe wichtiger Entscheidungen zu treffen, die ihm auf den Nägeln brannten und die er mit Staemmler, dem er völlig vertraute, besprechen wollte.

Auf der Rückreise nach München beschreibt Bonhoeffer diesen Besuch in einem Brief an Bethge:

„Der Besuch bei Staemmler war ganz gut. Er ging aus von seinem Gespräch mit Dir, indem Du offenbar rührend und freundschaftlich meine Sache vorgetragen hast, mit dem Erfolg, daß sie jetzt alle ein schlechtes Gewissen gegen mich haben. Das hatte ich zwar nicht beabsichtigt, aber es war jedenfalls sehr nett von Dir, daß Du die Sache so ins Rollen gebracht hast! Man hat also beschlossen, daß ich weiterhin der Leiter der BK-Ausbildungsstätte bleibe und mich zur Verfügung halte, bis dahin aber wissenschaftlich arbeite, da man daran großes Interesse habe. In Bezug auf eine Pfarrstelle war er sehr skeptisch . . . So bin ich für's erste frei . . . Was soll ich nun tun?“[16]

In diesem Brief erörtert er auch die Frage, wo er sich für die kommenden vier oder fünf Monate Wartezeit niederlassen solle. Natürlich erwähnt er die Abwehr nicht, aber, wie es sich dann ergab, erhielt er bis zum Februar des folgenden Jahres noch keine Aufträge von dort. In demselben Brief findet sich ein interessanter Abschnitt über die „katholische Frage"; Lutheraner und Reformierte hatten es trotz erheblicher theologischer Differenzen vermocht, sich in der Bekennenden Kirche zusammenzufinden. Wie war das möglich?

„durch zweierlei: durch ‚Führung' Gottes (Union, BK) und durch die Anerkennung des im Sakrament objektiv Gegebenen: Christus wichtiger als unsere Gedanken über ihn und seine Gegenwart. Beides theologisch fragwürdige Grundlagen, und doch entschied die Kirche im Glauben sich für Abendmahls-, d.h. Kirchen-Gemeinschaft ... Wäre dieses beides nicht auch möglich im Verhältnis zur katholischen Kirche?"[17]

Er bemerkt dazu noch, daß es gerade im Hinblick auf das Abendmahl den Lutheranern leichter fallen sollte, die katholische Auffassung zu verstehen, als es die Annahme des reformierten Abendmahlsverständnisses für sie war.

Er beantwortet seine Fragen nicht alle, aber die beiden offensichtlich erfolgreichen Unionsbemühungen untersucht er genau. 1817 waren Lutheraner und Reformierte in der Altpreußischen Union zu Unierten zusammengeschlossen worden, und in jüngster Zeit hatte die Bekennende Kirche Lutheraner und Reformierte in eine kirchliche Gemeinschaft aufgenommen, geeint durch die Führung Gottes und im Abendmahl. Dies war kein leichter Schritt gewesen, und wie wir gesehen haben, hatte Bonhoeffer selbst in der Abendmahlsfrage auf dem Recht der Trennung bestanden. Sein Besuch in Ettal hatte jetzt ganz offensichtlich den Anstoß zu neuem Nachdenken über die katholische Kirche gegeben, und die Aussicht eines Aufenthaltes von mehreren Monaten in den Mauern der Abtei erhöhte sein lebhaftes Interesse an dieser Frage.

Am 17. November kam er in Ettal an und schrieb am nächsten Tag an Bethge: „Seit gestern bin ich hier, aufs freundlichste aufgenommen, esse im Refektorium, schlafe im Hotel, kann die Bibliothek benutzen, habe eigene Schlüssel zur Klausur, hatte gestern ein langes, gutes Gespräch mit dem Abt, kurz alles, was man sich wünschen kann. Nur fehlt der Schreibtisch, und der seit bald 6 Jahren selbstverständlich gewordene Austausch meiner Eindrücke."[18]

Neben Kontakten, die er zu katholischen Organisationen knüpfen konnte, konnte er das Gemeinschaftsleben in Ettal vergleichen mit den Gemeinschaften, die er in England gesehen und dann in Finkenwalde in die Praxis umzusetzen versucht hatte. In einem Brief an seine Eltern sagt er vom klösterlichen Leben:

„Fremd ist mir die Form dieses Lebens ja nicht und ich empfinde die Gleichmäßigkeit und Stille als sehr wohltuend für die Arbeit. Es wäre schon ein Verlust (und es war wohl ein Verlust in der Reformation!), wenn die durch 1500 Jahre bewährte Form des Zusammenlebens zerstört würde, was man hier für durchaus möglich hält. Ich glaube, daß unendlich viele Reibungen, die es sonst notwendig bei so engem und dauerndem Miteinanderleben geben müßte, durch die strenge Ordnung verhindert werden, und daß die Arbeit dadurch eine sehr gesunde Grundlage bekommt."[19]

Manches fand er sonderbar – z. B. die Lesung historischer Texte während der Mahlzeiten im singenden Ton der Liturgie. In Finkenwalde hatte er Lesungen während der Mahlzeiten versucht, aber er hatte nie eine liturgisch-gesangliche Intonation der Lektüre ausprobiert. Das Essen sei im übrigen ausgezeichnet!

Es war wohl unvermeidlich, daß sich seine Einstellung Katholiken gegenüber wandelte, während er in Ettal war. An Bethge schreibt er, daß er ihn um sein geschäftiges Leben mit vielen Pflichten und Aufgaben beneide, dabei klagt er aber nicht über seine Inaktivität, er versucht jedenfalls nicht zu klagen und gibt zu, daß sie vielen anderen eher wie ein „Vorgeschmack des Paradieses" erscheinen würde! Welcher Art dieses Paradies ist und wie er selbst immer mehr Positives an der katholischen Kirche entdeckt, illustriert er mit folgender Beschreibung:

„Eben komme ich aus einer ganz wunderbaren Messe. Mit dem Schott in der Hand kann man doch vieles mitbeten und ganz bejahen. Es ist doch nicht einfach Götzendienst, wenn auch der Weg vom eigenen Opfer für Gott zum Opfer Gottes für uns, wie ihn die Messe geht, mir schwer fällt und ein verkehrter Weg zu sein scheint. Aber ich muß es noch besser verstehen. Ich bin noch immer drüben Gast. Das geordnete Leben tut mir wieder sehr wohl, und ich wundere mich, wieviel wir im Seminar ganz von selbst ähnlich gemacht haben. Übrigens wird hier gerade vom Abt und mehreren patres das „Gemeinsame Leben" gelesen. Demnächst werden wir eine Aussprache haben. Die selbstverständliche Gastfreundschaft, die offenbar etwas spezifisch Benediktinisches ist, die wirklich christliche Ehrerbietung, die dem Fremden um Christi willen erzeigt wird, beschämt einen fast."[20]

Immer wieder lädt er Bethge dringend ein, ihn in Ettal zu besuchen.

Adventspredigt

Bonhoeffer konnte die Adventszeit nicht ohne Predigen verstreichen lassen, aber seit dem Redeverbot durfte er ja nicht mehr predigen. Darum schrieb er eine „Predigtmeditation zu Weihnachten".[21] Der Text dazu war: „Uns ist ein Kind geboren . . ." (Jes 9,5 u. 6)

Gleich in den ersten Sätzen spiegelt sich die Lage in Deutschland ebenso wie die im Judäa der Zeit des Jesaja:

> „Mitten unter unheilvollen Worten und Zeichen, die dem abgefallenen Volk den nahenden Untergang, den göttlichen Zorn und schreckliche Strafen ankündigen, mitten in tiefster Schuld und Not des Volkes Gottes spricht eine Stimme leise und geheimnisvoll, aber voll seliger Gewißheit von der Erlösung durch die Geburt eines göttlichen Kindes. Noch sind es 700 Jahre bis zur Zeit der Erfüllung, aber so tief ist der Prophet in Gottes Gedanken und Ratschlüsse versenkt, daß er von dem Künftigen spricht, als sähe er es schon, daß er von der rettenden Stunde spricht, als stehe er schon anbetend vor der Krippe Jesu. ‚Uns ist ein Kind geboren.' Was dereinst geschehen wird, das ist in Gottes Augen schon wirklich und gewiß."

In seiner Auslegung dieser beiden vertrauten Jesajaverse werden sein Erstaunen und Wundern darüber deutlich, daß die Erlösung Gottes nicht in Macht oder Gewalt, auch nicht durch Weisheit oder durch kluge Taktik erfolgt, sondern in einem hilflosen Kind. Die Titel, die diesem Kind gegeben werden, hätten ein zu großes Gewicht für die Schultern eines Herkules, nicht aber für das göttliche Kind. Dort wo er geradezu lyrisch wird, meint man, schon das Bersten und Knirschen im Gebälk von Hitlers Tausendjährigem Reich zu vernehmen wie in Wagners Götterdämmerung. Dazwischen erhascht man hie und da einen Blick auf Bonhoeffers Ungewißheit hinsichtlich der Verschwörungspläne der Abwehr. Und man meint, das Seufzen einer Kirche zu vernehmen, die des Gerichtes und der Buße bedürftig ist, ehe Gott sie für seinen Plan gebrauchen kann. Die Predigt schließt mit Worten, deren Bedeutung aus der Situation der Zeit erwächst – und doch sind es auch Worte von zeitloser Bedeutung. Es sollte seine letzte Adventspredigt sein:

> „‚Mit Gericht und Gerechtigkeit' regiert Jesus in seinem Reich. An der Gemeinde der Gläubigen geht sein Gericht nicht vorüber, nein, an ihr gerade übt er sein strengstes Gericht, und sie erweist sich als seine Gemeinde, indem sie sich diesem Gericht nicht entzieht, sondern beugt. Nur wo Jesus die Sünde richtet, kann er neue Gerechtigkeit schenken. Ein Reich der Gerechtigkeit will sein Reich sein, aber

nicht der Selbstgerechtigkeit, sondern der göttlichen Gerechtigkeit, die nur durch das Gericht über die Sünde aufgerichtet werden kann. Es wird die Stärke dieses Rechtes sein, daß es auf Gericht und Gerechtigkeit beruht. Es wird die Dauer dieses Reiches sein, daß Unrecht in ihm nicht ungestraft bleibt.

Ein Reich des Friedens und der Gerechtigkeit, unerfüllte Sehnsucht der Menschen, ist mit der Geburt des göttlichen Kindes angebrochen. Wir sind zu diesem Reich berufen. Wir können es finden, wenn wir in der Kirche, in der Gemeinde der Gläubigen Wort und Sakrament des Herrn Jesus Christus annehmen und uns seiner Herrschaft unterwerfen, wenn wir in dem Kind in der Krippe unseren Heiland und Erretter erkennen und uns ein neues Leben in der Liebe von ihm schenken lassen. ‚Von nun an' – das heißt von der Geburt Jesu an – ‚bis in Ewigkeit' wird dieses Reich dauern. Wer bürgt dafür, daß es nicht unter den Stürmen der Weltgeschichte zerschmettert wird und zugrunde geht, wie alle anderen Reiche auch?

‚Solches wird tun der Eifer des Herrn Zebaoth.' Der heilige Eifer Gottes um seine Sache bürgt dafür, daß dieses Reich in Ewigkeit bleibt und zu seiner Vollendung kommt, aller menschlichen Schuld, allem Widerstand zum Trotz. Ob wir dabei sind oder nicht, darauf wird es nicht ankommen. Gott selbst führt seinen Plan zum Ziel mit uns oder gegen uns. Aber er will, daß wir mit ihm seien. Nicht um seinetwillen, sondern um unsertwillen. Gott mit uns – Immanuel – Jesus – das ist das Geheimnis dieser Heiligen Nacht. Wir aber jubeln: ‚Uns ist ein Kind gegeben, ein Sohn ist uns geboren.' Ich glaube, daß Jesus Christus, wahrhaftiger Mensch von der Jungfrau Maria geboren und auch wahrhaftiger Gott, vom Vater in Ewigkeit geboren, sei mein Herr."

In Ettal setzte er die Arbeit an seiner ‚Ethik' fort, wobei er sich auch mit Erwägungen eines möglichen anderen Titels trug: ‚Wegbereitung und Einzug', entsprechend den beiden Teilen des Buches – den vorletzten und den letzten Dingen.

Das Leben, das er hier führte, war ein eigenartiges Leben, obwohl er natürlich mit Bekannten in München Kontakt hatte und auch zu Besuchen nach Berlin fuhr. Weit entfernt schien sich das wirkliche Kampfgetümmel abzuspielen. Er befand sich in ständigem Briefwechsel mit Bethge und arbeitete intensiv an seinem Buch. Aber er fühlte sich doch sehr viel glücklicher, als er schließlich einen Auftrag von der Abwehr erhielt; dazu kam es allerdings erst im Februar 1941, und es lag in der Natur der Sache, daß er niemand etwas darüber mitteilen konnte. So schien er, während mancher Finkenwalder an der Front starb und andere in Gefängnissen und Lagern saßen und die verschiedensten Verfolgungen erduldeten, geradezu ideal untergebracht zu sein; er konnte sich hier seiner Arbeit in einer Ungestörtheit wie kaum je zuvor widmen, er konnte nach Berlin fahren, er konnte musizieren, wie er es liebte, mit Freunden Quartett spielen. Manch einer machte sich doch im Geheimen seine Gedanken über ihn und fragte sich, vielleicht auch bekümmert, warum Bonhoeffer sich so zurückgezogen habe. Selbst die, die von seiner Arbeit für die Abwehr wußten, hegten zum Teil Zweifel, ob mehr daran sei als nur die Möglichkeit, ihm hier einen sicheren Unterschlupf zu gewähren.

Auch er selbst quälte sich mit solchen Fragen, wie seine Briefe aus den ersten Tagen des Jahres 1941 zeigen. Aber als der Februar zu Ende ging, hatte ein neues, aktives Leben für ihn begonnen. Er stand jetzt dort, wo aktiver Widerstand gegen den Unrechtsstaat möglich war. Jetzt konnte er „dem Rad in die Speichen fallen", oder mit den Worten eines anderen Beispiels, jetzt war er in der Lage, dem betrunkenen Fahrer das Steuer zu entreißen.

Wendepunkt

So hatten die Ereignisse aus einem Mann des Friedens, einem Bewunderer Gandhis, der sich für die Ächtung des Krieges eingesetzt hatte, vielleicht sogar, wie manche es sahen, aus einem Pazifisten einen Mann gemacht, der dem innersten Kreis des Widerstandes nahestand und sich zur Mitwirkung an Plänen, die auf die Ermordung Hitlers hinausliefen, bereitfand. Nicht wenigen von denen, die ihn kannten, hat dieser Wandel Kopfzerbrechen bereitet und sie mit Zweifeln erfüllt. Bevor auf diese Umkehr näher eingegangen werden soll, möchte ich dieses Kapitel mit einem Zitat von Willem A. Visser't Hooft,[22] dem „Architekten" des Ökumenischen Rates der Kirchen, abschließen. Visser't Hooft erkannte deutlich: „Eine der schwierigsten Entscheidungen, die Bonhoeffer in seinem Leben zu treffen hatte, war die für den aktiven politischen Widerstand, gegen den Nationalsozialismus und für die Mitarbeit an einem Staatsstreich." Dies lief sowohl seiner Erziehung als auch der evangelisch-lutherischen theologischen Tradition, der er angehörte, zuwider; als er aber sah, daß es zum Krieg kommen würde, war ihm auch klar, daß er zu dem stehen mußte, was er über „christliche Zucht" gesagt hatte. Er war nicht ein Mann, der auf halbem Wege stehen blieb.

„Eine Ablehnung des Systems, die in der Theorie steckenblieb oder Rückzug in geistliche Regionen bedeutete, war ihm nicht genug. Eine solche Haltung war Schizophrenie, ein Nichternstnehmen des Aufrufs, nur ein Reden und kein Tun. Er hatte darunter gelitten, daß der Kampf der Kirche in erster Linie nur ihrer Selbsterhaltung galt. Aber es ging in einer solchen Situation, in der Millionen Menschen in ihrer Existenz bedroht waren, doch nicht darum, die Kirche zu retten. Es ging um die Menschheit in Not. Die gleiche Überzeugung, die ihn zum Friedensmann gemacht hatte, führte ihn jetzt zum tätigen Widerstand."

Visser't Hooft zitiert drei Worte Bonhoeffers aus verschiedenen Abschnitten in dieser Widerstandszeit, in denen sich die Begründung zu seinem Entschluß zusammengefaßt findet:

„Wenn wir beanspruchen, Christen zu sein, dürfen wir keinerlei taktischen Rücksichten Raum geben."

„Unsere Aktion muß so sein, daß die Welt sie als einen Akt der Buße verstehen wird."

„Nur durch eine Niederlage können wir Sühne leisten für die furchtbaren Verbrechen, die wir gegen Europa und die Welt begangen haben."

12. *Die Abwehr*

Abwehr – mit dieser kurzen Bezeichnung ist die Abwehrabteilung im Reichskriegsministerium gemeint, ein militärischer Geheimdienst mit Spionageaufgaben im Ausland und einer entsprechenden Spionageabwehr; aber damit ist kaum erklärt, was die Abwehr im Dritten Reich wirklich war – in ganz eigenartiger Weise eine offizielle staatliche Abteilung und gleichzeitig eine subversive Organisation, der Bonhoeffer von jetzt an angehören sollte. Die personelle Besetzung der Abwehr bestand aus einer Gruppe hoher Offiziere, mit zivilen Beratern aus allen Lebensbereichen. Sie verfügten über außerordentliche Vollmachten und Privilegien, mit deren Hilfe es ihnen gelang, ihre fortgesetzten Versuche und Anstrengungen, Hitler mitsamt den Nationalsozialisten zu stürzen, verborgen zu halten. Sie hatten Zugang zu Informationen, die anderen Beamten auch in hohen Stellungen nicht zugänglich waren, das Sammeln von Informationen und die Verbreitung bestimmter, gezielter Mitteilungen gehörte zu ihrem Aufgabenbereich. Viele ihrer Aktivitäten lassen sich unter dem Stichwort Spionage zusammenfassen. Mitarbeiter der Abwehr konnten auf Auslandsreisen geschickt werden, um herauszufinden, was man draußen in der Welt von Hitlers Regime dachte, und auch, um das Ausland über „die Wahrheit" in Deutschland aufzuklären. Solange noch viele Länder neutral waren, war es wichtig, sie Nazi-Deutschland gegenüber geneigt zu erhalten, gerade so wie es vor dem Krieg wichtig gewesen war, Deutschlands Feinde zu isolieren. Es ist leicht einzusehen, welche Bedeutung eine solche Abteilung haben konnte und hatte – wenn sie dem Regime loyal war. Alle Länder verfügen über vergleichbare Abteilungen. Überläufer und Doppelagenten sind dabei unvermeidlich, aber in Deutschland war die Abwehr als Abteilung während der gesamten Zeit der Naziherrschaft subversiv gegen das Regime tätig. Die Ursache hierfür ist bei der Leitung der Abteilung zu suchen, bei Admiral Wilhelm Canaris und vor allem bei General Hans Oster. Die Einstellung von neuen Mitarbeitern erfolgte mit großer Umsicht und Sorgfalt, es kam kaum zu Infiltrationen. Die Abteilung erwies sich dem Regime daneben aber auch als sehr nützlich und hatte darum, bis zur schließlichen Aufdeckung der subversiven Tätigkeiten, auch viele Freiheiten.

Beteiligung der Bekennenden Kirche

Bonhoeffers Schwager Hans von Dohnanyi hatte ständige Kontakte zur Abwehr, deren hauptsächlicher Rechtsberater er dann auch werden sollte. Von ihm kam die Anregung, die Abwehr mit ihren Privilegien könne zum Schutz gefährdeter Pfarrer der Bekennenden Kirche genutzt werden. Denn durch Einstellung in der Abwehr war es beispielsweise möglich, einen Pfarrer von der Einberufung freizustellen oder vor Inhaftierung zu bewahren. War er in eine verdächtig erscheinende Aktivität verwickelt, so konnte die Abwehr ihn unter Berufung auf ihre Sonderrechte vor der Polizei decken. Flüchtig betrachtet scheint es so, als gehe auch Bonhoeffers Verbindung mit der Abwehr auf diesen Gedanken zurück. Er war eindeutig gefährdet, und seine Arbeit in Pommern wurde durch die kontinuierliche polizeiliche Meldepflicht sehr behindert. Nachdem er der Dienststelle der Abwehr in München zugeordnet worden war, wurde die polizeiliche Meldung zu einer amtlichen Routine, und er konnte im übrigen überall herumreisen, ohne sich örtlich zu melden. Bei den ersten Kontaktaufnahmen sagte man ihm, daß er auf seinen pommerschen Reisen in ziemlicher Nähe der Gebiete, die bald Ostfront werden sollten, nützliche Informationen beschaffen könne.

Bonhoeffer hat sich sehr mit der Entscheidung gequält, ob er ein solches Tun vor sich selbst rechtfertigen könne. Zwei Gesichtspunkte gaben schließlich den Ausschlag:

Zum einen war das sein zunehmendes Unbehagen gegenüber der Bekennenden Kirche und dem sich in ihr entwickelnden Hang zu einem weltabgewandten Pietismus. Schon 1934 hatte er in einem Brief an Erwin Sutz geäußert: „Es muß auch endlich mit der theolog. begründeten Zurückhaltung gegenüber dem Tun des Staates gebrochen werden – es ist ja doch alles nur Angst. ‚Tu deinen Mund auf für die Stummen' – wer weiß denn das heute noch in der Kirche, daß dies die mindeste Forderung der Bibel in solchen Zeiten ist?"

Zum anderen seine Überzeugung, daß jetzt, besonders nach der Kapitulation Frankreichs und den beginnenden Judendeportationen, politisch gehandelt werden müsse. Da die Aktionen des Staates in ihren Ausmaßen alles Dagewesene überstiegen und die „Endlösung" sich in ihrer ganzen Entsetzlichkeit abzuzeichnen begann – und nicht wenige seiner Freunde und Bekannten hatten das Leben im Konzentrationslager am eigenen Leibe erfahren –, erschienen ihm Nichthandeln oder Schweigen als persönliche Schuld, die den Leib Christi befleckte. In dem Abschnitt seiner ‚Ethik' über das „Schuldbekenntnis" kommt sehr deutlich zum Ausdruck, wie sehr er sich mit diesen Gedanken quält:[1]

„Auch die heimlichste Sünde des Einzelnen ist Verunreinigung und Zerstörung des Leibes Christi (1. Kor. 6,15). Aus dem Begehren, das in unseren Gliedern steckt, entsteht Mord, Neid, Streit, Krieg (Jak. 4,1 ff.). Ich kann mich nicht dabei beruhigen, daß mein Anteil nur ein verschwindend geringer sei; hier wird nicht gerechnet, sondern ich muß erkennen, daß gerade meine Sünde an allem schuld ist. Ich bin schuldig des ungeordneten Begehrens, ich bin schuldig des feigen Verstummens, wo ich hätte reden sollen, ich bin schuldig der Heuchelei und der Unwahrhaftigkeit angesichts der Gewalt, ich bin schuldig der Unbarmherzigkeit und der Verleugnung der Ärmsten meiner Brüder, ich bin schuldig der Untreue und des Abfalls von Christus. Was geht es euch an, ob andere auch schuldig sind? Jede Sünde eines anderen kann ich entschuldigen, nur meine eigene Sünde bleibt Schuld, die ich nie entschuldigen kann."

Was er vom Abfall der Kirche und ihrer ängstlichen Zurückhaltung sagt, ist im Licht dieses persönlichen Schuldbekenntnisses zu lesen. Und er verurteilt die Kirche mit harten Worten.

Das Netz der Verschwörung

Man sollte die Bedeutung von Bonhoeffers Rolle in der Abwehr nicht überschätzen. Er war natürlich nur ein kleines Rädchen im Apparat und auch nur während einer relativ kurzen Zeit im Einsatz. Als er dazustieß, war die Verschwörung schon seit Jahren im Gange, und nach seiner Verhaftung lief sie noch länger als ein Jahr weiter bis zu jenem verhängnisvollen Fehlschlag des Attentats auf Hitler in der „Wolfsschanze" am 20. Juli 1944. Bonhoeffers Anteil und die Schwierigkeit, die ihm eine solche Beteiligung machte, sind leichter zu verstehen, wenn man ins Auge faßt, wie weit die Abwehr schon gegangen war und wer die Hauptbeteiligten dabei waren.

Die Verschwörung geht in ihren Anfängen auf das Jahr 1933 zurück; damals hatte die Elite der deutschen Wehrmacht bzw. der Generalstab vorgehabt, sich des „böhmischen Gefreiten" Hitler zu bedienen und ihn dann bei nächster, sich ergebender Gelegenheit fallen zu lassen. 1935 wurde Admiral Canaris Chef der Abwehr. Er war ein unübertroffener Meister im Verwischen von Spuren. Wie weit das ging, zeigt am besten die Tatsache, daß Paul Leverkuehn, der im Bereich des militärischen Geheimdienstes sehr eng mit ihm zusammenarbeitete, in seinem Buch über diese Zeit schreibt, Canaris sei selbst nie an der Verschwörung beteiligt gewesen und habe darüber hinaus wissentlich seine Abteilung nie von den Verschwörern benutzen lassen! Andere, die ihm ebenso nahestanden, sind sicher, daß er weitgehend in die Verschwörung verwickelt war. Der Natur der Sache entsprechend handelte es sich hier um äußerst geheime Aktivitäten, und man war keineswegs immer sicher, wer auf Freundesseite stand! Constantine Fitzgibbon kommt nach sorgfältiger Prüfung des vorliegenden Materials zu dem Schluß:

„Canaris, der dem britischen, amerikanischen und russischen Geheimdienst ein Gefecht der Schläue nach dem anderen lieferte und sich gleichzeitig auch noch im Kampf gegen die Gestapo befand, hielt zumindest seine wohlwollend schützende Hand über die Männer innerhalb seiner eigenen Organisation, die sich aktiv mit Plänen zum Sturz der Regierung befaßten und danach den Sieg der Westmächte sicherstellen wollten."[2]

Nicht der geringste Zweifel herrscht jedoch hinsichtlich des stellvertretenden Leiters der Abwehr, General Hans Oster. Oster wurde 1888 als Sohn eines evangelischen Pfarrers, der aus dem Elsaß stammte, geboren, wuchs in Sachsen auf und ging in Dresden zur Schule. Im Ersten Weltkrieg diente er im sächsischen Artillerieregiment. Er wurde für seine Tapferkeit ausgezeichnet und wurde 1917 in den Generalstab versetzt. Nach dem Ersten Weltkrieg blieb er Offizier im Generalstab und wurde in Dresden Zeuge der revolutionären Exzesse der Kommunisten, bei denen der sächsische Kriegsminister in der Elbe ertränkt wurde. Er teilte die Überzeugung seines Vorgesetzten, General von Schleicher, der die Armee benutzen wollte, um sowohl Nazis als auch Kommunisten auszuschalten und eine Militärregierung einzusetzen. Als Oster zur Abwehr kam, war ihr Leiter Generalmajor von Bredow, ein überzeugter Gegner der Nationalsozialisten. Bredow und Schleicher wurden am 30. Juni 1934 von der SS ermordet. Seit dieser Mordnacht war der Sturz der Nazis Osters einziges Ziel. Nach Canaris' Ernennung zum Chef der Abwehr hatte er mit dieser Abteilung ein ideales Werkzeug für diesen Zweck in Händen. Canaris unterband jegliche Einmischung der Partei in den Geheimdienst. Die Abwehr hatte in Deutschland ein eigenes Netz von Agenten und eine eigene, unabhängige Nachrichtenübermittlung, zu der die Nazis keinen Zugang hatten. Da die Abwehr dem Oberkommando der Wehrmacht unterstand, liefen von ihrer Zentralabteilung direkte Verbindungen zu allen höheren militärischen Befehlsstellen.

1938 wurde gegen Generaloberst von Fritsch, Chef der Heeresleitung, der unbegründete Vorwurf der Homosexualität erhoben; er stand der Partei nicht nahe genug. Hier beginnt die Beteiligung von Bonhoeffers Schwager Dohnanyi an der Verschwörung. Hitler drang auf die Entfernung Fritschs, weil dieser Anstoß genommen hatte an der Bemerkung des Führers gegenüber den Oberbefehlshabern des Heeres, der Kriegsmarine und der Luftwaffe am 5. November 1937: „Jede Generation braucht ihren Krieg, und ich werde dafür sorgen, daß auch diese Generation ihren Krieg bekommt."

Hitler befahl Gürtner, den Fall Fritsch zu untersuchen, und fügte hinzu: „Sie werden selbst wissen, an welchem Tauende Sie zu ziehen haben." Mit denselben Worten gab Gürtner die Akte an Dohnanyi weiter. Zeitweilig war er von allen anderen Aufgaben freigestellt, um den Verleumdungsfall von Fritsch zu bearbeiten. Er beriet sich mit Oster, und es entstanden Pläne für einen Staatsstreich. Das Heer war nicht bereit, eine solche Verleumdung hinzunehmen, und Dohnanyi verfaßte für Fritsch ein Schreiben, mit dem dieser Himmler fordern wollte. Generalstabschef Beck schloß sich an. Fritsch zögerte, und Hitlers triumphaler Einmarsch in Wien erstickte alle Vorbereitungen zu einer Konfrontation. Aber die ganze Affäre führte Beck der Verschwörung zu. Aus dem geplanten Putsch, der so erfolgversprechend ausgesehen hatte, wurde nichts. Trotzdem arbeiteten Dohnanyi und Oster aber weiterhin eng zusammen, und zwar legten sie eine detaillierte Zusammenstellung von Nazi-Verbrechen an, um daraus zu gegebener Zeit Anklagepunkte gegen Hitler formulieren zu können, die zu seiner Verurteilung führen mußten. Dazu brachten sie auch in Erfahrung, was in Dachau und in Buchenwald vor sich ging und danach in Polen und in den anderen besetzten Ländern.

Nach München hielt Oster durch die Kanäle der Abwehr England über die Absichten der Nazis auf dem Laufenden. Mit seinem Wissen wurde Freiherr von Schlabrendorff nach London geschickt, um Churchill von Hitlers geplantem Einmarsch in Polen zu unterrichten. Später ließ er die norwegische Regierung von den Plänen zur Besetzung Norwegens wissen; dem Militärattaché bei der niederländischen Gesandtschaft in Berlin erzählte er von den im Westen geplanten Operationen und teilte ihm das genaue Datum für die Invasion in Holland mit. Die holländischen und britischen Geheimdienste schenkten all diesen Mitteilungen keine Beachtung, da sie überzeugt waren, es handele sich um Irreführung! In den ersten beiden Kriegsjahren hatte Dr. Josef Müller, der Abwehrmann beim Vatikan, Oster in ständiger Verbindung mit England gehalten. Die Unterstützung des Widerstandes in Deutschland, die einmal durchaus zum Sturz des Naziregimes ausgereicht zu haben schien, bröckelte ab, als sich herausstellte, daß die Engländer nur zu Spionagezwecken am Kontakt mit Mitgliedern des Widerstandes interessiert waren, dabei aber nicht die geringste Absicht hatten, sie als Verhandlungspartner zu akzeptieren oder ihre Bemühungen zu unterstützen. Viele der Generäle begnügten sich schließlich auch damit, das Beste aus der verfahrenen Situation zu machen, und waren außerdem wohl auch von Hitlers anfänglich ununterbrochenen Siegen beeindruckt. Gut aufgeschlüsselt und plastisch geschildert sind diese fehlgeschlagenen Versuche in dem Buch von John W. Wheeler-Bennett, ‚The Nemesis of Power'. Ich erinnere mich an eine im Dritten Programm der BBC gesendete Besprechung dieses Buches von Hanns Lilje, dem damaligen hannoverschen Landesbischof. Er überschritt die vorgesehene Sendezeit von zwanzig Minuten um das Doppelte und sprach vierzig Minuten! Seine tiefe Bewegung war zu spüren, als er über diese schrecklichen Jahre der schwindenden Hoffnung sprach, in denen die Besten des Landes allein standen in ihrem Kampf gegen das Unrecht. Aber Oster und die Abwehr gaben die Hoffnung nicht auf. Sie kannten jetzt nur noch ein Ziel, die Beseitigung Hitlers. Unter Verwendung von britischem Sprengstoff bereiteten sie zahlreiche Attentate vor, die aber alle durch Hitlers unberechenbare Zeitplanung mit ihren plötzlichen Änderungen in letzter Minute vereitelt wurden. Greifbar nah war der Erfolg bei dem Attentat am 20. Juli 1944; es war der letzte Versuch.

Der Einfluß Genfs

Bonhoeffer konnte nun mit Papieren, die die Abwehr vom Auswärtigen Amt für ihn anforderte, in neutrale Länder reisen. Diese Möglichkeit nutzte er zu einem Aufenthalt vom 24. Februar bis zum 24. März 1941 in der Schweiz. Er hatte zwar alle zur Ausreise nötigen Papiere, aber an der Grenze stellte sich heraus, daß er zur Einreise in die Schweiz dort einen Bürgen brauchte. Er nannte Karl Barth, der die Bürgschaft nur zögernd übernahm. Später berichtete Barth, wie zweifelhaft ihm diese ganze Sache erschienen sei, da er nicht verstehen konnte, wie Bonhoeffer diese Reiseerlaubnis hatte erhalten können, es sei denn, er sei zur anderen Seite übergelaufen! Aber er übernahm schließlich die Bürgschaft, und Bonhoeffer verbrachte vier ertragreiche Wochen in der Schweiz, zuerst bei Erwin Sutz, bei dem er auch Nachricht von der Familie Leibholz erhielt und die alte Freundschaftsbeziehung wieder anknüpfen konnte. Dann traf er sich aber auch mit Prof. Friedrich Siegmund-Schultze, einem Vorkämpfer der ökumenischen Bewegung aus Berlin, der wegen seines Eintretens für den Frieden jetzt im Exil lebte. Aber Bonhoeffers eigentliches Ziel war Genf. Allerdings verbrachte er nur eine Woche dort, zum Teil deswegen, weil dort alle Leute so mit Hilfsaktionen für Kriegsgefangene beschäftigt waren, daß sie für ihn gar keine Zeit hatten. Nur Visser't Hooft stand ihm voll zur Verfügung. Bonhoeffer sammelte Informationen in Genf und berichtete Visser't Hooft von der Situation in Deutschland. Der hörte Bonhoeffer aufmerksam zu und erkannte, daß er wohl keine authentischere Beschreibung der Lage und Haltung der Bekennenden Kirche würde erhalten können. Er schrieb an den Bischof von Chichester, dem er, nach einer ersten Mitteilung über diese überraschende Begegnung, dann detailliert berichtete, wobei er auch eigene, weitere Überlegungen hinzufügte:

„In der Bekennenden Kirche gibt es eine gewisse Differenz hinsichtlich der Auffassung, wie sich die Kirche verhalten solle. Einerseits ist da eine Gruppe, die meint, die Kirche solle sich an das halten, was man die ‚innere Linie' nennt, und sich ausschließlich auf die Pflege ihres eigenen geistlichen Lebens konzentrieren ... Es gibt aber auch eine andere Gruppe, die meint, daß der Kirche auch eine prophetische und ethische Funktion in ihrer Beziehung zur Welt zukomme und daß sie sich auf den Augenblick vorbereiten müsse, in dem sie diese Funktion wieder ausüben könne."[3]

Des weiteren berichtet Visser't Hooft, er habe durch Bonhoeffer erfahren, daß ein großer Teil der Bekennenden Kirche einen Sieg Deutschlands als verhängnisvoll für die Kirche sowohl im eigenen Land als auch darüber hinaus in Europa einschätzte. Gleichzeitig habe er aber auch deutlich gemacht, daß sie sich keinen Täuschungen darüber hingeben sollten, daß die Niederlage Deutschlands das Ende dieses Landes als Nation bedeute. So oder so sei nur eine Katastrophe zu erwarten, aber Visser't Hooft fügt hinzu und gibt hier offensichtlich Bonhoeffers eigene Beurteilung wieder: „Man hört jedoch auch Stimmen, die sagen, nach all dem Leiden, das ihr

Land über andere gebracht habe, hofften sie jetzt beinahe auf eine Gelegenheit, durch eigenes Leiden den Preis dafür zu bezahlen."[4]

Bei seiner Rückkehr nach Deutschland stellte Bonhoeffer fest, daß er inzwischen Schreibverbot erhalten hatte. Die nächsten Monate sollten für Bonhoeffer und seinen engeren Kreis sehr beunruhigend werden. Im Mai wurden dreiundzwanzig führende Persönlichkeiten der Bekennenden Kirche verhaftet; am 22. Juni marschierte Hitler in Rußland ein. In seinen Briefen bezieht sich Bonhoeffer kaum auf diese Ereignisse, stattdessen spricht er von der Freude friedlicher Tage, von einem Kreuz, das er sich selbst schnitzt, und von dem Landleben, das er genießt. Im Juli äußert er sich mit Verwunderung über diejenigen, die meinen, der Krieg werde bald zu Ende sein. Natürlich schreibt er weiterhin an die Finkenwalder Brüder, und seine Briefe sind eine große Hilfe und Trost, aber irgendwie scheint er nicht recht beteiligt. In einem Brief an Bethge äußert Frau von Kleist ihren Verdacht, daß irgendetwas nicht stimme. Zwar meint sie: „Dietrich hat so schön und treffend an die Brüder geschrieben," doch dann äußert sie: „Ich sorge mich manchmal um ihn, denn es kann ja nicht gut sein, so berufslos zu sein."[5]

In Wirklichkeit war er aber sehr beschäftigt durch seine Beteiligung an der Verschwörung. Von Ettal reiste er für einige Tage nach Berlin, zum Familienbesuch, wie er es nannte; dann wieder nach München, was immer die Abwehr bedeutete. Ende August war er wieder in Genf.

Die Kirche und die Neue Ordnung in Europa

Diesmal wollten ihn viele sprechen, aber die wichtigsten Unterredungen waren auch jetzt die mit Visser't Hooft. Im Juli war bei der SMC Press in London ein Buch von William Paton, dem Sekretär des Internationalen Missionsrates, mit dem Titel ‚The Church and the New Order' erschienen. Hugh Martin, der Verlagsdirektor, hatte es mit der Bitte um eine Stellungnahme an Visser't Hooft geschickt. Bonhoeffer sah es gleich bei seiner Ankunft und erkannte sofort seine Bedeutung. Ja, Visser't Hofft meinte sogar, daß es Bonhoeffer in vielen Fragen hinsichtlich seiner Beteiligung an der Verschwörung, mit denen er sich quälte, eine Hilfe an die Hand gegeben habe. In diesem Buch geht es darum, wie die Friedensbedingungen aussehen sollten, die Deutschland nach dem Sturz des nationalsozialistischen Staates anzubieten seien, und wie ein aus dem Krieg hervorgehendes neues Europa aussehen könnte. Das Buch zeugt von Mut und

Zuversicht, wenn man bedenkt, daß zu dem Zeitpunkt England, zusammen mit dem Commonwealth, in Europa allein gegen die Naziherrscher stand, die gerade einen offenbar erfolgreichen Angriff gegen die Sowjetunion geführt hatten. Die Vereinigten Staaten waren noch nicht in den Krieg eingetreten, und einem unvoreingenommenen Beobachter wäre es zu diesem Zeitpunkt kaum möglich gewesen, sich einen britischen Sieg über einen so siegessicheren Gegner vorzustellen. Bonhoeffer sah in dem Buch die Hoffnung für ein von Hitler und seinen Schergen gereinigtes Deutschland. Er erörterte es mit Visser't Hooft im Detail, und sie schickten dann ihre Anmerkungen an Hugh Martin und William Paton und gaben ihre Zustimmung, daß sie in der Form einer gemeinsamen Stellungnahme Leuten in verantwortlichen Positionen zur Kenntnis gebracht würden. Visser't Hooft erwähnte in diesem Zusammenhang besonders den Bischof von Chichester, der sie beide kannte.

Neben diesem Buch lasen sie eine Nummer von J. H. Oldhams ‚The Christian Newsletter', die sich ebenfalls mit dem Thema der Nachkriegsfragen beschäftigte. Als zwei Christen vom europäischen Kontinent und Angehörige gegnerischer Seiten im Krieg sahen sie sich in der Lage, Dinge zu sagen, die den „insularen" Engländern oft nicht recht deutlich geworden waren. So wiesen sie darauf hin, daß sich unter der Naziherrschaft in Deutschland und in den besetzten Ländern unter den Christen eine starke apokalyptische Stimmung ausbreitete. Der Trend konnte in die Richtung von Weltabgewandtheit und Absage an das Diesseits führen, er konnte aber auch zu der Erkenntnis führen, daß das Reich Gottes seine eigene, von politischen Ereignissen unabhängige Geschichte hat und daß das Leben der Kirche eigene, von Gott gegebene Gesetze hat, die anders sind als die Gesetze, die das Leben in der Welt lenken. Paton hatte betont, daß die Kirche unabhängig ist vom Ausgang des Krieges. Dies hat allerdings nichts mit Gleichgültigkeit gegenüber einer Neuordnung im Nachkriegseuropa zu tun, ganz im Gegenteil. In seinen Anmerkungen betont Bonhoeffer, es sei notwendig zu erkennen, daß die Friedensvorstellungen und -erwartungen in den besetzten Ländern andere seien als in Deutschland. Die besetzten Länder hofften auf einen englischen Sieg, durch den sie ihre Freiheit wieder erlangen würden; den in Deutschland im Widerstand Engagierten ging es um die Frage, ob England (nachdem Deutschland vom Nationalsozialismus befreit wäre) zu Verhandlungen mit ihnen bereit sei, die noch Alternativen zur „bedingungslosen Kapitulation" zuließen. Die Kirche könne und solle sich nicht mit detaillierten Planungen für den Wiederaufbau nach dem Krieg befassen, aber sie solle die Nationen an die bleibende Gültigkeit der Gebote und an die Tatsachen erinnern, die ernst genommen werden müssen, wenn die neue Ordnung eine wirkliche Ordnung sein soll.

Viel von dem, was Bonhoeffer hier sagt, läuft immer wieder auf die dringende Bitte und Aufforderung hinaus, doch denen, die hier ihr Leben aufs Spiel setzten, um Hitler zu stürzen, die Unterstützung nicht zu versagen. Ohne ermutigende Zusagen würde die noch vorhandene Unterstützung für die Verschwörer, besonders beim Militär, schnell abbröckeln. Durch diese Anmerkungen stellt er der britischen Regierung die dringliche Frage, ob sie Deutschland Friedensbedingungen von der Art stellen könne, daß eine neue, von Nationalsozialisten freie, deutsche Regierung sie annehmen könne, ohne sich zu diskreditieren und darüber zusammenzubrechen. Die Frage, die Bonhoeffer hier stellte – und die er immer wieder stellen sollte –, war schlicht und einfach die, ob die deutsche Widerstandsbewegung in der Lage sei, eine neue Regierung nicht nur einzusetzen, sondern auch an der Macht zu halten. Es ist ganz deutlich, der Schatten des Versailler Vertrages hing noch über ihm. Wenn es die Absicht der Alliierten war, Deutschland als Nation zu vernichten, dann würden auch die einflußreichsten Beteiligten am Widerstand sich mit dem Naziregime abfinden und all ihre Anstrengungen darauf konzentrieren, den Krieg zu gewinnen. Eine solche Haltung war 1941 durchaus verständlich.

Auch über Sowjetrußland machte Bonhoeffer sich Gedanken. Zu diesem Zeitpunkt war Deutschland auch an der Ostfront siegreich. Seine unbesiegten Armeen befanden sich im Vormarsch auf Smolensk. Er wußte wohl, daß Rußland hier die große Unbekannte darstellte, man wußte auch zu wenig darüber, wie sich der Krieg auf das sowjetische System auswirken würde. Wenn aber der Widerstand, so wie er in Deutschland mit ihm vertraut war, erfolgreich wäre, hieße das, daß er auch an der Ostfront seine Wirkung haben würde, und die Frage, was geschähe, wenn die Russen nach Deutschland hereingelassen würden, beunruhigte ihn sehr:

„Auch wenn wir das britisch-russische Bündnis als eine politisch unvermeidliche und als solche auch zu rechtfertigende Entscheidung ansehen, dürfen wir doch die Gefahr nicht unterschätzen, die Rußland nach wie vor darstellt für all das, was wir wertschätzen. Wenn der Krieg keine grundlegenden Veränderungen in der Struktur des russischen Staates hervorruft, so könnte der Bolschewismus leicht zu einer ungeheuren Bedrohung gerade der Länder werden, die ihr faschistisches Staatssystem durch eine deutsche Niederlage entwertet und geschwächt sehen. Dies ist ein weiterer Grund zur Stärkung der nichtnazistischen Elemente in Deutschland, die in der Lage wären, dort eine neue Regierung zu bilden."[6]

Visser't Hooft, der mit ihm an diesen Anmerkungen arbeitete und sie dann nach London schickte, äußerte die Ansicht, daß Bonhoeffer in dieser Zeit des Nachdenkens über Nachkriegsfragen den letzten Anstoß dazu erhalten habe, die Ruhe des theologischen Studierzimmers aufzugeben und sich dem politischen Widerstand anzuschließen – was Bonhoeffer später als ein Heraustreten in den Sturm des Lebens beschrieb. Sicher hat die Arbeit an diesen Anmerkungen zur Klärung seiner Vorstellungen beigetragen und ihm auch bei der Entscheidung, wie er handeln solle, geholfen, aber der Entschluß reifte langsam und hing von vielen verschiedenen Faktoren ab: Die Behinderungen seiner eigenen Arbeit, die zunehmende Zahl der Gefallenen in Rußland, die ernsthaften Zweifel daran, daß es überhaupt je gelingen könne, Hitler anders als durch ein Attentat zu beseitigen, und die Entwicklung seiner eigenen Theologie, besonders seiner Ethik – dies alles wies ihn in die Richtung des persönlichen Einsatzes. Auch war er nicht aus Amerika zurückgekehrt, um sich jetzt in einem sicheren Schlupfwinkel zu verstecken. Während seine ehemaligen Studenten in Rußland fielen, rückte er der Verschwörung, die jetzt auch stärkere Beteiligung von Seiten des Militärs hatte, immer näher. Der Einmarsch in Rußland am 22. Juni schien eine so große Dummheit zu sein, daß die Verschwörer ganz zuversichtlich wurden; aber die unglaublichen Anfangserfolge machten auch diese Hoffnungen wieder zunichte. Für Bonhoeffer gaben die Massendeportationen von Juden den Ausschlag.

Das „Unternehmen 7"

Zum ersten Mal deutlich aktiv an der Verschwörung beteiligt war er im Zusammenhang mit einer Aktion der Abwehr, die unter der Bezeichnung „Unternehmen 7" lief. Es war eigentlich eine eher kleine Angelegenheit; aber danach gab es kein Zurück mehr. Und zwar handelte es sich dabei um den Plan, einige Juden vor der Deportation zu retten. Die Abwehr behauptete, Juden für ihre Propagandatätigkeit in der Schweiz zu benötigen. Einige wenige Juden, denen man vertrauen könne, sollten dorthin entsandt werden, um den Schweizern und durch sie den anderen neutralen Ländern vor Augen zu führen, daß es keine Judenverfolgungen gäbe und daß es sich bei dem, was die britische Propaganda als Rassenverfolgung dargestellt hatte, um nichts weiter als um die Bestrafung von Verbrechern handele. Einige der dafür ins Auge gefaßten Juden wollten zuerst ihre Kooperation verweigern, bis ihnen verständlich gemacht wurde, daß ihre

Propagandatätigkeit ja nur vorgetäuscht werden sollte. Schon dies machte die Sache äußerst gefährlich. Und dann mußte man noch die Einwilligung der Schweiz erhalten.

Als der geeignete Mann, um die reformierten Kirchen in der Schweiz anzusprechen, erschien Wilhelm Rott, ein Pfarrer aus der reformierten Tradition des Rheinlandes, der in den Zeiten des Predigerseminars in Zingst Bonhoeffer als Assistent beigegeben gewesen war. „Es handelt sich um die bittere Not, in der sich seit einigen Wochen viele unserer nichtarischen christlichen Brüder und Schwestern befinden," schrieb er. „Seit etwa Mitte Oktober hat man damit begonnen, Nichtarier aus Berlin und anderen Städten nach dem Osten abzutransportieren."[7] Mit Behutsamkeit und Takt geht er auf die Probleme ein. Nach den Schweizer Gesetzen war die Aufnahme von bedrohten Nichtariern nicht gestattet, denn die Schweiz war ein neutrales Land und sehr besorgt, sich nicht zu kompromittieren. Rott bat darum, ob sich „nicht doch vielleicht eine Tür für einige Wenige ... auftun könnte ..."

Obwohl dies eine eher unbedeutende Angelegenheit war, bedurfte es zu ihrer Durchführung doch einer langen Zeitspanne vorsichtiger Verhandlungen; erst im Sommer 1942 konnte sie erfolgreich abgeschlossen werden. Sieben Juden wurden so in Sicherheit gebracht, wobei sie in keiner Weise den Propagandazwecken dienten, für die ihre offizielle Ausreisegenehmigung erwirkt worden war. Der Gestapo war das Ganze sehr verdächtig, aber Verschwörungen begannen jetzt allenthalben ihr Haupt zu erheben, und wer jetzt die Gegner Hitlers aufspüren wollte, hatte alle Hände voll zu tun. Besonders die meist adligen höheren Offizierskreise standen Hitlers Methoden mit Abscheu gegenüber. Die Judendeportation überschritt bei weitem das, was die deutsche militärische Führungsschicht mit ihrem leichten Antisemitismus hätte billigen können und wollen. Zudem hatte Hitler durch seinen an die Generale erteilten Befehl, Kriegsgefangene erschießen zu lassen, ihren soldatischen Verhaltenskodex verletzt. Eine Gruppe von Dissidenten begann sich um Helmuth von Moltke und Peter Graf Yorck von Wartenburg zu sammeln. Zusammen mit ihren Frauen bildeten diese beiden schlesischen Grundbesitzer und Angehörige des Landadels, beides Juristen, den Kern des Kreisauer Kreises. Ein weiterer Jurist in dieser Gruppe war Adam von Trott zu Solz, der als Rhodes Scholar in Oxford gewesen und sowohl in China als auch in den Vereinigten Staaten tätig gewesen war. Seit 1939 arbeitete er im Auswärtigen Amt in Berlin und stand mit der gegen die Nazis gerichteten Verschwörung in Verbindung. Er war es, der London über den bevorstehenden deutschsowjetischen Nichtangriffspakt informiert hatte, aber all seine Versuche, in England Unterstützung für die demokratische Opposition in Deutschland zu gewinnen, schlugen fehl. Als der Krieg ausbrach, reiste er nach Amerika und bemühte sich um amerikanische Unterstützung. Es sieht ganz so aus, als habe die britische Botschaft an Roosevelt, der zuerst durchaus geneigt schien, eine Warnung ergehen lassen, er solle hier nichts unternehmen. Die britische Spionageabwehr betrachtete Trott als einen Agenten der Nazis. Trott hatte sowohl zum Kreisauer Kreis um Moltke Verbindung als auch zu Beck und Goerdeler, Männern, denen Bonhoeffer viel Bedeutung beimaß. Unter all diesem Kommen und Gehen sah Bonhoeffer im übrigen auch seinen Bruder Klaus und seinen Schwager Hans von Dohnanyi häufig.

Sabine und Gerhard Leibholz

Dietrich hielt die Verbindung mit seiner Zwillingsschwester und ihrem Mann so weit wie nur irgend möglich aufrecht, außerdem gab ihm auch seine Verbindung zur Abwehr mehr Bewegungsfreiheit in neutralen Ländern; nur von dort konnte er im Krieg noch Briefe nach Oxford schreiben. Lange Auszüge aus vielen dieser Briefe sind in Sabine Leibholz-Bonhoeffers Buch ‚Vergangen, erlebt, überwunden' abgedruckt. Schon bald nach ihrer Ankunft in England äußerte sich Dietrich in einem Brief an sie zu den Besonderheiten des englischen Alltags: „Wenn man sich erst an das Leben dort gewöhnt hat, dann kann man ihm doch auch durchaus gute Seiten abgewinnen, eher als in den ersten Tagen! So sind zum Beispiel die schlecht geheizten Räume ein Fluch des englischen Alltags, dem man nie entkommt."[8]

Als aber die Monate vergingen, zeigte er sich in seinen Briefen zunehmend besorgt. Die Internierung, die auch seinen Schwager traf, machte ihm Sorgen, und er machte sich Gedanken über die religiöse Erziehung seiner Nichten. Etwa im April 1942 hatte Sabine ihm Fotografien von den Töchtern Marianne und Christiane geschickt, und er schrieb Antwortbriefe während seiner Besuche in Skandinavien und in der Schweiz:

„Ihr könnt Euch kaum vorstellen, was für eine Freude die Photographien für mich und für den Rest der Familie waren. Marianne hat so ein gutes, offenes und sehr intelligentes Gesicht. Kein Zweifel, sie wird ihren Weg finden und wird Euch eine große Hilfe sein. Und Christiane ist immer noch das gleiche freundliche Mädchen, das sie schon immer gewesen ist ... Was wird mit Mariannes Konfirmation? ... Ich hoffe, Marianne wird eine gute Zeit mit Eurem methodistischen Pfarrer haben. Es ist so wichtig, daß sie den Weg zum Christentum findet und zur Kirche. Es gibt so viele Erfahrungen und Enttäuschungen, die zum Nihilismus und zur Resignation führen, besonders gerade für empfindsame Menschen. So ist es gut, früh genug zu lernen, daß Leiden und Gott keine Widersprüche sind, sondern eher eine Einheit. Für mich ist der Gedanke, daß Gott selbst leidet, immer eine der überzeugendsten Lehren des Christentums gewesen. Ich denke, daß Gott dem Leiden näher ist als dem Glücklichsein, und Gott im Leiden zu finden, gibt Frieden und Ruhe und ein starkes mutiges Herz. Es hat mich sehr bewegt, worüber Du mir vom 90. Psalm schriebst, und daß Marianne den Vers ‚Harre auf Gott' so liebt. Wie gern würde ich mit ihr über alles dieses sprechen. Als mein Patenkind ist sie besonders in meinem Herzen und in meinen Gebeten ..."[9]

Norwegen

Die Reise in die Schweiz und besonders nach Genf hatte sich als sehr nützlich erwiesen, er konnte an alte Verbindungen zur ökumenischen Bewegung anknüpfen; außerdem konnte er so auch den Kontakt mit England aufrecht erhalten. Die nächste Auslandsreise war von ganz anderer Art. Vom 10. bis 18. April 1942 fuhr er nach Norwegen, in ein besetztes Land. Der Mann, dessen Name zum verbreiteten Synonym für das Wort Landesverräter geworden war, Quisling, war dort als Marionettenpremier eingesetzt worden. Quislings erster amtlicher Schritt hatte gleich darin bestanden, daß er dem Dompropst von Trondheim untersagte, in seiner Kirche Gottesdienste zu halten; als der Dompropst seines Amtes enthoben wurde, legten alle norwegischen Bischöfe ihr Amt nieder. Das war am 20. Februar 1942 geschehen. Im nächsten Monat traten Lehrer in Massen zurück als Reaktion auf eine Verordnung, nach der ein Äquivalent zur Hitlerjugend in Norwegen eingerichtet werden sollte. Am Ostersonntag (5. April) legten alle Pfarrer ihr Amt nieder, denn ein paar Tage zuvor war über Bischof Berggrav, den rangältesten norwegischen Bischof, Hausarrest verhängt worden, und es stand zu erwarten, daß er verhaftet werden würde.

Hier griff nun die Abwehr ein. Zwei Emissäre wurden auf den Weg geschickt, um einen solchen Schritt zu verhindern, mit dem Argument, daß durch eine Verurteilung Berggravs die gesamte norwegische Kirche in Aufruhr geraten würde, was sehr ernste Folgen für die deutsche militärische Besatzung nach sich ziehen könne. Die zwei Emissäre waren Helmuth von Moltke und Bonhoeffer. Diese Entscheidung fiel sehr plötzlich, für Bonhoeffer ganz überraschend. Er arbeitete nämlich gerade in Klein-Krössin an seiner ‚Ethik' und bereitete sich im übrigen auf seine dritte Reise in die Schweiz vor. Dohnanyi ließ ihn plötzlich nach Berlin kommen, von wo er dann gleich mit Moltke nach Oslo reiste. Was ihn sofort für diese Sache eingenommen hatte, war der norwegische Kirchenkampf. Hier wurde genau so gehandelt, wie er es vor einigen Jahren der Bekennenden Kirche in Deutschland vorgeschlagen hatte.

Berggrav wurde nicht verhaftet, was möglicherweise mit der Anwesenheit dieser beiden Abgesandten aus Deutschland zusammenhing. Zwar bekamen sie Berggrav nicht zu sehen, aber sie sprachen mit verschiedenen Leuten in führenden kirchlichen Positionen und, was vielleicht für Bonhoeffer noch wichtiger war, sie sprachen miteinander. Im Grunde hatten sie dasselbe Ziel. Moltke wollte eine gerechtere Regierung in Deutschland, aber er war nicht bereit, Gewalt anzuwenden. Auch er sah, daß es gut wäre, wenn Hitler verschwände, und er war bereit, sich für den Sturz der nationalsozialistischen Regierung mit legitimen Mitteln einzusetzen. Ihre Taten verletzten sein christliches Gewissen. Bonhoeffer war zu diesem Zeitpunkt schon zu der Überzeugung gelangt, daß Hitler verschwinden müsse, ganz gleich welche Mittel dazu nötig wären, und war durchaus auch für ein Attentat, wenn dies der einzige Weg war, der zum Ziel führte. Der auf Moltkes Gut Kreisau sich sammelnde Kreis, in dem Umsturzpläne beraten wurden, bestand noch nicht, aber eine erste Zusammenkunft war schon vereinbart, zu der auch Bonhoeffer eingeladen wurde, an der er dann allerdings nicht teilnehmen konnte.

Die Reise nach Norwegen vermittelte ihnen beiden einen deutlichen Eindruck davon, wie es in einem von Nazideutschland besetzten Land aussah und welch wirkungsvollen Widerstand eine lutherische Kirche leisten konnte. Während dieses Skandinavienaufenthaltes verbrachten sie auch zwei Tage in Schweden, einem neutralen Land wie der Schweiz, aber mit einer lutherischen Kirche, die in ihrer Struktur sehr viel größere Ähnlichkeit mit den deutschen kirchlichen Verhältnissen hatte. Bonhoeffer nutzte die Gelegenheit, von Schweden aus an Bischof Bell zu schreiben.

Die Rückreise führte sie über Kopenhagen kurz durch ein weiteres besetztes Land mit einer lutherischen Kirche im Widerstand. In Berlin angekommen, bestand ihre erste Aufgabe darin, der Abwehr zu berichten.

Eine weitere Schweizer Reise

Seit seiner Rückkehr nach Berlin waren noch keine drei Wochen vergangen, da war Bonhoeffer schon wieder in Zürich, von wo er Briefe an seine Schwester in Oxford und an Bischof Bell in Chichester schrieb, wo er den Kontakt mit seinem alten Freund Erwin Sutz wieder aufnahm und von wo er dann zu seinem eigentlichen Ziel weiterreiste – nach Genf.

Bonhoeffer kam am 14. Mai in Genf an und mußte zu seiner Enttäuschung feststellen, daß Visser't Hooft schon nach England abgereist war; es war ihm sehr daran gelegen, Visser't Hooft seine Erlebnisse aus Norwegen zu berichten. Einer der Gründe für Visser't Hoofts Reise nach England war ein Memorandum von Adam von Trott, das er überbringen wollte. Es gelang ihm, den englischen Minister Stafford Cripps zu sprechen und das Memorandum an Churchill weiterzuleiten. Vielen der am Widerstand in Deutschland Beteiligten war es jetzt besonders wichtig, daß die Widerstandsbewegungen in den besetzten Ländern, besonders in Holland (Visser't Hooft war selbst Holländer) und in Norwegen, den innerdeutschen Widerstand als ihresgleichen anerkannten. Und hier bot sich der Kampf der Kirche, in seinen verschiedenen Formen, als Schlüssel für eine solche Anerkennung an. Der deutsche Widerstand wurde aber, soweit man überhaupt außerhalb Deutschlands etwas von seiner Existenz wußte, größtenteils als Aufstand der alten Offiziersklasse angesehen. Darum spielte Bonhoeffer hier eine recht entscheidende Rolle, wo es darum ging, der „Verschwörung" Glaubwürdigkeit zu verleihen. So kann man wohl sagen, daß es vier Namen waren, an denen es hing, die besetzten Länder und England vom innerdeutschen Widerstand zu überzeugen: Moltke, Adam von Trott, Visser't Hooft und Bonhoeffer. Mit der gegenseitigen Kommunikation stand es oft, der Natur der Sache entsprechend, nicht zum besten, und doch läßt sich ein gemeinsames Handlungsmuster erkennen.

In Genf erfuhr Bonhoeffer, daß Bischof Bell demnächst in Schweden erwartet würde; das konnte ihm die Möglichkeit zu einer Zusammenkunft bieten. Die Pläne für einen Staatsstreich, in die Bonhoeffer eingeweiht war, waren schon dramatisch weit gediehen. Der Erfolg hing jetzt davon ab, daß sich in Deutschland genügend Unterstützung dafür fand; und diese Unterstützung ließ sich wohl gewinnen, wenn man nur ein Wort der Ermutigung von britischer Seite vorweisen konnte.

Es galt, die höchsten Autoritäten in England – Churchill oder wenigstens Anthony Eden – anzusprechen und ihnen eine überzeugende Botschaft zu übermitteln. Die Möglichkeit hierzu sah Bonhoeffer durch den Bischof von Chichester gegeben, der als Mitglied des Oberhauses Zugang zu Anthony Eden hatte. Die Information über seinen Schwedenaufenthalt entnahm Bonhoeffer einem Telegramm Bischof Bells an Visser't Hooft, das während Bonhoeffers Anwesenheit in Genf eintraf. Sein Text lautete einfach: „Ab 11. Mai für drei Wochen in Schweden." Bonhoeffer brach seine Schweizer Reise ab, eilte nach Zürich, wo er noch einige für das „Unternehmen 7" notwendige Schritte erledigen mußte, und von dort aus zurück nach Berlin.

Friedensfühler in Schweden

Die britische Regierung war während des Krieges bemüht, zu neutralen Ländern gute Beziehungen zu pflegen. Den Engländern war ebenso wie den Deutschen viel daran gelegen, sich die neutralen Länder geneigt zu erhalten! So wurden Kenneth Clark und T. S. Eliot als Botschafter der Kunst und Dichtung nach Schweden entsandt. Bischof Bell, dessen Kontakte zu Schweden bis ins Jahr 1925 zurückreichten, sollte die kirchlichen Beziehungen pflegen. In einer Beschreibung seiner Reise schildert er sehr anschaulich die Situation, in der Bonhoeffer dann plötzlich auftauchte:

> „Ich kam am 13. Mai kurz vor 3 Uhr morgens auf dem Flughafen von Stockholm an, in einem Flugzeug mit einem norwegischen Piloten und zwei Besatzungsmitgliedern und außer mir keinem weiteren Passagier. Während der ersten vierzehn Tage bereiste ich verschiedene Teile Schwedens, traf viele alte Freunde und sah viele neue Gesichter. Im Verlauf dieser Reisen erfuhr ich sehr viel mehr von dem, was in der Welt vorging, als in England zu erfahren möglich war. Aber so faszinierend diese ersten vierzehn Tage auch waren, so standen sie doch in keinem Vergleich zu der dramatischen Begegnung, die ich mit einem deutschen Pfarrer haben sollte."[10]

Dieser deutsche Pfarrer war Dr. Hans Schönfeld, direkt aus Berlin. Bell war zuerst zurückhaltend, da es sich hier um einen Vertreter der deutschen Reichskirche handelte. Vor allem durch Bonhoeffer hatte Bell genug gehört, um zu wissen, daß auf dieser Seite der Feind der Bekennenden Kirche saß. Aber Schönfeld war ein mutiger Mann und hatte bei seinen Reisen zwischen Berlin und Genf nicht unerhebliche Risiken auf sich genommen. Die große Anspannung, unter der er stand, als er Bell in Stockholm aufsuchte, war deutlich zu spüren. Er informierte den Bischof über die

Lage der englischen Kriegsgefangenen in Deutschland, über die Arbeit des CVJM und der Christlichen Studentenbewegung. Aber dann kam er zum eigentlichen Anlaß seines Besuches. Er berichtete ihm von Vorbereitungen zu einem Staatsstreich, und als Bischof Bell ihn um Einzelheiten in schriftlicher Form bat, gab ihm Schönfeld das Gewünschte, obwohl dies in den falschen Händen sehr gefährlich werden konnte.

In dem Dokument wird dargelegt, daß es in Deutschland schon seit längerem viele verschiedene Widerstandsgruppen gegen das Naziregime gab, die aber alle bis vor kurzem unabhängig voneinander und ohne gegenseitige Verbindung operiert hatten. Im Verlauf des Winters 1941/42 sei es dann zur Entstehung von zwei Koordinationszentren gekommen, um die sich die Opposition auf dem gesamten europäischen Kontinent kristallisierte. Drei Gruppierungen ließen sich unterscheiden, die jetzt aber alle zusammenarbeiteten: hohe Offiziere der Wehrmacht und Beamte im gehobenen Dienst; ehemalige Führer von Gewerkschaften und anderen Arbeiterorganisationen, die alle offiziell verboten waren; die Kirchen, und zwar sowohl die evangelische Kirche unter Bischof Wurm als auch die katholische Kirche unter Führung der Fuldaer Bischofskonferenz. Im weiteren ging aus diesem Dokument hervor, daß diese verschiedenen Widerstandszentren in Kooperation darauf vorbereitet seien, „Hitler, Himmler, Göring, Goebbels, Ley und Co. auszuschalten." Gleichzeitig könnten sie auch die Gestapo, die SS und die SA handlungsunfähig machen. Dies würde dann zur Bildung einer Regierung neuer Art in Deutschland führen, die eine enge Verbindung zu Großbritannien suchen würde. Daneben gab es detaillierte Vorschläge für einen Europäischen Staatenbund. Das Ganze schloß mit einem Abschnitt zur Frage, wie Rußland zu begegnen sei!

Ehe jedoch eine Revolution ins Auge gefaßt werden könne, brauche die Wehrmacht die sichere Zusage, daß die Westalliierten mit einem von Hitler befreiten Deutschland Verhandlungen aufnehmen würden. All dies mußte natürlich nachgeprüft werden, aber der Bischof fand es in frappierender Weise bestätigt, als er mit Bonhoeffer am Pfingstsonntag, den 31. Mai, zusammentraf.

Bonhoeffers Besuch bei dem Bischof von Chichester

Am Pfingstsonntag hielt sich Bischof Bell in Sigtuna auf, einer kleinen Stadt einige Kilometer nördlich von Stockholm und als Schulstadt bekannt. Ohne daß Schönfeld etwas davon wußte, war Bonhoeffer in der Rolle eines Kuriers der Abwehr nach Schweden gefahren und hatte Bell aufgesucht, um ihm ganz ähnliche Informationen zu übermitteln. Diese Bestätigung gab den Ausschlag. Bell hatte viele Zweifel in bezug auf Schönfeld, aber gar keine in bezug auf Bonhoeffer. Ihn kannte er seit neun Jahren und ihm vertraute er vollkommen als einem integren, unbestechlichen Christen, der nicht für die offizielle deutsche Reichskirche arbeiten konnte. Bell beschreibt ihn als „kompromißlosen Nazigegner, eine der Triebfedern der kirchlichen Opposition, der das volle Vertrauen der Leiter der Bekennenden Kirche besaß und bei Bischof Heckel und allen Mitläufern und Anhängern des Naziregimes sehr unbeliebt war."[11]

Bell hatte eine lange Unterredung mit Bonhoeffer, bevor auch Schönfeld nach Sigtuna kam. Bonhoeffer nannte ihm auch die Namen der Verschwörer, die sich mit den in Schönfelds Dokument genannten deckten, das Bell dann nach seiner Rückkehr Anthony Eden vorlegte.

Von Juni bis August bemühte sich der Bischof von Chichester darum, der Opposition in Deutschland in seinem Land Gehör und Unterstützung zu verschaffen; aber die Kriegsmaschinerie, die nur noch an der völligen Zerstörung der „widernatürlichen Tyrannei", wie Churchill es nannte, interessiert war, ließ sich auch nicht ein einziges ermutigendes Wort abringen. 1942 gab es neben Vansittart's Linie keine anderen Stimmen, und in Deutschland wurde dies als Auslöschung des deutschen Staates verstanden. Anthony Eden zeigte sich zuerst durchaus interessiert, schrieb aber am 17. Juli an Bell, er sei sicher, „daß es nicht im nationalen Interesse sei, eine wie auch immer geartete Antwort zu erteilen." Bell gab jedoch nicht nach und drang darauf, daß wenigstens irgendeine deutliche Erklärung abgegeben würde, die helfen könnte, die Befürchtungen und das Mißtrauen in Deutschland, daß England die Auslöschung Deutschlands und sonst nichts wünsche, zu entkräften. Konnten die Alliierten nicht verlauten lassen, daß ihnen nicht daran gelegen sei, ein Deutschland, das sich selbst von Hitler und Himmler befreit hatte, zu unterjochen? Dieses Argument verfehlte seine Wirkung auf Eden nicht, doch reichte es nicht aus. Am 4. August schrieb er: „Ich glaube nicht, daß es zum gegenwärtigen Zeitpunkt ratsam wäre, in öffentlichen Verlautbarungen auch nur einen Schritt weiter zu gehen." Er verstand zwar, daß die Verschwörer sich in einer äußerst riskanten Situation befanden, fuhr dann jedoch fort: „Bis jetzt sind sie mit ihrer Existenz noch kaum in Erscheinung getreten, und ehe es nicht deutliche Anzeichen dafür gibt, daß sie dem Beispiel der unterdrückten Völker in Europa zu folgen gewillt sind, indem sie Gefahren auf sich nehmen und aktive Schritte tun, um der Nazi-Schreckensherrschaft Widerstand zu leisten und sie zu stürzen, sehe ich keinen Nutzen darin, daß wir weiterreichende Erklärungen abgeben, als wir dies bisher schon getan haben."

So erfuhren denn also Bonhoeffer und Schönfeld, durch ihre jeweils eigenen Kanäle, daß die englische Regierung nicht bereit war, irgendwelche Schritte zu unternehmen oder Zusagen zu machen, die sie hätten ermutigen können. Sie waren also auf sich selbst angewiesen. Von diesem Zeitpunkt an schwand die Unterstützung, die die Verschwörer gehabt hatten, merklich dahin.

Italien

Inzwischen war aber Bonhoeffer schon nach Berlin zurückgekehrt und hatte auch schon wieder einen neuen Auslandsauftrag erhalten, diesmal nach Italien zusammen mit Hans von Dohnanyi. Sie nahmen mit italienischen Widerstandsgruppen Kontakt auf und erwarteten in Rom eine Antwort auf die Friedensfühler. Sie hatten gehofft, die Italiener durch ermutigende Nachrichten aus England in ihrem Widerstand bestärken zu können. Daneben versäumte Bonhoeffer keine Gelegenheit, an seine Schwester zu schreiben.

Am 10. Juli verließen Bonhoeffer und Dohnanyi Italien ohne eine Nachricht aus London. Dies bedeutete, daß die Unterstützung der Wehrmachtoffiziere schwinden würde, besonders nach Rommels Erfolgen in Nordafrika. Dohnanyi war es, der dann Ende August, als er sich in der Schweiz aufhielt, diesmal ohne Bonhoeffer, die enttäuschende Nachricht erhielt. Bonhoeffer hatte sich inzwischen der Lektüre einer Reihe von englischen Büchern, die er sich aus Genf mitgebracht hatte, gewidmet. So las er Oldham's ‚Christian Newsletter', Schriften der Peace Aims Group, Temple's ‚Malvern Conference', Bücher von William Paton und von Bell. All diese Autoren schienen anzunehmen, daß es nach dem Krieg ein Leichtes sein würde, die abgerissenen Verbindungen mit der Bekennenden Kirche wieder aufzunehmen. Er war sehr beeindruckt von dem, was er da las, welche Pläne sie mit Hilfe der Bekennenden Kirche ins Werk zu setzen gedachten, aber er erschrak auch im Gedanken an die Schwächen und Grenzen der Bekennenden Kirche, die er allzu gut kannte. Besonders Bell schien die Probleme doch sehr vereinfacht zu sehen. Er meinte, daß die Kirchen auf beiden Seiten Einfluß auf Friedensverhandlungen nehmen könnten und daß sich so dieses Mal die Fehler eines Versailler Diktates vermeiden ließen. Bonhoeffer, der in seinem Verhältnis zur Bekennenden Kirche eine schrittweise Ernüchterung durchgemacht hatte, fürchtete um ihr moralisches Rückgrat. Er hatte gesehen, wie sie jeder wichtigen Fragestellung ausgewichen war und sich eher um ihre eigene Sicherheit gekümmert hatte, als eine „Stimme für die Stummen" zu sein. Es gab durchaus ernst zu nehmende Anzeichen dafür, daß auch die Bekennende Kirche sich von Hitlers Erfolgen hatte beeindrucken lassen.

Die Reise nach Italien war kurz, und die Gesprächspartner waren zum größten Teil Deutsche in Italien gewesen. Seine Kontakte hatten sich weitgehend auf Katholiken beschränkt, aber er hatte doch auch eine zunehmende Unzufriedenheit mit Mussolini und Widerstand gegen die Kriegsbeteiligung Italiens wahrnehmen können, was ihn mit Hoffnung erfüllte. In Italien begann sich die Erkenntnis durchzusetzen, daß das eigene Land nur ein zweitrangiger Partner war. Die Siege in Libyen, die eigentlich italienische Erfolge waren, wurden als deutsche Siege gezählt. Der kirchliche Widerstand war ganz anderer Art; sicher hat Bonhoeffer gesehen, welche Stärke er dadurch hatte, daß er im Vatikan über eine unabhängige Basis verfügte, die nicht von den Faschisten kontrolliert werden konnte und sich doch gleichzeitig im Herzen der Hauptstadt befand. In Berlin gab es keine vergleichbare Basis, außer der Abwehr.

Auf dieser kurzen Italienreise besuchte er neben Rom auch Venedig und Florenz. Zweck der Reise war die Erkundung einer möglichen Verbindung zwischen dem deutschen und dem italienischen Widerstand, wenn die Zeit dazu reif wäre. Über diese eine Reise zu Deutschlands Hauptverbündetem schrieb er so gut wie gar nichts.

Notwendige Neuordnung der evangelischen Kirche

Diejenigen, die den Umsturz des Nazi-Regimes planten, gaben nicht auf, als sie erfahren mußten, daß England nach wie vor nicht bereit war, sie ernst zu nehmen. Schließlich war das die britische Haltung seit Anfang der dreißiger Jahre gewesen. Was es jetzt zu tun galt, war, den Beweis dafür zu liefern, daß sie in der Lage waren, einen Staatsstreich durchzuführen, daß sie bereit waren, Gefahren und Opfer auf sich zu nehmen, daß sich überhaupt etwas tat. Die zweite Hälfte des Jahres 1942 war eine der geschäftigsten Zeiten für die Verschwörer. Jetzt entstanden die konkreten Attentatspläne, die nie gelingen sollten, und jetzt begannen sie, sich ernsthaft über die Art der Regierung, die an Hitlers Stelle treten sollte, Gedanken zu machen. Bonhoeffer wurde beauftragt, einen Entwurf zur Neuordnung der Kirche zu erstellen. Im Juli 1942 widmete er sich dieser Aufgabe eingehend.[12] Der Entwurf beginnt mit zwei prägnant formulierten Grundsätzen: „1. Wiedergutmachung des der evangelischen Kirche getanen Unrechts, 2. Selbständigkeit der Kirche." Zur Neuordnung der Kirche könnten jedoch keine Schritte unternommen werden, ehe nicht der Kirchenkampf beendet sei. Danach seien sieben Thesen zu berücksichtigen:

1. Der Kirchenkampf richtete sich im wesentlichen nicht gegen die Nazis, sondern gegen die, die das kirchliche Leben im Lande pervertierten. Er wird solange andauern, bis diese Eingriffe aufhören.

2. Die Bekennende Kirche hatte als Hilfsmaßnahme kirchliche Organe wie Synoden und Bruderräte gegründet, durch die es der Kirche möglich wurde, Benachteiligung, Verfolgung und Verhaftung zu überstehen. So hatte sie eine Schattenorganisation zu derjenigen der deutsch-christlichen Reichskirche aufgebaut. Die Strukturen der Bekennenden Kirche sollten die Grundlage für eine neugeordnete Kirche nach dem Sturz des Naziregimes bilden.

3. Die offiziellen kirchlichen Organe sind so mit der Gewalt des Naziregimes verflochten, daß sie jeglicher geistlichen Kraft entbehren.

4. Der Kirchenkampf kann nur im vollen Einvernehmen mit den Organen der Bekennenden Kirche, und das heißt sowohl der Notgremien als auch aller Gemeinden und Pfarrer, die unter großen Opfern zu ihr gestanden haben, beendet werden. Der Widerstand solcher örtlichen Kirchengemeinden war durch Gewalt nicht zu brechen gewesen, und aus den Reihen dieser Pfarrer müssen die Leiter einer neugeordneten evangelischen Kirche hervorgehen.

5. Widerstand von Seiten der Deutschen Christen ist durchaus zu erwarten; und so kann es sich, auch wenn die Einheit der Kirche ein kostbares Gut ist, als notwendig ergeben, daß eine kleine Gruppe sich als Freikirche abspaltet, die sich allerdings unweigerlich früher oder später dann auflösen wird.

6. Die Deutschen Christen haben die Kirche gespalten. Eine neue Führung, die von den konfessionell verschieden geprägten Landeskirchen anerkannt wird, ist notwendig. Von den Landeskirchen mit ihren verschiedenen Traditionen und ihren konfessionellen Unterschieden ausgehender Widerstand gegen eine solche Kircheneinheit kann sicher nach kurzem von einer allgemein akzeptierten und starken Führung überwunden werden.

7. Es wäre ein Schritt zurück, wenn man es zuließe, daß reaktionäre Kräfte die alte Verbindung von Kirche und Staat auf Verwaltungsebene wieder einführten. Von der „jungen, im Kirchenkampf erprobten Generation von Pfarrern und Laien" muß eine neue Lösung für das Verhältnis von Kirche und Staat gefunden werden.

Ausgehend von diesen Thesen skizzierte Bonhoeffer dann einen Entwurf für Organisation und Aufbau der Kirchen im Nachkriegsdeutschland. Einige seiner Gedanken sind nach dem Krieg aufgegriffen worden, aber die alten Rivalitäten unter Mitgliedern der Bekennenden Kirche und das Verharren in während der Nazizeit erlernten Haltungen, gepaart mit dem Versagen aller vier Besatzungsmächte, die eigentlichen Probleme zu erkennen, haben dann wieder zu einer reaktionären Kirche geführt, gerade wie Bonhoeffer es befürchtet hatte. Wäre er am Leben geblieben, vielleicht wäre es anders gekommen ...

Verlobung

Auch in früheren Jahren hatte sich Bonhoeffer schon einmal verliebt, aber damals hatte er sich mit Entschiedenheit von dem Gedanken an eine Eheschließung abgewandt. Die ersten Jahre der Naziherrschaft schienen für eine Familiengründung wenig geeignet. Aus seinem Elternhaus kannte er ein glückliches Familienleben, und das muß in ihm wieder lebendig geworden sein, als er in den Familien der pommerschen Landadligen mit ihrem bewunderswerten Zusammenhalt verkehrte. Besonders das Haus in Klein-Krössin, wo er so geruhsame und gleichzeitig anregende Stunden mit Frau von Kleist-Retzow und ihrer Familie verbrachte, rückte das Glück des Familienlebens trotz unsicherer Zeiten in seinen Blick. Die zwei Enkelinnen waren als Kinder oft in Finkenwalde gewesen. Zu Beginn hatte die ältere seine Aufmerksamkeit auf sich gezogen, und so war ihm die jüngere Schwester, Maria von Wedemeyer, kaum aufgefallen. Sieben Jahre nach den Finkenwalder Besuchen war Maria zu einem sehr hübschen jungen Mädchen von achtzehn Jahren herangewachsen und nicht mehr zu übersehen. Daß sich seine Einstellung seit seinem früheren harten Entschluß, alle Gedanken an Eheschließung zurückzustellen, bis diese Krisenzeit überwunden sei, geändert hatte, geht aus einem Brief hervor, den er seinem Schweizer Freund Erwin Sutz zu dessen Hochzeit im Jahr 1941 schrieb. Er hatte schon viele Hochzeitsbriefe an seine Studenten geschrieben und hatte schon bei vielen Trauungen gepredigt. Hier, in seinem Brief an Erwin Sutz, spricht er von dem Vertrauen, das dem Entschluß „in einer Zeit wie dieser“ zugrundeliegt. Er bezeichnet sie als diese „letzten“ Zeiten, was gar nicht nur im apokalyptischen Sinne gemeint sei! Die Ehe sei eine Bejahung der Welt und der Zukunft der Welt. So bestätigen wir, indem wir heiraten, den Glauben an Gottes Gnade und Erbarmen:

„... nun will man ja mitten in dem Abbruch der Dinge – aufbauen, mitten in dem Leben von Stunde zu Stunde und von Tag zu Tag – eine Zukunft, mitten in dem Ausgetriebenwerden von der Erde – ein Stück Raum, mitten in dem allgemeinen Elend – ein Stück Glück. Und es ist das Überwältigende, daß Gott zu diesem seltsamen Begehren Ja sagt, daß hier Gott in unseren Willen einwilligt, während es doch sonst umgekehrt sein sollte. So wird die Ehe etwas ganz Neues, Gewaltiges, Herrliches – für uns, die wir in Deutschland Christen sein wollen.“[13]

Dietrich war doppelt so alt wie Maria und Mitglied einer gefährlichen Verschwörung. Ein solcher Bund mußte höchst unpassend erscheinen. Seine Freunde und Marias Familie waren überrascht, und Dietrich war unsicher. Dann fiel Marias Vater an der Ostfront. Dietrich schrieb ihrer Mutter einen Kondolenzbrief, er schrieb von den Fähigkeiten und Gaben ihres gefallenen Mannes und hob hervor, welcher Segen von dem Vater auf die Kinder ausgegangen war, schrieb von dem unermeßlichen Schatz einer christlichen Familie. Er erinnerte sich an die Begegnungen, die er vor sieben Jahren mit Hans von Wedemeyer in Finkenwalde hatte, und fuhr dann fort:

„Es wird der Geist sein, in dem er gelebt hat, in dem Sie jetzt mit Ihren Kindern zusammen sind. Derselbe Ernst, mit dem er damals zu mir von der christlichen Erziehung seines Sohnes sprach, wird nun Sie erfüllen, um Ihren Kindern zu einem christlichen Trauern um den Vater zu helfen; es wird dieselbe Liebe zum Wort und Sakrament, die ihm geschenkt war, Sie miteinander und mit der Gemeinde im Himmel vereinen, es wird derselbe Geist des Opfers und des Gehorsams gegenüber Gottes Willen sein, der Sie still und dankbar alles hinnehmen läßt, was Gott Ihnen geschickt hat. Was für ein Lobpreis Gottes kann ein solches christliches Leidtragen einer großen Familie um den zu Gott heimgerufenen Vater sein!“[14]

Bonhoeffer besuchte vor seiner Italienreise Klein-Krössin für ein paar Tage, und dabei sah er auch Maria wieder. Aus einem Brief, den er unterwegs, auf der Reise nach Rom, an Bethge schrieb, wird deutlich, daß diese Begegnung ihn stärker aus der Ruhe gebracht hatte, als er sich selbst zugeben mochte – so „wird der schöne Gedanke einiger hochgespannter

Minuten sich wohl wieder einmal im Reich der unerfüllten Phantasien auflösen".

Aber zu dieser sich entspinnenden Herzensbeziehung gehörten nun einmal zwei, und Maria überließ Dietrich nicht allein die Initiative. So ergab es sich, daß sie sich sowohl in Berlin wie auch in Klein-Krössin verschiedentlich sahen und eine große und tiefe Zuneigung zueinander faßten. Die Anstandsregeln der Zeit und ihrer Gesellschaftsschicht gestatteten es nicht, daß sie sich unter vier Augen trafen, sondern nur in der Öffentlichkeit, aber sie sprachen von ihrer Liebe zueinander. Marias Mutter, Ruth von Wedemeyer, schätzte Bonhoeffer sehr als Pfarrer, der ihr in ihrer Trauer eine Stütze gewesen war. Auch hatte sie nicht vergessen, daß ihr gefallener Mann so viel Vertrauen in Bonhoeffer gesetzt hatte, daß er ihm die christliche Unterweisung eines seiner Söhne übertragen hatte. Den Ehemann ihrer Tochter hatte sie sich aber anders vorgestellt. Der große Altersunterschied gefiel ihr nicht, und die gefährlichen Unternehmungen, in die Dietrich verwickelt war, ließen sie um ihr erst achtzehnjähriges Kind fürchten. Als sie um ihre Zustimmung zur Verlobung gebeten wurde, lehnte sie zwar nicht ab, bestand jedoch auf einem Trennungsjahr, während dessen sie sich nicht sehen sollten. Dies war Dietrich jedoch nicht erträglich, und so drängte er, bis sie der Verlobung zustimmte, die allerdings ihrem Wunsch gemäß nicht bekannt gemacht wurde. Am 17. Januar 1943 verlobten sich Dietrich Bonhoeffer und Maria von Wedemeyer. Bekannt gegeben wurde die Verlobung erst einige Monate später, nach seiner Verhaftung.

Entdeckung

Der Winter 1942/43 brachte für Deutschland die verhängnisvolle Wende. Hitler hatte so oft den Rat seiner erfahrensten Generale mißachtet und trotzdem Erfolg gehabt, daß er glaubte, er könne „auf dem Wasser wandeln". Der Angriff auf Rußland war die reine Unvernunft gewesen, und doch waren seine Armeen mit siegreicher Leichtigkeit bis Smolensk vorgedrungen. Auch der Befehl, gegen Stalingrad vorzurücken, erfolgte gegen den Rat seiner Generale; wer ihm nicht zustimmte, wurde abgesetzt. So schritt er unaufhaltsam seinem eigenen Untergang entgegen. Mit ihm sahen die Verschwörer den Untergang Deutschlands kommen und versuchten verzweifelt, dem Einhalt zu gebieten. Ein besiegtes Deutschland brauchte eine andere Regierung zu Verhandlungen mit den Westalliierten, selbst wenn sie jetzt zu keinen Verhandlungen bereit schienen. So wäre es sehr viel besser, wenn Deutschland sich vor dem Ende noch intakt erhalten und vielleicht die Alliierten sogar zwingen könnte, Verhandlungen aufzunehmen. Die Notwendigkeit, Hitler auszuschalten, wurde immer dringlicher. Mit Akribie bereiteten die verschiedenen, jetzt miteinander in Verbindung stehenden Widerstandszentren wagemutige Anschläge bis ins Einzelne vor, und einzelne Männer fanden sich in großer persönlicher Tapferkeit zur Tat bereit. Es kam auch zu einigen wenigen öffentlichen Protesten gegen das Unternehmen von Stalingrad wie dem Flugblatt der „Weißen Rose", von Studenten in München verbreitet; sie wurden umgehend durch den Volksgerichtshof verurteilt und hingerichtet. Jetzt, im März 1943, sahen sich die Verschwörer ihrem Ziel so nah wie nie zuvor. Der Erfolg des in allen Einzelheiten vorbereiteten Plans eines Attentats auf Hitler bei einem Frontbesuch im Osten mit darauf folgender Befehlsübernahme durch General Olbricht, Chef des Allgemeinen Heeresamtes im OKH, schien sicher, und doch scheiterte der Versuch. In einer unglaublichen Reihenfolge von Mißgeschicken mißlang ein Putschversuch nach dem anderen. Manche Leute glaubten, Hitler habe einen besonderen, göttlichen Schutz, und so sah es wirklich auch aus!

Bonhoeffer war an all diesen Planungen beteiligt, in dauernder Erwartung des Gelingens und in Bereitschaft, die ihm zugewiesene Rolle beim Wiederaufbau Deutschlands zu übernehmen. Gleichzeitig war er sich natürlich auch immer der Gefahr einer Aufdeckung der Verschwörung bewußt, was die unmittelbare Hinrichtung aller Beteiligten bedeuten würde. Marias Mutter hatte nicht so unrecht, wenn sie Bonhoeffer – unbeschadet der Bewunderung, die sie ihm zollte – als höchst ungeeigneten Mann für ihre Tochter betrachtete. Nach dem mißlungenen Attentatsversuch vom 13. März 1943, als die von General von Tresckow in Hitlers Flugzeug plazierte Bombe nicht zündete, war zu erwarten, daß die Verschwörung entdeckt würde oder daß die Verschwörer zumindest den Mut verlieren würden. Dem war jedoch nicht so.

Ihr Verhängnis kam aus einer ganz anderen Richtung. Bisher waren sie unentdeckt geblieben, weil die Abwehr immer unter Berufung auf ihre besonderen Aufgaben auf absoluter Geheimhaltung bestanden hatte. Das Reichssicherheitshauptamt hatte keinerlei Einblick erhalten können. An dieser absoluten Barriere gegenüber der Gestapo entzündete sich natürlich Eifersucht, und so fehlte es nicht an Versuchen, Admiral Canaris in Verruf zu bringen. Dabei glaubte die Gestapo, der Abwehr Unregelmäßigkeiten in der Verwaltung der Finanzen nachweisen zu können. Als sie in diesem Zusammenhang der Verwendung von Schweizer Währung nachspürte, entdeckte sie plötzlich sehr viel mehr, als sie erwartet hatte, und stieß bald auf eine Fährte, die zu dem „Unternehmen 7" führte. Der Plan, ausgewählte Juden als Agenten in die Schweiz zu schicken, war schon lange verdächtig gewesen; worauf ihr Verdacht sich gerichtet hatte, war die unzulässige Verwendung von Geldern gewesen, und nun entdeckte die Gestapo, daß ihr mit dem ganzen Plan ein Bär aufgebunden worden war. Damit begannen Nachforschungen, um die Verantwortlichen dingfest zu machen. In der Abwehr hatte man sich jedoch so gut darauf verstanden, alle Spuren zu verwischen, daß es äußerst schwierig wurde, dieses Vergehen irgendwelchen bestimmten Personen anzulasten, ja, es erwies sich als noch schwieriger zu zeigen, daß die Abwehr als Institution in subversive Aktivitäten verstrickt war. So schöpfte die Gestapo auch gar nicht den Verdacht, daß hier die Ermordung Hitlers geplant worden war. Am ehesten glaubte sie, Hans von Dohnanyi etwas nachweisen zu können, und dies bedeutete natürlich, daß auch über Bonhoeffer genaue Nachforschungen angestellt wurden.

Von der Atmosphäre und Stimmung, in der Bonhoeffer während dieser letzten Monate vor seiner Verhaftung gelebt haben muß, vermittelt Mary Bosanquet in ihrem Buch eine lebhafte Vorstellung. Sie erzählt, wie an einem Sonntag Dietrich zusammen mit anderen Familienmitgliedern Helmut Walchas Kantate „Lobe den Herren" für den 75. Geburtstag seines Vaters einübte. Zu den Sängern gehörte auch Hans von Dohnanyi, der mit Spannung auf den Telefonanruf wartete, durch den ihm mitgeteilt werden sollte, daß Hitler umgebracht worden sei und er sich umgehend zur Abwehr begeben solle. Auch Dietrich war davon unterrichtet, und Dohnanyis Wagen stand startbereit vor der Tür. Mary Bosanquet beschreibt diese Szene:

> „Niemand, der sein rundes, heiteres Gesicht sah, hätte vermuten können, daß er angespannt auf etwas anderes lauschte als auf den Zusammenklang der Stimmen. Stunden verstrichen; die Sänger probten unermüdlich. Kein Laut drang herüber vom Nachbarzimmer, wo das Telefon stand. Und als die einzelnen Familienmitglieder schließlich die Notenblätter zusammenlegten und auseinandergingen, wußten drei von ihnen, daß wieder ein Attentatsversuch auf Hitler mißlungen war."

In dieser Atmosphäre der Ungewißheit kam es zur Entdeckung von Einzelheiten des „Unternehmens 7" durch die Gestapo, und Vorbereitungen wurden getroffen, Anklage wegen passiver Bestechung durch die Juden, die durch das „Unternehmen" in die Schweiz entkommen waren, gegen Dietrich und Hans von Dohnanyi zu erheben.

Am 31. März feierten sie noch beide zusammen mit der großen Familie Karl Bonhoeffers Geburtstag. Wenige Tage später, als Dietrich seine Schwester Christine von Dohnanyi anrief, meldete sich eine fremde Stimme. Es war ihm sofort klar, daß Hans und Christine verhaftet worden waren. Tatsächlich durchsuchte die Gestapo gerade ihr Haus. Dietrich sagte seinen Eltern nichts davon, sondern ging ins Nachbarhaus zu seiner Schwester Ursula hinüber und bat sie, ihm noch ein ordentliches Essen zu machen! Währenddessen sah er seine Unterlagen durch, vernichtete alles mögliche Beweismaterial und schob stattdessen einige fabrizierte „Dokumente" für die Gestapo dazwischen. Dann setzte er sich zu einem guten Essen hin und wartete. Um vier Uhr nachmittags erschienen zwei Männer in einem schwarzen Mercedes und holten ihn in die Haftanstalt Tegel ab.

13. *Warten auf den Prozeß: Das erste Jahr im Gefängnis*

Am 5. April 1943 wurden drei Mitglieder der Familie Bonhoeffer verhaftet und Hausdurchsuchungen vorgenommen. Sie kamen in verschiedene Haftanstalten. Dietrich kam ins Untersuchungsgefängnis der Wehrmacht in Tegel im Nordwesten Berlins, seine Schwester Christine in ein ähnliches Gefängnis in Charlottenburg im westlichen Berlin und ihr Mann, Hans von Dohnanyi, in die Wehrmachthaftanstalt Lehrter Straße im zentral gelegenen Berliner Stadtteil Moabit. Weitere Verhaftungen sollten folgen.

Zu Beginn waren die Haftbedingungen nicht allzu schlimm. So bald wie möglich schrieb Dietrich an seine Eltern und bat sie, sich keine Sorgen um ihn zu machen. Zu essen bekomme er ausreichend, und die Beeinträchtigung des körperlichen Wohlbefindens könne er unschwer ertragen. Schlimmer war der Konflikt in seinem Inneren, und hier hatte er nun Zeit, seine Lage zu überdenken. Dies tat ihm in gewisser Weise auch gut, und so schreibt er von der ersten Zeit der Haft, sie sei „sicher ein gutes seelisches Dampfbad". Er machte sich daran, die Lieder Paul Gerhardts auswendig zu lernen, seine Bibel hatte er bei sich, und außerdem gab es im Gefängnis eine Bücherei. Bald ließ er sich auch Bücher schicken und Schreibpapier besorgen. In der Erinnerung an den Geburtstag seines Vaters hört er in Gedanken den Choral, den sie ihm gesungen hatten: „Lobe den Herren, den mächtigen König . . . in wieviel Not hat nicht der gnädige Gott über dir Flügel gebreitet . . ." Diese Worte und die vertraute Melodie trösten ihn. In Gedanken ist er bei seiner Familie, ganz besonders bei den Vorbereitungen für die Hochzeit seiner Nichte Renate mit Eberhard Bethge, die in wenigen Wochen stattfinden sollte. Er bemüht sich, nicht dem Selbstmitleid zu verfallen, und leidet doch sehr unter der Enttäuschung, daß seine eigene Heirat mit Maria von Wedemeyer jetzt auf unbestimmte Zeit hinausgeschoben ist – „Wenn ich doch nur ein paar Worte mit ihr wechseln könnte!" Aber es gelingt ihm, sich an den kleinen Dingen zu freuen – am Lied einer Amsel am Morgen und auch in der Abenddämmerung. Die lange Zeit des

Wartens, des Nachdenkens, der Selbstkritik und Rechtfertigung, des inneren Konfliktes beginnt. Zur Zeit seiner Verhaftung wäre es ihm unmöglich gewesen, sich vorzustellen, daß er zwei Jahre lang im Gefängnis sitzen und am Ende hingerichtet werden würde. Ganz im Gegenteil, er sah seinem Freispruch ganz zuversichtlich entgegen. Die Verhöre gaben Anlaß zu solcher Hoffnung, die Anklage schien so, wie sie formuliert war, leicht zu widerlegen. Sie lautete auf „Zersetzung der Wehrkraft".

Hans von Dohnanyi machte sich Vorwürfe bei dem Gedanken, daß er schuld sei an all den Schwierigkeiten und dem Kummer, die über die Familie Bonhoeffer hereingebrochen waren. Ebenso wie Dietrich wurde er vom Anstaltspersonal gut behandelt, und der Gefängniskommandant sollte sich bald als regelrechter Freund erweisen, aber dies linderte nicht die Vorwürfe, die er sich machte. Sobald es nur irgend möglich war – das war am Karfreitag, den 23. April –, ließ er Dietrich eine Nachricht zukommen. Christine, seine Frau, war noch im Gefängnis, allerdings nur noch für wenige Wochen. Die Glocken, die draußen zum Karfreitagsgottesdienst läuteten, riefen in ihm die Erinnerung an gemeinsamen Gottesdienstbesuch wach, aber dann fährt er fort:

„Daß ich der Anlaß dazu bin, daß Dir, Christel, den Kindern, den Eltern dieses Leid widerfährt, daß meine geliebte Frau und Du der Freiheit beraubt seid – Du glaubst nicht, wie mich das gedrückt. Das *socios habuisse malorum* [Gefährten in böser Zeit gehabt zu haben] mag ein Trost sein, das *habere* [sie jetzt zu haben] ist eine unendlich schwere Last ... Und die kleingläubige Frage des ‚warum' drängt sich immer wieder auf die Lippen. Wenn ich wüßte, daß Ihr alle, daß Du nicht mit Vorwürfen an mich denkt – ein Stein fiele von meiner Seele. Was gäbe ich darum, Euch wieder frei zu wissen; alles würde ich auf mich nehmen, wenn Euch die Prüfung erspart bleiben könnte."[1]

Die drei sahen sich gelegentlich bei Verhören, aber es war ihnen nicht erlaubt, miteinander zu reden. Aus diesem Brief spricht ein leidendes Herz, leidend noch mehr durch das umgebende Schweigen. Dietrich tat, was in seiner Macht stand, um Hans von Dohnanyi wissen zu lassen, daß er ihn verstehe und ihm keinerlei Vorwürfe mache.

Zehn Jahre im Rückblick

Vor seiner Verhaftung hatte Bonhoeffer an seiner ‚Ethik' gearbeitet; einen Teil dessen, was er in diesem Buch behandeln wollte, hatte er in einem

Entwurf zusammengefaßt, den er zu Weihnachten 1942 Hans von Dohnanyi, Hans Oster und Eberhard Bethge gab. Eine Kopie dieser Aufzeichnungen war zwischen Dachbalken im Haus seiner Eltern in Charlottenburg versteckt. Ganz offensichtlich war er sich der Gefahr einer Verhaftung bewußt und darauf vorbereitet, als es soweit war. In diesen Aufzeichnungen, die die zu seiner ‚Ethik' notwendigen Vorüberlegungen darstellen, blickt er zurück auf die ersten zehn Jahre von Hitlers Herrschaft. Diese Aufzeichnungen sind von großer Bedeutung für die Beurteilung von Bonhoeffers Haltung zu Beginn seiner Haft. Er versucht hier, sich Rechenschaft abzulegen über das, was er und ihm Nahestehende und Gleichgesonnene in diesen Jahren getan haben. Sie waren nicht untätig geblieben, aber oft waren sie verwirrt. Überkommene Wahrheiten hatten ihnen in den Stunden der Entscheidung oft nicht wirklich geholfen. Anderes wiederum, das zum Erfahrungsschatz vergangener Generationen gehört hatte, hatten sie vergessen und konnten es nur durch eigene, oft bittere Erfahrungen wieder erlernen. Darum will er hier nicht etwas ganz Neues schreiben, sondern erklären und klären, was sie an den Erfahrungen der letzten zehn Jahre erkannt und gelernt hatten. Diese Erfahrungen waren so außerordentlicher Art, daß das Wissen vorheriger Generationen sie dafür nicht vorbereitet hatte. Er vergleicht ihre Bemühungen, das Böse ihrer Zeit zu bekämpfen, mit den Bemühungen Don Quixotes und muß erkennen, daß sie die falschen Waffen hatten. Diese alten Schwerter waren in ihrer eigenen, längst vergangenen Zeit wohl ehrenwerte und auch wirksame Waffen gewesen, aber gegen die ungeheuren Ausmaße, die das Böse in der jetzigen Zeit angenommen hatte, erwiesen sie sich als rostig und unbrauchbar. Sie waren nicht besser als eine Kavallerieattacke gegen moderne Artillerie. Er stellt die Frage, ob es jemals in der Geschichte der Menschheit Leute mit so wenig Boden unter den Füßen gegeben habe – „denen alle im Bereich des Möglichen liegenden Alternativen der Gegenwart gleich unerträglich, lebenswidrig, sinnlos erschienen." Die Quelle für ihre Kraft konnten sie nur jenseits aller vorhandenen Alternativen finden.

Nacheinander zählt er all das auf, worauf frühere Generationen sich gestützt hatten, und findet alles unzureichend – Vernunft, Gewissen, Pflicht, Freiheit, ethische Reinheit, persönliche Tugendhaftigkeit. Nur der vermag jetzt standzuhalten, „der dies alles zu opfern bereit ist, wenn er im Glauben und in alleiniger Bindung an Gott zu gehorsamer und verantwortlicher Tat gerufen ist". Dem Deutschen, der zum Gehorsam gegenüber seinem Vorgesetzten und zur Unterdrückung seiner persönlichen Wünsche erzogen worden ist, fällt die in solchen Zeiten geforderte Zivilcourage besonders schwer. So mußten die Deutschen jetzt erst eine neue Art der Freiheit erlernen. „Civilcourage aber," so schreibt er, „kann nur aus der freien Verantwortlichkeit des freien Mannes erwachsen. Die Deutschen fangen erst heute an zu entdecken, was freie Verantwortung heißt." Und hier folgt ein Gedanke von großer Scharfsichtigkeit und Klarheit, der es ihm ermöglicht hatte, sich dazu durchzuringen, die Ermordung Hitlers als die einzig mögliche Lösung zu akzeptieren. „Sie [diese freie Verantwortung] beruht auf einem Gott, der das freie Glaubenswagnis verantwortlicher Tat fordert und der dem, der darüber zum Sünder wird, Vergebung und Trost zuspricht."

Diese Erkenntnis verdeutlicht er dann an verschiedenen ethischen Situationen. So behandelt er hier den Erfolg, die Dummheit, die Versuchung zu Menschenverachtung, Vertrauen, Mitleid und Leiden, Optimismus, Gefährdung und Tod. Vieles hiervon sollte sich in seiner ‚Ethik' wiederfinden. Wie anders liest sich das hier als die gelegentlich aus seinen Briefen abgeleitete „neue Moral"! Hier stellt er die Frage: „Sind wir noch brauchbar?" Er war sich des Verlustes seiner „Gerechtigkeit" bewußt, in den bösen Taten, deren Zeuge er war, dem Betrug und den Lügen, die er erlernt und gebraucht hatte, in den unerträglichen Konflikten, die ihn und seine Freunde allen Menschen gegenüber mißtrauisch gemacht und zynisch hatten werden lassen. Seine eigenen angstvollen Zweifel sprechen aus der Frage, die er an all die an der Verschwörung beteiligten Freunde – und in der Einsamkeit der Gefängniszelle an sich selbst – richtet: „Wird unsere innere Widerstandskraft gegen das uns Aufgezwungene stark genug und unsere Aufrichtigkeit gegen uns selbst schonungslos genug geblieben sein, daß wir den Weg zur Schlichtheit und Geradheit wiederfinden?"[2]

Die Ermittlungen

Bonhoeffers Bedeutung für die Ermittlungen der Anklage lag in den Aussagen, die er möglicherweise über Hans von Dohnanyi, das eigentliche Objekt der Untersuchungen, würde machen können. Bis jetzt war auf die Abwehr noch kein Schatten gefallen, und Canaris war noch Amtschef mit allen damit verbundenen Geheimhaltungsprivilegien. Daß dies auch so blieb, war nun vor allem wichtig, und darum bemühte sich Canaris sehr darum, den Anschein zu erwecken, daß er die Untersuchungen im Fall Dohnanyi uneingeschränkt unterstütze. Die Untersuchungen gingen von dem Vorwurf des Hochverrats aus; was schließlich übrigblieb, war eine Reihe von dienstlichen Formfehlern. Ein verschlüsselter Zettel wurde entdeckt, der für Dohnanyi außerordentlich belastend gewesen wäre, wenn es Hans Oster nicht gelungen wäre, glaubhaft zu machen, daß solche Zettel bei Operationen der Spionageabwehr üblicherweise verwendet wurden. Der Buchstabe „O“, der der Ermittlung so viel Kopfzerbrechen bereitet hatte, wurde als Kürzel für Hans Oster erklärt. Dann richteten sich die Ermittlungen auf das „Unternehmen 7“. Dieses Projekt konnte zwar als zu aufwendig und ineffektiv angeprangert werden, aber Spuren von Landes- und Hochverrat ließen sich auch hier nicht finden. Schließlich richteten sich die Ermittlungen auf Bonhoeffers Auslandsreisen, und hier ging es nun um ihn selbst.

Er wurde häufigen Verhören unterzogen, wobei es ihm offensichtlich nicht leicht fiel, sich in der Hitze des Gefechts für die richtige Antwort zu entscheiden. So schrieb er im Lauf des Juni an den Untersuchungsrichter, Dr. Roeder,[3] und erklärte ihm diese Schwierigkeiten. In diesem Brief verteidigt er sich ausführlich, wobei er den Ton verletzter Unschuld anschlägt. Im ganzen versucht er überzeugend darzustellen, daß all seine und Dohnanyis Aktivitäten einer höchst patriotischen Gesinnung entsprungen seien. Er verwahrt sich in diesen Briefen auch gegen den Verdacht, daß er nur deswegen eine Anstellung bei der Abwehr erhalten habe, um so vor dem Zugriff der Gestapo oder aber auch vor der Einberufung an die Front sicher zu sein. Mit sowohl streng logischen als auch persönlichen Argumenten weist er voller Entrüstung den Vorwurf, er könne sich jemals seinem Vaterland gegenüber illoyal verhalten haben, zurück. An dem letzten Abschnitt des ersten längeren dieser Briefe läßt sich ablesen, welches Spiel er hier spielte und welche Künste der Verstellung er inzwischen gelernt hatte:

„Es kann für Sie gewiß keine Beweiskraft haben – aber vielleicht glauben Sie es mir persönlich, und in dieser Hoffnung spreche ich es aus, daß es für mich sehr schwer ist zu sehen, wie die früheren Konflikte mit der Geheimen Staatspolizei, die nach meiner innersten Überzeugung aus einem rein kirchlichen Verhalten heraus entstanden sind, nun dazu geführt haben, mich einer so schweren Verfehlung gegen die selbstverständlichen Pflichten eines Deutschen gegenüber Volk und Reich für fähig zu halten. Noch kann ich es auch nicht glauben, daß dieser Vorwurf mir wirklich gemacht wird. Hätte ich denn, wenn dies meine Einstellung wäre, gerade in einer alten Offiziersfamilie, die alle ihre Väter und Söhne als Offiziere seit Kriegsbeginn z. T. mit höchsten Auszeichnungen im Feld stehen hat und die schwersten Blutopfer gebracht hat, meine Braut gefunden, die selbst Vater und

Bruder an der Front verloren hat? Wäre ich dann unmittelbar vor Kriegsausbruch unter Lösung aller Verbindlichkeiten, die ich in Amerika eingegangen war, nach Deutschland zurückgekehrt, wo ich doch mit einer sofortigen Einberufung rechnen mußte? Hätte ich mich dann sofort nach Kriegsausbruch freiwillig als Feldgeistlicher gemeldet? ... Wenn man meine Auffassung von der christlichen Gehorsamspflicht gegenüber der Obrigkeit etwas kennen lernen will, so sollte man in meinem Buch ‚Nachfolge' meine Auslegung von Römer 13 nachlesen. Der Appell an die Unterwerfung unter den Willen und die Forderung der Obrigkeit um des christlichen Gehorsams willen ist wohl selten stärker angesprochen worden als dort. Das ist meine persönliche Einstellung zu diesen Fragen. Ich kann es nicht beurteilen, wie weit solche persönlichen Argumente juristisch etwas bedeuten, aber ich kann mir doch auch nicht denken, daß man an ihnen einfach vorübergehen kann?"[4]

Weitere Briefe sollten folgen, in denen er Punkte zu klären versucht, die er, wie er sagt, in den Verhören zu erwähnen vergaß. Seine Briefe enden gewöhnlich mit „Heil Hitler!".

Natürlich durchlebte er Höhen und Tiefen der Stimmung, aber im ganzen gewann er doch in den ersten Monaten der Haft immer größeres Zutrauen, daß die Vorwürfe zurückgezogen und er und Dohnanyi freigelassen werden würden. Er vertraute Dohnanyi, und das vollkommen zu Recht. Um dieses Vertrauens willen war er seinerseits in der Lage, alle Vorstellungen von persönlicher Integrität, die von Kindesbeinen an fest in ihm verwurzelt waren und zu denen er darüberhinaus als evangelischer Pfarrer stand, auszuklammern und sich an die getroffenen Abmachungen zu halten. Er spielte seine Rolle gut und täuschte viele. Zu Anfang fürchtete er, bei Verhören oder gar unter Folterung nicht standhalten zu können. Darum trainierte er seinen Körper so gut wie nur möglich und bemühte sich, möglichst viel gutes, nahrhaftes Essen, wenn er es von seiner Familie und von Freunden bekommen konnte, zu sich zu nehmen. Dieser Plan erwies sich, von April bis Juli, als erfolgreich. Er war gesund, er überzeugte den Untersuchungsrichter, und Dohnanyi entkräftete einen Vorwurf nach dem anderen, indem er selbst die volle Verantwortung dafür übernahm. Geschickt verteidigte er sich dann, und der Untersuchungsrichter, Oberstkriegsgerichtsrat Dr. Roeder, mußte sich mit geringfügigen Anklagepunkten begnügen.

Briefwechsel zwischen Bonhoeffer und seiner Familie

Zu Anfang war es für Familienmitglieder schwierig, Dietrich im Gefängnis zu besuchen, aber sie konnten ihm schreiben, und er selbst konnte alle zehn Tage einen Brief hinausschicken. Das Schreiben dieser Briefe, meist an seine Eltern, war ihm eine große Freude. Durch sie konnte er all seine Lieben an seinem Leben teilhaben lassen. Sie sind so lebendig und ausführlich, daß wir beim Lesen meinen, in seine Zelle blicken zu können. Und er versuchte, in Gedanken mit seiner Familie mitzuleben und an ihrem Erleben teilzuhaben, wobei ihm klar war, daß sie an dem seinen nie ganz teilhaben konnten – „ich lese, denke nach, schreibe, gehe auf und ab – und auch wirklich ohne mich wie der Eisbär an den Wänden wund zu reiben".

Schon bald hatte er gelernt, daß es am besten ist, sich auf das zu konzentrieren, was man tun kann, und möglichst nicht an das zu denken, was einem zu tun versagt ist. Er hatte jetzt Zeit zum Nachdenken und zum Arbeiten. Besten Gebrauch machte er von der Erlaubnis, sich Bücher schicken zu lassen; daneben versuchte er sich auch selbst auf verschiedenen schriftstellerischen Gebieten – mit Drama, Roman und Gedichten. Schon bald arbeitete er an einer kleinen Studie über das „Zeitgefühl". Ein früherer Insasse seiner Zelle hatte an die Wand gekritzelt: „In hundert Jahren ist alles vorbei." Eine solche Haltung konnte ihn aber nicht befriedigen. Gern hätte er über das Problem der „Haftpsychose" mit seinem Vater gesprochen, der in seiner Eigenschaft als Psychiater beruflich viel mit Gefangenen zu tun gehabt hatte. Hilfe fand er in den Psalmen, zwei Stellen tauchen dabei immer wieder auf: „Meine Zeit steht in deinen Händen" (Ps 31,16) und „Herr, wie lange?" (Ps 13). In jedem Brief erwähnt er Maria. Er macht sich Gedanken darüber, wie sie all dies verkraften wird, und findet Trost in der Erinnerung an ihre Haltung, als ihr Vater fiel. Schließlich erfährt er, daß sie nach Berlin gekommen ist und bei seinen Eltern wohnt, um jede Besuchserlaubnis bei ihm nutzen zu können.

Mit großer Freude beschäftigte er sich in Gedanken immer wieder mit der bevorstehenden Heirat von Renate Schleicher, der Tochter seiner Schwester Ursula, mit Eberhard Bethge, und mit großer Bestimmtheit lehnte er auch nur die Erwägung ab, ob man die Hochzeit wegen der Zeitläufte aufschieben solle.

All dies aber verstärkte natürlich seine Sehnsucht nach Maria, und so war ihr Besuch, als er schließlich möglich wurde, eine ganz besondere Freude und zugleich doch auch ein großer Schmerz.

Die Traupredigt

Für die Trauung von Eberhard und Renate Bethge im Mai schrieb Dietrich Bonhoeffer eine Predigt.[5] Sie handelt von der erstaunlichen Freiheit und eigenen Verantwortung, aus der heraus Menschen „Ja" zum Leben sagen und das Steuer ihres Lebens in die Hand nehmen können.

„Es muß etwas von dem berechtigten Stolz der Erdenkinder, ihres eigenen Glückes Schreiner sein zu dürfen, in dem Glück eines Brautpaares liegen." Er mahnt, nicht allzu schnell von Gottes Willen und Fügung in dieser Sache zu sprechen. Ihre eigene Entscheidung und ihr eigener, durchaus menschlicher Wille haben dies bewirkt. Diesen Weg, den sie jetzt einschlagen, haben sie selbst gewählt. Heiraten ist nicht in erster Linie eine religiöse, sondern eine weltliche Sache, „darum tragt auch ihr selbst und allein die Verantwortung dafür, die euch kein Mensch abnehmen kann". Nachdem er diesen Gedanken ausgeführt hat, wobei in seiner Vorstellung von der der Ehe zugrundeliegenden Ordnung „chauvinistische" Elemente (wie man heute salopp sagen würde) nicht zu leugnen sind, führt er aus, was Gott mit der Ehe zu tun hat:

> Gott gibt sein Ja zu eurem Ja – Gott führt eure Ehe;
> Gott macht eure Ehe unauflöslich;
> Gott gründet eine Ordnung, in der ihr in der Ehe miteinander leben könnt;
> Gott hat auf die Ehe einen Segen und eine Last gelegt;
> Gott schenkt euch Christus als den Grund eurer Ehe.

Innerhalb dieses Rahmens aber betont er den diesseitig-weltlichen Charakter der Ehe: „Vom ersten Tag einer Ehe an bis zum letzten muß es gelten: nehmet euch untereinander auf . . . zu Gottes Lobe."

Einzelheiten von der Hochzeit erfuhr er durch seine Schwester Susanne, auch wenn sie ihn nicht besuchen durfte. Aber sie brachte ihm ein Päckchen mit Büchern und persönlichen Dingen. Schon die örtliche Nähe und die Tatsache, daß sie vom Gefängnispersonal hörte, es gehe ihm gut, erschien ihr wie ein Besuch – schon allein ihm nahe zu sein, bedeute so viel, schrieb sie ihm.

Die Familie machte sich große Sorgen um Dietrich und stärkte sich mit Hoffnungen, daß er nicht lange im Gefängnis werde bleiben müssen. Ende Mai schrieb ihm sein ältester Bruder Karl-Friedrich, daß er Maria gesehen und kennen gelernt habe und wie sehr sie der ganzen Familie gefalle und wie sie alle ihren Mut und ihre Opferbereitschaft bewunderten. In diesem

Brief schreibt er auch, er hoffe, daß dies wirklich der letzte Brief sei, den er ihm ins Gefängnis schreibe.

Besonders leid tut es Dietrich, daß er Maria nicht selbst in seine Familie einführen kann, und er fragt dauernd nach ihr. Zwischen detaillierten Mitteilungen über das, was er gerade liest, und neuen Gedanken zum Thema Zeit tauchen plötzlich Sätze über Maria auf, an denen deutlich wird, wohin seine Gedanken die ganze Zeit wandern. Er muß sich selbst zwingen, nicht zu oft an die glücklichen Stunden zu denken, die er mit ihr verbracht hat; die Erinnerung daran ist zu qualvoll.

Maria von Wedemeyer

Nichts bereitete Bonhoeffer solche Unruhe wie das Getrenntsein von Maria. Eine ganze Zeit lang konnte er nur durch ihre Briefe oder durch andere Familienmitglieder von ihr hören. Und dann stand er ihr eines Tages völlig unerwartet, im Zusammenhang mit einem seiner Verhöre, gegenüber. Roeder hatte sich ausgerechnet, daß der plötzliche Schock dieses Zusammentreffens seinen Willen schwächen und daß er dann etwas von dem preisgeben würde, was er bisher verschwiegen hätte – vorzugsweise über Hans von Dohnanyi. So wurde sie praktisch ohne Vorwarnung in den Verhandlungsraum geführt, und Dietrich war sichtlich erschüttert. Zuerst schwieg er; dann gelang es ihm, eine normale Unterhaltung zu führen, seine Gefühle wurden nur am Druck seiner Hände deutlich. Es war eine traumatische Begegnung und als solche die erste von einer ganzen Reihe weiterer. Roeder kam offensichtlich zu dem Schluß, daß Bonhoeffer nichts mehr zurückhielt. Fast jeden Monat erhielt Maria nun eine Besuchserlaubnis, und die Zehn-Tages-Frist zwischen seinen einzelnen Briefen wurde auf vier verkürzt. So konnte er nun abwechselnd an seine Eltern und an Maria schreiben. Sie hat diese Brautbriefe bis zu ihrem Tod wie einen Schatz aufbewahrt und verfügt, daß sie nicht veröffentlicht werden sollen. Ein Brief alle acht Tage bedeutete aber eine allzu schleppende Korrespondenz, und so gelang es ihm bald, einen freundlichen Wärter zu gewinnen, der weitere Briefe, die nicht über die Zensur liefen, für ihn hinausschmuggelte. Dietrich versicherte Maria immer wieder, daß sie ihm Durchhaltekraft verleihe, denn ihre Anwesenheit in Berlin gab ihm Kraft. Zwar scheute er sich, seine Gefühle auszudrücken, doch manchmal, in herausgeschmuggelten Briefen, oder auch wenn der Wächter bei einem ihrer Besuche einmal diskret den Raum verließ, war es, als bräche ein Damm. „Die Intensität, mit der er seine Gefühle ausdrückte, überraschte ihn mehr als mich," sagte sie später in Erinnerung an diese Zeit.

Voller Zuversicht schmiedeten sie Pläne. Er verlor auch den Mut nicht, als die Monate sich hinzogen, aber die Belastung wurde doch spürbar größer. Die ersten Wochen hatten sie alle noch als unangenehm, aber eben vorübergehend betrachtet. In den Briefen zwischen ihm und seiner Familie ist die Rede davon, daß man diese Zeit schnell werde vergessen können, sobald sie vorbei sei. Alle erwarteten sie, daß die Verhöre vielleicht ein oder zwei Monate in Anspruch nehmen würden, aber nicht mehr. Dohnanyi war so gewieft, daß er Roeder im Kreis herumlaufen ließ. Sie freuten sich regelrecht über seine Berichte von Verhören, die er ihnen in Kassibern zugehen ließ. Als die Wochen sich aber zu Monaten hinzogen, senkten sich doch Schatten auf die Gemüter, und Niedergeschlagenheit breitete sich gelegentlich aus. In diesen Zeiten bewahrte ihn dann der Gedanke an Maria vor dem Abgrund der Schwermut und der Verzagtheit.

Am 12. August 1943 schrieb er ihr in einem Brief, den sie viele Jahre später in einer in Amerika niedergeschriebenen Erinnerung zitiert:[6]

„Du kannst Dir gar nicht vorstellen, was es in der gegenwärtigen Situation für mich bedeutet, daß ich Dich habe. Ich bin sicher, dies muß Gottes Fügung sein. Jeden Tag überwältigt es mich wieder neu, wie unverdient ich dieses Glück empfangen habe, und jeden Tag bewegt es mich sehr, durch was für schwere Prüfungen Gott Dich in diesem letzten Jahr geführt hat. Und nun scheint es sein Wille zu sein, daß ich Dir Kummer und Leiden bereiten soll . . . auf daß unsere Liebe füreinander den rechten Grund und die rechte Ausdauer erhalte. Wenn ich dann auch die Lage in der Welt bedenke, das völlige Dunkel über unserem persönlichen Schicksal und meine Gefangenschaft, dann glaube ich, daß unser Bund nur ein Zeichen der Gnade und Freundlichkeit Gottes sein kann, das uns zum Glauben ruft. Wir wären blind, sähen wir das nicht . . . Unsere Ehe soll ein ‚Ja' zu Gottes Erde sein; sie wird unsern Mut stärken, zu handeln und auf dieser Erde etwas zu erreichen. Christen, die nur mit einem Bein auf der Erde stehen, stehen wohl auch nur mit einem Bein im Himmel, fürchte ich."

Obwohl man Marias Wunsch, Dietrichs Briefe für sich zu behalten, respektieren muß, führt uns dieser eine Brief doch auch deutlich vor Augen, welche Seiten dieses bemerkenswerten Menschen uns dadurch verborgen bleiben, daß wir keinen Zugang zu diesen Briefen haben.

Im Anhang zu einer neueren Auflage der englischsprachigen Ausgabe von ‚Widerstand und Ergebung' findet sich ein Beitrag von Maria von

Wedemeyer, in dem sie Passagen aus einigen dieser Briefe englisch wiedergibt. Ihre Schilderung zeigt uns einen leidenschaftlich fühlenden Menschen, voller Liebe und voll Verlangen nach der Frau, die er liebt, und voller Ungeduld, daß sie ihrer beider Liebe endlich vollen Ausdruck verleihen können. Er ist zärtlich besorgt und sieht, welche schwere Last er nicht nur sich selbst, sondern diesem blühenden jungen Mädchen aufgebürdet hat. Denn eigentlich ist sie ja noch ein junges Mädchen; mit ihren bloß neunzehn Jahren trägt sie Pflichten und Verantwortung einer reifen Frau. Zu Anfang ist er ungeduldig wie jeder Verliebte und kann das Warten und die Trennung kaum ertragen; ihre Besuche erfüllen ihn mit großer Freude. Sie erscheint älter, als sie es den Jahren nach ist, und er jünger. Dann spricht er aber auch wieder wie ein Vater zu ihr und erzählt ihr von seiner Familie mit ihren strengen Grundsätzen und der geforderten Selbstbeherrschung im Ausdruck der Gefühle.

Nach und nach macht sich dann aber die seelische Belastung immer mehr bemerkbar, und später kann man in seinen Gedichten und Briefen vom Schwinden der Hoffnung, daß sie jemals vereint werden sollen, lesen. Aber in diesem frühen Stadium, während der ersten Monate seiner Haft, quälen ihn nur Ungeduld und Sehnsucht. Hochzeitsvorbereitungen laufen an, doch alle praktischen Schritte muß sie tun. So sprechen sie die Möblierung ihrer zukünftigen Wohnung in allen Einzelheiten durch, überlegen, wie sie leben werden, sprechen von Spaziergängen, Fahrten ans Meer, von Musik und all den alltäglichen Dingen eines ganz normalen Ehelebens. Dietrich glaubte, er sei von ihnen beiden der bessere Koch. Er ermunterte Maria, Englisch zu lernen, obwohl sie gar nicht sehen konnte, wozu das gut sein sollte. Auch seine Freude an der Musik teilte sie nicht so sehr, trotzdem versuchte er sie zu überreden, Geige zu üben, in der Hoffnung auf gemeinsames Musizieren. Er dagegen betrachtete ihre mathematischen Neigungen eher mit Skepsis. Um die kleinen Dinge ging es, die Gegenstand täglicher Unterhaltung gewesen wären, wenn er sich nicht in Haft und darüber hinaus in großer Bedrohung befunden hätte. Er hatte auch schon den Trauspruch ausgesucht und die Speisenfolge für das Hochzeitsessen zusammengestellt.

Als der ältere von beiden, der schon sehr viel mehr gelesen hatte, machte er ihr Vorschläge für ihre Lektüre, wobei er allerdings nicht immer ihren Geschmack traf. Sehr verschiedener Meinung waren sie beispielsweise über Rilke. Sie machte sich daran, die von Dietrich geschriebenen Bücher zu lesen, wobei er sich keine Illusionen darüber machte, daß sie sie schwierig und schwer verständlich finden würde; das einzige seiner Bücher, das er ihr empfehlen wollte, war sein ‚Gemeinsames Leben', aber sie solle es erst lesen, wenn er dabei sei! Auch für Humor fand sich Gelegenheit und für das scherzhafte Geplänkel aller glücklich Verliebten, denn das waren sie ja, unbeschadet ihrer Trennung. Natürlich zeichneten sich bei ihm Stimmungshöhen und -tiefen ab, als Monat um Monat verstrich. Als er abzusehen meinte, daß er bald entlassen würde, da die Voruntersuchungen vor dem Abschluß standen und die Gerichtsverhandlung bald abgewickelt sein würde, beriet er das Hochzeitsdatum mit ihr und beauftragte sie, sich auch um den musikalischen Rahmen zu kümmern. Die in ihrem Heimatort Pätzig übliche Form der kirchlichen Trauung war ihm fremd und bereitete ihm ebenso wie die Berneuchner Bewegung, der ihre Familie angehörte, einiges Kopfzerbrechen. Wenn gute Aussichten bestünden, daß er nach seiner Entlassung wenigstens für einige Monate nicht eingezogen würde, so wollten sie gleich heiraten, müsse er aber schon innerhalb weniger Wochen einrücken, so wollten sie bis nach Kriegsende warten.

Gefängnisalltag

An die äußerlichen Unannehmlichkeiten der Haft hatte Bonhoeffer sich bald gewöhnt, außerdem wurden sie bald erleichtert durch sein gutes Verhältnis zu den Gefängniswärtern und die – für jene Zeiten – üppigen Pakete mit Nahrungsmitteln und Kleidung, die Familienangehörige ihm regelmäßig bringen konnten. Das schlimmste war die Inaktivität; er wollte doch draußen sein im Tumult des Lebens. Die Untersuchungen zogen sich hin und nahmen sehr wenig von seiner Zeit in Anspruch. So kam es, daß er sich mit der Datierung seiner Briefe irrte. Um das zu vermeiden und seinem Leben überhaupt Überschaubarkeit zu verleihen, teilte er seine Zeit nach dem Kirchenjahr ein, indem er die einzelnen Abschnitte und die christlichen Feiertage genau einhielt. Zu den großen christlichen Festen freute er sich besonders auf Briefe und beklagte sich, als er z.B. zu Pfingsten keinen Brief von seiner Familie oder Maria erhielt. Er konnte die Glocken läuten hören und folgte in seinen Lesungen und Gebeten dem Verlauf des Kirchenjahres. Die Adventszeit, in seinen Predigten schon früher besonders wichtig, erhielt nun noch zusätzliche Betonung. Als ersten Abschnitt des Kirchenjahres beging er sie mit aller in seiner Zelle nur möglichen Feierlichkeit und Andacht, wobei gerade diese seine Lage ihm neue Gedanken und Einsichten vermittelte. Maria berichtet, daß er ihr zum Advent schrieb: „Eine Gefängniszelle, in der man wartet, hofft, alle möglichen unwichtigen Dinge tut und vollkommen darauf angewiesen ist, daß die Tür zur Freiheit von außen geöffnet werden muß – das ist ein recht gutes Bild dafür, was Advent ist."[7]

Was ihn am Eingeschlossensein besonders schwer traf, war der Verlust des Sonnenscheins. Er hatte die Wärme der Sonne immer sehr geliebt, und so berichtet er in einem Brief an Maria, wie er, aus dem winterlich kalten Nordamerika nach Kuba mit seiner blühenden Vegetation kommend, beinahe dem Sonnenkult verfallen sei und kaum gewußt habe, was er jetzt dort predigen solle, da er doch gekommen war, um einen Gottesdienst zu halten. Damals war auch Adventszeit gewesen. Diese Erinnerung wurde in ihm wach, als er einmal die Sondererlaubnis erhalten hatte, seinen Brief im Gefängnishof in der warmen Sonne zu schreiben.

Sehr viel später, in dem berühmt gewordenen Gedicht „Wer bin ich?"[8] schreibt er, wie er sich selbst sieht und kennt:

„Unruhig, sehnsüchtig, krank, wie ein Vogel im Käfig, ringend nach Lebensatem, als würgte mir einer die Kehle, hungernd nach Farben, nach Blumen, nach Vogelstimmen . . ."

Zu diesem Zeitpunkt sollte er solche Worte noch nicht verwenden, aber die Schatten schoben sich schon vor die Sonne . . . und vor seine Maria und seine Familie. Er hatte sich immer im großen Kreis der Familie mit ihrem ausgeprägten geselligen Leben wohlgefühlt, auch wenn er gelegentlich froh war, sich zurückziehen zu können. Zwar war es Maria nicht gelungen, ihm das Tanzen beizubringen, und sie hatte es auch gar nicht ernstlich versucht, da sie ihn für einen hoffnungslosen Fall hielt, aber er war ein geselliger Mensch, der gern an Einladungen teilnahm, und so vermißte er jetzt die fröhlichen, sorglosen Tage schmerzlich. Nach Monaten des Alleinseins sehnte er sich nach Gesellschaft. Mit dem ihm eigenen starken Stimmungswechsel schrieb er: „Ich habe einen richtigen Hunger nach Leuten. Doch fürchte ich auch, daß es mir, jedenfalls am Anfang, schwerfallen wird, ein längeres Zusammensein mit vielen Leuten zu ertragen. Selbst in der Vergangenheit konnte ich Familienfeste, die ich wirklich sehr gern habe, nur ertragen, wenn ich mich von Zeit zu Zeit für eine halbe Stunde in mein Zimmer zurückziehen konnte."

Dann schrieb er davon, daß er von dieser halben Stunde der Zurückgezogenheit zu träumen beginne, jetzt aber mit Maria. Diesen Träumereien, wie er mit Maria allein sei, wollte er lieber nicht allzu lange nachhängen, und das drückte er auch in einem seiner Briefe an Maria aus, wahrscheinlich hat er es viele Male geschrieben. Der eine Brief, in den sie uns Einblick gestattet, zeigt viel von diesen Gefühlen:

„Es wäre besser, wenn es mir gelänge, Dir nur von meiner Dankbarkeit zu schreiben, von meiner Freude und dem Glück, Dich zu haben, und nicht von der Belastung und der Ungeduld dieser langen Gefangenschaft [dies schrieb er ungefähr vier Monate nach seiner Verhaftung] zu sprechen. Aber das wäre nicht wahrhaftig, und darum würde es mir unrecht erscheinen Dir gegenüber. Denn Du sollst wissen, was ich wirklich empfinde, Du darfst mich nicht für einen asketischen Heiligen halten ... Ich kann mir auch gar nicht vorstellen, daß Du so jemand würdest heiraten wollen – und ich würde aus meiner Kenntnis der Kirchengeschichte auch sehr davon abraten."[9]

Daneben versucht er aber auch, dieser eigenartigen Verlobungszeit unter solch ungewöhnlichen Umständen doch auch gute Seiten abzugewinnen. So seien sie auf eine Art zusammengewachsen, wie es normalerweise gar nicht möglich sei. Gelegentlich macht er sich Gedanken darüber, daß sie so viel Zeit verloren haben, die sie schon miteinander hätten verbringen können, Zeit, um ihre gegenseitige Liebe zu entdecken und ihrer Zuneigung immer neuen Ausdruck zu verleihen. Hätten sie sich ein Jahr früher kennengelernt und entdeckt, daß sie sich liebten, solange noch Zeit war, in Freiheit aufeinander zuzugehen und miteinander zu gehen, wieviel einfacher wäre ihr Leben und wieviel leichter für Maria! Aber dies ist nur Träumerei. Sie wäre dann ja noch zu jung gewesen. So ist sie auf wunderbare Weise gereift, ebenso wie ihre Liebe. Er spricht nicht davon, daß Gott es gewesen sei, der sie zusammengeführt habe, denn damit hätte er ja seinen eigenen Worten in seiner Traupredigt für Renate und Eberhard Bethge widersprochen. Er kommt vielmehr zu dem Schluß, daß dies eben für sie beide der rechte Zeitpunkt für den Beginn ihrer Liebe gewesen sei. Vielleicht hätten gerade die Zeitumstände, in denen sie lebten, ihnen eine solche Fülle des Glücks beschert, wie sie nicht wenigen, die ihren Bund in einfacheren Zeiten schlössen, versagt geblieben sei. Was Maria besonders an ihm liebte, waren sein Lebenshunger, seine männliche Reife; beide waren sie begierig, sich der Herausforderung des Lebens zu stellen.

Bonhoeffer las viel während seiner Haft; so entdeckte er für sich, wie manche seiner Leidensgefährten, Adalbert Stifter mit seiner erstaunlichen, seinem Werk innewohnenden Macht. Er empfiehlt ihn Maria zur Lektüre, besonders Stifters ‚Mappe meines Urgroßvaters'. Hieraus stammt auch das Wort: „Der Schmerz ist ein heiliger Engel", das er interpretiert. Vollständig zitiert lautet die Stelle: „Der Schmerz ist ein heiliger Engel, durch ihn sind Menschen größer geworden als durch alle Freuden der Welt." Er bat seine Familie um weitere Werke von Stifter und war hoch erfreut, als er den ‚Witiko' in der Gefängnisbücherei fand.

Im Lauf der Zeit lernte Bonhoeffer andere Gefangene in Tegel kennen; dieser Umgang bedeutete ihm viel, besonders die Bekanntschaft, die er dort mit Ausländern machte, und er hoffte, daß diese Begegnungen den Grund legen könnten für spätere Freundschaften nach der Entlassung. Es gelang ihm, mit Hans von Dohnanyi in Verbindung zu bleiben; von ihm zu hören, war für Bonhoeffer besonders wichtig. Dohnanyis Erkrankung belastete ihn sehr. Dann, im Winter 1943/44, kamen die Fliegerangriffe. Seine Mitgefangenen wurden während der schlimmsten Bombardierungen durch seine Ruhe gestärkt und ermutigt und fühlten sich in seiner Nähe behütet. Vom Gefängnis aus verfolgte er mit nicht erlahmendem Interesse, wie es zu Hause ging, und gab Ratschläge zur Sicherung des Luftschutzkellers und zu Schutzmaßnahmen für die Bilder im Haus. Mehrere Monate lang klingen seine Briefe recht optimistisch in der Erwartung einer baldigen Entlassung, eine Erwartung, die sich von Ungeduld nach und nach zu Unruhe und Besorgnis wandelt. Er erinnert sich an eine Ethikvorlesung Schlatters, in der Schlatter gesagt hatte, es sei die staatsbürgerliche Pflicht eines Christen, eine Untersuchungshaft ruhig auf sich zu nehmen. Seine Entlassung und die Vorstellung, wieder zu Hause bei seinen Eltern zu sein, bewegt ihn auch immer mehr bis in seine nächtlichen Träume.

Ende Juli 1943 wurde ihm dann gestattet, sich mit der Bitte um einen Verteidiger an seinen Vater zu wenden. Er macht dazu ein paar Vorschläge und meint vor allem, es müsse ein Anwalt sein, der nichts mit den kirchlichen Auseinandersetzungen zu tun gehabt habe, überläßt aber im übrigen seinem Vater die Entscheidung. Die Verteidigung würde für einen Anwalt wohl drei Tage in Anspruch nehmen, meint er, und nun leben ganz deutlich seine Erwartungen einer baldigen Entlassung wieder auf. Eine besondere Freude und Erleichterung kommt durch die häufigere Schreiberlaubnis.

Ein langer heißer Sommer

Der Sommer 1943 war heiß, und Bonhoeffers Briefe sind voll von besorgten Bemerkungen um Hans von Dohnanyi, der Hitze schlecht vertragen konnte, und von Beschreibungen, wie er selbst versuchte, das Leben in der Zelle erträglich zu gestalten. Er hatte eine Zelle hoch oben unterm Dach, in der er ungestörter war, in der aber nun auch die Hitze sehr viel drückender war, was er aber auf sich nahm. Durch seine Familie erhielt er sehr viel mehr Nahrungsmittel als die anderen Gefangenen, und obwohl er gern austeilte, war er doch auch darauf bedacht, nicht als ein besonders privilegierter Gefangener zu erscheinen. Seine Eltern meinten, er solle wegen der Hitze beantragen, in ein tiefer gelegenes Stockwerk verlegt zu werden, aber es scheint, daß ihm die Ungestörtheit unter dem Dach viel wert war, wobei er auch meinte er habe schon in Spanien, in Kuba und Mexiko festgestellt, daß er Hitze ganz gut vertragen könne, und dort auch gelernt, wie man sich am besten verhält. Vielleicht klingt es ein bißchen gespielt, wenn er sagt: „Außerdem macht es objektiv wohl nicht viel aus, ob es 34° oder nur 30° im Zimmer hat." Wie verschieden seine Gründe aber waren, wird an den Worten deutlich: „Um Verlegung in einen anderen Stock möchte ich nicht bitten, ich finde das nicht anständig gegen den anderen Gefangenen, der dann in meine Zelle müßte, und vermutlich ohne Tomaten etc."

Er hatte seinen Tageslauf nach einer strengen Ordnung eingeteilt, seine Eltern versorgten ihn gut, und gelegentlich konnte er auch Besuche erhalten. So wurde das Gefängnis für ihn fast so etwas wie ein Kloster, ein Lebensstil, aus dem er Stärkung zu gewinnen vermochte. Diesen Eindruck vermitteln jedenfalls die Briefe, unterbrochen allerdings von gelegentlichen Ausbrüchen der Sehnsucht nach Maria, der Ungeduld mit dem schleppenden Fortgang der Untersuchungen und der Sorge um andere, zu denen er keine Verbindung haben konnte.

In den Gedichten treten jedoch seine innersten und vielleicht eigentlichen Gedanken zutage; man kann sein Leben im Gefängnis nicht verstehen, wenn man nicht auch sein berühmtes Gedicht „Wer bin ich?" sorgfältig und aufmerksam liest. Obwohl erst im zweiten Gefängnisjahr geschrieben, schildert es sehr deutlich, was in ihm wohl schon seit langem vorgegangen war. Seine Mitgefangenen, die Wärter, seine Besucher sahen ihn als einen Menschen, der sich über die Beengtheit des Zellenlebens erhoben hatte und dem es gelang, sich aus Bruchstücken ein sinnvolles Leben zu gestalten. Ihnen scheint er aus seiner Zelle herauszutreten „wie ein Gutsherr aus seinem Schloß", den Wärtern scheint er zu gebieten, als sei er ihr Vorgesetzter, „die Tage des Unglücks" scheint er „gleichmütig, lächelnd und stolz, wie einer, der Siegen gewohnt ist", zu tragen. Aber er selbst in seinem Innern fühlt sich ganz und gar nicht so, wie er erscheint. Er sehnt sich nach einem freundlichen Wort, er zittert vor Zorn, er kann nicht schlafen, da er dauernd eine Wendung erwartet, er ist übermüdet und am Rande einer „Haftpsychose", er kann nicht beten, er spielt mit dem verführerischen Gedanken des Selbstmordes und fühlt sich zeitweilig ganz verwirrt, so daß er sich fragt, wer er denn sei – der, den seine Mitgefangenen wegen seiner Ruhe und Gelassenheit bewundern, oder der verächtliche, jämmerliche Schwächling, als den er sich selbst kennt. Aber sein Glaube wankt nicht. Was auch immer er in Zweifel ziehen mag, er zweifelt nicht an der Weisheit Gottes und löst so diesen Konflikt mit dem schlichten Bekenntnis: „Wer ich auch bin, Du kennst mich, Dein bin ich, o Gott!"

Hoffnungen und Enttäuschungen

Erst am 25. September 1943 (d.h. mehr als fünf Monate nach seiner Verhaftung) wurden die Anklagepunkte formuliert, weswegen er in Untersuchungshaft saß. Bonhoeffer war allerdings schon insoweit davon unterrichtet, daß die Wahl eines guten Anwalts zu seiner Verteidigung hatte vorbereitet werden können. Als Prozeßtermin erwartete er ein Datum bis zum 17. Dezember, was zwar zu spät für eine Entlassung zu Weihnachten sein würde, aber spätestens zu Ostern 1944 sah er sich dann doch wieder zu Hause. Diese zuversichtlichen Erwartungen wurden dann allerdings wieder gedämpft, als er erfuhr, daß der Prozeß wegen Dohnanyis schlechtem Gesundheitszustand verschoben werden müsse. Er hoffte allerdings auf eine nicht allzu lange Verzögerung, denn er war jetzt doch sehr begierig, dies alles hinter sich zu bringen, und er zweifelte nicht an seinem Freispruch.

Advent im Gefängnis

Zur Adventszeit gehörten für Bonhoeffer das Musizieren und das Predigen. In der Adventszeit des Jahres 1943 gab es für ihn dazu keine Möglichkeit, und man kann seinen Briefen entnehmen, wie sehr es ihn verlangte, frei zu sein und predigen zu können. Fast alle seine Briefe aus dieser Zeit enthalten so etwas wie Predigtteile und -passagen.

In einem Brief vom 28. November 1943[10] beschreibt er, wie er in seiner Zelle Advent feiert. Er summt Adventslieder vor sich hin, schmückt seinen Adventskranz mit der Reproduktion eines Krippenbildes von Lippi und läßt sich ein Straußenei aus den von seiner Familie geschickten Vorräten schmecken! Er überlegt, wie die Adventslieder am besten zu singen seien, und meint, in bezug auf „Nun komm der Heiden Heiland": „aber nicht im 4/4-Takt, sondern in dem schwebenden, erwartenden Rhythmus, der sich dem Text anpaßt!" Er berichtet von neuen, aufregenden Erkenntnissen zur Lehre von der Wiederbringung aller Dinge in Christus, wie sie im Epheserbrief (1,10) verheißen und bei Irenäus dann weiter ausgeführt wird. Er kritisiert die sentimentale weihnachtliche Blasmusik, mit der ein wohlmeinender alter Mann die Gefangenen zu beglücken meint; eine gute Predigt wäre viel besser für sie, meint er. Ein Brief an Bethge enthält eine kleine Predigt zum Heiligabend mit vier Punkten:

a) Nichts kann die Lücke schließen, die durch die Trennung von geliebten Menschen gerissen wird;
b) Je schöner und voller unsere Erinnerungen, um so schlimmer ist die Trennung;
c) Trennungszeiten sind nicht einfach verlorene Zeit – sie können Gemeinschaft stärken;
d) konkrete Tatsachen lassen sich immer bewältigen – aber die Sorge und Angst vor ihrem Eintreffen vergrößern sie ins Ungeheure.

Und dann ein Gedanke, der ihn in jenen Tagen sehr bewegt haben muß: „Vom ersten Aufwachen bis zum Einschlafen müssen wir den anderen Menschen ganz und gar Gott befehlen und ihm überlassen und aus unseren Sorgen um den Anderen Gebete für ihn werden lassen."

14. *Verschwörung, Liebe und Neue Theologie*

Zu Ostern 1944 jährte sich Bonhoeffers Haft, und ihm wurde immer deutlicher, daß nur ein Sturz des Regimes, ganz gleich ob von innen oder von außen, seine Freilassung bewirken könne. Seine Gebete hatten jetzt die Niederlage Nazideutschlands zum Gegenstand, noch ernstlicher aber betete er wohl für den Erfolg von Plänen zur Ermordung Hitlers und zum Machtwechsel, von deren Vorbereitung er wußte. In den ersten Tagen nach seiner Verhaftung waren seine einflußreichen Verwandtschaftsverhältnisse noch nicht bekannt gewesen, und er war darum so wie jeder andere Häftling behandelt worden. Zwölf Tage lang mußte er diese Demütigungen ertragen, und diese Zeit vergaß er nicht. Er achtete im folgenden genau darauf, welche Behandlung Mitgefangene, die nicht über solche Beziehungen wie er verfügten, erhielten. Sein nach einem Jahr in Tegel verfaßter „Haftbericht" liest sich wie eine offizielle Stellungnahme für irgendeine Gefängnisaufsichtsbehörde. Und als das war der Bericht auch verfaßt, wobei Bonhoeffer wohl an eine Unterrichtung seines Onkels General von Hase, des Stadtkommandanten von Berlin, dachte.

Der Bericht beginnt mit einer eindrucksvollen Beschreibung seiner Aufnahme:

„Die Aufnahmeformalitäten wurden korrekt erledigt. Ich wurde für die erste Nacht in eine Zugangszelle eingeschlossen; die Decken auf der Pritsche hatten einen so bestialischen Gestank, daß es trotz der Kälte nicht möglich war, sich damit zuzudecken. Am nächsten Morgen wurde mir ein Stück Brot in die Zelle geworfen, so daß ich es am Boden auflesen mußte. Der Kaffee bestand zu einem Viertel aus Kaffeesatz. Von außen drangen in meine Zelle zum erstenmal jene wüsten Beschimpfungen der Untersuchungsgefangenen durch das Personal, die ich seither täglich von morgens bis abends gehört habe. Als ich mit den anderen Neueingelieferten anzutreten hatte, wurden wir von einem Schließer als Strolche etc. etc. tituliert ..."[1]

Für seine Person änderte sich dies, aber er hatte ein aufmerksames Auge für die Behandlung, die andere erhielten, und schrieb seine Beschwerden auf. Das Essen war schlecht, und die Gefangenen erhielten die ihnen zustehenden Rationen nicht vollständig; es gab keine Arbeit, Spiele waren verboten. Er führt aus, daß es keine Luftschutzbunker gab, obwohl sie doch durch die siebenhundert Gefangenen in Tegel hätten gebaut werden können. Das Licht war trübe, darüber hinaus mußten die Gefangenen jeden Abend für Stunden im Dunkeln sitzen, da das Licht nur sehr sparsam angestellt wurde. Es gab kaum Vorkehrungen zum Schutz der Häftlinge bei den häufigen Fliegerangriffen. Zu den Verhören wurden die Häftlinge in Fesseln vorgeführt.

Er beobachtete diese entwürdigenden Zustände genau, seine Beschwerden hatten allerdings außer für seine Person kaum einen dauerhaften Erfolg.

Nach einem Jahr im Gefängnis hatte er zuweilen so viel Besuch, daß er sich damit bei Bethge und auch bei Maria dafür entschuldigt, daß er zu Ostern nicht zum Schreiben gekommen war. Was ihm aber am meisten fehle, sei ein gutes, intelligentes Gespräch.

In Erwartung großer Ereignisse

Bonhoeffer und seine Familie und Freunde hatten sich schon lange, sicher auch mit einem gewissen Vergnügen, verschlüsselter Mitteilungen in ihren Briefen bedient, wie sie in einem Polizeistaat notwendig sind, wenn man sich nicht jegliche Freiheit der Meinungsäußerung nehmen lassen will. So hatten sie schon vor Kriegsausbruch dieses Ereignis mit „Onkel Rudi" umschrieben. Jetzt, da Dietrich und andere im Gefängnis waren, war es noch viel wichtiger, zwischen den Zeilen lesen zu können, um zu verstehen, was der Briefschreiber mitteilen wollte, ohne daß der Zensor es verstand. So schreibt er in einem Brief an Bethge am 11. April,[2] in dem er sein Bedauern darüber äußert, daß Maria ihren Geburtstag am 23. April ohne ihn feiern muß, im weiteren: „Ich habe den Eindruck, daß wir beide – ich meine Du und ich – erst zur gleichen Zeit wieder nach Hause kommen." Bethge ist bei einer Truppeneinheit in Italien, und mit der „gleichen Zeit" ist hier so viel gesagt wie „nach dem Sturz Hitlers oder dem Ende des Krieges". Dieser ganze Abschnitt dieses Briefes ist voller verschlüsselter Andeutungen auf dieses große Ereignis hin und endet mit dem Satz: „Im übrigen hoffe ich auf Pfingsten!"

An diesen Andeutungen wird deutlich, daß sie beide irgendein Ereignis zu Pfingsten erwarteten. Bonhoeffer nimmt sogar sein Interesse an der Graphologie zu Hilfe, um etwas mitzuteilen. Dann aber geht er auch auf Bethges Vermutung ein, daß die Erfahrungen der Haft große Veränderungen in ihm bewirkt haben werden und daß er darum später noch viel werde zu berichten haben. Sicher müsse er zugeben, daß er viel gelernt habe, aber geändert habe er sich wohl nicht sehr, meint er – und das nach einem Jahr in Tegel. „Ich habe mich, glaube ich, nie sehr geändert", schreibt er, „höchstens in der Zeit meiner ersten Auslandseindrücke und unter dem ersten bewußten Einfluß von Papa's Persönlichkeit."[3] Ein Sich-Entwickeln könne er erkennen, aber keine Änderung. Sein Leben sei durch Kontinuität gekennzeichnet. Dann spricht er die Frage der verschiedenen möglichen Erfahrungen in Christus an, wie sie z.B. 2. Tim 1,3: „Ich danke Gott, dem ich diene von meinen Vorfahren her mit reinem Gewissen", im Gegensatz zu der Erfahrung einer plötzlichen Bekehrung von einem Leben der Sünde, 1. Tim 1,13, ausgedrückt sind. Er verbringt seine Zeit nicht damit, Vergangenes zu bedauern und sich mit Spekulationen zu zermartern, was wäre, wenn er in der Vergangenheit etwas anders gemacht hätte. Im Gegenteil, er fühlt sich von einem Gefühl der Zuversicht getragen, daß alles seinen ganz natürlichen Verlauf genommen hat, „notwendig, gradlinig, von höherer Führung bestimmt."

Dies macht ihn frei zu klarem Denken, und unmittelbar anschließend stellt er die Frage, mit der er sich schon viel und oft beschäftigt hat – die er sich immer wieder im Verlauf dieses ersten Jahres im Gefängnis gestellt hatte: wie sich das erkläre, „was man gewöhnlich Abstumpfen gegen schwere Eindrücke im Laufe einer längeren Zeit nennt"? Es befriedigt ihn nicht, dies als Selbstschutz der Natur zu erklären; vielmehr möchte er es eher als das Ergebnis eines klareren und nüchternen Erfassens der eigenen Möglichkeiten und Grenzen sehen. Dadurch kann er dann auch andere Leute mit ihren Schwierigkeiten und Nöten ruhiger betrachten, ihnen damit aber auch besser helfen und so zu einer wirklichen Liebe zum Nächsten gelangen. Er scheint Bethge direkt anzusprechen in seiner Betrachtung darüber, wie im Lauf der Zeit unsere Empfindungen ruhiger werden und nicht mehr so heftig sind. Dies bedeute allerdings nicht, daß wir empfindungslos würden, eher könne man sagen, daß wir eine „Abklärung" erreichen. Was not tut, sei ein warmes Herz und ein kühler Kopf. An seine Eltern schreibt er von Gewöhnung und stellt dazu, ähnlich wie an Bethge, nur die Frage, „ob die Abstumpfung oder die Abklärung überwiegt". Er selbst kennt die Antwort schon. Als Häftling stumpft man ab gegenüber den weniger bedeutenden Dingen, „andere Dinge dagegen hat man bewußt oder unbewußt in sich verarbeitet, man wird sie nie vergessen, sondern sie sind aus starken Erlebnissen in die feste Gestalt klarer Erkenntnisse, Vorsätze und Pläne übergegangen, und als solche behalten sie für das künftige Leben ihre Bedeutung". Er sieht einen Unterschied zwischen einer kurzen Zeit der Haft, die vor allem unerfreulich und lästig ist, und der langen Dauer von einem Jahr oder mehr und gibt dazu eine Beschreibung, die das, was Bethge als „große Veränderung" bezeichnet hatte, noch einmal anders kennzeichnet: „Man hat dann nicht nur einen interessanten oder starken Eindruck, sondern einen ganz großen neuen Lebensbereich in sich aufgenommen."

Sein nächster Brief an Bethge vom Ende April scheint im Schatten noch undefinierter, gestaltloser Ereignisse zu stehen, die er mit Bestimmtheit in der nahen Zukunft erwartet und über die er sich in seinen aufgewühlten Gedanken Klarheit zu verschaffen sucht. Erkenntnisse, die er aus dem Studium der Bibel hat, nimmt er zur Auseinandersetzung mit diesen ungenannten Geschehnissen zu Hilfe. So schreibt er: „Ich bin eigentlich fest überzeugt davon, daß, bis Du diesen Brief hast, die großen Entscheidungen an allen Fronten bereits im Gange sind. In diesen Wochen wird man dann innerlich sehr fest sein müssen ... Man muß alles in Gedanken zusammennehmen, um über nichts zu erschrecken."[4]

Ungezwungen bedient er sich biblischer Texte, um gegenüber diesen erwarteten Schrecken einen klaren Kopf zu behalten. Dieser Brief vom Ende April läßt keinen Zweifel an der ungeduldigen Erwartung nahe bevorstehender, umwälzender Ereignisse.

Die Menschen können nicht mehr religiös sein

In diesem Brief beginnt er nun auch, Bethge seine neuen theologischen Gedanken darzulegen. Sein regelmäßiges Lesen in der Bibel, morgens und abends „und auch sonst noch oft am Tage", bringt ihn den biblischen Schriftstellern, die er dann auch zitiert, sehr nahe. Er geht der Frage nach, ob und inwiefern die traditionelle Theologie seiner Kirche dem standhält, wie seine Mitgefangenen das Leben erfahren; dabei lotet er stets die Bibelstellen sorgfältig aus. Nach und nach kommt er dann zu der Überzeugung, daß es kaum etwas gibt, worauf man sich verlassen könne. Seine Briefe an Bethge und seine Gedichte nehmen nach und nach die Funktion der Studierstube und der Kanzel an.

Und dann sind da seine schriftlichen Entwürfe und Skizzen. Er arbeitet nicht nur nach wie vor an seiner ‚Ethik', sondern jetzt auch an seinem neuen Buch über die Zukunft der Kirche und ihr Verhältnis zu den heutigen Menschen. In den Briefen an Bethge wägt er seine Gedanken, und das keineswegs nur im Stil zwanglosen brieflichen Austausches. Die in den ganz persönlichen Briefen an den Freund scheinbar oft nur aufs Papier geworfenen Notizen sind die Frucht langen Nachdenkens, Betens und sorgfältiger Schriftinterpretation. Bethge, mit dem zusammen er im Verlauf der letzten zehn Jahre erlebt und erfahren hatte, welche Veränderungen in der Theologie sich für einen Christen in Nazideutschland ergaben, und mit dem er diese Fragen endlos diskutiert hatte, war jetzt auch der einzige, dem er darüber schreiben konnte. Bonhoeffer sah aber auch, daß er mit seinen Gedanken und Entwürfen Bethge jetzt vorausgeeilt war, und so erwartete er auch, daß Bethge sich wundern oder vielleicht sogar schockiert sein werde. Doch er mußte auf dem eingeschlagenen Weg weitergehen, da er erkannt hatte, daß die Zeit vorbei war, da man noch in theologischen oder in frommen Worten zu den Leuten sprechen konnte. Das grenzenlos Böse, das sein Land befallen hatte, und das Gift, mit dem es auch die Kirchen infiziert hatte, hatten der Zeit „der Innerlichkeit und des Gewissens" ein Ende bereitet. Innerlichkeit und Gewissen sind die „rostigen Schwerter" geworden, von denen er so eindrucksvoll in seiner ‚Ethik' schreibt, wobei er durchaus den Wert zu schätzen weiß, den sie in der Vergangenheit gehabt haben. Wer weiß, vielleicht ist auch die Zeit der Religion vorbei? Er sieht, daß sie alle einer „völlig religionslosen Zeit" entgegengehen und daß die Menschen, so wie sie nun einmal sind, „nicht mehr religiös sein" können. Zu diesem Schluß kommt er aufgrund seiner Beobachtungen an denen, die sich selbst durchaus als „religiös" bezeichnen – und zu denen, „die sich ehrlich als ‚religiös' bezeichnen", gehören, bei allen Unterschieden im einzelnen, die Deutschen Christen ebenso wie die Bekennende Kirche und die Mönche im Kloster Ettal. Aber sie „praktizieren" diese Religiosität nicht, in ihrem Leben folgen sie ganz anderen Antrieben. Darum kann er daraus nur folgern, daß sie etwas ganz anderes unter „religiös" verstehen müssen, als das bei früheren Generationen der Fall war. Man meint in diesem Brief ein Echo seiner ersten Predigt mit ihrem herausfordernden Anspruch zu hören.

Der Krieg rufe aber auch keine „religiöse" Reaktion hervor, wie das bei früheren Kriegen der Fall gewesen war, stellt er fest. Darum stellt er jetzt die Frage, ob die Annahme, daß der Mensch als solcher religiös sei, überhaupt zu Recht bestehe. Seit fast zweitausend Jahren wird doch behauptet, daß das Christentum die höchste Form der Religion darstelle, und das will Bonhoeffer auch gar nicht bestreiten. Was er in Frage stellt, ist, ob Religion als solche für den modernen Menschen von Belang sei. In großen Zügen entwirft er ein Bild vom Verhältnis des modernen Menschen zur Kirche, wobei man mit Überraschung feststellen muß, wie zutreffend diese Schilderung auch für uns heute ist.

„Unserem ganzen bisherigen ‚Christentum' wird das Fundament entzogen und es sind nur noch einige ‚letzte Ritter' oder ein paar intellektuell Unredliche, bei denen wir ‚religiös' landen können. Sollten das etwa die wenigen Auserwählten sein? Sollen wir uns eifernd, piquiert oder entrüstet ausgerechnet auf diese zweifelhafte Gruppe von Menschen stürzen, um unsere Ware bei ihnen abzusetzen? Sollen wir ein paar Unglückliche in ihrer schwachen Stunde überfallen und sie sozusagen religiös vergewaltigen?"[5]

Dies sind natürlich rhetorische Fragen. Worum es ihm wirklich geht, ist die Frage, was bleibt, „wenn wir schließlich auch die westliche Gestalt des Christentums nur als Vorstufe einer völligen Religionslosigkeit beurteilen müßten?"

Aus dieser Analyse ergeben sich dann seine weiteren Fragen. An einer anderen Stelle hatte er in diesem Brief schon die Frage angesprochen, die ihn nicht mehr losließ, nämlich „was das Christentum oder auch wer Christus heute für uns eigentlich ist". Jetzt fragt er sehr direkt. Ausgehend von der Tatsache einer religionslosen Kultur, eines Europa, in dem das Christentum nur die notwendige Vorstufe der völligen Religionslosigkeit war, fragt er: „Wie kann Christus der Herr auch der Religionslosen werden? Gibt es religionslose Christen? Wenn die Religion nur ein Gewand des Christentums ist – und auch dieses Gewand hat zu verschiedenen Zeiten sehr verschieden ausgesehen –, was ist dann ein religionsloses Christentum?"[6]

Dies sind Fragen, nicht Behauptungen. Karl Barth habe in dieser Richtung zu denken angefangen, aber anstatt diese Gedanken zu Ende zu denken, sei er zu einem Offenbarungspositivismus gekommen. Bonhoeffer bedauert dies und meint, dies habe den Durchbruch zu einer radikaleren, der gegenwärtigen Welt besser entsprechenden Theologie verhindert. Die Frage, die Barth nie gestellt habe, oder wenn er sie sich gestellt haben sollte, jedenfalls nie ernsthaft beantwortet habe, sei die: „Was bedeutet eine Kirche, eine Gemeinde, eine Predigt, eine Liturgie, ein christliches Leben in einer religionslosen Welt?" Ganz sicher gab es bei Barth keinen deus ex machina, keinen Gott, der von seiner Wolkenbank aus eingreift, um uns vor den Folgen unserer eigenen Dummheit zu bewahren. Bonhoeffer ging es aber darum, wie man in weltlicher Rede von Gott sprechen könne. Unsere Situation sei die „religionslos-weltlicher" Christen, die sich als „Herausgerufene" (dies die Bedeutung des griechischen Ek-klesia) verstehen, „ohne uns religiös als Bevorzugte zu verstehen, sondern vielmehr als ganz zur Welt Gehörige." Fragen über Fragen – aber sie rühren an unser Verständnis Christi, der nun nicht mehr ein Gegenstand der Religion ist, sondern wirklich Herr der Welt. Was heißt das, fragt Bonhoeffer. Zu oft beantworten wir die wirklich an die Wurzel gehenden Fragen mit religiösen Phrasen, die nur zur Verschleierung wirklicher Antworten taugten.

Der Brief bricht hier ab mit der Frage, welche Rolle die Arkandisziplin bzw. die Unterscheidung von Letztem und Vorletztem, die ihm in Finkenwalde so wichtig gewesen war, hier spiele. Ein Schluß, der enttäuscht und etwas ratlos läßt, aber glücklicherweise erhält er etwas Aufschub und kann noch eine weitere Seite anfügen.

Freiheit von der Religion

Auf diesem zusätzlichen Blatt, das er nun doch noch hinzufügen kann, geht Bonhoeffer der Debatte um die Beschneidung nach, die im Neuen Testament so viel Raum einnimmt. Der Freiheit von der Beschneidung entspräche in unserer Zeit die Freiheit von der Religion, meint er. An ihm selbst sei ihm aufgefallen, daß er sich häufig in der Gesellschaft religionsloser Leute sehr viel wohler fühle – er verwendet hier das Wort „brüderlich" – als unter Religiösen. Mit religiösen Leuten spreche er eigentlich nur sehr ungern über Gott, denn dort tauche Gott immer dann auf, wenn man an die Grenze menschlicher Erkenntnisse und Kräfte stoße. Da werde dann wieder der altbekannte deus ex machina aufs Tapet gebracht. Im Gespräch mit religionslosen Leuten dagegen könne er Gott ganz gelassen und ganz natürlich beim Namen nennen. Die Bemerkung über die Grenzen menschlicher Erkenntnis und Fähigkeiten führt zu einer Frage, die er sich schon seit längerer Zeit stellte: „Ist selbst der Tod heute, da die Menschen ihn kaum noch fürchten, und die Sünde, die die Menschen kaum noch begreifen, noch eine echte Grenze?" Das bringt ihn auf etwas, das er in einiger Ausführlichkeit in seiner Christologievorlesung im Sommer 1933 in Berlin vorgetragen hatte: „Ich möchte von Gott nicht an den Grenzen, sondern in der Mitte, nicht in den Schwächen, sondern in der Kraft, nicht also bei Tod und Schuld, sondern im Leben und im Guten des Menschen sprechen."[7]

Es folgen einige bedenkenswerte Sätze über die Unangemessenheit einer Theologie der Grenzen. Man solle die „Grenzen" lieber im Schweigen des Unlösbaren belassen, und dann fährt er beinahe im Predigtton fort: „Der Auferstehungsglaube ist nicht die ‚Lösung' des Todesproblems." „Die Kirche steht nicht dort, wo das menschliche Vermögen versagt, an den Grenzen, sondern mitten im Dorf."[8]

Im Alten Testament werde dies deutlich, aber wir läsen das Neue Testament viel zu wenig im Licht des Alten. Die Aufgabe, die er jetzt in Angriff nehmen will – und Bethge werde bald mehr darüber zu hören bekommen, schreibt er –, ist herauszufinden, wie ein solches religionsloses Christentum aussehen und welche Gestalt es in Deutschland nach dem Krieg haben wird.

Verstehen im weltlichen Sinne

Schon wenige Tage später folgt der nächste Brief, in dem er an dieses Thema anknüpft. Er bezieht sich hier auf Bultmanns Aufsatz „Kerygma und Mythos", der vor seiner Verhaftung in maschinengeschriebener Form von Hand zu Hand gegangen war. Hier geht es um die „Entmythologisierung", um die Auflösung mythologischer Begriffe wie Wunder, Auferstehung usw. in den Evangelien. Bonhoeffer sagt dazu, seiner Meinung nach sei Bultmann keineswegs zu weit, sondern im Gegenteil „zu wenig weit" gegangen. Nicht nur mythologische Begriffe, sondern die religiösen Begriffe schlechthin seien problematisch. Der Kernpunkt seiner Kritik an Bultmann ist in dem Satz zusammengefaßt: „Man kann nicht Gott und Wunder voneinander trennen (wie Bultmann meint), aber man muß beide ‚nicht-religiös' interpretieren und verkündigen können." Dies führt zu der Frage an Bultmann, was er mit „religiös interpretieren" meint. Dies heiße, meint er, „einerseits metaphysisch, andererseits individualistisch" zu reden. Dies beides habe aber weder mit der biblischen Botschaft noch mit den heutigen Menschen etwas zu tun. Mit einer ganzen Textsammlung untermauert er seine Ansicht, daß „die individualistische Frage nach dem persönlichen Seelenheil" im Alten Testament gar nicht vorkomme und daß auch Röm 3,24ff. an keine individualistische Heilslehre gedacht sei. Vielmehr sei das Ziel des Gedankenganges in diesem Kapitel nichts anders als: Gott allein ist gerecht.

Auch hier hebt er Barths Verdienst, das ihm für seine Kritik der Religion gebührt, hervor und kritisiert auch hier wieder seine positivistische Offenbarungslehre. Bonhoeffer steht hier zum Alten Testament und Joh 1,14: „Das Wort wurde Fleisch und wohnte unter uns." Er ist nicht bereit, die Jungfrauengeburt, die Trinität oder sonst etwas einfach als Offenbarung zu bezeichnen, die geglaubt werden müsse, ohne daß ihre Bedeutung für die heutige Welt im Zusammenhang einer Inkarnationschristologie gezeigt werde. Nicht allein die auf der Gedankenwelt des ersten Jahrhunderts basierenden mythologischen Vorstellungen müßten neu durchdacht werden, sondern darüber hinaus sei es auch nötig, die Begriffe „Buße, Glaube, Rechtfertigung, Wiedergeburt, Heiligung" weltlich umzuinterpretieren. Dieser Vorstoß in Richtung auf ein weltliches Verständnis religiöser Begriffe sollte ihn sehr viel weiter führen als Bultmann. Bultmanns Ansatz sei im Grunde eben doch liberal. Mit solchen halben Schritten wollte er sich nicht begnügen.

Die ganze Zeit schreibt er mit großer Regelmäßigkeit an Eberhard und manchmal auch an Renate Bethge. An Bethge schreibt er von neuen theologischen Erkenntnissen, von „selbstloser Selbstliebe" und meditiert über die Rolle der Schwiegermutter. Das Briefschreiben war sehr wichtig für ihn, sowohl um die Verbindung mit dem Alltag des Familienlebens und seinen Problemen nicht abreißen zu lassen, als auch um seine eigenen theologischen Gedanken zu ordnen und zu klären: „Ich kann nicht anders als Dich an meinen Gedanken teilnehmen zu lassen, einfach weil sie mir dadurch selbst erst klar werden."

Die Taufe von Dietrich Wilhelm Rüdiger Bethge

Es war ihm eine große Enttäuschung, das erste Kind von Eberhard und Renate Bethge nicht taufen zu können, aber er schrieb wenigstens eine Predigt[9] für diese Taufe, in der er den Täufling anspricht und besonders auf seine drei Namen eingeht. Sie stehen für drei Familien und drei Traditionen von Wertmaßstäben, die vom Dorfpfarrhaus bis zur städtischen Kultur großbürgerlicher Prägung reichen. Aus diesen Welten werde er Kraft beziehen, obwohl sie schon im Verschwinden begriffen seien: „Bis Du groß bist, wird das alte Dorfpfarrhaus ebenso wie das alte Bürgerhaus eine versunkene Welt sein." Aber der ihnen innewohnende Geist werde „nach den Zeiten seiner Verkennung und seiner tatsächlichen Schwäche und nach einer Zeit der Zurückgezogenheit und inneren Neubesinnung, der Bewährung und Gesundung" neue Formen finden, daran sei nicht zu zweifeln. Die Vergangenheit, die uns manchmal wie ein Mühlstein am Halse hänge und uns zu Boden zu drücken scheine und uns das Leben schwerer mache, bereichere unser Leben gleichzeitig aber auch. Ein großer Teil dieser „Predigt" handelt von dem Wert eines guten, in sich ruhenden Familienlebens und Hauses mit einer starken Tradition; dies stelle einen unverlierbaren Schatz dar. Zum Schluß kommt ein Abschnitt, in dem er den Täufling wieder direkt anspricht. Hier unternimmt es Bonhoeffer, die großen Wahrheiten des Christentums in einem neuen Zeitalter zu verstehen. Aufgeben will er sie nicht, aber er weiß, daß sie einer Neuinterpretation bedürfen.

„Du wirst heute zum Christen getauft. Alle die alten großen Worte der christlichen Verkündigung werden über Dir ausgesprochen und der Taufbefehl Jesu Christi wird an Dir vollzogen, ohne daß Du etwas davon begreifst. Aber auch wir selbst sind wieder ganz auf die Anfänge des Verstehens zurückgeworfen. Was Versöhnung und Erlösung, was Wiedergeburt und Heiliger Geist, was Feindesliebe, Kreuz und Auferstehung, was Leben in Christus und Nachfolge Christi heißt, das alles ist so schwer und so fern, daß wir es kaum mehr wagen, davon zu sprechen. In den überlieferten Worten und Handlungen ahnen wir etwas ganz Neues und Umwälzendes, ohne es noch fassen und aussprechen zu können. Das ist unsere eigene Schuld."

Er erklärt dann, warum dies so ist. Im auch jetzt noch anhaltenden Ringen der vergangenen Jahre habe die Kirche nur um ihr eigenes Überleben gekämpft. Darum hätten diese überlieferten Begriffe ihre Aussagekraft verloren. Und so bestehe die Rolle des Christen in dieser Zeit jetzt nur noch in zwei Dingen – „im Beten und im Tun des Gerechten unter den Menschen". Aus diesem Beten und Tun werde eine neue Gestalt für die Kirche geboren. Aber diese Zeit ist noch nicht da – „die Umschmelzung ist noch nicht zu Ende". Jeder vorzeitige Versuch, die Kirche neu zu organisieren, würde jetzt fatale Ergebnisse zeitigen, aber er zweifelt nicht, daß der Tag kommen wird, an dem die Kirche in ihrer neuen Gestalt Wege zum Verständnis der großen christlichen Wahrheiten in der weltlichen Sprache ihrer Zeit finden wird. Bis zum Anbruch dieser Zeit bleibe aber die Sache der Christen eine stille und verborgene, auf das Beten und Tun des Gerechten und das Warten auf Gottes Zeit beschränkt. Sein Wunsch für den Täufling lautet: „Möchtest Du zu ihnen gehören und möchte es einmal von Dir heißen: ‚Des Gerechten Pfad glänzt wie das Licht, das immer heller leuchtet bis auf den vollen Tag' (Sprüche 4,18)."

Bonhoeffer nahm aber nicht nur in Gedanken an der Taufe teil, sondern war durch einen Boten in einem recht greifbaren Sinne vertreten: Ein Unteroffizier aus dem Tegeler Gefängnis, zu dem er ein festes Vertrauensverhältnis hatte knüpfen können, hatte der Familie die Predigt und ein Taufgeschenk gebracht und konnte bei dieser Gelegenheit dort auch von Dietrich und seinem Leben im Gefängnis berichten. Noch wichtiger für Dietrich war es jedoch, daß sein Bote (Linke war sein Name) alles von der Taufe erfuhr, damit er ihm im Gefängnis dann darüber berichten konnte. So bat er seine Familie, ihm alles zu erzählen und ihn auch Notizen machen zu lassen, damit er dann alles genauer erführe.

Dietrich Bonhoeffer als Ratgeber und Seelsorger

Die Freundschaft, die Dietrich Bonhoeffer schon lange mit Eberhard Bethge verband, vertiefte sich während seiner Haft durch regelmäßige Korrespondenz und gelegentliche Besuche. Er machte sich Sorgen, wenn er den Freund in Gefahr wußte; bei einem seiner Besuche hatte Eberhard Bethge ihm von seinen Erlebnissen an der italienischen Front und von seiner Angst vor dem Tod erzählt. Darüber war er dann aber auch beschämt, und so schrieb Bonhoeffer ihm einen persönlichen Brief – nur für ihn, d. h. also nicht für Renate bestimmt –, in dem er den Wunsch des Freundes, in Frieden und Glück mit seiner Frau Renate zusammen leben zu können, rechtfertigt und verteidigt. Er beschreibt das Leben des Christen in Analogie zur polyphonen Musik. Denn Bonhoeffer war sehr betroffen von dem, was er von Bethge gehört hatte, und zieht nun in diesem Brief all seine theologischen Erkenntnisse zu Rate. Daß der Freund sich ihm so hatte anvertrauen können, versteht Bonhoeffer als eine Bestätigung ihrer Freundschaft. Er sieht das Spannungsverhältnis, unter dem Eberhard Bethge leidet, das er aber nicht lösen kann, und er versucht, ihm mit seinem Rat brüderlich zu helfen. „Es ist nun aber die Gefahr in aller starken ... Liebe, daß man über ihr – ich möchte sagen: die Polyphonie des Lebens verliert." Im folgenden erklärt er, wie er dies meint, daß wir nämlich Gott und seine Ewigkeit von ganzem Herzen lieben sollen, so daß er gewissermaßen den *cantus firmus* darstellt, zu dem alle anderen Melodien unseres Lebens wie Kontrapunkte erklingen. Einer dieser Kontrapunkte sei dann die irdische Liebe. „Wo der *cantus firmus* klar und deutlich ist, kann sich der Kontrapunkt so gewaltig entfalten wie nur möglich." Er kann verstehen, wie sehr ihn die Trennung von Renate quält, erlebt er doch Ähnliches mit Maria. Er versucht ihm zu helfen, und damit auch sich selbst, indem er ihm sagt, daß das Verlangen der irdischen Liebe nichts Niederes ist, das sich im Widerspruch zu einer himmlischen Liebe befände. „Bitte ... fürchte und hasse nicht die Trennung, wenn sie wieder kommen sollte und alle ihre Gefahren, sondern verlaß Dich auf den *cantus firmus*."

Bonhoeffer schreibt in seinem nächsten Brief am folgenden Tag, dem Tauftag, während die Sirenen einen Luftangriff ankündigen: „Vielleicht hast Du Dich über den gestrigen Brief gewundert, daß er einerseits *Dir* etwas sagen wollte, daß er andererseits selbst so hilflos war. Aber ist es nicht so? Man versucht zu helfen und ist selbst der Hilfsbedürftigste. Das über den *cantus firmus* war eigentlich mehr um Renates willen geschrieben als um Deiner selbst willen; d.h. mehr um Eurer Gemeinschaft willen, als daß ich geglaubt hätte, Du wüßtest das nicht selbst alles gut genug. Das Bild der Polyphonie verfolgt mich noch immer." Er fühlt Freude im Gedanken an die Taufe und gleichzeitig Schmerz, weil er nicht dabeisein kann – vielleicht gehören Schmerz und Freude auch zur Polyphonie des Lebens? Dieser Brief, geschrieben am Tauftag, unterbrochen durch Alarm und wieder aufgenommen bei Entwarnung, gleicht einer fortgesetzten Unterhaltung in schriftlicher Form, mit kurz angeschnittenen Gesprächsgegenständen, die wieder fallen gelassen werden, um dann später wieder aufgegriffen zu werden. Obwohl es im Gefängnis wohl nicht ganz so gefährlich sei wie an der Front, so würde er doch gern mit ihm tauschen, versichert er ihm und erinnert ihn daran, daß er mehr habe, als er wisse: „... ich möchte nur gern, daß Du an dem *froh* bist, was Du hast; es ist eben wirklich die Polyphonie des Lebens".

Pfingsten 1944

Das Pfingstfest war Bonhoeffer schon immer besonders wichtig gewesen, im Zusammenhang mit Finkenwalde hören wir immer wieder von Pfingsten. „Ist eigentlich für Dich, Eberhard, die Erinnerung an die Pfingstmorgen in Finkenwalde auch so schön und wichtig?" Er benutzt das Wort ‚gesegnet' nicht häufig, aber zu diesem Pfingstfest wünscht er Eberhard und Renate mit ihrem kleinen Sohn „ein gesegnetes Pfingstfest, ein Pfingsten mit Gott und mit dem Gebet, ein Pfingsten, an dem Ihr Euch vom Heiligen Geist angerührt wißt, ein Pfingsten, das für die kommenden Wochen und Monate für Euch ein *rocher de bronce* der Erinnerung ist. Ihr braucht Tage, an die zurückzudenken Euch nicht ein Schmerz über etwas Entbehrtes, sondern eine Stärkung durch etwas Beständiges ist."

Dabei schreibt er aber auch zu ganz praktischen und alltäglichen Dingen, legt ihm einen Empfehlungsbrief bei, zur Verwendung, falls er in amerikanische Kriegsgefangenschaft geraten sollte, und wünscht ihm daneben für die kurzen Urlaubstage gutes Wetter und Spaß mit dem kleinen Dietrich. Rücksichtsvoll äußert er sein Verständnis dafür, wenn er ihn wegen der Fliegerangriffe nicht besuchen kann, klagt aber doch gleichzeitig auch etwas darüber, daß er keinen Pfingstbrief erhalten habe: „Anfangs war ich etwas verblüfft und vielleicht sogar betrübt, diesmal zu Pfingsten von niemandem einen Brief zu haben. Dann habe ich mir gesagt, daß das vielleicht ein gutes Zeichen dafür ist, daß man sich um mich keine Sorgen macht – aber es ist eben doch ein wunderlicher Trieb im Menschen, der es irgendwie gern hat, daß sich andere – wenigstens etwas – Sorgen um einen machen."

Die Ausarbeitung seiner neuen Theologie nahm viel von seiner Zeit in Anspruch; viel Anregung fand er hierzu in C. F. von Weizsäcker, ‚Weltbild der Physik'. Dort fand er seine Ansicht bestätigt, daß die Naturwissenschaften die Grenzen unserer Erkenntnis immer mehr erweiterten; wenn wir darum Gott nur noch dort für zuständig erklärten, wo wir selbst keine Lösung erkennen können, so würde Gott bald nicht mehr sein als ein Lückenbüßer, der von einer noch ungelösten Frage in unserer Erkenntnis zur anderen umhergeschoben würde. Die Lektüre dieses Buches führte, in seinem Brief vom 29. Mai, unmittelbar nach Pfingsten, zur Formulierung der Sätze:

„In dem, was wir erkennen, sollen wir Gott finden, nicht aber in dem, was wir nicht erkennen; nicht in den ungelösten, sondern in den gelösten Fragen will Gott von uns begriffen sein. Das gilt für das Verhältnis von Gott und wissenschaftlicher Erkenntnis. Aber es gilt auch für die allgemein menschlichen Fragen von Tod, Leiden und Schuld. Es ist heute so, daß es auch für diese Fragen menschliche Antworten gibt, die von Gott ganz absehen können."

Schon zu allen Zeiten seien die Menschen auch ohne Einbeziehung Gottes mit diesen Fragen umgegangen, und die christlichen Antworten seien wohl nicht bedeutender als andere: „Was den Begriff der ‚Lösung' angeht, so sind vielmehr die christlichen Antworten ebensowenig – oder ebensogut – zwingend wie andere mögliche Lösungen."[10]

Auch hier wendet er sich gegen die Vorstellung von Gott als Lückenbüßer – der nur für unsere ungelösten Fragen gebraucht wird, für die Lebensbereiche, wo wir nicht zurecht kommen. Mitten im Leben müssen wir Gott erkennen, betont er, „nicht erst an den Grenzen unserer Möglichkeiten". Und er fährt fort: „Im Leben und nicht erst im Sterben, in Gesundheit und Kraft und nicht erst im Leiden, im Handeln und nicht erst in der Sünde will Gott erkannt werden." Den Grund dafür sieht er in der Offenbarung Gottes in Jesus Christus.

Erst allmählich wurde sich Bonhoeffer der Bedeutung dieser „theologischen Briefe" bewußt. Zu Anfang, als Eberhard Bethge anfragte, ob er Kopien davon anderen zum Lesen und Kommentieren schicken solle, äußerte er sich nur zögernd, obwohl Bethge nur Leute aus dem Finkenwalder Kreis vorgeschlagen hatte. Bonhoeffer hatte wohl das Gefühl, hier seinen noch unklaren Gedanken im Niederschreiben Gestalt zu geben, was er nur Bethge gegenüber tun konnte. Bald aber schon bat er ihn, die Briefe aufzuheben und zur sicheren Verwahrung an Renate zu schicken, damit er nach seiner Entlassung weiter daran arbeiten könne. Er habe festgestellt, daß er in seinen Briefen an ihn seine Gedanken freier niederschreiben könne, als wenn er sich ganz bewußt daran setze, ein Buch zu schreiben. Dieses Pfingstfest war ein Wendepunkt.

Seit zwei Jahren, seit der Zusammenkunft mit dem Bischof von Chichester in Schweden, gehörte Bonhoeffer nun zum Widerstand in Deutschland, der, zögernd zuerst, von einem Anschlag und Attentatsversuch zum nächsten fortschreitend schließlich in dem verzweifelten letzten Attentat vom 20. Juli 1944 seinen Höhepunkt und sein Ende erreichte. Schon 1942 hatte Bonhoeffer den Widerstand als einen Akt der Buße bezeichnet. Er ließ sich auch nicht beirren in seiner Überzeugung, daß der Sturz Hitlers zum Chaos führen würde und keineswegs zum Sieg. Christen, so sagte er, sollten nicht versuchen, der Buße – oder dem Chaos – zu entgehen, wenn es Gottes Wille ist. Pfingsten kam und ging, und keine Neuigkeiten erreichten ihn. Ob er Genaueres über Stauffenbergs Attentatspläne und ihren Aufschub wußte, läßt sich nicht sagen. Er wartete.

Sehnsucht nach Maria

An den langen warmen Sommerabenden kam Bonhoeffer seine Sehnsucht, frei zu sein und das Leben in vollen Zügen genießen zu können, besonders schmerzlich zum Bewußtsein. Er war ein Mensch, der Freude hatte an gutem Essen und Trinken und an guter Unterhaltung in anregender Gesellschaft, und er liebte Maria, seine Verlobte. Dies war der zweite Sommer, den er jetzt im Gefängnis verlebte, und er begann, an seiner Ausdauer zu zweifeln. Wenn er nicht so „vernünftig" wäre, bekennt er, wäre er versucht, einen törichten Ausweg zu suchen. Es überrascht nicht, daß die lange gebannte Versuchung des Selbstmordes wieder auftaucht. An einer Stelle seiner ‚Ethik', wo er so beredt die Freiheit des Menschen, sich selbst das Leben zu nehmen, rechtfertigt, hatte er betont, daß menschlich gesprochen „Selbstmord die letzte und äußerste Selbstrechtfertigung des Menschen als Mensch" sei. Und er hatte auch gesagt: „Es kann ja nicht bestritten werden, daß der Mensch mit dieser Tat noch einmal sein ... Menschentum gegen das blinde, unmenschliche Schicksal ausspielt und in Kraft setzt." Oft wird er wohl in seiner Zelle, getrennt von Maria und von allem, was das Leben menschlich machte, an die Worte gedacht haben, die in demselben Abschnitt stehen: „Kann der Mensch sich nicht in seinem Glück und Erfolg rechtfertigen, so kann er es doch noch in seiner Verzweiflung ... kann er die Anerkennung seines Rechtes nicht von der Welt erzwingen, so kann er sie sich in letzter Einsamkeit selbst schaffen. Der Selbstmord ist der Versuch des Menschen, einem menschlich sinnlos gewordenen Leben einen letzten menschlichen Sinn zu verleihen."[11]

Gegen Ende Mai schreibt er in einem Brief an Bethge von seiner starken Sehnsucht nach Maria. Bewußt unterdrücktes Verlangen müsse nach einiger Zeit zu einer von zwei möglichen Konsequenzen führen. Entweder werde man innerlich ausgebrannt oder es komme, da alles zu lange aufgestaut sei, eines Tages zu einer furchtbaren Eruption. Zwar sieht er auch die mögliche Folge, daß man wirklich selbstlos werde, fügt aber gleich hinzu, „daß das bei mir nicht der Fall ist, weiß ich selbst am besten". Er müsse sein Begehren „niederknüppeln", obwohl er wisse, daß Bethge ihm wohl nicht dazu raten werde. „Ich könnte es z. B. heute abend gar nicht wagen, mir wirklich konkret auszumalen, daß ich mit Maria bei Euch im Garten am Wasser säße, daß wir dann bis in die Nacht miteinander sprächen usw. usw. Das ist einfach Selbstquälerei."

Jeder Laut, den er hört, wird ihm zur Qual. Bei einem Gang durchs Krankenrevier hört er „Solveigs Lied" von Grieg im Radio und ist ganz ergriffen von der Vorstellung, ein ganzes Leben lang treu zu warten. „Glaubst Du nicht", fragt er Bethge, „daß solche Treue allein glücklich macht und Untreue unglücklich?"

Selbst wenn er von seiner Liebe schreibt, verwickelt er Bethge doch auch gleich wieder in theologische Überlegungen. Über das Hohe Lied wolle er ihm nach Italien schreiben, wo Bethges Truppe liegt, und fügt schon gleich hinzu, daß er es lieber im wörtlichen Sinne als Liebesdichtung lesen wolle, und „das ist wahrscheinlich die beste ‚christologische' Auslegung".

Wie wohl alle Liebenden hatte er schon seit einiger Zeit Gedichte geschrieben, was er allerdings weder Bethge noch Maria, um die es in diesen Gedichten meistens ging, eingestanden hatte. In seinem Brief vom 5. Juni an Bethge[12] bekennt er dann: „Ich komme mir vor wie ein dummer Junge, wenn ich Dir verberge, daß es mich hier gelegentlich zu dichterischen Versuchen treibt." Diesem Brief legt er dann ein sehr poetisches und zugleich sehr bewegendes Gedicht über Marias letzten Besuch und die Qual, die ihm ihre sich entfernenden Schritte bereiten, bei. „Ich höre deine Schritte langsam sich entfernen und verhallen."

Er überschreibt das Gedicht mit „Vergangenheit", die hier in Maria Gestalt geworden ist:

Über deiner Nähe erwache ich mitten in tiefer Nacht und erschrecke –
bist du mir wieder verloren? such ich dich ewig vergeblich,
dich, meine Vergangenheit?
Ich strecke die Hände aus
und bete – –
und ich erfahre das Neue:
Vergangenes kehrt dir zurück
als deines Lebens lebendigstes Stück
durch Dank und Reue.

„Vergangenheit" ist ein langes Gedicht und sollte im ganzen gelesen werden, aber auch diese wenigen Zeilen zeigen schon seine Sehnsucht und lassen uns seine mit Verzweiflung eng durchwobene Hoffnung mitempfinden.

Klaus Bonhoeffer

Während fast alle Familienmitglieder, sei es in Briefen, mit Besuchen oder durch mitgeschickte Botschaften, die Verbindung mit Dietrich pflegten, schien sein Bruder Klaus Distanz zu halten. Er war stark an den Plänen zu dem Anschlag, der dann im Juli mit einem so verhängnisvollen Mißerfolg enden sollte, beteiligt und vermied es darum soweit wie möglich, irgendwelche Aufmerksamkeit auf sich zu ziehen; darum unterhielt er auch keine Verbindung zu seinem Bruder. Dietrich, der diese Zusammenhänge nicht durchschaute, war zeitweilig betrübt darüber. Über seinen Bruder Karl-

Friedrich und dessen schöne Briefe schreibt er höchst erfreut an Bethge, den er zum Gedankenaustausch mit ihm anregen möchte. Über Klaus dagegen schreibt er: „Für Klaus ist es wohl schwer, nach so langer Zeit den Absprung zu finden. Daß es nicht Mangel an Warmherzigkeit ist, weiß ich ja wirklich ... Klaus hat Mama's Neigung, Dinge zu komplizieren." Gar zu gern wäre er mit ihm ins Gespräch gekommen – hätte er aber gewußt, wie sehr Klaus an der Verschwörung beteiligt war, er wäre über sein Schweigen nicht betrübt gewesen. Oder wußte er es doch?

„Es gibt kaum etwas Anregenderes, als sich mit ihm zu unterhalten, und ich kann mir auch kaum einen weitherzigeren und großzügigeren, vornehmeren Charakter denken als ihn, aber für die einfachen Entscheidungen des Lebens ist er nicht der Mann", schreibt er. Klaus hatte sich nie Illusionen darüber gemacht, daß seine Widerstandsaktivitäten der Familie viel Leid bringen würden. Zu Gerhard Leibholz hatte er einmal gesagt: „Du wirst sehen, wir enden noch alle auf dem Schaffott." Der Charakter dieses Mannes zeigte sich in seinem Verhalten, als sich diese düstere Voraussage für seine Person bewahrheitete. Obwohl er von seiner bevorstehenden Verhaftung wußte, floh er nicht, was er gekonnt hätte, da ein Flugzeug bereitstand, das ihn in Sicherheit gebracht hätte. Aber Klaus befürchtete, daß seine Familie Repressalien ausgesetzt werden würde, wenn er entkäme. Stattdessen dachte er daran, sich das Leben zu nehmen, davon konnte ihn aber seine Schwester Ursula Schleicher abbringen – worüber sie sich später, als Klaus von der Gestapo gefoltert wurde, schwere Vorwürfe machte. Dietrich hat ihn wohl verkannt.

Menschliche Autonomie

An der Verschwörung selbst war Bonhoeffer jetzt natürlich nicht mehr beteiligt, obwohl er gern Einzelheiten erfahren hätte. Das mag auch einer der Gründe sein, warum er so gern Verbindung zu seinem Bruder Klaus gehabt hätte. Es ergab sich jedenfalls ganz von selbst, daß er die lange Zeit seiner Haft dazu nutzte, um viel und in vielen Wissensgebieten zu lesen und seine Theologie zu überdenken. In diesen langen Stunden stieß er auf Fragen, die zu ganz neuen Gedanken führten und zur kritischen Überprüfung alt-akzeptierter Vorstellungen Anlaß gaben. So kam er zu neuen Ideen nicht einfach aus dem Drang nach Veränderung heraus, sondern stellte seine eigenen Denkvoraussetzungen und diejenigen der Kirche radikal in Frage. Bethge reagierte hierauf mit lebhaftem Interesse und ermunterte ihn, in dieser Richtung weiter vorzustoßen. Im Brief vom 8. Juni protestiert Bonhoeffer: „Du stellst nun in Bezug auf die Gedanken, die mich in letzter Zeit beschäftigen, so viele wichtige Fragen, daß ich froh wäre, wenn ich sie selbst beantworten könnte." Er kann sie zwar nicht beantworten, aber Bethges Fragen führen ihn weiter in noch andere, neue Gebiete. Er war sich des Entstehens neuer Ansätze in seiner Theologie durchaus bewußt, aber „es ist eben noch alles sehr im Anfang". Bis jetzt fühlte er sich eigentlich nur instinktiv auf zukünftige Fragen gestoßen, ohne daß er schon irgendwelche Ergebnisse erreicht hätte. In diesem Stadium eigener Ungewißheit versucht er, Bethge eine Zusammenfassung zu liefern, um ihm zumindest eine Vorstellung von der Richtung zu vermitteln, in die er gehen wollte. Dies war nun keine theologische Abhandlung, aber doch eine Reihe von Gedanken, die den Anstoß zu weiteren wichtigen Entwicklungen bieten konnten.

Hier findet sich der Gedanke vom „mündig gewordenen Menschen" in seinem Anfangsstadium. Etwa im 13. Jahrhundert habe eine radikale Wandlung im menschlichen Denken eingesetzt, eine Bewegung in Richtung auf die menschliche Autonomie. Die Entdeckung der Gesetze, nach denen die Welt in den Gebieten der Naturwissenschaften, des Gesellschafts- und Staatslebens, der Kunst, Ethik und Religion lebt und mit sich selbst zurecht kommt, habe den Menschen aus seinem Zustand der Bevormundung, besonders der durch die Kirche ausgeübten, befreit: „Der Mensch hat gelernt, in allen wichtigen Fragen mit sich selbst fertig zu werden, ohne Zuhilfenahme der ‚Arbeitshypothese: Gott'." Auf naturwissenschaftlichem Gebiet ist das schon eine Selbstverständlichkeit. Wir brauchen Gott nicht zur Lösung wissenschaftlicher Probleme. Das können wir ganz allein. Aber außerdem stellt er fest: „Seit etwa 100 Jahren gilt das aber in zunehmendem Maße auch für die religiösen Fragen; es zeigt sich, daß alles auch ohne ‚Gott' geht, und zwar ebenso gut wie vorher. Ebenso wie auf wissenschaftlichem Gebiet wird im allgemein menschlichen Bereich ‚Gott' immer weiter aus dem Leben zurückgedrängt, er verliert an Boden."

Die Kirche – sowohl auf protestantischer wie auf katholischer Seite – habe sich dem widersetzt, was dazu geführt habe, daß die Bewegung der menschlichen Autonomie sich als antichristlich verstehen mußte. Die Welt sei sich aber ihrer selbst sicher und werde auch mit Mißerfolgen und Fehlentwicklungen fertig, ohne sich irre machen zu lassen. Mit Entschlossenheit und Nüchternheit würden sie in Kauf genommen. „Die Attacken der christlichen Apologetik auf die Mündigkeit der Welt", schreibt er, „halte ich erstens für sinnlos, zweitens für unvornehm, drittens für unchristlich."

Dem überschwenglichen Neuaufbruch der Renaissance sei die Kirche zu Beginn mit Verboten begegnet und habe dann, im Versuch, sich zu arrangieren, die Auswirkungen so weit wie möglich eingegrenzt. Selbst heute versuchten die Kirchen immer wieder, die Welt aus ihrer Mündigkeit in ein pubertäres Stadium zurückzudrängen. Wissenschaftlicher Humanismus und Kommunismus schienen darum auf der Seite des mündigen Menschen zu stehen gegen den Obskurantismus der Kirchen. Diese sinnlose und, wie er sagt, unvornehme Einstellung zum Mündigwerden des Menschen kritisiert er auch auf theologischer Ebene als „unchristlich". Hier werde Christus mit einer bestimmten Stufe der religiösen Entwicklung der Menschheit verwechselt. An diesem Gedanken mußte noch sehr viel gefeilt und gearbeitet und weitergedacht werden, aber hier zeigt sich schon eine Offenheit, die es ihm erlauben würde, „Religion" unter dem Gesichtspunkt menschlicher Entwicklung zu betrachten.

Hier ergab sich nun für ihn mit Notwendigkeit die Frage, wie es damit in der evangelischen Theologie – und der deutschen im besonderen – aussähe. Er war immer noch ein zu überzeugter – wenn auch kritischer – Anhänger Karl Barths, um sich auf die Seite der liberalen Theologie stellen zu können; so schreibt er: „Es war die Schwäche der liberalen Theologie, daß sie der Welt das Recht einräumte, Christus seinen Platz in ihr zuzuweisen; sie akzeptierte im Streit von Kirche und Welt den von der Welt diktierten – relativ milden – Frieden."[13]

Die Stärke des Liberalismus, besonders bei Troeltsch, liege darin, daß er nicht versuchte, die Uhr zurückzudrehen. Die liberale Theologie habe sich dem Kampf gestellt, obwohl er zu ihrer Niederlage führte, und auf die Niederlage folgte die Kapitulation.

Er erkennt dann drei Versuche, nach der Niederlage noch etwas zu retten: durch Rückbesinnung auf die eigenen Grundlagen, auf die Bibel und, in Deutschland in besonderem Maße, auf die Reformation. Diese drei Rettungsversuche macht er an drei Theologen fest – Karl Heim, Paul Althaus und Paul Tillich.

Heim, in den Spuren des deutschen Pietismus, habe den einzelnen Menschen davon überzeugen wollen, daß er vor der Alternative: Jesus oder Verzweiflung, stehe. Er habe damit die „Herzen" vieler gewonnen, aber eben nur die Herzen, ohne sich mit den intellektuellen Fragen auseinanderzusetzen, wodurch er das Leben in getrennte Schubladen aufgeteilt habe. Althaus, modern eingestellt, aber mit starkem konfessionell-lutherischen Akzent, versuche der Welt einen Platz für lutherisches Amt und lutherischen Kult abzuringen. Der Rest der Welt kümmere ihn dann nicht mehr, den habe er sich selbst überlassen.

Tillich habe, ausgehend von der Philosophie, den Versuch unternommen, die Entwicklung der Welt religiös zu deuten – und das, so fügt Bonhoeffer hinzu, „gegen ihren Willen". Er habe versucht, der Welt eine religiöse Gestalt zu geben. Ein mutiger Versuch, wie Bonhoeffer zugibt, aber er konnte nicht gelingen – „die Welt warf ihn vom Sattel und lief allein weiter" –, weil er geglaubt habe, die Welt besser verstehen zu können, als sie sich selbst verstand. Mit diesem Gedanken stimmt Bonhoeffer zwar völlig überein; die Welt *müsse* besser verstanden werden, als sie sich selbst verstehe, aber eben nicht „religiös", wie auch die religiösen Sozialisten dies versucht hatten und gescheitert waren.

Noch einmal betont er, daß Barth der erste gewesen sei, der gesehen habe, daß all diese Versuche, einen Raum für Religion in der Welt oder auch gegen die Welt auszusparen, zum Scheitern verurteilt waren. In seinem ‚Römerbrief' („trotz aller neukantianischen Eierschalen") habe Karl Barth den Gott Jesu Christi gegen die „Religion" ins Feld geführt. Später habe er dann in seiner ‚Kirchlichen Dogmatik' diese Unterscheidung prinzipiell auf der ganzen Linie für die Kirche erkennbar gemacht. Versagt habe er an anderer Stelle, „in der nichtreligiösen Interpretation der theologischen Begriffe hat er keine konkrete Wegweisung gegeben, weder in der Dogmatik noch in der Ethik". Er lehnt Karl Barth nicht ab, er sieht ihn nur als einen Vorreiter.

Und so geht Bonhoeffer nun über ihn hinaus, wobei er es bedauert, daß die Bekennende Kirche ihren Ansatz von Barth her weithin vergessen habe. Selbst vom Barthschen „Offenbarungspositivismus" sei sie abgerückt und einer konservativen Restauration verfallen. Es sei das große Verdienst der Bekennenden Kirche, „daß sie die großen Begriffe der christlichen Theologie durchhält, aber darin scheint sie sich allmählich auch fast zu erschöpfen". In der Bekennenden Kirche seien die Elemente der echten Prophetie, im besonderen in ihrem Wahrheitsanspruch und ihrer Betonung der Barmherzigkeit, und auch des echten Kultes zu erkennen, alles aber sei unentfaltet, weil die Interpretation fehle. Er betrachtet noch andere Bewegungen – Paul Schütz, die Oxfordbewegung, die Berneuchner, deren Einfluß in Marias Familie sehr stark war. Sie seien reaktionär, „weil sie hinter den Ansatz der Offenbarungstheologie überhaupt zurückgehen und nach ‚religiöser' Erneuerung suchen". Von dort sei also auch nicht viel zu erwarten, mit der zögernden Einschränkung „– am ehesten noch die Oxforder, wenn sie biblisch nicht so substanzlos wären".

Noch einmal wendet er sich auch Bultmann zu und begrüßt dessen Versuche, sich mit den Grenzen des Barthianismus auseinanderzusetzen, wobei er aber doch die Befürchtung äußert, daß Bultmann dem „typisch liberalen Reduktionsverfahren" verfalle. „Ich bin nun der Auffassung", meint er dagegen, „daß die vollen Inhalte einschließlich der ‚mythologischen' Begriffe bestehen bleiben müssen." Hier ist er vielleicht etwas unfair Bultmann gegenüber, der die mythologischen Begriffe ja nicht abschaffen, sondern nur deuten wollte. Der Unterschied zeigt sich dann auch mehr in der Art und Weise, wie sie „interpretiert" werden. Durch Entmythologisierung läßt Bultmann den mythologischen Begriffen ihr Recht; Bonhoeffer möchte sie so interpretieren, daß die Religion nicht zur Voraussetzung des Glaubens wird.

Erlösungsmythen

Indem Bonhoeffer nun auf weitere Fragen und Gebiete auszugreifen begann, mußte er auch seine Lektüre dementsprechend ausdehnen. Ende Juni tauchen in seiner Korrespondenz interessante Bemerkungen auf, in denen er sich auf seine Lektüre und Reflexion griechischer Mythen bezieht. Er begann, diese und andere Mythen mit dem Alten Testament zu vergleichen, und arbeitete an einer Auslegung der ersten drei Gebote.[14] Diesen kurzen Aufsatz überschrieb er dann „Die erste Tafel der zehn Worte". Das Gebot, das ihm die größten Schwierigkeiten bereitete, war das erste gegen den „Götzendienst". Er lehnt die übliche Interpretation der Götzen als „Reichtum, Wollust und Ehre" ab. Götzen, heißt es, würden angebetet, und dieses Gebot besagt immerhin, daß die Menschen jedenfalls irgend etwas anbeteten. „Wir", fügt er hinzu, „beten aber gar nichts mehr an, nicht einmal Götzen."

Jede theologische Frage, die er bearbeitet, führt ihn immer wieder unmittelbar zu der Andersartigkeit, die durch den religionslosen Zustand der heutigen Welt gegeben ist. Das Alte Testament nehme hier einen einzigartigen Platz unter den alten Religionen ein dadurch, daß sein Glaube nicht der Glaube einer Erlösungsreligion sei. Unbestreitbar komme der Erlösung entscheidende Bedeutung zu, aber dies sei immer Erlösung aus einer Situation oder zu einer Aufgabe in der Welt, nie aus der Welt heraus. Die Befreiung aus Ägypten und später von Babylon ist eine historische, nicht eine mythologische Befreiung. Die orientalischen Religionen in Ägypten und Babylon kennen Erlösungsmythen, aber hier werden Menschen befreit von den Fesseln des irdischen Lebens. Nicht so im Alten Testament. Wenn wir das Christentum zu einer Erlösungsreligion machten, dann trennten wir Christus vom Alten Testament ab. Die christliche Auferstehungshoffnung verweise den Menschen in einer ganz neuen Weise an sein Leben hier auf Erden. Anders als den Anhängern von Erlösungsmythen stehe dem Christen kein letzter Ausweg zur Verteidigung oder auch zur Flucht zur Verfügung, auf dem er sich den Aufgaben und Schwierigkeiten in die Ewigkeit entziehen könne. Wie Christus selbst müsse auch er den irdischen Kelch bis zur Neige trinken. Nur wenn kein Entkommen möglich sei, könne er davon sprechen, mit Christus gekreuzigt zu sein. Diese Welt dürfe nicht vorzeitig abgeschrieben werden – darüber herrsche im Alten und im Neuen Testament Übereinstimmung. Immer wieder kehrte Bonhoeffer zu diesem Thema zurück. Immer wieder hatte die Kirche gerade denen den Kampf angesagt, die sie als Verbündete hätte suchen sollen. Im Rückblick auf den unrühmlichen Kampf der Theologie mit dem Darwinismus schreibt er, „daß Gott immer weiter aus dem Bereich einer mündig gewordenen Welt, aus unseren Erkenntnis- und Lebensbereichen hinausgeschoben wird".

Er beschreibt karikierend den Seelsorger, der wie der Reporter eines Skandalblattes in allen möglichen verborgenen Ecken herumschnüffelt, um herauszufinden, welche finstere Sünde es ist, die einem Menschen, der glücklich ist, anhaftet und anhaften muß! „Gelingt es aber nicht, den Menschen dazu zu bringen, daß er sein Glück als sein Unheil, seine Gesundheit als seine Krankheit, seine Lebenskraft als seine Verzweiflung ansieht und bezeichnet, dann ist das Latein der Theologen am Ende." Natürlich habe sich Jesus Menschen am Rande der Gesellschaft, den Dirnen, den Zöllnern, zugewandt, aber doch nicht nur ihnen; aber eines Menschen Gesundheit, Kraft oder Glück habe er nie in Frage gestellt. Das, worum es ihm wirklich geht, faßt er in der Formel zusammen: „die Inanspruchnahme der mündig gewordenen Welt durch Jesus Christus".

Der Besuch seines Onkels

Als Bonhoeffer im Tegeler Gefängnis saß, war General Paul von Hase, ein Vetter seiner Mutter, Stadtkommandant von Berlin. Dieser Umstand sollte in der Haftanstalt für einigen Wirbel sorgen. Der Neffe des Stadtkommandanten erhielt Sonderbehandlung. Eines Tages besuchte der General seinen Neffen im Gefängnis. Man stelle sich die Aufregung der Gefängnisverwaltung vor! Bonhoeffer schrieb darüber: „Vor ein paar Stunden hat sich hier Onkel Paul angemeldet, um sich mal persönlich um mich zu kümmern. Es ist maßlos komisch, wie alles flügelschlagend herumläuft und wie sich – bis auf wenige rühmliche Ausnahmen – alles an Würdelosigkeit überbietet. Es ist peinlich, aber für manche, so wie sie nun einmal sind, einfach nötig."[15]

Dies ist aber nur eine kurze Zwischenbemerkung, bevor er sich wieder dem ihm wichtigeren theologischen Austausch zuwendet, später in demselben Brief berichtet er dann aber noch ausführlicher von diesem Besuch. Das Verhalten seines Onkels sei außerordentlich und wohl auch ostentativ gewesen. Offensichtlich erwartete er, daß sich in naher Zukunft etwas ereignen werde. Als an der Verschwörung Beteiligter wurde er am 8. August 1944 hingerichtet, aber jetzt, Ende Juni, war noch kein Verdacht auf ihn gefallen. Als Zivilist hätte er, auch in gehobener Stellung, nie mit solcher Unabhängigkeit handeln können. Er ließ Bonhoeffer herunterholen und blieb fünf Stunden! Er ließ Sekt kommen – vier Flaschen! – „was in den Annalen dieses Hauses wohl einmalig ist". Bonhoeffer zeigt sich überrascht von so viel Großzügigkeit und Freundlichkeit. In Gegenwart der Wärter konnten sie natürlich nicht über das sprechen, was sich anbahnte, und doch wußten sie beide, daß sich etwas anbahnte. Er machte es für jedermann deutlich, daß ein gutes Verhältnis zwischen ihm und dem ‚Häftling Bonhoeffer' bestehe. Ein außergewöhnlicher Besuch – und sie freuten sich beide schon darauf, wie sie später darüber lachen würden, nach dem Ende von Hitlers Herrschaft und dem Krieg.

Die Privatisierung Gottes

Unter den gegebenen Umständen fehlte ihm die Zeit, die biblischen Belege für seine Gedanken zusammenzustellen, so will er sich erst einmal mit „einigen Vorbemerkungen" zum Problem der Verdrängung Gottes aus der Welt und im besonderen aus der Öffentlichkeit der menschlichen Existenz begnügen.[16] Diese Verdrängung habe zu dem Versuch geführt, ihm wenigstens als Rückzugsposition noch einen Platz im privaten Bereich zu sichern. Zu diesem Bereich des Privaten oder Intimen oder, grob gesagt, dem Bereich der „Kammerdienergeheimnisse" zählt er alles „vom Gebet bis zur Sexualität". Hierbei handele es sich nun aber um eine Revolution von unten.

Er geht sehr hart ins Gericht mit solchen Pfarrern, die hinter den Sünden der Menschen herschnüffeln in der Hoffnung, sie zu ertappen. „Sie suchen auch im Blumengarten nur den Dung, auf dem die Blumen wachsen." Allerdings sei das wohl auch ein Zug der Zeit – in Romanen, Biographien, Filmen und Theaterstücken, immer richte sich das besondere Interesse auf die Enthüllung verborgener Skandale. Die moderne Literatur käme bei der Darstellung von Personen kaum noch ohne Entkleidungs- und Bettszenen aus. „Das Bekleidete, Verhüllte, Reine und Keusche hält man von vornherein für verlogen, verkleidet, unrein." Dies mag etwas mit dem Abscheu des Puritaners zu tun haben – „man stellt damit nur die eigene Unreinheit unter Beweis" – aber das ist doch nicht alles. Er sieht dies als eine Zeitkrankheit der modernen Gesellschaft, deren Ursache in der Verdrängung Gottes aus der Öffentlichkeit der menschlichen Existenz zu suchen sei und die die Privatisierung, die Verinnerlichung Gottes zur Folge habe. „Das Mißtrauen und der Argwohn als Grundverhalten gegen die Menschen ist der Aufruhr des Minderwertigen." Soweit seine Beobachtungen; und sicher geht manche davon zurück auf Bücher, die er in der Gefängnisbücherei fand. Aber welche Fehler im theologischen Denken liegen hier zugrunde? Der Fehler ist ein zweifacher. Der erste Irrtum liege darin, daß man glaube, einen Menschen erst dann als Sünder ansprechen zu können, wenn man ihm auf die Schliche gekommen sei; und der zweite sei der, daß man meine, das Wesen des Menschen sei seine „Innerlichkeit" und daß Gott gerade in diesem etwas zwielichtigen Bereich seine Domäne haben solle.

Ohne Zweifel ist der Mensch ein Sünder, aber worum es eigentlich geht, sind nicht so sehr die Sünden der Schwäche, die man ans Tageslicht zerren kann, als vielmehr die Sünden der Stärke. Nicht so sehr in ihren Seitensprüngen seien Goethe oder Napoleon Sünder als vielmehr im selbstherrlichen Gebrauch und Mißbrauch ihrer Stärke und ihrer Gaben. In der Bibel werden nicht unsere kleinen Sünden enthüllt, sie befaßt sich mit ernsteren Fragen als die Skandalseiten der Regenbogenpresse. Was sind diese starken Sünden? Bonhoeffer sucht nach Beispielen: „beim Genie die Hybris, beim Bauern die Durchbrechung der Ordnung . . . beim Bürger die Scheu vor der freien Verantwortung".

Zu dem zweiten hier vorliegenden Fehler schreibt er: „Die Bibel kennt unsere Unterscheidung von Äußerem und Innerem nicht." In der Bibel gehe es immer um den ganzen Menschen. Wenn Jesus in der Bergpredigt den Dekalog auf die „Innerlichkeit" beziehe, so gebe er darum doch nicht den äußerlichen Gehorsam gegenüber dem Gesetz auf. Von der Bibel her gesehen, und dies ist immer der entscheidende Blickwinkel für Bonhoeffer, sei es völlig abwegig, das Wesen des Menschen nur von seinen „intimen seelischen Hintergründen" her verstehen zu wollen.

Diese Vorbemerkungen, wie er sie nennt, enthalten aber auch schon einen entscheidenden Abschnitt:

„Ich will also darauf hinaus, daß man Gott nicht noch an einer, irgendeiner allerletzten heimlichen Stelle hineinschmuggelt, sondern daß man die Mündigkeit der Welt und des Menschen einfach anerkennt, daß man den Menschen in seiner Weltlichkeit nicht ‚madig macht', sondern ihn an seiner stärksten Stelle mit Gott konfrontiert, daß man auf alle pfäffischen Kniffe verzichtet und nicht in Psychotherapie oder Existenzphilosophie einen Wegbereiter Gottes sieht ... Das Wort Gottes verbündet sich nicht mit dem Aufruhr des Mißtrauens, dem Aufruhr von unten. Sondern es regiert."

Erwartung

In eben diesem Brief teilt Bonhoeffer Bethge auch mit, daß er an einem Roman schreibe, wenn es damit auch noch nicht so recht vorangehe. Keith Clements zeigt in seinem Buch ‚A Patriotism for Today', wie Bonhoeffer auch in diesem Romanfragment um dieselben Grundgedanken ringt. Auch zwei Gedichte – „Wer bin ich?" (s. o.) und „Christen und Heiden" – erwähnt Bonhoeffer. Beide Gedichte schickte er Bethge in diesem Brief. In „Christen und Heiden" kommt das, was ihn theologisch beschäftigte und umtrieb, sehr viel stärker zum Ausdruck. Es ist ein kurzes Gedicht mit drei Strophen – vielleicht gerade in seiner Knappheit packend. Er erwähnt noch ein drittes Gedicht, das er allerdings nicht in diesem Brief mitschickt, es ist ein langes Gedicht über das Leben im Gefängnis: „Nächtliche Stimmen in Tegel".[17] Der Brief endet mit einem halb verschlüsselten, doch unmißverständlichen Hinweis auf das bevorstehende Attentat auf Hitler: „Wir werden jetzt bald viel an unsere gemeinsame Reise im Sommer 1940 denken müssen, meine letzten Predigten!" Hiermit bezieht er sich auf seine Visitationsreisen in Ostpreußen im Sommer 1940 und das anschließende Predigtverbot, gleichzeitig ist diese Erinnerung ein verschlüsselter Hinweis auf das Führerhauptquartier „Wolfschanze" in Ostpreußen, wo das Attentat erfolgen sollte.

In seinem Brief vom 16. Juli berichtet er allerhand Einzelheiten, was er liest und schreibt, was er im Radio gehört hat und welche Gedanken ihn in diesen letzten Tagen des Wartens beschäftigen.[18] Bei der Lektüre von

Dostojewskis ,Totenhaus' beeindruckt ihn das moralfreie Mitleid, das die Menschen draußen für die Insassen zeigen, was ihn zu der Frage veranlaßt: „Sollte diese Amoralität, die aus der Religiosität kommt, vielleicht ein wesentlicher Zug dieses Volkes sein und auch gegenwärtige Ereignisse verständlich machen?" Er schreibt und dichtet, soweit die Kräfte dazu reichen, und hört recht viel Musik im Radio. In einer verschlüsselten Bemerkung läßt er Bethge wissen, daß es ihm möglich ist, die BBC zu hören: „Daß ich jetzt abends oft, so wie früher, zum Arbeiten komme, habe ich Dir wohl schon erzählt." Gleich anschließend folgt einer der deutlichsten Hinweise, daß er sehr bald Ereignisse erwartet, durch die das Leben wieder in seine normalen Bahnen zurückkehren wird. Nach einer Erwähnung des kranken Hans von Dohnanyi macht er deutlich, daß er sehr wohl weiß, was sein Bruder Klaus tut: „Sehr froh bin ich, daß K. so guter Dinge sein soll! Er war längere Zeit so deprimiert. Nun, ich denke, alles, was ihn so bedrückt, wird bald wieder ganz in Ordnung kommen; ich würde es ihm und der ganzen Familie sehr wünschen . . . Ich lasse jetzt meine Bücher von Pätzig nach Friedrichsbrunn schicken. Oft muß ich jetzt an die Großmutter Kleist denken; sie ist so schwer beweglich geworden."

Dieser letzte Satz bezieht sich auf das Vordringen der russischen Armeen bis nach Hinterpommern, wovon er wahrscheinlich über BBC gehört hatte. Ganz unverschlüsselt bricht seine hoffnungsvolle Erwartung in dem Satz durch: „Vielleicht werden wir unsere Hochzeit noch in Friedrichsbrunn feiern! Maria kann nach den neuen Einschränkungen auch nicht mehr reisen. Vielleicht ist es gut für sie, für mich ist es schade. Sie war leider das letzte Mal, als ich sie sah, ziemlich bedrückt; ich kann es ja verstehen . . . Es wäre Zeit, daß wir zusammensein könnten."

Die Ohnmacht Gottes in der Welt

Aber auch diesen Brief kann er nicht beenden, ohne auf das Thema, das ihn so sehr beschäftigt, zu sprechen zu kommen. Er arbeitet jetzt an der nicht-religiösen Interpretation biblischer Begriffe, und das türmt sich als große Aufgabe, deren Lösung er noch nicht absieht, vor ihm auf. Aber er ist ganz zuversichtlich, daß er bald sowohl Zeit für diese Aufgabe als auch Zugang zur dafür notwendigen Literatur haben wird. Historisch gesehen könne die nicht-religiöse Interpretation der Welt auf eine lange Entwicklung zurückblicken: Schon Herbert von Cherbury habe die Suffizienz der Vernunft für die religiöse Erkenntnis behauptet; auf dem Gebiet der Moral hätten Montaigne und Bodin Lebensregeln anstelle der Gebote aufgestellt; Machiavelli habe die Politik von der Moral gelöst, und später habe Grotius sein Naturrecht als Völkerrecht aufgestellt, „als wenn es keinen Gott gäbe". Descartes habe sein System auf dem Modell der Welt als Mechanismus errichtet, der von selbst, ohne Eingriff von außen, abläuft. Im Pantheismus Spinozas sei Gott mit der Natur gleichgesetzt; Kant sei im Grunde Deist, Fichte und Hegel Pantheisten. So kommt er zu dem Schluß: „Überall ist die Autonomie des Menschen und der Welt das Ziel der Gedanken."

Wenn das nun so ist, dann müssen wir auch so ehrlich sein und die Vorstellung von Gott als Arbeitshypothese in der Ethik, in der Politik und in der Naturwissenschaft fallen lassen – und vielleicht sogar, wie Feuerbach es ja getan hatte, auch in der Philosophie und in der Religion. Es sei nun für ängstliche Seelen, wenn sie Gott dergestalt aus der Welt verdrängt sähen, eine natürliche Reaktion, die ganze Entwicklung abzulehnen. Notausgänge aus diesem Dilemma gebe es wohl einige, aber keiner davon findet Bonhoeffers Zustimmung. Der „salto mortale zurück ins Mittelalter" oder das Verlangen nach einer Rückkehr in die klar umrissene Welt der Kindheit seien nur unter Aufgabe unserer inneren Redlichkeit möglich. Der einzig mögliche Weg sei der des Neuen Testaments, und hierzu zitiert er Mt. 18,3: „Wahrlich, ich sage euch: Wenn ihr nicht umkehrt und werdet wie die Kinder, so werdet ihr nicht ins Himmelreich kommen." Im ersten Moment denkt man, er müsse sich hier in der Bibelstelle geirrt haben, aber nein! Dies, so sagt er, sei der Weg „durch Buße, d. h. durch *letzte* Redlichkeit". Der nächste Abschnitt faßt dann seine Gedanken zusammen:

„Und wir können nicht redlich sein, ohne zu erkennen, daß wir in der Welt leben müssen – ‚etsi deus non daretur' [als ob es keinen Gott gäbe]. Und eben dies erkennen wir – vor Gott! Gott selbst zwingt uns zu dieser Erkenntnis. So führt uns unser Mündigwerden zu einer wahrhaftigen Erkenntnis unserer Lage vor Gott. Gott gibt uns zu wissen, daß wir leben müssen als solche, die mit dem Leben ohne Gott fertig werden. Der Gott, der mit uns ist, ist der Gott, der uns verläßt (Mk. 15,34)! Der Gott, der uns in der Welt leben läßt ohne die Arbeitshypothese Gott, ist der Gott, vor dem wir dauernd stehen. Vor und mit Gott leben wir ohne Gott. Gott läßt sich aus der Welt herausdrängen ans Kreuz, Gott ist ohnmächtig und schwach in der Welt und gerade und nur so ist er bei uns und hilft uns. Es ist Mt. 8,17 ganz deutlich, daß Christus nicht hilft kraft seiner Allmacht, sondern kraft seiner Schwachheit, seines Leidens!"[19]

Hier liegt für Bonhoeffer auch der Unterschied zwischen dem Christentum und anderen Religionen. Andere Religionen suchten die Hilfe Gottes, da er doch stark und allmächtig sei und den Menschen vor unbekannten Mächten schützen und vor den Folgen seiner eigenen Fehler bewahren könne. Das ganze System der Religion sei daraufhin angelegt, Gott zu veranlassen, daß er uns mit seiner Macht und Stärke zu Hilfe käme. Die Bibel dagegen weise uns auf die Ohnmacht und das Leiden Gottes. In diesem Sinne sieht Bonhoeffer, daß durch die Beschreibung des Mündigwerdens des Menschen der Blick wieder auf die biblische Gottesvorstellung freigemacht werden kann. Mit einer falschen Gottesvorstellung werde aufgeräumt und die Möglichkeit gegeben, den Gott der Bibel wieder zu sehen, „der durch seine Ohnmacht in der Welt Macht und Raum gewinnt". Hier kann dann Bonhoeffers „weltliche Interpretation" einsetzen.

In seinem nächsten Brief, ein oder zwei Tage später, äußert er sich besorgt über die Briefe und Gedichte, die er an Bethge geschickt hatte. Er glaubt, er werde seine Aufzeichnungen jetzt schon in Kürze brauchen, sobald er entlassen und dann die Möglichkeit haben werde, sich der Ausarbeitung seiner neuen Gedanken zu widmen. Auch die Gedichte sind hierzu von großer Bedeutung, er erwähnt ausdrücklich das Gedicht über Christen und Heiden. Dort fragt Jesus in Gethsemane seine Jünger: „Könnt ihr denn nicht eine Stunde mit mir wachen?" Ein Heide würde so etwas nicht von Gott erwarten. Hier sind die Rollen vertauscht. „Der Mensch wird aufgerufen, das Leiden Gottes an der gottlosen Welt mitzuleiden." Fast der ganze Brief beschäftigt sich mit diesem Thema, viele Bibelstellen werden zum Beleg angeführt. Außerdem geht er der Frage nach, was Christsein in der Welt heißt – nämlich nicht in irgendeiner besonderen Weise religiös zu sein. Nicht das Religiössein macht den Christen aus, „sondern das Teilnehmen am Leiden Gottes im weltlichen Leben". In seinem nächsten Brief wolle er der Frage nach diesem Leben, dieser „Teilhabe an der Ohnmacht Gottes in der Welt" genauer nachgehen, verspricht er. Und er fügt hinzu, es werde so viel einfacher sein, wenn sie erst wieder, wie früher, ausführlich über all diese Dinge miteinander sprechen können. Daß er das schon für die nahe Zukunft erwartet, ist ganz deutlich. Zwei Tage danach erfolgte das Attentat auf Hitler, mit entsetzlichen Auswirkungen – nicht für Hitler, wohl aber für Deutschland, das viele seiner besten, im geistigen und im praktischen Leben führenden Vertreter verlor, mehrere davon Angehörige der Bonhoefferfamilie. Danach hatte Dietrich Bonhoeffer kaum noch eine Chance.

15. *Die letzten Monate*

Der 20.Juli 1944 ist vielleicht der tragischste Tag in der neueren deutschen Geschichte. Das entschlossene und zugleich verzweifelte Attentat auf Hitler mißlang. Und dies führte zur Aufdeckung der Verschwörung, der an der Verschwörung direkt Beteiligten und darüber hinaus vieler anderer, die Gegner Hitlers waren, ohne an dieser Verschwörung beteiligt gewesen zu sein. Es führte dazu, daß im Lauf der nächsten Monate die Blüte Deutschlands im Militär, in der Diplomatie und im kulturellen Leben vernichtet wurde. Wäre es nicht zu diesem Attentat gekommen, dann hätte der Krieg wohl seinen Lauf genommen, und viele von denen, die hingerichtet wurden, wären nach Kriegsende noch am Leben gewesen und hätten am Wiederaufbau des besiegten Deutschland mitwirken können.

Bonhoeffer hätte sehr wahrscheinlich überlebt. Die Reaktionen auf das Attentat waren sehr verschieden. Hitler selbst schickte Eva Braun, seiner Geliebten, seine zerfetzte und blutbefleckte Uniform mit den Worten, dies sei der Beweis, daß er unter dem Schutz der Vorsehung stehe; seine Feinde brauche er nun nicht mehr zu fürchten. In seiner Rundfunkansprache um ein Uhr nachts teilte er der Öffentlichkeit mit, daß nun abgerechnet und diese kleine Clique krimineller Elemente erbarmungslos ausgetilgt werde. Er hat Wort gehalten.

Die einzige noch lizenzierte kirchliche Zeitschrift, ‚Pfarramt und Theologie', schrieb:

„Der furchtbare Tag. Während unsere todesmutigen, tapferen Armeen in schwerem Ringen um den Schutz der Heimat und um den endlichen Sieg stehen, hat eine Handvoll vom Ehrgeiz getriebener verruchter Offiziere das furchtbare Verbrechen gewagt und einen Mordanschlag auf den Führer begangen. Der Führer wurde gerettet und dadurch unsagbares Unheil von unserem Volke ferngehalten. Dafür sind wir Gott von Herzen dankbar und bitten mit allen unseren Gemeinden Gott um seinen Beistand und seine Hilfe für die schweren Aufgaben, die der Führer in diesen schwersten Zeiten zu tragen und zu lösen hat."[1]

Für Winston Churchill bedeutete die ganze Sache nichts weiter, als daß „ein paar hochgestellte Leute im Dritten Reich sich gegenseitig umbringen".

Dietrich Bonhoeffer schrieb am Tag nach dem Attentat an Eberhard Bethge, ohne sich auf das Ereignis zu beziehen, obwohl er gewußt haben muß, daß Hitler überlebt und Rache geschworen hatte. Es ist dies ein sonderbar stiller Brief, das theologische Gespräch wird ausdrücklich ausgeklammert. Zwar kann er seine theologischen Gedanken nicht ganz zurückdrängen, aber an diesem überschatteten Tag will er es sich „mit den unreflektierten Lebens- und Glaubensvorgängen genügen" lassen. Er erwähnt die Losungen – „wie ich mich z. B. an der gestrigen und heutigen besonders freue". Dies ist seine einzige Bezugnahme auf den 20. Juli. Die vorgesehenen Lesungen waren:

20. Juli: „Jene verlassen sich auf Wagen und Rosse; wir aber denken an den Namen des Herrn, unseres Gottes." (Ps 20,8) und „Ist Gott für uns, wer kann wider uns sein?" (Röm 8,31)
21. Juli: „Der Herr ist mein Hirte, mir wird nichts mangeln." (Ps 23,1) und „Ich bin der gute Hirte und kenne die Meinen, und die Meinen kennen mich." (Joh 10,14)

Dies ist ein sehr persönlicher Brief, wie er ihn sonst wohl an niemand schreiben konnte. Das Leben des Glaubens zu leben bedeute, ganz und gar in dieser Welt zu leben und nicht zu versuchen, aus sich selbst etwas zu machen, sondern „in der Fülle der Aufgaben, Fragen, Erfolge und Mißerfolge, Erfahrungen und Ratlosigkeiten [zu] leben". Es bedeute, sich Gott ganz in die Arme zu werfen, nicht mehr unsere eigenen Leiden, sondern die Leiden Gottes ernst zu nehmen. „Dann wacht man mit Christus in Gethsemane, und ich denke, das ist Glaube, das ist ‚Metanoia'; und so wird man ein Mensch, ein Christ (vgl. Jerem. 45!). Wie sollte man bei Erfolgen übermütig und an Mißerfolgen irre werden, wenn man im diesseitigen Leben Gottes Leiden mitleidet?"

Mit Maria kann er über solche Gedanken noch nicht Zwiesprache halten, nur mit Eberhard Bethge. Zum Scheitern des 20. Juli 1944 läßt sich so leicht nichts Besseres sagen als seine schlichten Worte am Schluß dieses Briefes: „Gott führe uns freundlich durch diese Zeiten; aber vor allem führe er uns zu sich."

Stationen auf dem Weg zur Freiheit[2]

Gleichzeitig hatte er ein Prosagedicht in vier Strophen geschrieben, das er, noch in der ersten Rohform und in der Hoffnung, es später noch verbessern zu können, an Eberhard Bethge schickte. Jede Strophe behandelt die Suche nach der Freiheit unter einem anderen Gesichtspunkt: durch Zucht, Tat, Leiden und Tod. Die Suche gipfelt in den letzten beiden Zeilen:

Freiheit, dich suchten wir lange in Zucht und in Tat und in Leiden.
Sterbend erkennen wir nun im Angesicht Gottes dich selbst.

Als ich 1966 den zweiten Band von Briefen, Vorlesungen und Aufzeichnungen von Bonhoeffers ‚Collected Works' veröffentlichte, gab ich ihm den Titel ‚The Way to Freedom' (Der Weg zur Freiheit); in seiner schriftlichen Hinterlassenschaft zeichneten sich für mich ganz deutlich vier Stadien in seinem Leben ab, die gekennzeichnet waren durch Zucht, Tat, Leiden und schließlich die Bereitschaft, den Tod anzunehmen als „höchstes Fest auf dem Weg zur ewigen Freiheit". Mary Bosanquet unterteilte ihre Bonhoeffer- Biographie in die gleichen vier Abschnitte. Auch in dem 1985 (bei Kaiser, München) von Otto Dudzus herausgegebenen Dietrich-Bonhoeffer-Lesebuch sind die dort gesammelten wichtigsten Passagen nach diesen vier Stationen auf dem Weg zur Freiheit gegliedert. Die Bedeutung dieses Gedichtes als Gesamtschau und Zusammenfassung von Bonhoeffers Leben und Denken ist wohl keinem, der seine Schriften gelesen hat oder der ihn persönlich gekannt hat, verborgen geblieben. Es entstand zum Zeitpunkt des gescheiterten Attentats auf Hitler.

Die Katastrophe des 20. Juli 1944

Einzelheiten von dem Anschlag und seinem Mißlingen drangen nur langsam in das Tegeler Gefängnis. Es dauerte einige Tage, bis Bonhoeffer wenigstens in großen Zügen erfuhr, was geschehen war, in ihren Einzelheiten hat er die ganze Sache wohl nie erfahren. Aber er wußte genug, um einschätzen zu können, daß er jetzt kaum noch eine Überlebenschance hatte; wenn überhaupt mußte er sein Heil in der Flucht suchen. Bevor wir uns aber dem Fluchtplan in seinen Einzelheiten zuwenden, muß doch noch ein Blick auf die Geschehnisse des 20. Juli geworfen werden. Es hatte schon eine ganze Reihe von versuchten Anschlägen auf Hitlers Leben gegeben, di. aber alle auf diese oder jene Weise mißlungen waren und von denen keiner für die Planer tödliche Folgen gehabt hatte. Die Verschwörer hatten überlebt. Schließlich war ein vollständiger Plan mit Oberst Claus Schenk Graf von Stauffenberg als Schlüsselfigur bis in alle Einzelheiten ausgearbeitet worden. Stauffenberg war im Juni 1944, im Alter von siebenunddreißig Jahren, zum Chef des Stabes beim Befehlshaber des Ersatzheeres Generaloberst Fromm im Allgemeinen Heeresamt (AHA) in der Bendlerstraße in Berlin ernannt worden. Als direkter Untergebener Fromms hatte er bei mehreren Gelegenheiten direkten Zugang zu Hitler. Stauffenberg hatte im Krieg schon viele Auszeichnungen erhalten und genoß ein hohes Ansehen; auch nachdem er den rechten Unterarm, zwei Finger der linken Hand und ein Auge im Kampf verloren hatte, bestand er dennoch darauf, wieder in den aktiven Militärdienst zurückzukehren. Seine Kriegsverletzung und auch sein dadurch gesteigertes Ansehen enthoben ihn der üblichen Kontrollen. So übernahm er es, die Attentatsbombe in Hitlers Lagebesprechung einzuschmuggeln. Den Sprengstoff trug er in einer Aktenmappe, die er zu Beginn der Mittagslagebesprechung am 20. Juli dort, wo Hitler stand, oder jedenfalls in nächster Nähe, abstellte. Die Lagebesprechung fand im Führerhauptquartier „Wolfschanze" bei Rastenburg in Ostpreußen statt, das Stauffenberg umgehend verließ, sobald er die Aktenmappe mit dem Sprengstoff abgestellt und die Explosion mitangesehen hatte. Er befand sich schon auf dem Rückflug nach Berlin, ehe man im Führerhauptquartier überhaupt Nachforschungen nach der Ursache der Explosion anzustellen begann. Aber Hitler war, da einer der anderen Offiziere die Aktenmappe ein Stück weitergerückt hatte, kaum verletzt worden. Stauffenberg traf gegen 17.00 Uhr, vom Erfolg des Attentats überzeugt, im AHA in Berlin ein. Er war ja erst abgefahren, nachdem er die Explosion gehört hatte. Hitler, der nur oberflächliche Verletzungen davongetragen hatte, stand zwar zuerst unter Schock, war aber in der Lage, die Baracke, in der die Lagebesprechung stattgefunden hatte, zu verlassen. Er ließ unmittelbar darauf Nachrichtensperre verhängen. So erhielten die Verschwörer in der Bendlerstraße in Berlin das verabredete Signal für den Staatsstreich nicht. Schon nach kurzer Zeit herrschte Chaos. Stauffenberg wurde als derjenige, der die Bombe hereingeschmuggelt haben mußte, identifiziert. Hitler nahm Verbindung mit Goebbels in Berlin auf, und noch bevor der nächste Tag anbrach, waren Stauffenberg und seine nächsten Verbündeten als Hochverräter standrechtlich erschossen worden. Generaloberst Beck war gezwungen worden, Selbstmord zu begehen, und die Verschwörung wurde jetzt in ihren weiten Verzweigungen aufgedeckt, die einzelnen Mitglieder verhaftet. In einem großen öffentlichen Prozeß sollten sie nach Hitlers Willen alle verurteilt und anschließend in einer groß angelegten Vergeltungsaktion hingerichtet werden.

Um 1 Uhr in der Nacht wurde eine Rundfunkansprache Hitlers gesendet, in der er Vergeltung ankündigte. Er war wütend und triumphierte gleichzeitig. Mussolini, der wie geplant am Nachmittag des 20. Juli zu einem Besuch in Rastenburg eingetroffen war, zeigte er in Siegesstimmung die Überreste des Lagebesprechungsraumes. Dies sei nicht das erste Mal, daß er dem Tod auf wunderbare Weise entgangen sei, versicherte ihm Hitler, und Mussolini war stark beeindruckt. Vor dem Duce, der zu Hause ja schon besiegt war, brüstete sich Hitler, nun sei er mehr denn je überzeugt, daß die große Sache, der er diene, die gegenwärtigen Gefahren überdauern und zu einem großartigen Ende und Sieg geführt werde. Später, bei dem nachmittäglichen Tee, an dem neben vielen anderen auch Mussolini und seine Begleitung teilnahmen, steigerte sich Hitler in einen seiner Wutausbrüche und versicherte, er werde die Verbrecher, die es gewagt hatten, sich ihm und der Vorsehung in den Weg zu stellen, zermalmen und auslöschen.

Hitler hatte großes Glück gehabt. Der Schaden, den er erlitten hatte, war mehr psychischer als körperlicher Natur. Sein Haar war versengt, sein rechter Arm teilweise gelähmt, am rechten Bein hatte er Brandwunden, seine Trommelfelle waren beschädigt, und er hatte Prellungen am Gesäß. Aber vier der anwesenden hohen Offiziere waren getötet worden und zwei weitere schwer verletzt.

Im August und September wurden dann Hunderte von Offizieren und Bürgern vor dem Volksgerichtshof in Berlin unter dem Vorsitz von Roland Freisler verhört und abgeurteilt. Die Opfer wurden schikaniert und gedemütigt, viele wurden auf grausame Weise hingerichtet, die Hinrichtungen durch Erhängen wurden mitgefilmt, damit Hitler die Durchführung seiner Rache mit eigenen Augen ansehen konnte. Dies waren entsetzliche Wochen und Monate in Berlin, und währenddessen nahm der Krieg mit seinen nächtlichen Bombenangriffen auf die Städte seinen Lauf. In vielen seiner Briefe erwähnt Bonhoeffer die Bombennächte.

Die letzten drei Monate in Tegel

Jetzt wurde es gefährlich, Briefe für Bonhoeffer nach Tegel hinein- oder von dort herauszuschmuggeln. Hans von Dohnanyi, der schon seit einiger Zeit an einer Diphtherie mit schweren Folgen erkrankt war, wurde in das Konzentrationslager Sachsenhausen verlegt. Verhaftungen im August hatten zur weitgehenden Aufdeckung der Verschwörung geführt, und nun war zu befürchten, daß sie bald in ihrem ganzen Ausmaß entdeckt werden würde. Für Bonhoeffer blieb jetzt als einzige Hoffnung die Flucht. Ein Fluchtplan wurde mit Umsicht ausgearbeitet und Vorbereitungen getroffen, um ihn dann nach Schweden zu schleusen. Einer der Gefängniswärter, Unteroffizier Knobloch, der ihm treu ergeben war, hatte sich hierfür zur Verfügung gestellt und wollte mit ihm zusammen „untertauchen". Einige der Verschwörer unternahmen Fluchtversuche, aber nur sehr wenigen gelang es zu entkommen. Währenddessen gingen die Verhaftungen weiter, auch Bonhoeffers Familie war betroffen; schließlich waren Anfang Oktober alle Vorbereitungen für seine Flucht getroffen, da wurden sein Bruder Klaus und andere verhaftet, worauf er den Plan aufgab. Er wollte Klaus nicht noch zusätzliche Schwierigkeiten in den Weg legen und auch seine Eltern und Maria nicht weiteren Bedrohungen aussetzen. So blieb er in Tegel und widmete sich weiter seiner theologischen Arbeit. Er schrieb auch wieder ein Gedicht, „Jona",[3] das mit den Worten beginnt: „Sie schrieen vor dem Tod". Es ist ein kurzes Gedicht, in vier Strophen schildert es den dramatischen Augenblick, in dem die geängstigten Seeleute Jona über Bord ins Meer werfen, da er seine Schuld eingestanden hat und zu ihnen spricht:

„Ich bin es!
Ich sündigte vor Gott. Mein Leben ist verwirkt.

Tut mich von Euch! Mein ist die Schuld. Gott zürnt mir sehr.
Der Fromme soll nicht mit dem Sünder enden!"

Es besteht wohl kaum ein Zweifel, daß alle an der Verschwörung Beteiligten sich früher oder später einmal mit dem Gedanken des Selbstmordes auseinandergesetzt haben. Keiner konnte wissen, ob er den Folterungen standhalten würde, und so hatten alle große Angst davor, unter Umständen ihre Freunde und Mitverschwörer zu verraten. In seinem Brief vom 21. August, eigentlich einem Geburtstagsbrief für Bethge, schreibt Bonhoeffer ihm, wie er in den Losungen und in der Meditation darüber Hilfe finde. So liegt für ihn der Schlüssel zu all unseren Problemen in dem Leben „in Christus". „Alles, was wir mit Recht von Gott erwarten, erbitten dürfen, ist in Jesus Christus zu finden." Und noch einmal: „Zu all dem hat Gott in Jesus Ja und Amen gesagt. Dieses Ja und Amen ist der feste Boden, auf dem wir stehen."[4]

Wenn jemand, den wir sehr geliebt haben, stirbt, dann stelle sich uns die Frage, ob es sich überhaupt noch lohne zu leben. Aber: „Wenn die Erde gewürdigt wurde, den Menschen Jesus Christus zu tragen, wenn ein Mensch wie Jesus gelebt hat, dann und nur dann hat es für uns Menschen einen Sinn zu leben." Obwohl er hier eigentlich mit sich selbst spricht, so sind diese Worte doch auch ausdrücklich an Bethge in der Ferne, getrennt von seiner jungen Familie und in der Einsamkeit, gerichtet. Bonhoeffer zweifelt nicht an der Macht der Fürbitte: „Ich glaube, daß ich viel Bewahrung in meinem Leben der Fürbitte Bekannter und Unbekannter zu danken habe." Dann wendet er sich aber den im Neuen Testament immer wieder auftauchenden Ermahnungen „seid stark" zu. Er führt vier solcher Stellen an und meint dann dazu: „Ist nicht die Schwäche der Menschen (Dummheit, Unselbständigkeit, Vergeßlichkeit, Feigheit, Eitelkeit, Bestechlichkeit, Verführbarkeit etc.) eine größere Gefahr als die Bosheit? Christus macht den Menschen nicht nur ‚gut', sondern auch stark."

Ein paar Tage später berichtet er, daß er jetzt an einer „Bestandsaufnahme des Christentums" schreibe. Leider habe er sich beim Arbeiten zu sehr an die gute Versorgung mit Zigaretten gewöhnt, bemerkt er; und dann zeigt er sich selbst schockiert über das, was er da zu Papier bringt; dabei beruhige er sich aber damit, daß er bisher nur den negativen, kritischen Teil bearbeitet habe, im weiteren werde es dann sicher noch zu einem Ausgleich kommen, und außerdem müsse alles noch überarbeitet werden, bevor man an Veröffentlichung denken könne. Dies klingt noch recht zuversichtlich, aber im Laufe des August macht er sich immer mehr Sorgen, nicht so sehr wegen seiner Gedichte und theologischen Arbeiten, sondern er fürchtet, daß irgendwelche Bemerkungen den falschen Leuten aufgefallen seien und nun verwendet werden könnten. „Nur muß man ja auch bedenken, daß nicht etwas in verkehrte Hände kommt."

Am 22. September verschärfte sich die so schon gefährliche Situation für die Familie Bonhoeffer durch die Entdeckung von Akten der ‚Abwehr' durch die Gestapo. Dietrich gab den Fluchtplan auf, das Gedicht „Jona" entstand wohl zu dieser Zeit. Er schrieb es wahrscheinlich um den 5. Oktober herum. Am 8. Oktober wurde er von Tegel in das Gestapogefängnis im Keller des Reichssicherheitshauptamtes (RSHA) in der Prinz-Albrecht-Straße überführt. Hier hatte er nun nicht mehr wie noch in Tegel die Möglichkeit, Besuche zu empfangen und Briefe zu schreiben. Die Verhöre wurden im Reichssicherheitshauptamt durchgeführt. Klaus Bonhoeffer, Rüdiger Schleicher und Eberhard Bethge saßen zur gleichen Zeit im Gestapogefängnis in der Lehrter Straße.

Entwurf einer Arbeit[5]

Bevor wir aber die düsteren Portale zur Prinz-Albrecht-Straße durchschreiten, gilt es noch einmal einen Schritt zurück in den August zu tun und einen Blick auf den schon erwähnten „Entwurf einer Arbeit" mit der Bestandsaufnahme des Christentums zu werfen. Dieser „Entwurf", zusammen mit den in seinen Briefen enthaltenen Notizen und Erläuterungen, ist alles, was wir haben. Hinzu kommt allerdings noch die Person Eberhard Bethges, der Dietrich Bonhoeffer so nahe stand und mit dem er so viele seiner Gedanken ausgetauscht und diskutiert hat, daß ich immer wieder meine, er sollte doch dieses Buch schreiben und veröffentlichen!

Was Bonhoeffer sich vorgestellt hatte, war ein recht kurzes Buch, eine Schrift nicht über 100 Seiten, mit drei Kapiteln: 1. Bestandsaufnahme des Christentums; 2. Was ist eigentlich christlicher Glaube; 3. Folgerungen.

Das erste Kapitel ist das, das er an anderer Stelle als so negativ beschrieben hat. Es sollte in vier Abschnitte unterteilt werden:

a) das Mündigwerden des Menschen. Hier geht es um die These, daß der Mensch sich gegen die von der Natur und seiner Umwelt ausgehenden Bedrohungen „gesichert" hat, nicht aber geschützt ist vor der Bedrohung durch die eigene Organisation;

b) die Religionslosigkeit des mündig gewordenen Menschen. Gott als „Arbeitshypothese" ist überflüssig geworden;

c) die evangelische Kirche: der Pietismus als letzter Versuch, das evangelische Christentum als Religion zu erhalten; die lutherische Orthodoxie als ein Versuch, die Kirche als Heilsanstalt zu retten; die Bekennende Kirche mit ihrer Offenbarungstheologie als ein Eintreten für die „Sache" der Kirche, aber mit wenig persönlichem Christusglauben;

d) die öffentliche Moral – am Beispiel des sexuellen Verhaltens.

Das zweite Kapitel ist in fünf Abschnitte unterteilt und sollte offensichtlich das Herzstück der Schrift werden:

a) Gott und Weltlichkeit

b) die Gotteserfahrung, nicht als ein religiöses Gottesverhältnis, sondern durch Christus, im „Dasein-für-andere".

c) Interpretation biblischer Begriffe von hier ausgehend – Schöpfung, Fall, Versöhnung, Buße, Glaube, vita nova, letzte Dinge.

d) Kultus, d. h. Gottesdienstformen und die Beziehung des Gottesdienstes zur Religion.

e) Was glauben wir wirklich? Eine kritische Auseinandersetzung mit der Kirche und ihren Glaubensbekenntnissen, die oft nur dazu dienen, unser Nichtglauben zu verbergen.

Für das dritte Kapitel sieht er keine Unterteilungen mehr vor, hier wird die in seinen Briefen an Bethge angefangene Diskussion fortgeführt. „Die Kirche ist nur Kirche, wenn sie für andere da ist." Um einen Anfang zu machen, schlägt er vor, daß die Kirche ihren Besitz an die Notleidenden verschenken solle. Die Pfarrer sollten einen weltlichen Beruf haben und sonst nur von den im Gottesdienst eingesammelten Kollekten leben. Natürlich müsse die Kirche den Notleidenden dienend helfen und den Menschen sagen, was ein Leben in Christus sei, was es heiße, „für andere dazusein". Und natürlich müsse sie für bestimmte Werte in der Gesellschaft eintreten, aber mehr durch Vorbild als durch Gebote. Sie müsse jeden Gedanken, über andere herrschen zu wollen, aufgeben und zur dienenden Kirche werden. Bonhoeffer wollte die Glaubensbekenntnisse revidieren, die Ausbildung der Pfarrer reformieren und sowohl die Kontroverstheologie als auch die kirchliche Amtsführung ändern. Natürlich muß er zugeben, daß dies alles „roh und summarisch" gesagt sei, doch liegt ihm daran, gewisse Dinge einmal klar und einfach auszusprechen. Die Kirche müsse offen und redlich sein. Was alles hätte er in den evangelischen Kirchen in Deutschland und durch sie in der Welt bewirken können, wenn er am Leben geblieben wäre!

Seine Briefe füllen sich jetzt mit Mitteilungen von Selbstmorden und Verhaftungen, in verschlüsselten Hinweisen angedeutet. Maria geht es nicht gut, Reisen, und seien es auch nur Fahrten durch das schon allenthalben zerstörte Berlin, sind wegen der dauernden, jetzt auch am Tag stattfindenden Fliegerangriffe sehr eingeschränkt. Aber Bethges Verhaftung setzt der Korrespondenz ein Ende.

In seinem letzten Brief aus Tegel an Eberhard Bethge berichtet er ihm von seiner Arbeit an dem geplanten Buch. Eberhards letzter Brief an ihn nach Tegel trägt das Datum vom 30. September. Das Gedicht „Der Tod des Mose" hatte er erhalten.[6] Es sei ganz anders als die anderen Gedichte, meint er, aber es bewegt ihn sehr, er hat keine Änderungsvorschläge.

Mose ergibt sich hier in sein Schicksal, das ihm bestimmt ist: auf dem Berg im Angesicht des Gelobten Landes zu sterben.

„Der die Sünde straft und gern vergibt,
Gott, ich habe dieses Volk geliebt.
Daß ich seine Schmach und Lasten trug
und sein Heil geschaut – das ist genug.

Wenige Tage danach schrieb er ‚Jona'.

Prinz-Albrecht-Straße

Im Gestapokeller gab es keine Privilegien. Zu Weihnachten durfte er einen Brief an Maria schreiben (19. Dezember) und einen zum Geburtstag seiner Mutter (vom 28. Dezember). In dem Brief an seine Mutter ist ein ganz kleiner Hoffnungsschimmer zu sehen; er versichert sie seiner Liebe und sagt ihr, wieviel ihre Liebe ihm immer bedeutet hat, und schreibt dann: „Ich wünsche Dir und Papa und Maria und uns allen, daß das neue Jahr uns doch wenigstens hier und da einen Lichtblick bringt und daß wir uns doch noch einmal zusammen freuen können." An Maria schreibt er, wie ihre Liebe die Einsamkeit überwindet: „Darum darfst Du nicht glauben, daß ich unglücklich sei. Was ist Glück und was ist Unglück? Das hängt doch so wenig von den äußeren Umständen ab: in Wirklichkeit kommt es doch nur darauf an, was in einem Menschen vorgeht. Jeden Tag bin ich voller Dankbarkeit, daß ich Dich habe, und das macht mich glücklich."

Fabian von Schlabrendorff

Zusammen mit Bonhoeffer saß ein Vetter Marias im Gestapokeller. Er entdeckte dies eines Nachts, als die Gefangenen während eines Fliegeralarms aus ihren Zellen in einen Betonbunker geführt wurden. Die Gestapo schützte ihre Gefangenen gut, damit sie nicht umkamen, bevor nicht alle nur möglichen Informationen aus ihnen herausgepreßt worden waren. Schlabrendorff war froh und erleichtert, Bonhoeffer so gelassen zu sehen, und mit einiger List gelang es ihnen, trotz des im allgemeinen scharf überwachten Sprechverbotes beim Duschen miteinander zu sprechen. Bonhoeffer gab ihm zu verstehen, „daß er gewillt sei, allen Versuchen der

Gestapo zum Trotz Widerstand zu leisten und nichts von dem zu offenbaren, was geheimzuhalten uns das Schicksal unserer Mitkämpfer zur Pflicht machte". Dies erinnert daran, daß einer der Gründe, den Bonhoeffer in seiner Ethik für einen ehrenhaften Selbstmord gelten ließ, in der Befürchtung bestand, daß man unter Folterungen seine Freunde verraten könne. Kurz darauf wurde Bonhoeffer in eine Zelle direkt neben der von Marias Vetter verlegt. Durch die gemeinsame Wand und während der Zeiten im Waschraum gelang es ihnen, sich recht regelmäßig miteinander zu unterhalten, obwohl dies streng verboten war. Auch die Fliegeralarme ermöglichten den Kontakt.

So vermittelt uns dieser Mitgefangene, der diese Gespräche als lebenspendend in diesem Gefängnisgrab empfand, ein anschauliches Bild von Bonhoeffer in der Prinz-Albrecht-Straße:

„Dietrich Bonhoeffer berichtete mir von seinen Vernehmungen. Wie er gleich beim ersten Mal mit der Folter bedroht wurde, in welch erpresserischer Weise die Verhandlungen selbst durchgeführt wurden. Der Ausdruck, mit dem er seine Vernehmungen kennzeichnete, war kurz und bündig: widerlich! Kein Zweifel, daß seine edle und reine Seele schwer zu leiden hatte. Aber er ließ sich äußerlich nichts anmerken. Immer war er guter Laune, immer gleichbleibend freundlich und gegen jedermann zuvorkommend, so daß er zu meinem eigenen Erstaunen binnen kurzer Frist seine nicht immer von Menschenfreundlichkeit erfüllten Wächter psychisch kaptiviert hatte."[7]

Den anderen Gefangenen gegenüber machte Bonhoeffer einen recht optimistischen Eindruck, obwohl er selbst gewußt haben muß, daß seit der Entdeckung der Akten im Panzerschrank der Abwehr in Zossen am 22. September genügend über ihn bekannt war, um zu seiner Verurteilung zu führen. Nach einiger Zeit kam auch Hans von Dohnanyi in das Gestapogefängnis in der Prinz-Albrecht-Straße, und es gelang Bonhoeffer, mit ihm Kontakt aufzunehmen. Dohnanyi ging es inzwischen sehr schlecht, gelähmt an beiden Beinen lag er auf einer Tragbahre. Als die Gefangenen nach einem Fliegeralarm in langer Reihe wieder zu ihren Zellen gingen, ergriff Bonhoeffer die Gelegenheit und trat durch die noch offen stehende Tür in Dohnanyis Zelle; nach einer kurzen Absprache über ihre Aussagen bei Verhören trat er dann wieder in die Reihe der vorbeiziehenden Gefangenen, ohne einem der Bewacher aufzufallen! So gelangen Absprachen wenigstens zu den wesentlichen Punkten, zu denen ihre Aussagen in Verhören herangezogen würden. Trotz dieses Triumphes der Überlistung verlor Bonhoeffer aber bei einer anderen Gelegenheit fast den Mut. Mit viel Geschick hatte er immer wieder wichtige Informationen, die man von ihm haben wollte, umschifft, bis dem Untersuchungsleiter eines Tages doch deutlich wurde, daß er mehr wissen mußte, als er zugab. Daraufhin versuchte er Bonhoeffer mit der Verhaftung seiner Braut und seiner alten Eltern zu erpressen, wenn er nicht ausführlicher aussagte. Schließlich gelang es Bonhoeffer, ähnlich wohl wie Moltke, der eine solche Situation in seinen Briefen an seine Frau schildert, seine Gegnerschaft zum Nationalsozialismus im rechten Moment auszudrücken und aus seinem Christsein heraus zu begründen. Er arbeitete darauf hin, daß er, wenn es zu seiner Verurteilung kommen sollte, nicht wegen Hochverrat, sondern weil er Christ war, verurteilt würde.

Fabian von Schlabrendorff berichtet, wie sie die wenigen Dinge, die sie von Verwandten und Freunden empfangen durften, teilten. Bonhoeffer bot sich im übrigen hier die Gelegenheit, mit Marias Vetter über seine Braut zu sprechen: „Mit strahlenden Augen erzählte er mir von den Briefen seiner Braut und seiner Eltern, von deren Liebe er sich auch im Gefängnis der Gestapo umhegt und umsorgt fühlte." Am Vormittag des 3. Februar 1945 legte einer der schwersten Luftangriffe große Teile Berlins in Schutt, das Gebäude des Reichssicherheitshauptamtes wurde getroffen und zerstört, aber die Gefangenen befanden sich auf engstem Raum zusammengedrängt im Bunker, der nach einem Treffer „schwankte wie ein im Sturm hin- und hergeworfenes Schiff", aber standhielt. Bonhoeffer stand ganz still in diesem Sturm, gelassen, als ob nichts passiert sei.

Kenntnis von Bonhoeffers Aktivitäten

Fabian von Schlabrendorff hörte von Bonhoeffer, daß die Gestapo trotz des Zossener Aktenfundes keine Hinweise auf seine tatsächlichen Aktivitäten besäße. Es sei ihm gelungen, auch seine Beziehung zu Hans von Dohnanyi, seinem Schwager, in unverfänglicher Weise darzustellen. In den Augen der Gestapo sei er recht unwichtig, sie verhörten ihn wohl hauptsächlich, um noch ein oder zwei fehlende Teilstücke in dem großen Puzzle zu finden, wodurch sie hofften, andere, die sehr viel aktiver gewesen waren, anklagen oder vielleicht auch überhaupt erst ausfindig machen zu können. Seine Fahrten in die Schweiz und nach Schweden hatte er als im Einklang mit dem nationalen Interesse erklären können. Diese Beurteilung seiner Lage erscheint vielleicht etwas optimistisch, aber es läßt sich wohl kaum feststellen, wie es wirklich stand. Auch der sieben Seiten lange Abschnitt „Die Verhöre" in Bethges ausführlicher Biographie, in dem die vorhandenen Quellen, Dokumente und Zeugnisse zusammengetragen sind und nach allen Seiten hin befragt werden, bringt letztlich keine vollständige Klarheit. Eberhard Bethge wurden seinerseits, bei einem seiner eigenen Verhöre, Stellen aus einem Packen Papier vorgelesen, der ein angeblich vollständiges Geständnis Bonhoeffers enthielt, das Bonhoeffer aber, nach Bethges fester Überzeugung, je weder geschrieben noch unterschrieben hatte. Diese Unterlagen waren aber nicht ungeschickt aus Teilen von früheren Briefen, die Bethge von Bonhoeffer erhalten hatte, zusammengesetzt. Aber diese Vermischung von echten und erfundenen Beweisstücken war schon als häufig bei den Verhören angewandter Trick bekannt.

1966 entdeckte jedoch Jørgen Glenthoj ein Dokument, das er dann veröffentlichte, einen offiziellen Bericht über eines der Verhöre. Am 4. Januar 1945 schrieb Kaltenbrunner einen Brief an das Auswärtige Amt. Dieser Brief enthält ausschließlich Informationen von Bonhoeffer. Er beginnt mit einem Bericht über seine Schwedenreise „im Auftrag des ehemaligen Admirals Canaris". Dann folgen Einzelheiten aus Bonhoeffers Gesprächen mit Bischof Bell. In diesen Gesprächen ist es nach dem Bericht ausschließlich um die Frage gegangen, welche Rolle die Kirchen bei der Neugestaltung Europas nach Kriegsende übernehmen könnten. Zwar fallen die Namen einiger englischer Politiker, aber es fällt kein Schatten irgendwelcher landesverräterischer Aktivitäten auf Bonhoeffer, sondern er scheint ganz und gar das Interesse seines Vaterlandes vertreten zu haben. Die Frage, um die es hier vor allem zu gehen schien, sei gewesen, wie die Alliierten sich zueinander verhalten würden. Wie würden sie auf einen Sieg Rußlands reagieren, würde Amerika England zerstören oder aufsaugen, etc.? Es sieht ganz so aus, als habe Bonhoeffer sein doppeltes Spiel bei den Verhören hier fortgesetzt.

Als Fabian von Schlabrendorff dann meinte, er werde bald entlassen, drängte ihn Bonhoeffer, sich um eine Unterredung mit Himmler zu bemühen. Dies ist alles recht verwirrend, aber trotz Bethges sorgfältiger Nachforschungen und Bemühungen läßt sich kein überzeugendes Bild entwerfen. Nur so viel läßt sich mit Sicherheit sagen, daß Bonhoeffer versuchte, den mit den Untersuchungen Befaßten das Leben so sauer wie nur möglich zu machen. Dabei konnten sie nicht damit rechnen, daß er irgend etwas aussagen würde, was andere in Gefahr bringen würde. Zwar läßt es sich nicht belegen, aber es ergibt sich doch der nicht ganz von der Hand zu weisende Verdacht, daß Bonhoeffer auch Spaß an diesem Spiel hatte und sich ihm mit seinem altbekannten Spieleifer widmete, und mit der festen Absicht zu gewinnen. So konnte er auch zwischendurch mit einer gewissen Befriedigung bemerken, bis man ihm für eine Verurteilung ausreichend Punkte nachweisen könne, könne es noch Jahre dauern.

Während dieser ganzen Zeit arbeitete er, wie wir wissen, weiter an seiner theologischen Schrift. Auch in seinem letzten Brief an seine Eltern aus dem Januar 45 bittet er sie wieder um bestimmte Bücher! Von seinen Aufzeichnungen aus dieser letzten Gefängniszeit ist jedoch nichts erhalten geblieben. So können wir nur mutmaßen, welche Veränderungen er vielleicht an den Aufzeichnungen aus Tegel vorgenommen hat und wie weit er wohl mit seiner geplanten Schrift noch gekommen sein mag. Was sich von seiner theologischen Arbeit mit Sicherheit sagen läßt, ist nur dies, daß sie sich mitten im Prozeß des Gestaltannehmens befand und daß er sich seiner Arbeit so widmete, als habe er noch viele Jahre dafür vor sich.

Am 7. Februar 1945 sprach Fabian von Schlabrendorff ihn zum letzten Mal, am selben Tag wurde er nach Buchenwald abtransportiert. Danach kreuzten sich ihre Wege noch einmal, ohne daß sie sich sahen. Fabian von Schlabrendorff berichtet, was er von Bonhoeffers Ende erfuhr, und schließt seinen Bericht mit einem symbolträchtigen Bild: „Als ich nach mehreren Monaten meine von Bomben zerstörte Wohnung betrat, fand ich auf den ersten Blick nur Schutt vor. Was die Bomben verschont hatten, war gestohlen worden. Nur ein Buch lag unversehrt mitten zwischen Mauersteinen und Mörtel: die *Nachfolge* von Dietrich Bonhoeffer!"[8]

Buchenwald

Um die Mittagszeit am 7. Februar wurde Bonhoeffers Zellennummer aufgerufen, und er wurde in das berüchtigte Konzentrationslager Buchenwald, in der Nähe von Weimar geschafft – der Stadt, deren Name mit dem Namen Goethes verbunden ist und mit dem ersten Versuch einer demokratischen Staatsform in Deutschland. In Bonhoeffer muß Buchenwald die Erinnerung an Paul Schneider wachgerufen haben, der dort 1939 nach Mißhandlungen umgekommen war, der erste von vielen Märtyrern der Bekennenden Kirche. Aber Bonhoeffer gehörte zu den prominenten Gefangenen, mit Sonderstatus und -behandlung. Außerdem waren auch in Buchenwald wieder Verhöre vorgesehen, darum mußte sein Gesundheitszustand so weit gepflegt werden, daß er verhandlungsfähig war. Die

Gruppe von Gefangenen, zu der er gehörte, wurde in Luftschutzzellen untergebracht, im Keller von Gebäuden außerhalb des eigentlichen Lagerareals. Diese Häuser waren ursprünglich für Lagerbeamte gebaut worden, waren dann aber später für Zwecke der Kommandantur und als Kasernenunterkünfte verwendet worden. In einigen wurde Munition gelagert. Die Kellerzellen waren früher für SS-Leute bestimmt gewesen, die hier Einzelhaftstrafen für irgendwelche Vergehen absitzen mußten. In einer solchen Zelle war jetzt Bonhoeffer untergebracht – feucht, kalt und ohne Tageslicht. Am 24. Februar 1945 wurde Payne Best, ein Offizier des englischen Secret Service, der 1939 in Gefangenschaft geraten war, nach Buchenwald gebracht, wo er Bonhoeffer kennenlernte; er hat später ausführlich über ihr Zusammenleben dort berichtet. In seinem Buch ‚The Venlo Incident'[9] gibt er eine genaue Beschreibung der Zellen: Der breite Mittelgang zwischen den Zellen war durch zwei lange Trennwände in drei parallele Korridore unterteilt." Es gab einen gemeinsamen Waschraum, und in der direkt daneben liegenden feuchtesten Zelle Nr. 1 war Bonhoeffer untergebracht. Payne Best hatte die Zelle Nr. 11, Bonhoffers Zelle direkt gegenüber, aber die Trennwände verhinderten den Sichtkontakt. So konnte er ihn hören, aber nicht sehen, außer im Waschraum und während der „Spaziergänge", die entlang der Korridore zu erfolgen hatten. Zu der Gruppe von Gefangenen, mit der Payne Best am 24. Februar nach Buchenwald verlegt wurde, gehörten noch ein weiterer englischer Offizier namens Hugh Falconer, Wassiliew Kokorin, ein russischer Fliegeroffizier, und General von Rabenau. Von Rabenau kam zu Bonhoeffer in Zelle Nr. 1. Er hatte 1942 seinen Abschied vom aktiven Militärdienst genommen, an der Verschwörung war er von Anfang an beteiligt gewesen. Schon 1940 hatte er als Zwischenträger zwischen dem Widerstandszentrum um Beck und einigen der wichtigsten Generale fungiert, die Brauchitsch, den Nachfolger von Fritsch als Oberbefehlshaber des Heeres, zu beeinflussen suchten. Nach seinem Abschied aus dem aktiven Heeresdienst hatte von Rabenau an der Berliner theologischen Fakultät promoviert und hatte sich auch danach weiterhin mit theologischen Arbeiten befaßt. So erhielt Bonhoeffer hier einen Zellengenossen, mit dem er theologische Gespräche führen konnte. In der nächsten Zelle befand sich Dr. Hermann Pünder, ein katholischer Politiker, der überlebt hat und später berichtete, daß von Rabenau weiter an seinen Memoiren geschrieben habe; ob Bonhoeffer noch zum Schreiben gekommen sei, daran konnte er sich nicht erinnern. Er erinnerte sich aber sehr deutlich an die „mit großem Eifer [geführten] dogmatischen Gespräche, die ich manchmal mit großem Interesse belauschen konnte." Payne Best „organisierte" zu Bonhoeffers großer Freude ein Schachspiel für die beiden Theologen. Die meisten Zellen waren doppelt belegt, aber nach dem Bericht von Payne Best waren Bonhoeffer und Rabenau die einzigen Zellengenossen, die wirklich gut miteinander auskamen. Bonhoeffer nutzte jede sich ergebende Gelegenheit, um mit den beiden englischen Offizieren Englisch zu sprechen, besonders mit Payne Best, der keine Vorstellung davon gehabt zu haben scheint, wer Bonhoeffer war. In Bests Buch erscheinen seine Mitgefangenen nicht immer gerade im besten Licht! Aber über Bonhoeffer schreibt er:

> Bonhoeffer war ganz Bescheidenheit und Freundlichkeit; er schien eine Atmosphäre von Fröhlichkeit um sich zu verbreiten, von Freude noch am kleinsten Ereignis im Leben und von tiefer Dankbarkeit für die bloße Tatsache, daß man noch am Leben war. Der treue Blick seiner Augen und seine Freude, wenn man ihm zeigte, daß man ihn mochte, erinnerten an einen Hund. Unter den vielen Menschen, die ich kenne, war er einer der ganz wenigen, dem sein Gott wirklich und immer nahe war.[10]

Ostern fiel in diesem Jahr auf den 1. April, und als man in dem Kellergefängnis von Buchenwald den amerikanischen Geschützdonner vernehmen konnte, breitete sich Zuversicht aus. Die Alliierten rückten näher, jetzt waren wohl keine weiteren Verhöre oder gar eine Volksgerichtssitzung mehr zu erwarten. Fluchtpläne wurden erwogen und wieder verworfen. Die Wachen sagten ihnen, sie sollten sich für einen Fußmarsch bereithalten – bedeutete das, daß sie im nahen Wald erschossen werden sollten? Aber dann stand ein Lastwagen bereit, um die Gefangenen aus dem Frontbereich abzutransportieren – auch von Osten näherte sich die Front rasch. Dies läßt darauf schließen, daß ein Sonderbefehl für diese Gefangenen aus Berlin gekommen war, denn normalerweise wären sie beim Heranrücken der Alliierten erschossen worden. Der Lastwagen sollte einige der Gefangenen nach Flossenbürg bringen und andere noch weiter südlich. Niemand hatte ihnen das mitgeteilt, aber allmählich, auf ihrem langsamen Weg nach Südosten in dem übervollen, unerträglich engen Laderaum des geschlossenen Lastwagens, in dem sie hin- und hergerüttelt wurden, wurde ihnen klar, daß es in Richtung auf das berüchtigte Konzentrationslager Flossenbürg ging. Bonhoeffer teilte Tabakreste, die er noch fand, mit den anderen – „er war ein guter Mensch, wie ein Heiliger", erinnert sich Payne Best in Dankbarkeit.

Die letzten Tage

Die nächsten Tage waren chaotisch und voller Ungewißheit. Nachdem sie Buchenwald verlassen hatten, fingen sie an zu befürchten, daß sie in das Vernichtungslager Flossenbürg gebracht würden, wußten es aber nicht genau. Am Mittwoch erreichten sie Weiden, wo Müller und Liedig, zwei der Gefangenen, aus dem Lastwagen herausgeholt wurden und Gehre, ein dritter, hinterhersprang. Diese drei schienen dann in die Richtung von Flossenbürg transportiert zu werden. Danach setzte sich der Lastwagen mit den übrigen Gefangenen wieder in Bewegung, in eine andere Richtung, und die Wächter wurden freundlicher. Bei einem Bauernhaus ließen sie die Gefangenen aussteigen. Es wurde ihnen sogar erlaubt, zu einer Pumpe im Hof zu gehen, und eine Bauersfrau brachte einen Krug Milch und ein Roggenbrot. Es war ein lieblicher Frühlingstag im Nabtal. Am Abend erreichten sie Regensburg, wo sie im Gerichtsgefängnis untergebracht wurden. Sie kamen zu fünft in eine Zelle, konnten sich aber selbst auf die Zellen verteilen. Bonhoeffer war zusammen mit Staatssekretär Pünder und den Generälen Rabenau, Falkenhausen und Hoepner in einer Zelle. Die Küche war schon geschlossen, aber die Gefangenen forderten so lautstark Essen, bis die eingeschüchterten Wachen schließlich noch etwas Gemüsesuppe und Brot auftrieben.

Das Zusammentreffen und Wiedersehen am nächsten Morgen mit den anderen Gefangenen im Waschraum erinnert in Payne Bests Beschreibung eher an ein gesellschaftliches Ereignis als an einen Morgen im Gefängnis. Die Gefangenen waren voller Zuversicht. Bonhoeffer konnte Angehörigen von Mitgefangenen aus der Prinz-Albrecht-Straße, die sich hier im Zuge der Sippenhaft befanden, von dort berichten. Plötzlich schienen die schlimmsten Gefahren überstanden, auch das Verhältnis zum Wachpersonal hatte sich geändert. Am Freitagmorgen in der Frühe wurden sie wieder im Laderaum ihres Lastwagens eingeschlossen und fuhren in beinahe guter Laune an der Donau entlang. Plötzlich geriet der Lastwagen ins Schleudern, die Lenkung war gebrochen. Als Ersatz wurde ein Omnibus von der Regensburger Polizei geschickt. Bald ging es weiter, am Kloster Metten vorbei in den Bayrischen Wald. Der Bus war sehr viel bequemer als ihr alter Lastwagen.

Zu ein paar Dorfmädchen, die mitgenommen werden wollten, sagte der Fahrer, die Leute im Bus seien eine Filmgruppe. Ihr Ziel war Schönberg unterhalb von Zwiesel, 40 km nördlich von Passau. Sie wurden in einer Schule untergebracht. Beim Entladen fiel Payne Best auf, daß Bonhoeffer auch jetzt noch Bücher bei sich trug. Die Gruppe der „Fälle" wurde in ein großes Klassenzimmer im ersten Stock gebracht, von wo man eine wunderschöne Aussicht über ein liebliches grünes Bergtal hatte. Bonhoeffer genoß die Aussicht vom Fenster, wo er sich von der warmen Sonne bescheinen ließ, mit Dr. Pünder plauderte und sich von Wassiliew Kokorin, einem Neffen Molotows, russische Anfangskenntnisse beibringen ließ. Es gab sogar richtige Betten mit karierten Bauernbezügen, nur die Tür war natürlich abgeschlossen. Bonhoeffer hatte sein Bett neben dem Kokorins. Sie besprachen, daß Bonhoeffer doch einmal nach Moskau kommen solle. In einem Brief, den Hugh Falconer wenige Monate danach an Sabine Leibholz schrieb, entwirft er ein erstaunliches Bild von diesen beiden: „Er [Bonhoeffer] ließ sich viel einfallen, um die schwächeren Geister vor Verzweiflung und auch Besorgnis zu bewahren. Viel Zeit verbrachte er mit Kokorin, ... der ein reizender junger Mann war, wenngleich ein Atheist. Ich glaube, Ihr Bruder teilte die mit ihm verbrachte Zeit zwischen den Bemühungen, ihm einerseits die Grundsätze des Christentums nahezubringen und andererseits von ihm Russisch zu lernen." Payne Best kramte aus seinem Gepäck einen elektrischen Rasierapparat heraus, der an der Steckdose des Klassenzimmers angeschlossen wurde, und so konnte sich jeder endlich einmal wieder rasieren. Jedermann war voller Zuversicht, daß nun keine Lebensgefahr mehr bestünde.

Quasimodogeniti 1945

Am Sonntag nach Ostern befanden sie sich immer noch in dem vergleichsweise recht komfortablen Klassenzimmer in Schönberg. Weißer Sonntag heißt dieser Tag im Volksmund, sein Name im Kirchenjahr ist Quasimodogeniti. Bonhoeffer wurde gebeten, eine Andacht zu halten. Die Gruppe setzte sich aus Protestanten und Katholiken zusammen, doch das war jetzt nicht mehr von Bedeutung. Was sie miteinander durchgemacht hatten, ließ alle konfessionellen Unterschiede verblassen. Doch gab es noch ein anderes Problem – Wassiliew Kokorin. Er war Atheist und loyaler Kommunist. Bonhoeffer konnte sich nicht dazu verstehen, daß einer aus ihrem Kreis durch so einen Gottesdienst ausgegrenzt würde. Obwohl er sicher selbst ein großes Bedürfnis hatte, einen solchen Gottesdienst zu halten, so lehnte er doch ab, da ihre Zusammengehörigkeit wichtiger war als eine Andacht. Erst als auch Kokorin ihn darum bat und auch daran teilnehmen wollte, erklärte er sich dazu bereit.

Die Losungstexte des Tages lauteten: „Durch seine Wunden sind wir geheilt" (Jes 53,5) und „Gelobet sei Gott und der Vater unseres Herrn Jesu Christi, der uns nach seiner großen Barmherzigkeit wiedergeboren hat zu einer lebendigen Hoffnung durch die Auferstehung Jesu Christi von den Toten." (1. Petr 1,3)

Bonhoeffer legte den Text aus und zeigte, was er ihnen in ihrer Lage und für das, was vor ihnen lag – Befreiung in eine neue Welt oder Tod –, sagte. Aber was es auch sein mochte, das sie erwartete, die wahre Wiedergeburt habe sich schon in ihren Herzen vollzogen. Denn zwei Dinge seien geschehen – das erste, Christus sei für uns Menschen und für unsere Erlösung gestorben. Er habe gelitten und wir hätten nun den Gewinn aus seinem Leiden. Wir leben, weil er gestorben ist. Und das zweite – wegen dieses Gewinns seien wir wiedergeboren. So seien wir neue Menschen, unbefleckt durch die Vergangenheit. Wir besitzen diese Predigt nicht im Wortlaut, aber einer der Anwesenden, der überlebt hat, berichtete später, daß Bonhoeffer „von den Gedanken und Entschlüssen, welche diese Gefangenschaft in allen hatte reifen lassen", sprach. Die in einem anderen Raum des Schulhauses gefangen gehaltenen Sippenhäftlinge wollten, daß Bonhoeffer ihnen auch eine Andacht halten solle, und überlegten schon, wie sie ihn herüberschmuggeln könnten. Dazu blieb aber keine Zeit mehr.

Nur Plutarch bleibt

Nach der Morgenandacht betraten zwei Männer in Zivil den Raum und befahlen Bonhoeffer, seine Sachen zusammenzupacken und mitzukommen: „Gefangener Bonhoeffer, fertigmachen und mitkommen!" Er wußte, was das bedeutete, und nahm rasch Abschied. Zuerst ein Buch. In seinem letzten Brief an seine Eltern vom Januar (17.) hatte er sie um einen Plutarch gebeten, und der Band war jetzt gerade zur Hand. Mit einem stumpfen Bleistift schrieb er seinen Namen hinein, vorn, hinten und in der Mitte. Wenn jemand versuchen würde, seiner Spur zu folgen, würde dieses Buch vielleicht als Hinweis dienen. Tatsächlich hat einer von Carl Goerdelers Söhnen das Buch an sich genommen und es Jahre später Bonhoeffers Familie übergeben. Als nächstes der Bischof von Chichester. Wenn Payne Best überlebte, so war er derjenige, der ihn am ehesten würde sprechen können – so gab er ihm den Auftrag, sich mit dem Bischof in Verbindung zu setzen und ihm zu sagen: „Für mich ist dies das Ende, aber auch der Anfang – wie er glaube ich an den Grundsatz unserer weltweiten christlichen Bruderschaft, die sich über alle nationalen Interessen erhebt, und daran, daß uns der Sieg gewiß ist – sagen Sie ihm auch, daß ich seine Worte bei unserer letzten Begegnung nie vergessen habe." Es läßt sich kaum ermessen, welche Bedeutung der Bischof für Bonhoeffer gehabt hat. In diesem tragischen Augenblick wird noch einmal die tiefe Verbundenheit deutlich, die er in seinem letzten Brief an den Bischof vom 1. Juni 1942, nach seiner Schwedenreise, in die Worte gefaßt hatte:

„Gestatten Sie mir, meiner tiefen und aufrichtigen Dankbarkeit für die Stunden, die Sie mit mir verbracht haben, Ausdruck zu verleihen. Es scheint mir immer noch wie ein Traum, daß ich Sie gesehen, mit Ihnen gesprochen und Ihre Stimme gehört habe. Diese Tage werden in meiner Erinnerung immer zu den schönsten meines Lebens zählen. Dieser Geist der Gemeinschaft und christlichen Bruderschaft wird mir auch in den dunkelsten Stunden eine Stütze sein, und selbst wenn die Dinge einen schlechteren Verlauf nehmen, als wir es hoffen und erwarten, wird der helle Schein dieser wenigen Tage nie in meinem Herzen verlöschen."[11]

Hieran dachte er, als er seine Grüße an Bischof Bell auftrug. So fuhr er an diesem Sonntag nach Flossenbürg, was wohl den ganzen Rest des Tages in Anspruch genommen hat, und wurde dort einem Standgericht vorgeführt. Canaris, Oster, Strünck, Gehre und schließlich Bonhoeffer wurden einzeln vernommen und dann einander gegenübergestellt, bevor man sie hinrichtete.

Bericht aus Flossenbürg

Dietrich Bonhoeffer wurde am Montag, dem 9. April 1945, in den frühen Morgenstunden erhängt. Nur ein Augenzeuge hat von dieser letzten Stunde berichtet. Die Geschichte seines Lebens wäre unvollständig ohne dieses letzte Zeugnis Bonhoeffers, durch das er einen Menschen anrührte, der nichts über ihn wußte und seine Theologie sicher nicht verstanden hätte. Dies war der Lagerarzt, dem sich das, was er damals sah und zehn Jahre später niederschrieb, tief eingeprägt hat:

„Am Morgen des betreffenden Tages etwa zwischen 5 und 6 Uhr wurden die Gefangenen, darunter Admiral Canaris, General Oster, General Thomas und Reichsgerichtsrat Sack aus den Zellen geführt und die kriegsgerichtlichen Urteile verlesen. Durch die halboffene Tür eines Zimmers im Barackenbau sah ich vor Ablegung der Häftlingskleidung Pastor Bonhoeffer in innigem Gebet mit seinem

Herrgott knieen. Die hingebungsvolle und erhörungsgewisse Art des Gebetes dieses außerordentlich sympathischen Mannes hat mich auf das Tiefste erschüttert. Auch an der Richtstätte selbst verrichtete er noch ein kurzes Gebet und bestieg dann mutig und gefaßt die Treppe zum Galgen. Der Tod erfolgte nach wenigen Sekunden. Ich habe in meiner fast 50jährigen ärztlichen Tätigkeit kaum je einen Mann so gottergeben sterben sehen."[12]

Anmerkungen

Abkürzungen

GS I–VI	Dietrich Bonhoeffer, Gesammelte Schriften, hg. v. Eberhard Bethge. München 1958–1974
Ethik	ders., Ethik, zusammengestellt u. hg. v. Eberhard Bethge. München ^{11}1985
Nachfolge	ders., Nachfolge. München 1952
Predigten	ders., Predigten, Auslegungen, Meditationen, hg. v. Otto Dudzus, Bde. I u. II. München 1984/85
WEN	Widerstand und Ergebung. Briefe und Aufzeichnungen aus der Haft, hg. v. Eberhard Bethge. – Neuausgabe. München 1985
Begegnungen	Begegnungen mit Dietrich Bonhoeffer, hg. v. Wolf-Dieter Zimmermann. München ^{4}1969
Bethge, D. B.	Eberhard Bethge, Dietrich Bonhoeffer: Theologe, Christ, Zeitgenosse. München ^{6}1986
Leibholz	Sabine Leibholz-Bonhoeffer, Vergangen, erlebt, überwunden: Schicksale der Familie Bonhoeffer. Wuppertal 1968
Meier	Kurt Meier, Der ev. Kirchenkampf I–III. Halle und Göttingen 1976ff.
Scholder	Klaus Scholder, Die Kirchen und das Dritte Reich, Band 1. Berlin 1977

1. Kindheit und Todessehnsucht

1 Bethge, D. B. 37.
2 Bethge, D. B. 42.
3 Bethge, D. B. 64, und S. Leibholz in Begegnungen, 16f.
4 Bethge, D. B. 65f.
5 Begegnungen, 20.
6 Emmi Bonhoeffer in Begegnungen, 31.

2. Die Demütigung der Niederlage

1 GS I,70.
2 GS I,69f. u. 420.
3 GS I,71f.

3. *Theologischer Werdegang*

1 Tagebuch, GS VI, 58–90, vgl. Bethge, D. B. 88.
2 Bethge, D. B. 90.
3 Bethge, D. B. 102f.
4 Predigten I, 96.
5 Bethge, D. B., 62.
6 Tagebuch, GS VI, 99–108.
7 Predigten I, 207f. u. GS V, 473.
8 Predigten I, 208f. u. GS V, 474.
9 Predigten I, 213 u. GS V,478.
10 Antrittsvorlesung GS III, 62–84.

4. *Die Neue Welt*

1 GS I, 348f.
2 Predigten I, 220–226 u. GS V, 485–490.
3 GS I, 57. Der ganze Brief, 55–60.
4 Leibholz, 89.
5 GS VI, 185.
6 Leibholz, 94f.
7 Burton Nelson, Bonhoeffer Conference, Forest Hill, 1985.
8 Begegnungen, 45.
9 Burton Nelson.
10 Bethge, D. B., 196 u. GS III, 111.
11 GS I, 338f.
12 GS I, 84–103.

5. *Die ökumenische Bewegung*

1 GS I, 114.
2 GS I, 117.
3 GS I, 19f.
4 GS I, 24.
5 GS I, 25; s. auch den folgenden Brief, 27f.
6 Predigten I, 263–270 u. GS IV, 49f.
7 GS III, 286.
8 GS III, 289f.
9 GS I, 140–158.
10 Bethge, D. B., 302 u. GS I, 162–170.
11 Predigten I, 328–336 u. GS IV, 93–99.
12 Predigten I, 337–339 u. GS IV, 144–146.
13 Predigten I, 340–349 u. GS IV, 101–109.

6. *Neunzehnhundertdreiunddreißig*

1 Bethge, D. B., 305f.
2 GS II, 22–38.
3 H. Schemm in: Sonderbeilage zu *Beruf und Schule* 13 (1933).
4 Kirchen- und Theologiegeschichte in Quellen (Neukirchen 1980), IV/2, 118f.
5 Ebd., 121f.
6 *Junge Kirche* 1933, 59; Meier I, 92ff.; Scholder 406ff.
7 GS II, 44.
8 Bethge, D. B., 317.
9 G. van Norden, Kirche in der Krise, 45.
10 GS II, 56f.
11 GS IV, 135; die ganze Predigt, 130–136.
12 GS II, 44.
13 GS II, 126.
14 GS II, 130f.
15 GS II, 134–137.

7. *Pfarramt in London*

1 GS II, 125.
2 Begegnungen, 68 f.
3 Lawrence B. Whitburn in: Begegnungen, 73 f.
4 Predigten I, 380–501.
5 Ethik, 184.
6 Predigten I, 425–430 u. GS V, 505–509.
7 GS II, 138.
8 GS II, 140.
9 GS II, 141.
10 Bethge, D. B., 390.
11 GS II, 147 f.
12 GS II, 160 f.
13 GS I, 187 ff.
14 *The Times,* 4. Juni 1934. Vollständiger Text: Die Barmer Theologische Erklärung, hg. v. A. Burgsmüller u. R. Weth. Neukirchen 1983.
15 Bethge, D. B., 432 f.
16 Stephen Neill und Ruth Rouse (Hg.), Geschichte der ökumen. Bewegung 1917 bis 1954, deutsch Göttingen 1957 f., Bd. 2, S. 237.
17 GS I, 216–219.

8. *Vikare für die Bekennende Kirche*

1 Bethge, D. B., 473.
2 Wolf-Dieter Zimmermann in: Begegnungen, 99.
3 Begegnungen, 100.
4 Ersch. München 1939, *Theologische Existenz Heute,* H. 61.
5 Ersch. München 1937.
6 GS II, 205.
7 GS II, 205–209.
8 Bethge, D. B., 545 f.
9 GS I, 240–261.
10 GS III, 325–334.
11 GS II, 498 f.
12 GS II, 278.
13 GS II, 278 f.
14 GS II, 506–512.
15 Predigten II, 64–71 u. GS IV, 406–413.
16 GS I, 276–278.
17 GS III, 369–381.
18 Bethge, D. B., 656.

9. *Schicksalsjahre*

1 W. Jannasch, Deutsche Kirchendokumente. Die Haltung der Bekennenden Kirche im Dritten Reich. Zollikon-Zürich 1946, S. 103.
2 Gemeinsames Leben, 83.
3 Nachfolge, 10.
4 Ebd., 74 f.
5 Ebd., 76.
6 GS II, 297–306.
7 Begegnungen, 118–122.
8 G. Lehne an D. B., s. Bethge, D. B., 669.
9 Die Kirche vor der Judenfrage, GS II, 44–53.
10 Bethge, D. B., 360 f.
11 Ebd., 359 f.

10. *Der Wendepunkt*

1 GS I, 279–282.
2 GS I, 286 u. Bethge, D. B., 719.
3 Bethge, D. B., 725 f.
4 Ebd., 723 f., s. a. GS I, 282–286.

5 GS I, 296.
6 GS I, 302; das Tagebuch der Amerikareise, S. 291–315.
7 Bethge, D. B., 736 u. GS I, 320.

11. Teilhabe

1 Mary Bosanquet, The Life and Death of Dietrich Bonhoeffer. London 1968. S. 219.
2 GS II, 355.
3 WEN, 27.
4 GS I, 320f.
5 GS II, 553.
6 Ethik, 83–91.
7 Ebd., 128–199.
8 Ethik, 165f.
9 Ethik, 176.
10 GS III, 382–392.
11 GS II, 564–569.
12 Bethge, D. B., 772.
13 GS II, 363–366.
14 Bethge, D. B., 768.
15 Ethik, 79–83.
16 GS II, 379.
17 GS II, 380.
18 GS II, 381.
19 GS II, 382.
20 GS II, 383f.
21 Predigten II, 335–343 u. GS IV, 570–577, vgl. GS II, 570–573.
22 Begegnungen, 184–186.

12. Die Abwehr

1 Ethik, 119f.
2 Constantine Fitzgibbon, To Kill Hitler. 1972. S. 61; vgl. auch Paul Leverkuehn, Der geheime Nachrichtendienst der deutschen Wehrmacht im Kriege. Frankfurt a.M. 1957, S. 184–196.
3 Bethge, D. B., 819 u. GS VI, 533.
4 GS VI, 534.
5 GS II, 408.
6 GS I, 370f.
7 GS VI, 545ff.
8 GS VI, 446f.
9 Leibholz, 185f. u. GS VI, 551ff.
10 GS I, 401.
11 GS I, 394.
12 GS II, 433–437.
13 GS I, 50.
14 Bethge, D. B., 886f. u. GS VI, 572f.

13. Warten auf den Prozeß: Das erste Jahr im Gefängnis

1 WEN, 34.
2 Aus „Nach zehn Jahren. Rechenschaft an der Wende zum Jahr 1943", WEN, 11–27.
3 WEN, 70–86.
4 WEN, 75.
5 WEN, 53–59.
6 In: Maria von Wedemeyer-Weller, The other letters from prison. Union Seminary Quarterly Review XXVIII, 1, S. 23–29, außerdem in: Bonhoeffer in a World Come of Age. Fortress Press 1968, und als Anhang in: D. B., Letters and Papers from Prison. SCM Press 1971. Nur in englischer Sprache.
7 Ebd., vgl. auch den Brief an die Eltern vom 17. Dez. 1943, WEN, 184ff.
8 WEN, 381f.
9 S.o. Anm. 6.
10 WEN, 165ff.

14. *Verschwörung, Liebe und Neue Theologie*

1 WEN, 278–283.
2 WEN, 295 ff.
3 WEN, 300 ff.
4 WEN, 303 f.
5 WEN, 305.
6 WEN, 306.
7 WEN, 307.
8 WEN, 307 f.
9 WEN, 321–328.
10 WEN, 340 ff.
11 Ethik, 178.
12 WEN, 349 f., das Gedicht S. 351–354.
13 WEN, 356–360.
14 GS IV, 597–612 u. WEN, 368 f.
15 WEN, 373 ff.
16 WEN, 377–380.
17 WEN, 383–389.
18 WEN, 391–394.
19 WEN, 394.

15. *Die letzten Monate*

1 Nr. 7/8, 35 (vgl. Bethge, D. B., 927).
2 Ethik, 5 f. u. WEN, 403.
3 WEN, 434.
4 WEN, 419 ff.
5 WEN, 413–416.
6 Bethge, D. B., 996; WEN, 433. Das Gedicht GS IV, 613–620.
7 Begegnungen, 198–203.
8 Begegnungen, 203.
9 S. Payne Best, The Venlo Incident. London 1950. S. 171 ff.
10 Bethge, D. B., 1029.
11 GS I, 382.
12 Begegnungen, 192.

Namen- und Sachregister